Le Routard

Visite d'entreprise en France

Cofondateurs : Philippe GLOAGUEN et Michel DUVAL

Directeur de collection et auteur
Philippe GLOAGUEN

Secrétaire général
Gavin's CLEMENTE-RUIZ

Rédacteurs en chef
Amanda KERAVEL (France)
Benoît LUCCHINI (Étranger)

Directrice administrative
Bénédicte GLOAGUEN

Conseiller à la rédaction
Pierre JOSSE

Responsable voyages
Carole BORDES

Responsable éditoriale
Élise ERNEST

Responsable partenariats
Jérôme DENOIX

Rédaction
Emmanuelle BAUQUIS
Véronique de CHARDON

hachette

SOMMAIRE

LA RÉDACTION DU ROUTARD

© R. Delalande et E. Dessons

La saga du *Routard* : en 1971, 2 étudiants, Philippe et Michel, avaient une furieuse envie de découvrir le monde. De retour du Népal germe l'idée d'un guide différent qui regrouperait tuyaux malins et itinéraires sympas, destiné aux jeunes fauchés en quête de liberté. 1973. Après 19 refus d'éditeurs et la faillite de leur 1re maison d'édition, l'aventure commence vraiment avec Hachette. Aujourd'hui, le *Routard*, c'est plus d'une cinquantaine d'enquêteurs impliqués et sincères. Ils parcourent le monde toute l'année dans l'anonymat et s'acharnent à restituer leurs coups de cœur en toute indépendance.

Merci à tous les Routards qui sont solidaires de nos convictions : liberté et indépendance d'esprit ; découverte et partage ; sincérité, tolérance et respect des autres.

NOS SPÉCIALISTES

Emmanuelle Bauquis : les yeux ouverts, les papilles en émoi, elle trace sa route à la semelle de ses souliers, rencontre l'aventure au coin de la rue comme au bout du tarmac. Elle trouve l'ailleurs dans l'écriture comme dans la géographie. À son programme : raconter la beauté des paysages et les épopées qui les ont façonnés.

Véronique de Chardon : de son passé d'historienne, elle a gardé un goût certain pour les musées, qu'elle collectionne au gré de ses voyages sans oublier de déguster les spécialités locales. Elle aime partager ses coups de cœur avec humeur et humour, et découvrir les terroirs français, toujours gourmande de nouveaux paysages.

UN GRAND MERCI À NOS AMI(E)S

Pour cette nouvelle édition, nous remercions particulièrement :

- **Véronique de Chardon,** pour sa solidarité éditoriale sans faille et son enthousiasme efficace ;
- **Inès Cochard,** pour sa rigueur et sa patience ;
- **Célène Lenoble,** pour son implication et son ouverture à toute épreuve ;
- **Pierre-René Bauquis,** pour son expertise et sa disponibilité ;
- **Sébastien Boyer,** pour ses connaissances et sa participation.

Pictogrammes du Routard

Établissements

- Hôtel, auberge, chambre d'hôtes
- Camping
- Restaurant
- Terrasse
- Glacier
- Café, bar

Infos pratiques

- Adapté aux personnes handicapées

Sites

- Présente un intérêt touristique

L'ÉDITEUR HACHETTE TOURISME

Direction générale : Catherine Saunier-Talec

Direction opérationnelle : Sidonie Chollet

Responsable éditoriale : Élise Ernest

Édition : Audrey Vedovotto

Cartographie : Frédéric Clémençon et Aurélie Huot

Fabrication : Nathalie Lautout, Liza Sacco et Aude Cauchet

Équipe de droits internationaux : Janice Yip • jyip@hachette-livre.fr •

Relations presse : COM'PROD, **Fred Papet** et **Laëtitia de Cerval.** ☎ 01-70-69-04-69. • info@comprod.fr • **Martine Levens** (Belgique) ☎ +32-47-568-35-76.

Contact Partenariats : Florence Brunel-Jars • fbrunel@hachette-livre.fr •

Silhouette du Routard : Clément Gloaguen (d'après Solé) ; **couverture :** Atelier Choque Le Goff ; **maquette intérieure :** le-bureau-des-affaires-graphiques.com, Thibault Reumaux et npeg.fr

Entreprise du Patrimoine Vivant : label national permettant de distinguer des entreprises françaises aux savoir-faire artisanaux et industriels d'excellence.

France savoir-faire d'excellence : marque Entreprise et Découverte rassemblant les sites remarquables en capacité d'accueillir les publics étrangers.

IG PIA (Indication Géographique protégeant les Produits Industriels et Artisanaux) : un produit qualifié par l'IG PIA bénéficie d'une notoriété liée à la fois à un territoire de production (un climat, un type de sol, des ressources naturelles) mais aussi à une tradition et à un savoir-faire perfectionné au fil du temps. Territoire, savoir-faire et tradition lui confèrent un caractère unique : un aspect particulier, une communauté professionnelle, des savoir-faire… Un gage de transparence et d'authenticité sur l'origine des produits.

Tourisme et Handicap : marque d'État certifiant l'accessibilité aux personnes en situation de handicap.

Origine France Garantie : cette certification assure aux consommateurs la traçabilité d'un produit en donnant une indication de provenance claire et objective. Pour obtenir ce label, le produit fabriqué doit respecter les 2 critères suivants :
- le lieu où le produit prend ses caractéristiques essentielles est situé en France
- 50 % au moins du prix de revient unitaire est acquis en France

Plus d'information sur • *www.originefrancegarantie.fr* •

Made in Chez Nous : créé par Doubs Tourisme, le label Made in chez Nous réunit les entreprises du Doubs avec un savoir-faire local et/ou atypique proposant des visites des coulisses au grand public. À travers ces moment de partage, les entreprises dévoilent leur production au grand jour, avec leur secrets uniques et authentiques.

Union des Professionnels du Savon de Marseille : créé en 2011, l'UPSM s'est donné pour mission de défendre, promouvoir et faire connaître le savon de Marseille authentique. Nous œuvrons pour la reconnaissance du savoir-faire traditionnel du savon de Marseille par l'obtention d'une IG (Indication Géographique), afin de perpétuer ce patrimoine vivant du territoire des Bouches-du Rhône !

Explore Paris : Groupement d'Intérêt Économique (GIE) créé à l'initiative des agences départementales du tourisme du Val-de-Marne et de Seine-Saint-Denis qui a pour objet la mise en commun de moyens et de compétences pour l'exploitation de la boutique en ligne • *exploreparis.com* •

3500 entreprises ouvrent

Entrez dans les coulisses

LE TOURISME DE SAVOIR-FAIRE UNE EXCEPTION FRANÇAISE

Entreprise et Découverte est, depuis de longues années, le partenaire choisi par le *Routard* pour faire connaître les entreprises que l'on peut visiter en France.

Nous en tirons une grande fierté. Il est vrai que si notre pays est reconnu aujourd'hui comme le champion du monde du tourisme industriel, notre association n'y est pas pour rien.

Grâce à ses antennes dans les différentes régions, aux actions de développement et de promotion des visites menées avec les services publics, les fédérations professionnelles, les entreprises, les collectivités locales, les organismes de tourisme, à une démarche basée sur la valorisation du travail, des savoir-faire et de celles et ceux qui les exercent, notre association a permis d'arriver à ce résultat exceptionnel : 3 500 entreprises représentant tous les secteurs d'activité, dans l'ensemble des territoires, vous ouvrent leurs portes et vous permettent de découvrir ce qu'elles fabriquent, au plus près de la production.

Le guide que vous avez entre les mains vous en propose une sélection très diversifiée, répartie dans l'ensemble des régions.

Que vous soyez curieux vis-à-vis d'une filière, exigeant sur la qualité des produits que vous consommez, désireux de connaître ce qui se passe dans les entreprises près de chez vous, soucieux de productions vertueuses sur le plan environnemental ou social, en recherche d'une vocation ou attiré par un métier, vous trouverez dans ces pages de multiples possibilités de réponses à vos questions.

Et au-delà de cette sélection, le site • *entrepriseetdecouverte.fr* • vous permettra de découvrir une offre de visites encore plus large.

Partez à la découverte de tous ces savoir-faire d'excellence en lien avec leurs territoires !

Luc Fauchois, Président d'Entreprise et Découverte

Émaux d'art de Longwy

NOS COUPS DE CŒUR

1 **Sur le site d'élaboration des cognacs de la maison Rémy Martin, emprunter un petit train électrique, près de… Cognac, pour rallier les différents chais d'assemblage et de vieillissement : il y en a 32 en tout ! Cerise sur le fût, la dégustation.** *p. 183*

2 **Cheminer à travers les galeries d'un ancien fort militaire construit à 1 100 m d'altitude dans le massif du Jura, devenues les caves d'affinage de comté Marcel Petite : on circule entre des meules de 40 kg que sondent chef de cave et goûteurs pour obtenir un fromage à point. Une œnologie laitière ! Miam, la dégustation…** *p. 68*

3 **Suivre les gestes ancestraux des paludiers qui récoltent le sel de Guérande. Il est devenu une icône gastronomique nationale. Une visite au grand air, dans la blanche géométrie des marais salants. Un moment aussi instructif que plaisant.** *p. 239*

4 **Dans le vaste atelier de la Cristallerie Saint-Louis, en Moselle, observer le ballet des artisans qui façonnent des objets à partir du cristal en fusion, avant que tailleurs, graveurs et décorateurs n'apportent la touche finale. Une plongée parmi les Meilleurs Ouvriers de France.** *p. 122*

TERRE de SEL
GUÉRANDE
Un métier unique
Un produit emblématique
Une Nature exceptionnelle
Visites guidées
Boutique salée-sucrée
7j/7 www.terredesel.com
TerredeSel

5 **Dans la plus ancienne verrerie d'art de France encore en activité, la Rochère 1475, en Haute-Saône, assister au travail des maîtres verriers qui prélèvent de la pâte en fusion et la soufflent, pour la métamorphoser en un verre ou une coupe. Magistral ! Les finitions suivront.** *p. 72*

6 **S'immerger dans l'univers des couteaux de Laguiole à la coutellerie Honoré Durand en assistant au façonnage du manche de couteau par un coutelier au travail. Et sentir monter l'envie d'effectuer un stage pour fabriquer son propre couteau…** *p. 211*

DÉCOUVREZ LES SECRETS DU PULL MARIN FRANÇAIS
SAINT JAMES
vous invite à découvrir son savoir-faire traditionnel de la fabrication du véritable pull marin et de la marinière en vous ouvrant les portes de ses ateliers, à deux pas du Mont Saint-Michel.
VISITE GUIDÉE DE NOS ATELIERS
ouvert du lundi au vendredi
pour plus d'informations
02 33 89 15 55
visite@saint-james.fr
SAINT JAMES
NÉ DE LA MER
SAINT JAMES Route d'Antrain - 50240 Saint-James

7 **En apprendre long sur la structure de l'atome, la production d'électricité et le fonctionnement d'une centrale nucléaire à la centrale nucléaire (EDF) de Chinon, dotée d'un musée de l'Atome dans son ancien réacteur, dit « la Boule ».** *p. 94*

8 **S'extasier devant les machines classées Monument historique de la Clouterie Rivierre, dans l'Oise, et devant les 2 800 modèles différents de clous utilisés dans des activités bien spécifiques. De la dentelle industrielle.** *p. 137*

9 **Copier n'est pas toujours tricher : à l'atelier de moulage et de chalcographie du Grand Palais, en Seine-Saint-Denis, on reproduit les chefs-d'œuvre gravés ou sculptés des musées. Une rencontre avec des artisans d'art aussi artistes qu'artisans.** *p. 150*

© Grand Palais RMN

10 **Une aiguille dans une meule d'étapes : une simple aiguille nécessite 27 opérations différentes de fabrication ! C'est le genre de process inattendu qu'on découvre à la visite des Ateliers Bohin, en Normandie, dernier fabricant français d'épingles et d'aiguilles à coudre à la main, véritable patrimoine national, mais aussi au musée qui y est lié. Vous ne regarderez plus jamais une aiguille de la même façon !** *p. 173*

© Julie Limont

made in
VALENCIENNES
Fier de ses entreprises,
fier de son territoire
VISITES
D'ENTREPRISES
GRATUITES
VISITEUR
Design : Ophelie Riffe , ©Photos : OTCVM, AdobeStock
Un évènement annuel* organisé par l'Office de Tourisme
et des Congrès de Valenciennes Métropole
*durant les vacances scolaires d'hiver de la zone B
VALENCIENNES
tourisme & congrès
Avec le soutien de
Valenciennes
Métropole
Plus d'informations sur
tourismevalenciennes.fr

11 Des techniques de pointe pour un objet apparemment simple : c'est aussi la leçon de Shapers Club House à Marennes, qui fabrique des planches de surf adaptées à chaque surfeur ! Le tout dans une ambiance résolument cool et actuelle, entre recyclage, coachs sportifs et coworking. Le goût de bien faire est à la mode ! *p. 187*

12 Explorer une ville dans la ville en se lançant à l'abordage des chantiers navals de l'Atlantique à Saint-Nazaire : une surface de 110 ha, des portiques géants capables de soulever jusqu'à 1 250 tonnes, on change de dimension au cours de cette visite ! Une visite « waouh ». *p. 234*

Volvic
O'RIGINES
EXPO • VISITE VIRTUELLE • DÉGUSTATION
PLONGEZ ÉGALEMENT AU CŒUR DE L'USINE DE VOLVIC ET DÉCOUVREZ UN SAVOIR-FAIRE UNIQUE !
Volvic
100% EN MATIÈRE RECYCLÉE
8L
Volvic
EAU MINÉRALE NATURELLE VOLCANIQUE
www.volvic.fr/volvicorigines
LAMARCK

13 **Chez Ardelaine en Ardèche, suivre la chaîne de la laine, du mouton à la transformation, tonte, lavage, cardage, filage, et même élaboration des produits finis comme la literie. Quand les moutons deviennent vos meilleurs amis ! Une visite chaude et douce, d'autant plus qu'on a affaire à des coopératives de production.** *p. 36*

14 **Les amateurs de visites sensorielles vont adorer la parfumerie Fragonard, à Grasse : jardin de plantes à parfums à Grasse, usine-laboratoire sur le superbe site d'Èze, pédagogique usine historique, orgues à parfums, c'est un enchantement !** *p. 254*

BRETAGNE
Les Offices de Tourisme de Bretagne présentent
LES SEMAINES DU TOURISME ÉCONOMIQUE ET DES SAVOIR-FAIRE
Le premier événement national dédié à la visite d'entreprise
Découvrez nos savoir-faire avec des visites exclusives partout en Bretagne.
Rendez-vous chaque année aux vacances de la Toussaint !
Retrouvez l'expérience la plus proche de chez vous sur
WWW.SEMAINES-TOURISME-ECONOMIQUE.BZH

15 **Se promener dans la jolie ville d'Obernai, enserrée dans ses remparts, et en profiter pour visiter la distillerie Lehmann, la plus ancienne d'Alsace encore en activité. Produits macérés, cuves de fermentation, salle des alambics, chais de vieillissement révèlent tous leurs secrets.** *p. 109*

© Distillerie Lehmann

16 **Glisser en douceur dans le monde du savon de Marseille à la superbe savonnerie Marius Fabre : du quai ferroviaire aux chaudrons de cuivre où l'on « cuisine » encore l'huile d'olive selon le procédé marseillais, de l'usine au musée du Savon, on baigne dans une atmosphère provençale. Et on devient littéralement incollable sur le sujet !** *p. 265*

© Agence Caméléon

17 **Remonter aux origines du jean, le « De Nîmes », à l'Atelier Tuffery de Florac.** **Coupé et cousu sous vos yeux, teinté à l'indigo naturel, mais rafraîchi au goût du jour dans ses modèles : l'essayer c'est l'adopter ! Une *success story* occitane.** *p. 225*

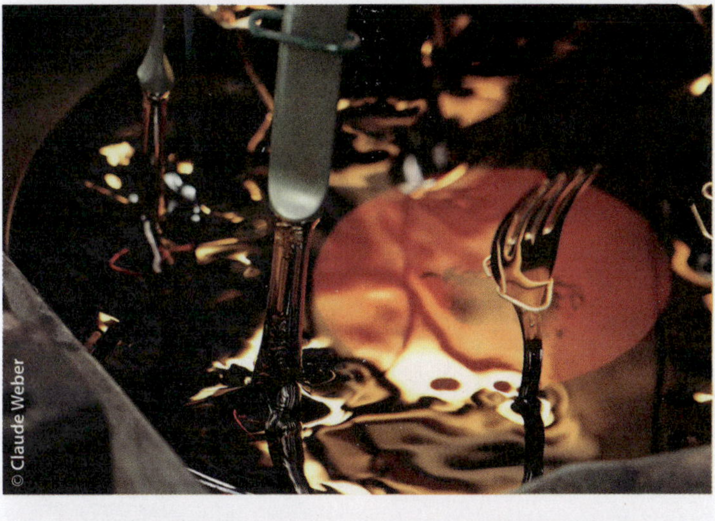

18 **Un matériau nouveau, des lignes nouvelles, une usine nouvelle : visiter l'usine Degrenne de Vire, dans le Calvados, c'est observer une révolution avant même des processus de fabrication ! Mais l'une ne va pas sans les autres… Un véritable voyage au cœur des 30 Glorieuses.**
p. 161

19 **Une visite exceptionnelle que celle de la Manufacture et du Musée de Sèvres, merveilleusement articulées. Quand le musée lumineux et pédagogique révèle toute la richesse des possibilités de la porcelaine, formes et couleurs, utilitaires et artistiques, la visite de la manufacture permet de comprendre leur processus de fabrication à travers 27 métiers différents. Entre fours à briques et moules en plâtre, on pénètre au cœur d'une tradition d'excellence depuis le XVIIIe siècle !** *p. 146*

20 **Une friandise pour la fin : à Bourg-Argental dans la Loire, on s'immerge dans un univers de douceurs en pénétrant dans la confiserie chocolaterie artisanale La Fabrique de Julien. Berlingots, guimauves, chocolats, sucettes… Atmosphère sucrée, couleurs acidulées… on retombe en enfance tout en s'initiant aux mystères de la gourmandise comme des gourmandises !** *p. 50*

Alaric Chagnard, sculpteur de masques
Brasserie Gallia
Aéroport de Roissy
Les coulisses du Stade de France
Ateliers de moulage du Grand Palais RMN
SEINE-ST-DENIS 93
p. 150
Placoplatre
HAUTS-DE-SEINE 92
p. 146
PARIS 75
Cité maraîchère de Romainville
VAL-DE-MARNE 94
p. 152
Manufactures nationales - Sèvres & Mobilier national
Téliane - Élevage d'ânesses laitières
Marché international de Rungis
Roseraie dpt de l'Haÿ-les-Roses
Atelier Bobin
Aéroport Paris-Orly
Domaine de Grosbois
ANGLETERRE
Manche
NORD
Manufacture de Parapluies
Cherbourg
Andra Centre de stockage de la Manche
EDF - Centrale nucléaire de Flamanville
Caramels d'Isigny
MANCHE 50
p. 165
Fonderie de cloches Cornille-Havard
La Ferme marine de Cancale
Mauviel 1830
L'Atelier du Cuivre
Degrenne
Ferme des Cara'Meuh
Maison Pèlerin
Saint-Malo
Maison Guella
Criée d'Erquy
Algoplus
Distillerie Warenghem
Grain de Sail
Biscuiterie-caramélerie confiturerie Brieuc
Baie des Caps
Atelier du verre
Brest
FINISTÈRE 29
p. 78
EDF (Centrale nucléaire en déconstruction) de Brennilis
Pinceaux Léonard
Tricots Saint-James
CÔTES-D'ARMOR 22
p. 76
EDF Usine marémotrice de la Rance
Domaine du Coquerel
Biscuiterie Marin-Coathalem
Conserverie Kerbriant
Faïencerie Henriot-Quimper
Roazhon Park - stade de Rennes
Rennes
Ouest France
Biscuiterie de la Pointe du Raz
Distillerie des Menhirs
Quimper
Céramiques de Cornouaille
MORBIHAN 56
p. 86
Roc'han Maille
ILLE-ET-VILAINE 35
p. 83
La Compagnie bretonne - Maison Furic
Conserverie Courtin
Le Minor
La Mine d'Or
Maison Yves Rocher - Musée immersif
Carabreizh
Criée du Guilvinec - Haliotika
Distillerie du Gorvello
Lorient
La Maison du Cidre
LOIRE-ATLANTIQUE 44
p. 233
La marée du jour
« Secrets de navires », aire de réparation et de construction navale
L'Huître La Toulverne - Au Rythme des Marées
Quiberon
Terre de sel
EDF - Centrale thermique de Cordemais
Le Fumoir
Conserverie la Belle-Iloise
Maison d'Armorine
Maison Lucas - Atelier de fumaison
Atelier coutellerie Morta
Nantes
St-Nazaire
Royal Mer
Airbus Atlantic Saint-Nazaire
Chantiers de l'Atlantique
Les coulisses du Hellfest
Grand port maritime de Nantes-Saint-Nazaire
Fromagerie Beillevaire
Le Curé Nantais
Faïencerie de Pornic
La Mie Câline
La Savonnerie de Marcel
Brioche Pasquier Cerqueux
OCÉAN ATLANTIQUE
VENDÉE 85
p. 249
Les Sables-d'Olonne
La criée des Sables
Le Chocolatier Sablais
La Rochelle
CHARENTE-MARITIME 17
50 km

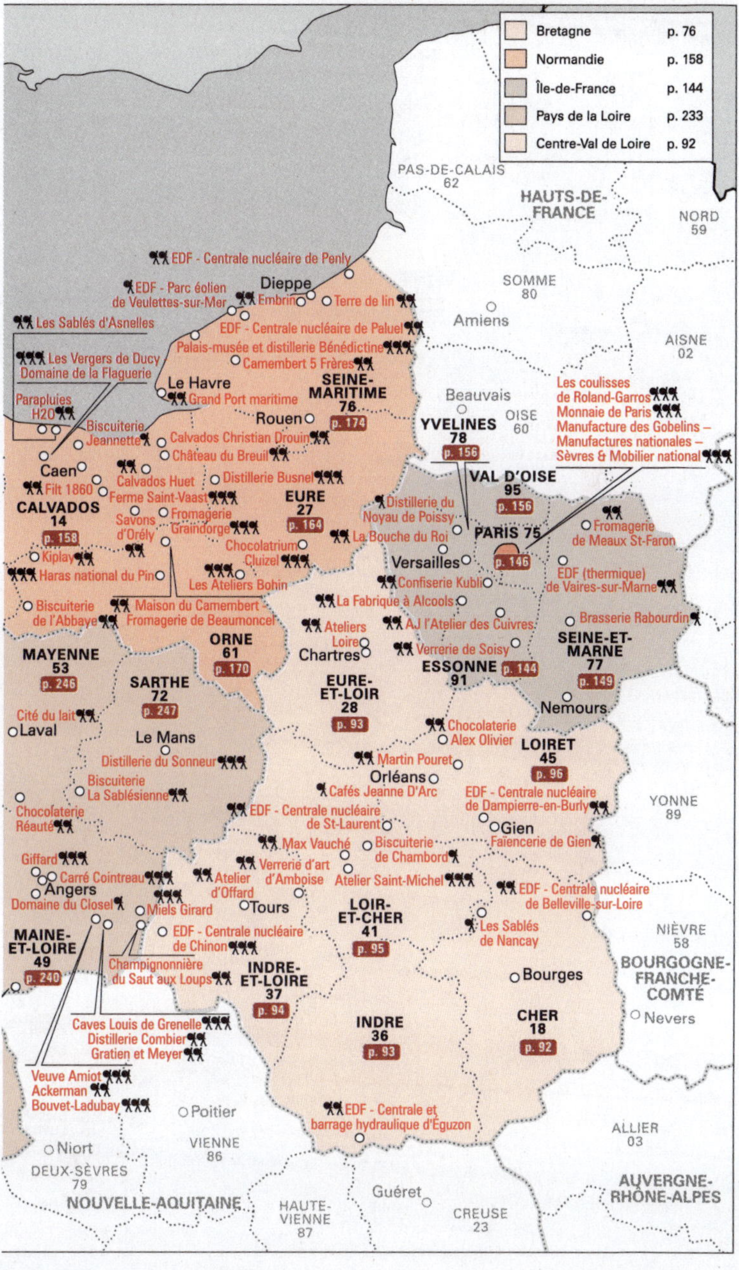

Bretagne p. 76
Normandie p. 158
Île-de-France p. 144
Pays de la Loire p. 233
Centre-Val de Loire p. 92
PAS-DE-CALAIS 62
HAUTS-DE-FRANCE
NORD 59
SOMME 80
AISNE 02
Amiens
Beauvais
OISE 60
EDF - Centrale nucléaire de Penly
EDF - Parc éolien de Veulettes-sur-Mer
Dieppe
Embrin
Terre de lin
Les Sablés d'Asnelles
EDF - Centrale nucléaire de Paluel
Palais-musée et distillerie Bénédictine
Les Vergers de Ducy
Domaine de la Flaguerie
Camembert 5 Frères
Le Havre
Grand Port maritime
SEINE-MARITIME 76
p. 174
Parapluies H2O
Biscuiterie Jeannette
Rouen
Calvados Christian Drouin
Château du Breuil
Caen
Calvados Huet
Distillerie Busnel
Filt 1860
Ferme Saint-Vaast
CALVADOS 14
p. 158
Savons d'Orély
Fromagerie Graindorge
EURE 27
p. 164
Chocolatrium Cluizel
Kiplay
Haras national du Pin
Les Ateliers Bohin
Biscuiterie de l'Abbaye
Maison du Camembert - Fromagerie de Beaumoncel
ORNE 61
p. 170
YVELINES 78
p. 156
VAL D'OISE 95
p. 156
Les coulisses de Roland-Garros
Monnaie de Paris
Manufacture des Gobelins – Manufactures nationales – Sèvres & Mobilier national
Distillerie du Noyau de Poissy
La Bouche du Roi
PARIS 75
p. 146
Versailles
Fromagerie de Meaux St-Faron
EDF (thermique) de Vaires-sur-Marne
Confiserie Kubli
La Fabrique à Alcools
Ateliers Loire
Chartres
AJ l'Atelier des Cuivres
Brasserie Rabourdin
Verrerie de Soisy
ESSONNE 91
p. 144
SEINE-ET-MARNE 77
p. 149
Nemours
MAYENNE 53
p. 246
SARTHE 72
p. 247
EURE-ET-LOIR 28
p. 93
Cité du lait
Laval
Le Mans
Chocolaterie Alex Olivier
LOIRET 45
p. 96
Distillerie du Sonneur
Martin Pouret
Orléans
Biscuiterie La Sablésienne
Cafés Jeanne D'Arc
EDF - Centrale nucléaire de Dampierre-en-Burly
YONNE 89
Chocolaterie Réauté
EDF - Centrale nucléaire de St-Laurent
Gien
Max Vauché
Biscuiterie de Chambord
Faïencerie de Gien
Giffard
Verrerie d'art d'Amboise
Carré Cointreau
Atelier d'Offard
Atelier Saint-Michel
EDF - Centrale nucléaire de Belleville-sur-Loire
Angers
Domaine du Closel
Miels Girard
Tours
LOIR-ET-CHER 41
p. 95
Les Sablés de Nancay
NIÈVRE 58
MAINE-ET-LOIRE 49
p. 240
EDF - Centrale nucléaire de Chinon
Champignonnière du Saut aux Loups
INDRE-ET-LOIRE 37
p. 94
Bourges
BOURGOGNE-FRANCHE-COMTÉ
Caves Louis de Grenelle
Distillerie Combier
Gratien et Meyer
INDRE 36
p. 93
CHER 18
p. 92
Nevers
Veuve Amiot
Ackerman
Bouvet-Ladubay
EDF - Centrale et barrage hydraulique d'Éguzon
Poitier
ALLIER 03
Niort
VIENNE 86
DEUX-SÈVRES 79
NOUVELLE-AQUITAINE
Guéret
HAUTE-VIENNE 87
CREUSE 23
AUVERGNE-RHÔNE-ALPES

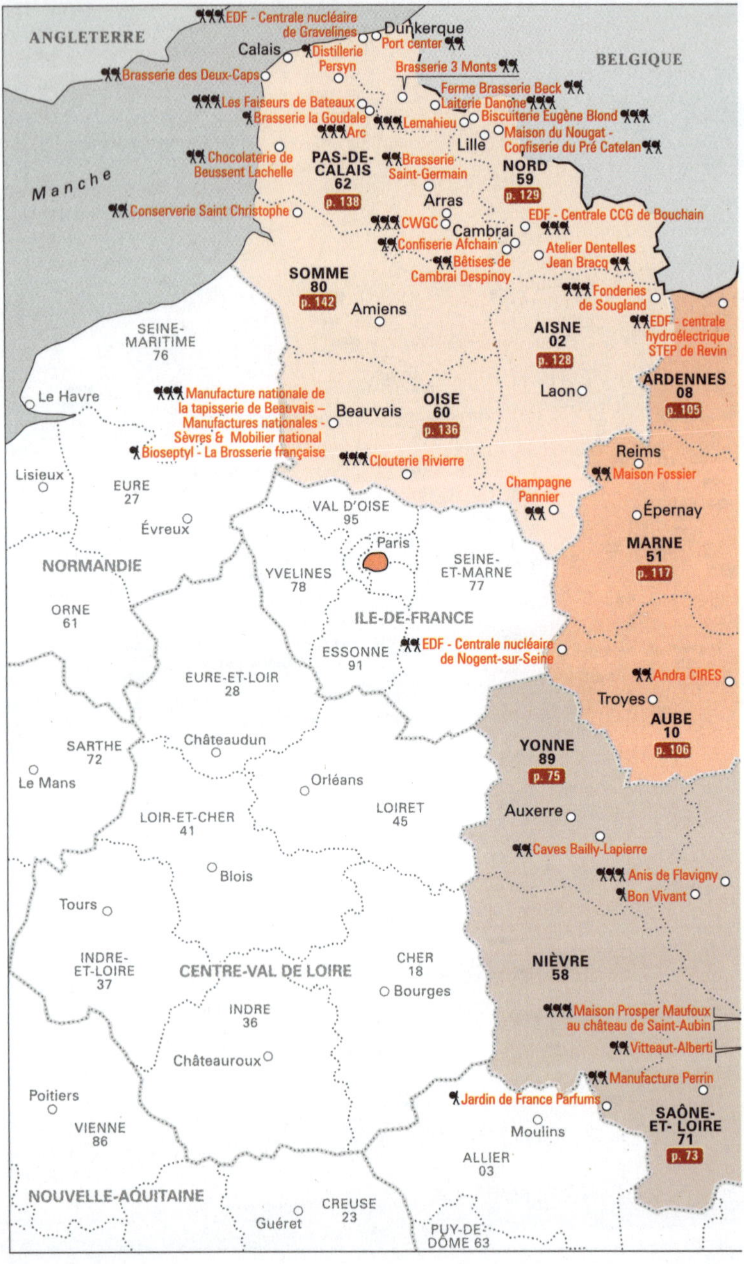
ANGLETERRE
EDF - Centrale nucléaire de Gravelines
Dunkerque
Port center
Calais
Distillerie Persyn
BELGIQUE
Brasserie des Deux-Caps
Brasserie 3 Monts
Ferme Brasserie Beck
Les Faiseurs de Bateaux
Laiterie Danone
Brasserie la Goudale
Lemahieu
Biscuiterie Eugène Blond
Arc
Maison du Nougat - Confiserie du Pré Catelan
Lille
Chocolaterie de Beussent Lachelle
PAS-DE-CALAIS 62
p. 138
Brasserie Saint-Germain
NORD 59
p. 129
Manche
Arras
Conserverie Saint Christophe
CWGC
Cambrai
EDF - Centrale CCG de Bouchain
Confiserie Afchain
Atelier Dentelles Jean Bracq
Bêtises de Cambrai Despinoy
SOMME 80
p. 142
Fonderies de Sougland
Amiens
EDF - centrale hydroélectrique STEP de Revin
SEINE-MARITIME 76
AISNE 02
p. 128
ARDENNES 08
p. 105
Laon
Le Havre
Manufacture nationale de la tapisserie de Beauvais – Manufactures nationales - Sèvres & Mobilier national
Beauvais
OISE 60
p. 136
Bioseptyl - La Brosserie française
Clouterie Rivierre
Reims
Maison Fossier
Lisieux
EURE 27
Champagne Pannier
VAL D'OISE 95
Épernay
Évreux
Paris
MARNE 51
p. 117
NORMANDIE
YVELINES 78
SEINE-ET-MARNE 77
ORNE 61
ILE-DE-FRANCE
EDF - Centrale nucléaire de Nogent-sur-Seine
ESSONNE 91
Andra CIRES
EURE-ET-LOIR 28
Troyes
AUBE 10
p. 106
SARTHE 72
Châteaudun
YONNE 89
p. 75
Le Mans
Orléans
LOIR-ET-CHER 41
LOIRET 45
Auxerre
Caves Bailly-Lapierre
Blois
Anis de Flavigny
Bon Vivant
Tours
INDRE-ET-LOIRE 37
CENTRE-VAL DE LOIRE
CHER 18
NIÈVRE 58
Bourges
INDRE 36
Maison Prosper Maufoux au château de Saint-Aubin
Vitteaut-Alberti
Châteauroux
Manufacture Perrin
Poitiers
Jardin de France Parfums
VIENNE 86
Moulins
SAÔNE-ET-LOIRE 71
p. 73
ALLIER 03
NOUVELLE-AQUITAINE
CREUSE 23
Guéret
PUY-DE-DÔME 63

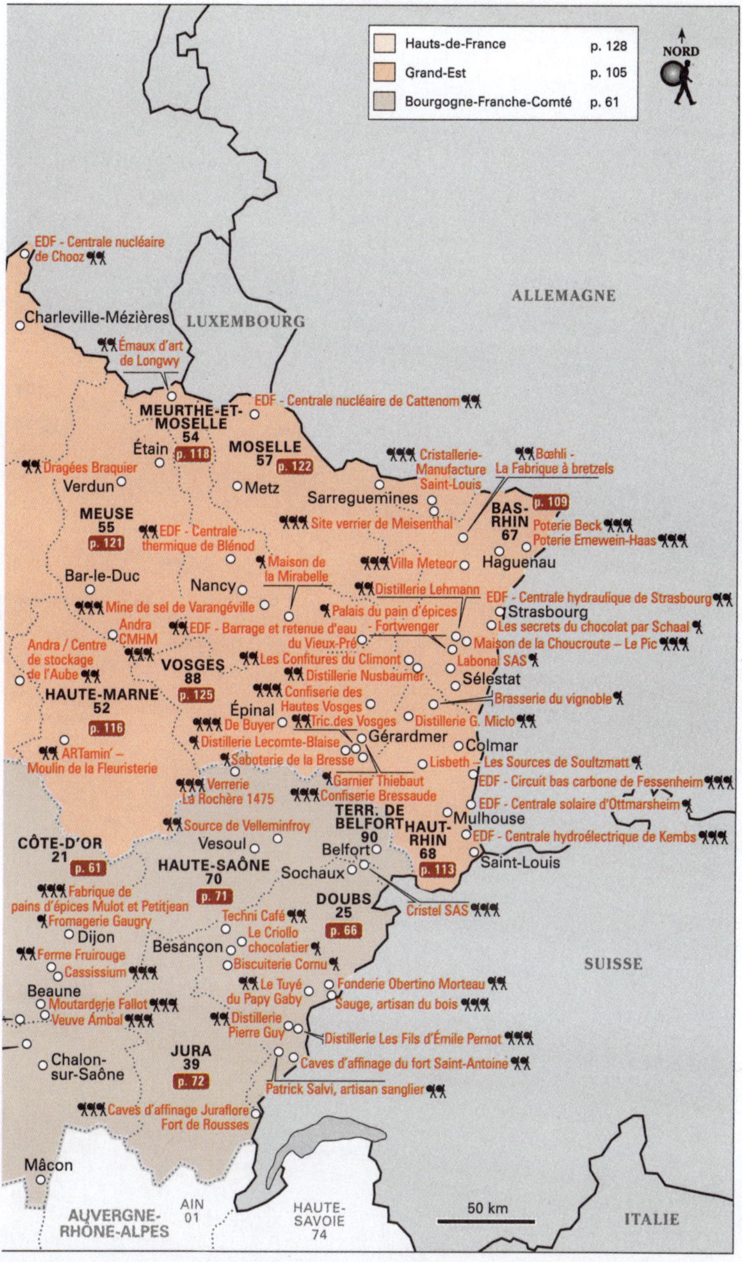

Hauts-de-France p. 128
Grand-Est p. 105
Bourgogne-Franche-Comté p. 61
NORD
ALLEMAGNE
LUXEMBOURG
SUISSE
ITALIE
EDF - Centrale nucléaire de Chooz
Charleville-Mézières
Émaux d'art de Longwy
MEURTHE-ET-MOSELLE 54
p. 118
EDF - Centrale nucléaire de Cattenom
MOSELLE 57
p. 122
Étain
Dragées Braquier
Verdun
Metz
Cristallerie-Manufacture Saint-Louis
Bœhli - La Fabrique à bretzels
Sarreguemines
p. 109
MEUSE 55
p. 121
EDF - Centrale thermique de Blénod
Site verrier de Meisenthal
BAS-RHIN 67
Poterie Beck
Poterie Ernewein-Haas
Maison de la Mirabelle
Villa Meteor
Haguenau
Bar-le-Duc
Nancy
Distillerie Lehmann
EDF - Centrale hydraulique de Strasbourg
Mine de sel de Varangéville
Palais du pain d'épices - Fortwenger
Strasbourg
Andra CMHM
EDF - Barrage et retenue d'eau du Vieux-Pré
Les secrets du chocolat par Schaal
Andra / Centre de stockage de l'Aube
Maison de la Choucroute – Le Pic
VOSGES 88
Les Confitures du Climont
Labonal SAS
p. 125
Distillerie Nusbaumer
Sélestat
HAUTE-MARNE 52
Confiserie des Hautes Vosges
Brasserie du vignoble
Épinal
p. 116
De Buyer
Tric.des Vosges
Distillerie G. Miclo
Distillerie Lecomte-Blaise
Gérardmer
Colmar
ARTamin' – Moulin de la Fleuristerie
Saboterie de la Bresse
Lisbeth – Les Sources de Soultzmatt
Garnier Thiebaut
EDF - Circuit bas carbone de Fessenheim
Verrerie La Rochère 1475
Confiserie Bressaude
TERR. DE BELFORT 90
EDF - Centrale solaire d'Ottmarsheim
Mulhouse
HAUT-RHIN 68
Source de Velleminfroy
EDF - Centrale hydroélectrique de Kembs
CÔTE-D'OR 21
Vesoul
Belfort
p. 61
HAUTE-SAÔNE 70
Saint-Louis
p. 113
Sochaux
Fabrique de pains d'épices Mulot et Petitjean
p. 71
DOUBS 25
Cristel SAS
Fromagerie Gaugry
Techni Café
p. 66
Dijon
Le Criollo chocolatier
Besançon
Ferme Fruirouge
Biscuiterie Cornu
Cassissium
Beaune
Le Tuyé du Papy Gaby
Fonderie Obertino Morteau
Moutarderie Fallot
Sauge, artisan du bois
Veuve Ambal
Distillerie Pierre Guy
Distillerie Les Fils d'Émile Pernot
JURA 39
Chalon-sur-Saône
Caves d'affinage du fort Saint-Antoine
p. 72
Patrick Salvi, artisan sanglier
Caves d'affinage Juraflore Fort de Rousses
Mâcon
AIN 01
HAUTE-SAVOIE 74
AUVERGNE-RHÔNE-ALPES
50 km

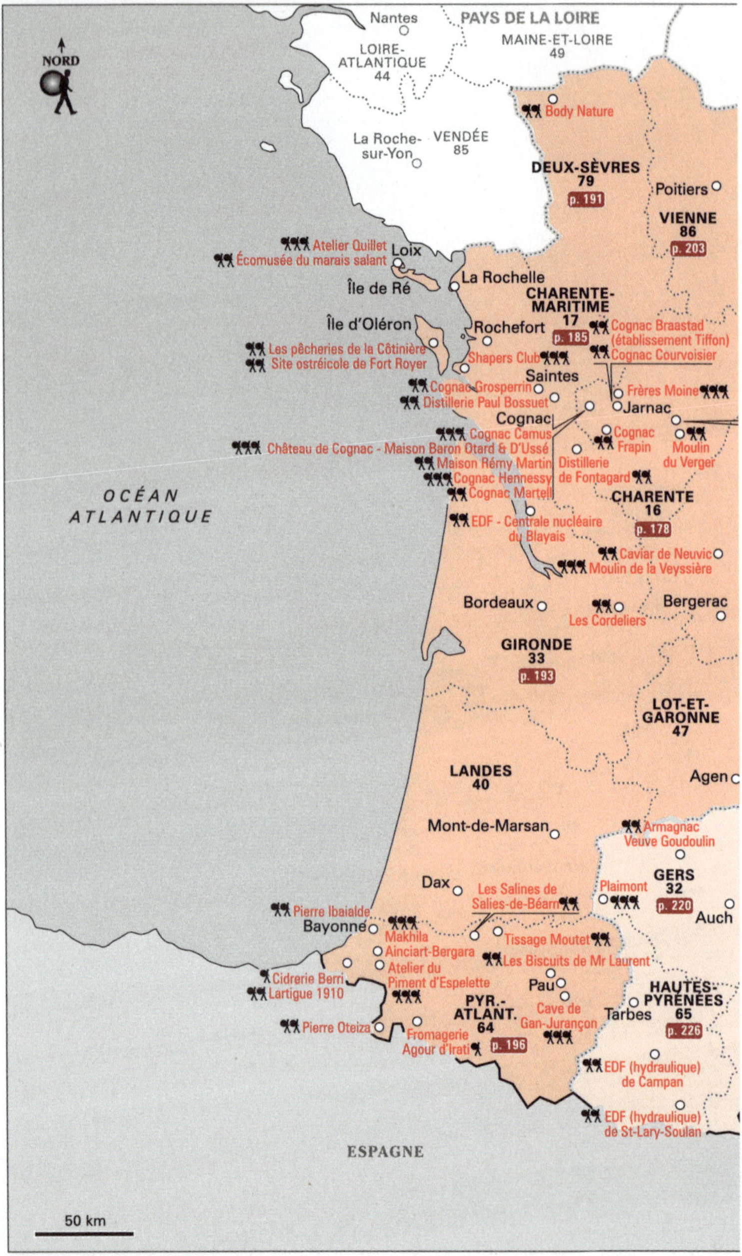
NORD
Nantes
PAYS DE LA LOIRE
LOIRE-ATLANTIQUE 44
MAINE-ET-LOIRE 49
Body Nature
La Roche-sur-Yon
VENDÉE 85
DEUX-SÈVRES 79
p. 191
Poitiers
VIENNE 86
p. 203
Atelier Quillet
Écomusée du marais salant
Loix
Île de Ré
La Rochelle
CHARENTE-MARITIME 17
p. 185
Île d'Oléron
Rochefort
Cognac Braastad (établissement Tiffon)
Les pêcheries de la Côtinière
Site ostréicole de Fort Royer
Shapers Club
Cognac Courvoisier
Saintes
Cognac Grosperrin
Frères Moine
Distillerie Paul Bossuet
Jarnac
Cognac
Cognac Camus
Cognac Frapin
Moulin du Verger
Château de Cognac - Maison Baron Otard & D'Ussé
Maison Rémy Martin
Distillerie de Fontagard
Cognac Hennessy
Cognac Martell
CHARENTE 16
p. 178
OCÉAN ATLANTIQUE
EDF - Centrale nucléaire du Blayais
Caviar de Neuvic
Moulin de la Veyssière
Bordeaux
Les Cordeliers
Bergerac
GIRONDE 33
p. 193
LOT-ET-GARONNE 47
LANDES 40
Agen
Mont-de-Marsan
Armagnac Veuve Goudoulin
Dax
Les Salines de Salies-de-Béarn
Plaimont
GERS 32
p. 220
Auch
Pierre Ibaialde
Bayonne
Makhila
Tissage Moutet
Ainciart-Bergara
Les Biscuits de Mr Laurent
Atelier du Piment d'Espelette
Cidrerie Berri
Lartigue 1910
Pau
PYR.-ATLANT. 64
p. 196
Cave de Gan-Jurançon
Tarbes
HAUTES-PYRÉNÉES 65
p. 226
Pierre Oteiza
Fromagerie Agour d'Irati
EDF (hydraulique) de Campan
EDF (hydraulique) de St-Lary-Soulan
ESPAGNE
50 km

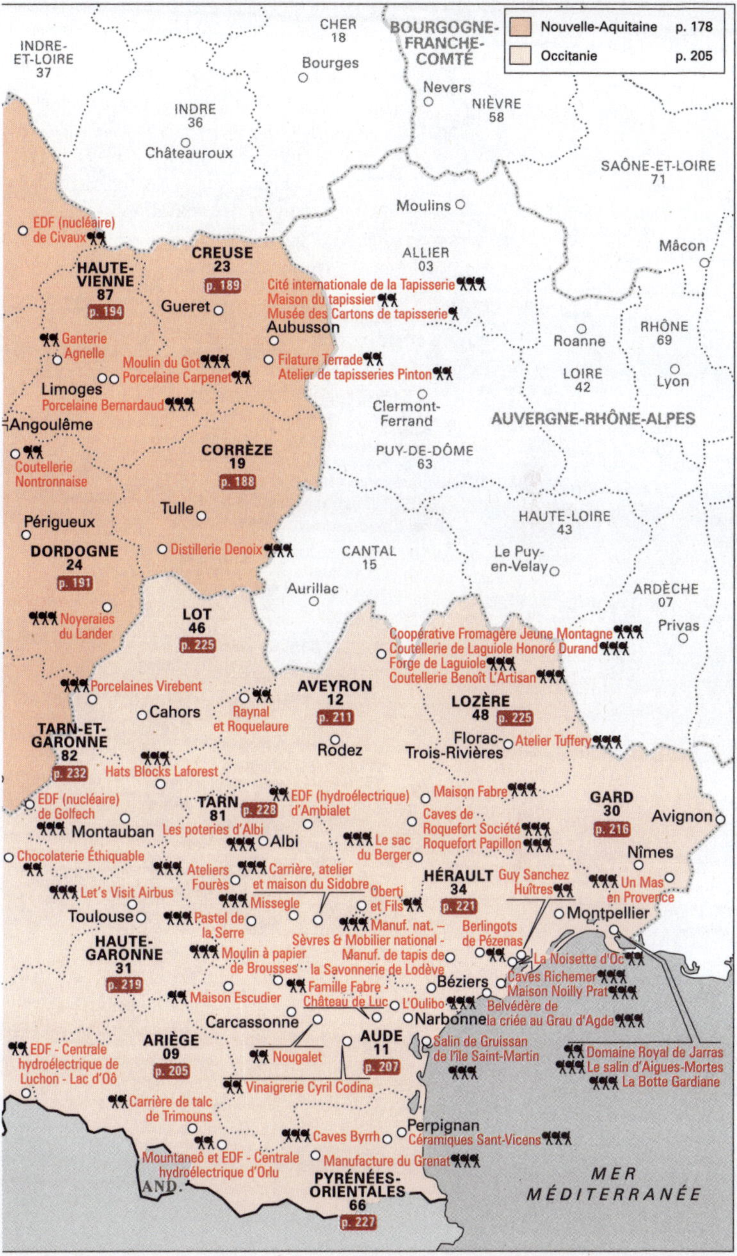
Nouvelle-Aquitaine p. 178
Occitanie p. 205
INDRE-ET-LOIRE 37
CHER 18
BOURGOGNE-FRANCHE-COMTÉ
Bourges
Nevers
NIÈVRE 58
INDRE 36
Châteauroux
SAÔNE-ET-LOIRE 71
Moulins
EDF (nucléaire) de Civaux
CREUSE 23
p. 189
ALLIER 03
Mâcon
HAUTE-VIENNE 87
p. 194
Gueret
Cité internationale de la Tapisserie
Maison du tapissier
Musée des Cartons de tapisserie
Aubusson
Roanne
RHÔNE 69
Ganterie Agnelle
Moulin du Got
Porcelaine Carpenet
Filature Terrade
Atelier de tapisseries Pinton
LOIRE 42
Lyon
Limoges
Porcelaine Bernardaud
Clermont-Ferrand
AUVERGNE-RHÔNE-ALPES
Angoulême
CORRÈZE 19
p. 188
PUY-DE-DÔME 63
Coutellerie Nontronnaise
Tulle
HAUTE-LOIRE 43
Périgueux
DORDOGNE 24
p. 191
Distillerie Denoix
CANTAL 15
Le Puy-en-Velay
Aurillac
ARDÈCHE 07
Noyeraies du Lander
LOT 46
p. 225
Coopérative Fromagère Jeune Montagne
Coutellerie de Laguiole Honoré Durand
Forge de Laguiole
Coutellerie Benoît L'Artisan
Privas
Porcelaines Virebent
Raynal et Roquelaure
AVEYRON 12
p. 211
LOZÈRE 48
p. 225
Cahors
TARN-ET-GARONNE 82
p. 232
Rodez
Florac-Trois-Rivières
Atelier Tuffery
Hats Blocks Laforest
EDF (nucléaire) de Golfech
TARN 81
p. 228
EDF (hydroélectrique) d'Ambialet
Maison Fabre
GARD 30
p. 216
Caves de Roquefort Société
Roquefort Papillon
Avignon
Montauban
Les poteries d'Albi
Albi
Le sac du Berger
Nîmes
Chocolaterie Éthiquable
Ateliers Fourès
Carrière, atelier et maison du Sidobre
HÉRAULT 34
p. 221
Guy Sanchez Huîtres
Un Mas en Provence
Let's Visit Airbus
Missegle
Oberti et Fils
Montpellier
Toulouse
Pastel de la Serre
Manuf. nat. – Sèvres & Mobilier national - Manuf. de tapis de la Savonnerie de Lodève
Berlingots de Pézenas
HAUTE-GARONNE 31
p. 219
Moulin à papier de Brousses
La Noisette d'Oc
Caves Richemer
Maison Noilly Prat
Famille Fabre - Château de Luc
Béziers
Maison Escudier
L'Oulibo
Belvédère de la criée au Grau d'Agde
Carcassonne
Narbonne
ARIÈGE 09
p. 205
AUDE 11
p. 207
Salin de Gruissan de l'île Saint-Martin
EDF - Centrale hydroélectrique de Luchon - Lac d'Oô
Nougalet
Domaine Royal de Jarras
Le salin d'Aigues-Mortes
La Botte Gardiane
Vinaigrerie Cyril Codina
Carrière de talc de Trimouns
Perpignan
Caves Byrrh
Céramiques Sant-Vicens
Mountaneô et EDF - Centrale hydroélectrique d'Orlu
Manufacture du Grenat
AND.
PYRÉNÉES-ORIENTALES 66
p. 227
MER MÉDITERRANÉE

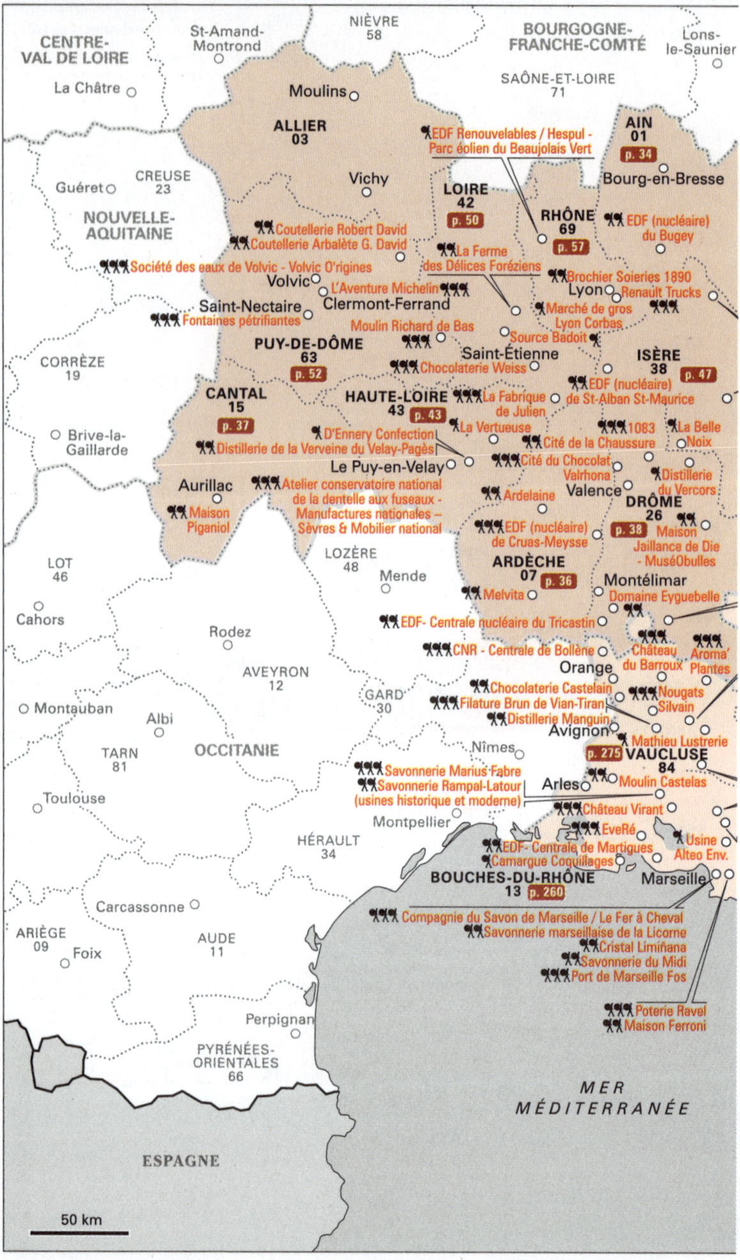
CENTRE-VAL DE LOIRE
La Châtre
St-Amand-Montrond
NIÈVRE 58
BOURGOGNE-FRANCHE-COMTÉ
Lons-le-Saunier
SAÔNE-ET-LOIRE 71
Moulins
ALLIER 03
EDF Renouvelables / Hespul - Parc éolien du Beaujolais Vert
AIN 01
p. 34
Bourg-en-Bresse
Guéret
CREUSE 23
Vichy
LOIRE 42
p. 50
RHÔNE 69
p. 57
EDF (nucléaire) du Bugey
NOUVELLE-AQUITAINE
Coutellerie Robert David
Coutellerie Arbalète G. David
La Ferme des Délices Foréziens
Société des eaux de Volvic - Volvic O'rigines
Volvic
L'Aventure Michelin
Brochier Soieries 1890
Lyon
Renault Trucks
Saint-Nectaire
Clermont-Ferrand
Marché de gros Lyon Corbas
Fontaines pétrifiantes
Moulin Richard de Bas
Source Badoit
PUY-DE-DÔME 63
p. 52
Saint-Étienne
CORRÈZE 19
Chocolaterie Weiss
ISÈRE 38
p. 47
CANTAL 15
p. 37
HAUTE-LOIRE 43
p. 43
La Fabrique de Julien
EDF (nucléaire) de St-Alban St-Maurice
D'Ennery Confection
La Vertueuse
1083
La Belle Noix
Brive-la-Gaillarde
Distillerie de la Verveine du Velay-Pagès
Cité de la Chaussure
Le Puy-en-Velay
Cité du Chocolat Valrhona
Distillerie du Vercors
Aurillac
Atelier conservatoire national de la dentelle aux fuseaux - Manufactures nationales – Sèvres & Mobilier national
Ardelaine
Valence
DRÔME 26
Maison Piganiol
EDF (nucléaire) de Cruas-Meysse
p. 38
Maison Jaillance de Die - MuséObulles
LOT 46
LOZÈRE 48
ARDÈCHE 07
p. 36
Mende
Montélimar
Melvita
Domaine Eyguebelle
Cahors
EDF- Centrale nucléaire du Tricastin
Rodez
CNR - Centrale de Bollène
Château du Barroux
Aroma' Plantes
Orange
AVEYRON 12
Chocolaterie Castelain
Nougats Silvain
GARD 30
Montauban
Filature Brun de Vian-Tiran
Albi
Distillerie Manguin
Avignon
Mathieu Lustrerie
TARN 81
OCCITANIE
Nîmes
p. 275
VAUCLUSE 84
Savonnerie Marius Fabre
Savonnerie Rampal-Latour (usines historique et moderne)
Arles
Moulin Castelas
Toulouse
Château Virant
Montpellier
EveRé
Usine Alteo Env.
HÉRAULT 34
EDF- Centrale de Martigues
Camargue Coquillages
BOUCHES-DU-RHÔNE 13
p. 260
Marseille
Carcassonne
Compagnie du Savon de Marseille / Le Fer à Cheval
Savonnerie marseillaise de la Licorne
ARIÈGE 09
Foix
AUDE 11
Cristal Limiñana
Savonnerie du Midi
Port de Marseille Fos
Poterie Ravel
Maison Ferroni
Perpignan
PYRÉNÉES-ORIENTALES 66
MER MÉDITERRANÉE
ESPAGNE
50 km

Auvergne-Rhône-Alpes p. 34
Provence-Alpes-Côte d'Azur p. 251
Corse p. 99
NORD
JURA 39
SUISSE
ITALIE
SIVALOR - Centre d'Immersion éducatif et ludique
Évian expérience
Les Délices d'Alpage
Genève
HAUTE-SAVOIE 74
p. 45
CNR - Barrage-centrale de Génissiat
Annecy
Distillerie des Aravis
Fonderie Paccard
Coopérative laitière du Beaufortain
Brasserie des Cimes
Chambéry
Filature Arpin
SAVOIE 73
p. 58
EDF (nucléaire en déconstruction) de Creys-Malville
Caves de la Chartreuse
Grenoble
Musée EDF Hydrélec
EDF - Barrage de Monteynard-Avignonet
HAUTES-ALPES 05
p. 272
EDF-Barrage du Sautet
EDF (hydraulique) de Serre-Ponçon
Gap
Distillerie Bleu Provence
Distillerie Lachanenche
La Scourtinerie
Moulin Richard
Caramèlerie de Mane
ALPES-DE-HAUTE-PROVENCE 04
p. 251
ALPES-MARITIMES 06
p. 254
Ôkhra, écomusée de l'Ocre
Chocolaterie de Banon
Digne
Comtes de Provence – Agro'Novae
Confiserie Florian des Gorges du Loup
1
Distilleries et Domaines de Provence
La Maison du Citron
Écomusée l'Olivier
Parfumerie Fragonard : l'usine laboratoire
Chantier ITER
L'Occitane en Provence
Parfumerie Galimard
Nice
Confiserie Florian de Nice
Moulin Bastide du Laval
Verrerie de Biot
Chocolaterie de Puyricard
Draguignan
Atelier du Savon
Cannes
Domaine Terre de Mistral
VAR 83
p. 273
Fréjus
Parfumerie Fragonard : l'usine historique et la Fabrique de fleurs
Parfumerie Galimard
Parfumerie Molinard
Quai Sud - L'Épicerie de Provence
Toulon
Pépinière Cavatore
Cassis
2CV Méhari Club Cassis
Aix-en-Provence
Confiserie Léonard Parli
Confiserie du Roy René
Santons Fouque
Société du canal de Provence
1 Caramèlerie de Mane
Bastia
Châtaigneraie A Nebbiulinca
Brasserie Pietra
Eaux de Zilia
HAUTE-CORSE 2B
p. 99
Realia Cosmetic
Fromagerie Xavier Baldovini
Domaine Mavela
Domaine Amuredda
Corsica PAM
Ajaccio
L'Usu Corsu
CORSE DU SUD 2A
p. 103
U Porcu Ranger

AUVERGNE-RHÔNE-ALPES

• Carte *p. 32*

Ici comme ailleurs, la porte d'entrée de la visite d'entreprise la plus séduisante est celle de l'alimentaire, et il y en a pour tous les goûts : le sucré avec la *Cité du chocolat Valrhona,* les ateliers de la *chocolaterie Weiss,* les berlingots élaborés dans la *Fabrique de Julien ;* le salé avec la *Coopérative laitière du Beaufortain* (1er producteur national de beaufort), ou l'*huile des olives de Nyons.* Tout ceci arrosé par les grandes marques d'eaux minérales régionales : *Badoit, Évian, Volvic,* ou par une clairette de Die. Et on conclut avec une liqueur – les montagnes sont riches en plantes qu'on distille – voire une *chartreuse,* dans les plus grandes caves à liqueurs du monde !
Mais la région sait aussi surprendre avec des visites d'entreprise uniques, comme celles des *fontaines pétrifiantes de Saint-Nectaire,* exploitation économique d'un phénomène géologique fascinant, du *Moulin Richard de Bas,* à Ambert, imprimeur du texte de la Constitution française de la Ve République, *de la Scourtinerie* qui tisse des filtres pour les moulins à huile, ou le *parapluie d'Aurillac* qui a son propre label ! Et pourquoi pas le retraitement des ordures ménagères (et oui !) avec *Sivalor ?*
Au plus près du corps, on a le choix entre la laine des *coopératives Ardelaine,* le réputé drap de Bonneval de la *Filature Arpin* ou la dentelle de *l'Atelier conservatoire national de la dentelle au fuseau du Puy-en-Velay.* On complète avec les jeans de *1083* et les chaussures de la Cité de la Chaussure à Romans-sur-Isère.
Et côté énergie, nous sommes au royaume de l'hydraulique, avec les *barrages EDF sur le Drac* ou le *barrage-centrale de la Compagnie nationale du Rhône* (CNR) à Génissiat. En complément, de puissantes centrales nucléaires ; les plus intéressés visiteront celle de Tricastin, la seule en France où l'on procède à l'enrichissement de l'uranium.

AIN (01)

CNR – Barrage-centrale de Génissiat : *Centrale Léon-Perrier, rue Marcel-Paul, 01200* ***INJOUX-GÉNISSIAT.*** *☎ 04-78-95-71-78. • lescircuitsdelenergie.fr • À partir de 8 ans. Visite guidée seulement. Avr-oct, tlj sur résa sur le site internet. Tarif : 10 € ; 8-18 ans 5 € ; étudiants, demandeurs d'emploi, accompagnateurs de personnes handicapées 5 € ; forfaits famille de 25 à 40 € selon le nombre d'enfants. Durée de la visite : 2h. Visite de groupe à partir de 15 pers. De mi-fév à mi-déc, tlj sur résa sur le site internet. Tarif : 8 €/pers ; scolaires gratuit. Durée de la visite : 2h. Chaussures plates et fermées obligatoires.*

À cheval entre l'Ain et la Haute-Savoie, à 120 km de Lyon et à 40 km de Genève, voici un ensemble industriel exceptionnel par son ***caractère monumental*** et son rôle dans l'histoire énergétique française de l'après-guerre. À son inauguration en 1948, après 11 ans d'un chantier titanesque, c'est le plus grand barrage hydroélectrique d'Europe. Il alimente alors Paris en électricité et installe la ***Compagnie nationale du Rhône*** parmi les grands aménageurs de fleuves. Aujourd'hui, il assure une production d'énergie annuelle qui représente 10 % de la production totale du Rhône et la consommation électrique de 700 000 foyers. On découvre le ***fleuve Rhône*** depuis sa source en Suisse jusqu'à son passage à Génissiat grâce à un ***film immersif*** qui suit le parcours d'une goutte d'eau jusqu'aux entrailles du barrage.

La visite permet d'observer le ***fonctionnement de l'ouvrage et de la centrale,*** ainsi que le travail de ceux qui l'entretiennent, le modernisent et l'exploitent pour produire de l'électricité 100 % renouvelable à partir de l'eau. Le visiteur comprendra comment se produit l'électricité en s'approchant au plus près des turbines, des alternateurs et de la salle de commande. Dans la grande galerie d'exposition, l'histoire du barrage de Génissiat depuis sa construction à son activité est expliquée et permet de comprendre l'équilibre entre l'activité industrielle et le respect de l'environnement.

Le + : le parcours extérieur libre pour apprécier la biodiversité locale.

Label : France savoir-faire d'excellence.

LE « NIAGARA FRANÇAIS »

Lorsqu'en 1948, Vincent Auriol, alors président de la République, inaugure le barrage de Génissiat, il le qualifie de « Niagara français ». Une image difficilement compréhensible quand on visite classiquement le barrage de Génissiat : en temps normal, l'eau ne chute pas, restant sagement dans les conduites alimentant les alternateurs. Mais pour certains VIP, on pimente les visites en dirigeant une partie de l'eau retenue derrière le barrage vers le déversoir, sorte de toboggan géant où l'eau va chuter de façon spectaculaire... comme les chutes américaines du Niagara !

EDF – Centrale nucléaire du Bugey : *RD 20 (entre Loyettes et Saint-Vulbas), 01150* ***SAINT-VULBAS.*** *☎ 04-81-52-80-00. • edf.fr/bugey • ♿ Espace EDF Odyssélec, 1er sam du mois 14h-17h30. Entrée libre. Visite guidée de la centrale sur résa, à partir de 12 ans. Durée de la visite : 3h. GRATUIT. Pour les inscriptions, voir sur le site • edf.fr/visiteredf •*

La centrale du Bugey produit chaque année l'équivalent de 40 % de la consommation d'électricité de la région Rhône-Alpes, soit 5 % de la consommation française totale. Elle se compose de ***4 réacteurs de 900 MWe chacun.*** Les unités nos 2 et 3, dont la partie non nucléaire est refroidie directement par l'eau du Rhône, ont démarré en 1978. Les unités nos 4 et 5 sont, quant à elles, refroidies par des tours aéroréfrigérantes en forme de diabolo de 128 m de hauteur. Elles ont démarré en 1979.

Vous pourrez comprendre le fonctionnement d'une centrale nucléaire grâce à une conférence et aux modules pédagogiques et interactifs du ***Centre d'information du public.*** Cet espace vous accueille dans ses 200 m² dédiés à l'énergie. Des thèmes variés sont présentés à travers un parcours ludique et interactif.

Les + :

– Ateliers pédagogiques proposés aux enfants pour leur faire découvrir toutes les facettes de l'énergie (modes de production d'électricité, préservation des ressources...).

– Animations et conférences gratuites tout au long de l'année. *Rens par tél ou mail à • bugey-cip@edf.fr •*

– La centrale du Bugey participe aux ***Journées européennes du patrimoine, Fête de la science, Semaine de l'industrie et Fête de la nature,*** des moments exceptionnels où l'on peut entrer dans la centrale et découvrir les coulisses de la production d'électricité. *Pour plus d'infos : • edf.fr/bugey •*

SIVALOR – Centre d'immersion éducatif et ludique : *5, chemin du Tapey, Z.I. d'Arlod, 01200* ***VALSERHÔNE.*** *☎ 04-50-56-67-30. • sivalor.org/je-visite/ •*

Visite guidée le dernier mer du mois, pour les individuels et les groupes de moins de 15 pers. Résa obligatoire sur le site. GRATUIT. Durée de la visite : 1h45.
Derrière l'acronyme CIEL (Centre d'immersion éducatif et ludique), se cache une ***usine de valorisation de déchets ménagers.*** À travers une scénographie de son et de lumière, la visite permet de comprendre le circuit des ordures ménagères qui se transforment en énergie. C'est aussi l'occasion de revoir ses ***habitudes de tri,*** et même de ***prévention des déchets.***

ARDÈCHE (07)

Ardelaine : *07190* ***SAINT-PIERREVILLE.*** *☎ 04-75-66-63-08. • ardelaine.fr • Tlj 10h-18h (20h, 13 juil-25 août). Visite guidée tlj, voir calendrier sur le site internet. Tarif : 9,50-21 € (1-3 parcours) ; réduc. Visite de groupe sur rdv, pour 10-100 pers. Tarif : à partir de 6,50 € selon parcours choisi. Durée de la visite : 1h30 à 5h selon parcours choisi.* ***Boutique :*** *tlj 10h-18h (20h en juil-août).*
Ardelaine fabrique au cœur de l'Ardèche des articles pure laine, écologiques et solidaires. Le mouton est un animal à poil laineux, ça, tout le monde le sait. Mais on sait moins que d'une race à une autre, l'animal sera plus apprécié pour sa laine, pour sa viande ou pour son lait – de brebis, bien sûr ! C'est ce qu'on apprend ici, car ***Ardelaine*** tond près de 50 000 moutons tous les ans.
Ardelaine, c'est d'abord la ***découverte de la filière laine,*** grâce à une visite très instructive, dans un ***musée bien vivant.*** L'équipe très dynamique présente, selon la visite choisie, plusieurs races d'ovins et leur élevage. Un ***parcours au cœur des ateliers de production*** vous fait suivre ***toute la chaîne de la laine,*** de la matière première brute au produit fini, depuis le secteur « amont » avec les machines à carder et filer, en passant au cœur du moulin et l'ancienne filature, jusqu'aux ateliers de fabrication de matelas, couettes, oreillers, ou encore les processus qui ont amené la mécanisation du travail de la laine. Tonte, lavage, cardage, filage n'auront plus de secret pour vous. Mais Ardelaine, c'est aussi ***un projet de développement économique et social,*** à travers une entreprise organisée en coopératives, qui a choisi de placer l'humain au cœur de son projet économique et de participer à la revitalisation du tissu économique local.
Les articles en laine produits sur place sont vendus sur place dans la boutique. Et comme rien ne se perd, rien ne se crée, tout se transforme, on peut également déguster ces attendrissantes bestioles au restaurant *La Cerise sur l'Agneau,* qui propose une cuisine locale de qualité à base de produits frais.
Les + : animations, ateliers.
Label : Entreprise du Patrimoine Vivant.

EDF – Centrale nucléaire de Cruas-Meysse : *CNPE de Cruas-Meysse, La Plaine, 07350* ***CRUAS.*** *☎ 04-75-49-30-46. • edf.fr/cruas-meysse • ♿ Espace Odyssélec, entrée libre et gratuite, ts les mer 13h-17h ou sur rdv. Visite guidée de la centrale, voir sur le site • edf.fr/visiteredf • GRATUIT. Durée de la visite : 2h.*
La centrale EDF de Cruas-Meysse comporte ***4 réacteurs nucléaires de 900 MWe*** chacun, mis en service en 1984 et 1985. Elle inclut également ***2 éoliennes,*** de 3 MWe chacune. La production de la centrale représente environ 7 % de la consommation française annuelle, ou 40 % des besoins de la région Rhône-Alpes. Ses réacteurs sont refroidis par l'eau du Rhône et par 4 tours aéroréfrigérantes en forme de diabolo. Sur l'une d'elles a été réalisée, en 1991, une ***fresque murale*** de 13 500 m^2 et 155 m de hauteur, ***sur le thème de l'écologie.***
L'espace d'accueil du public propose des modules et des maquettes interactives présentant la production d'électricité et son histoire, la protection de l'environnement et les économies d'énergie. Des conférenciers sont disponibles

pour vous guider dans un parcours ludique sur l'énergie.

Les + :

– Animations et conférences tout au long de l'année.

– Animations gratuites pour les enfants et circuits à vélo autour du site, pendant les vacances scolaires. *Rens par tél ou par mail : ● cruas-com-visites@edf.fr ●*

– Pendant la période estivale, un spectacle lumière habille l'une des tours de refroidissement de la centrale.

Label : France savoir-faire d'excellence.

« LE VERSEAU » DANS LES NUÉES

Depuis 1991, qui descend vers le sud pour les vacances par l'A 7, « l'autoroute du soleil », a forcément croisé cette fresque géante (13 500 m² !), qui embellit l'un des diabolos de la centrale nucléaire... Elle représente un jeune enfant comme sur une plage, une coquille à la main. Pour Jean-Marie Pierret, cette œuvre fait « référence au mythe du Verseau, à la présence de l'eau dans le schiste ardéchois, à l'idée de fusion et de refroidissement conjugués au cœur même de la peinture ». Un superbe symbole de la fonction réfrigérante de cette tour, d'où l'eau ne cesse de s'évaporer sous forme de nuages.

Melvita : *4595, route d'Aubenas, La Fontaine-du-Cade, 07150* ***LAGORCE.*** *☎ 04-75-88-78-00. ● melvita.fr ● ♿ (appeler avt). Visites guidées seulement, tte l'année, sur résa par tél ou sur le site internet. Visite de groupe sur rdv, jusqu'à 19 pers. Résa par tél ou sur le site ● visite-melvita-lagorce.addock.co/ ● Tarif : 4 €, gratuit moins de 16 ans. Durée de la visite : 45 mn.* ***Boutique :*** *tlj lun-sam 10h-18h30.*

Amoureux des grands espaces sauvages, Bernard Chevilliat et son frère s'installent en Ardèche dans une ferme isolée en pleine nature, en 1977, après des études de biologie. L'***apiculture transhumante*** devient très vite leur activité principale et ils « conduisent » plus de 500 ruches. Bientôt rejoints par Nûriël, l'épouse de Bernard, ils se diversifient en 1983, créent Melvita et développent une 1re ***gamme cosmétique autour des produits de la ruche.*** Le 1er de leurs produits est l'emblématique ***savon hexagonal.*** Les shampooings, bains, laits et crèmes à base d'ingrédients naturels, les eaux florales et les huiles de soin suivent, et sont diffusés dans les magasins de produits naturels et bio.

C'est en 2008 que l'Ardèche et la Provence se rencontrent : ***Melvita rencontre L'Occitane en Provence.*** Au sein d'une nature préservée, à flan de collines, Melvita et l'Occitane vous invitent à découvrir leur manufacture ardéchoise. Elle propose une visite guidée d'une heure, à travers un parcours passionnant ***sur le chemin de la beauté,*** inspirée par la nature comme par les hommes, à la découverte de leur histoire, de leurs engagements et de leur savoir-faire. Le site de production de La Fontaine-du-Cade s'étend sur plus de 2 ha. Il se situe dans le village de Lagorce, perché au-dessus d'un doux vallon, mignon comme tout avec ses maisons rurales de caractère et les ruines de son château féodal. Et dans la jolie et lumineuse boutique du site, on fait provision de cosmétiques naturels et bio à prix remisés.

CANTAL (15)

Maison Piganiol – Manufacture de parapluies : *9, rue Ampère, 15000* ***AURILLAC.*** *☎ 04-71-63-42-60. ● piganiol.fr ● Visite des ateliers sur résa en ligne ou par tél. Tarif : 10 € ; 10-16 ans 6 € ; gratuit jusqu'à 9 ans.*

Durée de la visite : 1h. ***Boutique :*** *28, rue des Forgerons à Aurillac. Mar-ven 10h-12h, 14h-19h ; sam 9h30-12h30, 14h-19h.*
La Maison Piganiol, vieille dame plus que centenaire (1884), entreprise familiale, fabrique ici les fameux ***parapluies labellisés d'Aurillac,*** mais aussi les grands et beaux parapluies de berger faits avec des brins de jonc. Aujourd'hui, 30 personnes fabriquent plus de 50 000 parapluies par an. La visite des ateliers permet d'apprécier le savoir-faire des ouvriers qui œuvrent à la réalisation de ces magnifiques parapluies haut de gamme : carcassier, piqueuse, patronnier... mais aussi bureau de style car Piganiol crée chaque année 2 collections. On aurait presque envie qu'il pleuve pour ouvrir son beau parapluie !
Le + : entrée déduite de tout achat.
Label : Entreprise du Patrimoine Vivant.

L'origine du parapluie d'Aurillac

L'histoire veut que la rivière Jordanne charriât, il y a bien longtemps, quantité de paillettes d'or ! Celles-ci étaient échangées contre du cuivre rapporté par les pèlerins revenant de Saint-Jacques-de-Compostelle. Une corporation de batteurs de cuivre naquit ainsi à Aurillac au Moyen Âge. Les artisans fabriquaient des pièces métalliques telles que coulants, noix et aiguillettes, qui serviront, plus tard, à tendre la toile de nos parapluies. Autre tradition à cette époque : l'industrie des mâts et des poignées en bois, issu des nombreuses forêts des environs. Enfin, 3e volet de ce triptyque historico-social, ces Cantaliens qui vendaient leur bétail en Espagne et revenaient les bras chargés de toile de coton... Et c'est ainsi qu'est né le parapluie. L'industrie du parapluie se serait vraiment développée au milieu du XIXe s. Elle serait l'œuvre d'un Aurillacois qui avait passé une partie de sa jeunesse sur les routes de France à en vendre. Il ouvrit une petite manufacture dans la ville, puis la légua à ses ouvriers en 1889. Plusieurs autres entreprises se créèrent par la suite. Dans les années 1930, le parapluie employait plus de 800 personnes (y compris de nombreux travailleurs à domicile). Aujourd'hui, il ne subsiste plus qu'une seule entreprise à Aurillac, Piganiol. Pour se protéger de l'invasion des parapluies moins qualitatifs venus du Japon et de Chine, ces fabricants ont décidé... d'ouvrir le parapluie ! Ainsi est apparu en 1997 le label Parapluie d'Aurillac, le seul, l'unique, le vrai !

DRÔME (26)

Pôle chaussure et textile

1083 : *49, av. Gambetta, 26100* ***ROMANS-SUR-ISÈRE.*** *☎ 04-82-32-60-41. • 1083.fr • Visite guidée seulement, sur résa par mail : • 1083.fr/ateliers-visitables.html • Tarif : 7 €.* ***Boutique :*** *mar-sam 11h-13h, 14h-19h.*
Dans le nord de la Drôme s'étend une région secrète et verte. Une région au relief arrondi, vallonné, étalant ses formes des pentes du Bas-Dauphiné à celles du Vercors, suivant à l'ouest le Rhône et la plaine de l'Isère au sud. La ***Drôme des collines,*** c'est une terre parsemée de prés ou plantée de forêts, de vergers en terrasses et de vignobles célèbres. Sa capitale et sa porte d'entrée, Romans-sur-Isère, est une ville industrieuse, vivante et agréable, au riche patrimoine historique et architectural. Il fait bon flâner dans les ruelles bordées d'hôtels particuliers coulant en pente douce vers les quais de l'Isère, puis se balader le long des berges

aménagées. ***Capitale de la chaussure de luxe,*** elle attire les visiteurs par son beau musée dédié à ses fameux souliers, joliment installé dans un ancien couvent, ses magasins d'usine et ses créateurs...
Parmi eux, on aime beaucoup ***1083,*** pour la qualité de ses produits tout d'abord, mais aussi pour son dynamisme et son esprit. Elle mise sur le savoir-faire local et le développement durable avec des jeans et chaussures entièrement fabriquées en France – et à Romans-sur-Isère pour les chaussures –, et ce à base des produits les plus écologiques possible. L'histoire commence en 2007, avec l'entreprise Modetic : des magasins vendant des ***marques équitables et écologiques.*** Et puis, en 2013, l'idée de fabriquer des ***jeans*** made in France et éco-conçus à Romans-sur-Isère ainsi que des ***sneakers,*** dans la même veine, sous la marque 1083, se concrétise grâce à un financement participatif. 1083, car 1 083 km séparent les 2 villes les plus éloignées de France : c'est donc la distance maximale de fabrication de ces jeans totalement *made in France* – un retour aux sources, puisque le denim est né à Nîmes, comme son nom l'indique. Depuis, les collections s'adaptent à la demande et s'étoffent, en s'appuyant sur les savoir-faire locaux, la recherche technologique et de nombreuses collaborations. On aime le ***délavage laser*** des jeans, spectaculaire et surtout sans sablage, sans chimie, sans eau ! La visite commence dans les ateliers, à 200 m de là au *21, rue Gambetta,* et c'est en consommateur conscient qu'on découvre à la fin la boutique.
Labels : France savoir-faire d'excellence, Origine France Garantie.

☛☛ *Cité de la Chaussure :* *36, pl. Jean-Jaurès, 26100* ***ROMANS-SUR-ISÈRE.*** *☎ 04-75-48-41-58. • citedelachaussure.fr • Lun-sam 10h-19h. Visite les mer, ven et sam ; inscription par tél auprès de l'office de tourisme : ☎ 04-75-02-28-72. Tarif : 7 € ; plus de 7 ans 5 €. Visite de groupe à partir de 15 pers, compter 6 €/pers. Inscription par tél.* ***Boutique :*** *lun-sam 10h-19h.*
Une superbe reconversion ! Un ancien Intermarché de centre-ville est devenu la vitrine de la spécialité locale. Plusieurs ateliers sont présents à la Cité de la Chaussure : « Insoft », « Max Vincent et 1083 », ainsi que l'atelier « Made In Romans ». Ce dernier est ouvert à la visite guidée. On y trouve une boutique multi-marques de chaussures, exclusivement fabriquées à Romans, une boutique de fin de série (de chaussures à légers défauts et de prototypes). C'est la 1re fois dans l'histoire de Romans qu'une boutique rassemble l'essentiel de l'offre locale et l'office de tourisme de Romans – tout un symbole ! À vos pieds, la démonstration que l'union fait la force.
– Pour approfondir, rendez-vous au ***musée international de la Chaussure*** : *rue Bistour, portail Roger-Vivier. ☎ 04-75-05-51-81. Mar-sam (et lun en juil-août) 10h-17h (18h mai-sept), dim et j. fériés 14h30-18h. Tarif : 6 € ; réduc. Audioguide : 2,50 €.* Installé depuis 1971 dans l'ancien couvent de la Visitation, édifié du XVIIe au XIXe s. Bel ensemble architectural italianisant, entouré d'un vaste jardin clos qui abrite un riche musée. Un brin d'infos pratiques pour commencer la visite (outils, machines, formes, documents) avant de remonter le temps et les escaliers pour 4 000 ans d'histoire à travers les 5 continents sur les pas, au sens strict, de ceux qui semblent avoir toujours trouvé chaussure à leur pied, quelle que soit la taille de ceux-ci !

☛☛☛ *Cité du Chocolat Valrhona :* *12, av. du Président-Roosevelt, 26600* ***TAIN-L'HERMITAGE.*** *☎ 04-75-09-27-27. • citeduchocolat.com • ♿ Fermé 1er janv, 1er mai et 25 déc. Visite libre : lun 10h-12h, 12h50-18h30 (dernière admission à 17h) ; mar-sam 9h-12h, 12h50-19h (idem), dim et j. fériés 10h-12h, 12h50-17h30 (dernier accès à 16h). Résa conseillée. Tarif : 12 € ; 6-12 ans 9,50 € ; 3-5 ans 7,50 €. Animations-découverte (20-30 mn) : 3 €. Visite de groupe sur rdv, à partir de 10 pers, sur résa par tél. Tarif : sur demande.* ***Boutique :*** *lun 10h-19h, mar-sam 9h-19h, dim et j. fériés 10h-13h, 14h-18h.*
Un lieu idéal pour découvrir les ***secrets du chocolat,*** de façon ludique, pédagogique et gourmande. Une sorte de voyage initiatique et d'***immersion multisensorielle :*** les gourmets, au fur et à mesure du parcours, découvrent le goût, le geste et la matière, à l'aide de nombreux dispositifs interactifs. Voyage au cœur

des plantations de cacao, découverte virtuelle des coulisses d'une chocolaterie, ateliers et cours de pâtisserie, pause gourmande au Comptoir Porcelana, dégustation et vente des produits de la marque à la boutique... un riche lieu expérientiel sacrément bien fichu, instructif et appétissant. Et vous pouvez ***déguster les différents chocolats de la maison*** pour mieux comprendre les explications ou, à la boutique, pour vous aider à faire votre choix – ce qui se révèle quand même très difficile pour ceux qui ont le cœur aussi tendre qu'une pâte de cacao ! Parfait pour un moment de gourmandise éclairée en famille ou entre amis.

Labels : Tourisme et Handicap, France savoir-faire d'excellence.

QUAND LA PÉNURIE EST MÈRE DE DÉLICES...

Le Gianduja, cette variante du praliné – pâte de chocolat et de noisettes – tient son nom du personnage de commedia dell'arte « Gioan d'la Douja » (Jean de la Chope), ou « Gianduja », un des symboles du Piémont, inspiré par un brave homme au verbe haut en couleur. Lors du blocus continental par Napoléon, le cacao tendit à se raréfier... Les chocolatiers piémontais y ont alors ajouté des noisettes, abondantes dans la région !

Distillerie Bleu Provence : *58, promenade de la Digue, 26110* ***NYONS.*** *☎ 04-75-26-10-42. ● distillerie-bleu-provence.com ● Conférences Lavande : en juil-août à 15h ; mai-juin et sept, mar et jeu-ven à 15h ; pas de conférence en oct-mars. Tarif : 5,50 € ; 8-18 ans 4 € ; gratuit moins de 8 ans ; Pass famille (2 adultes + 2 enfants) 15 €. Visite de groupe sur rdv, pour 10-50 pers. Tarif : 4 €/pers ; scolaires 3 €/pers. Durée de la conférence : 1h.* ***Boutique :*** *lun-sam (plus dim en juil-août) 9h30-12h, 14h30-18h30 (19h en juil-août et 18h en nov-mars).*

Enserrée dans un cirque de collines, les pieds trempant dans l'Eygues, Nyons semble épargnée par le mistral : les montagnes bloquent sa course. Tout le monde veut profiter des 2 800 h d'ensoleillement annuel (parfois plus, même). L'écrivain René Barjavel, originaire de la ville, disait à son sujet que « la seule différence qu'il y ait entre Nyons et le Paradis, c'est qu'à Nyons, on est bien vivant ! » Avec une telle lumière, la ville et ses alentours regorgent de bons produits comme les fruits frais (abricots, pêches, cerises...), la célèbre ***olive de Nyons (AOP)*** et la lavande. Justement, la Distillerie Bleu Provence est dédiée à la ***lavande*** et aux ***plantes aromatiques.*** Des ***conférences vous initient aux secrets de la lavande,*** de la plante à l'huile essentielle. ***Dégustation tactile et olfactive à la clé.***

Même hors récolte, la visite de cette distillerie artisanale d'huiles essentielles demeure intéressante grâce à son espace découverte qui présente les paysages, la botanique, la culture, l'histoire, la distillation et les usages de ces plantes provençales. Sans oublier la ***Pause Bleu Thé*** *(ouv avr-sept),* où vous pourrez goûter aux glaces artisanales à la lavande, au thym, au romarin, à la sarriette, au géranium (hum !) avant de finir par celle à la menthe. Dans ce paradis pour les papilles et les narines, boutique bien sûr.

Distillerie du Vercors : *1340, route du Camp-d'Ambel, 26190* ***SAINT-JEAN-EN-ROYANS.*** *☎ 04-28-42-01-85 ● distillerie-vercors.com ● Visite guidée à 10h30 mar-sam sur résa (● info@distillerie-vercors.com ● ou ☎ 09-54-39-37-28). Durée de la visite : 1h. Tarif : 13 € ; moins de 15 ans 6,50 €.* ***Boutique :*** *mar-ven 9h30-12h, 14h30-17h30 ; sam 9h30-12h.*

Cette jolie distillerie de whisky a ouvert ses portes en 2016. Elle est installée dans une ancienne magnanerie (bâtisse dédiée à l'élevage du ver à soie) du XVIIIe s. Le single malt produit ici, à partir de céréales françaises bio, a la particularité d'être distillé à basse température, dans un alambic conçu spécialement pour la distillerie. Brassage, fermentation, distillation, maturation et embouteillage, tout est fait sur place. La visite du site, qui permet de voir toutes les phases de fabrication, est complétée par une expo et une dégustation que les amateurs apprécieront.

Le + : atelier whisky un samedi par mois sur résa. *Durée 3h : 1h de visite guidée + 2h de cours de dégustation, 14h-17h. Max 14 pers. Tarif : 78 €/pers.*

Domaine Eyguebelle : *3, chemin de la Méjeonne, 26230* ***VALAURIE.*** *☎ 04-75-98-03-80. • eyguebelle.fr • Fermé 1er janv et 25 déc. Tlj 10h-18h (19h juin-août). GRATUIT. Visite de groupe sur résa, à partir de 15 pers. Résa 2 sem avt par tél ou par mail au • domaine@eyguebelle.com • GRATUIT. Durée de la visite avec dégustation : 1h10.* ***Boutique :*** *sept-mars, tlj 10h-18h ; avr-août, tlj 10h-19h.*
Implantée au cœur de la Drôme Provençale, entre vergers et champs de lavande, Eyguebelle élabore sirops et apéritifs... selon des recettes monastiques : en 1949, une communauté cistercienne s'installe dans l'abbaye d'Aiguebelle à Montjoyer, et suivant la ***règle de saint Benoît,*** ces moines vivent du travail de leurs mains. Ici, ils inventent différentes recettes de sirops de fruits et de plantes – un patrimoine immatériel que la marque Eyguebelle recueille en 1996. Pour respecter fidèlement le goût spécifique à chaque recette, la marque utilise les mêmes techniques de fabrication, les mêmes assemblages, et comme base de la plupart des produits du pur sucre français pour exalter le goût des fruits et des plantes. C'est tout un ***savoir-faire artisanal spécifique en herboristerie*** qu'il a fallu acquérir : choix des assemblages, infusion, distillation... La marque utilise encore un ***herbier de plus de 100 plantes médicinales et aromatiques*** qu'elle enrichit régulièrement. Les recettes peuvent contenir plus de 55 variétés de plantes, certaines très connues, comme la menthe, la camomille, le thym, la lavande, et d'autres plus rares comme l'aigremoine, la vulnéraire, l'angélique et le myrte.
Ponctué par une scénographie, le ***parcours*** s'organise ***en 2 parties.*** La 1re pour ***s'immerger dans l'univers de la marque*** au fil des ans. La 2de, plus concrète, vous emmène par un couloir vitré au-dessus de ***l'activité quotidienne de l'usine,*** à la découverte du métier de fabricant de sirops et distillateur de liqueurs. Pour les ***sirops,*** on observe la fabrication, le choix des ingrédients et de la recette, le savoir-faire à l'œuvre et l'embouteillage. Dégustation en fin de parcours.

Le travail et la prière, jusqu'au bout

L'abbaye cistercienne qui est à l'origine des produits du domaine Eyguebelle se trouve non loin de là, à une dizaine de kilomètres : c'est le monastère Notre-Dame d'Aiguebelle *(26230 Montjoyer. ☎ 04-75-98-64-70. • abbaye-aiguebelle.cef.fr • Tlj sauf dim mat 10h-12h, 14h30-17h30).* Fondée en 1137, cette abbaye est habitée par des moines cisterciens venant de l'abbaye de la Trappe. Ces contemplatifs vivent sous la règle de saint Benoît (prière, travaux manuels, silence et études spirituelles) et de leur propre travail, produisant biscuits, bonbons, bougies, savons, et la boisson tonifiante Alexion. Complément gustatif et touristique, ce lieu invite aussi à se souvenir des « moines de Tibhirine », assassinés en 1996 en Algérie : un mémorial est dédié à ces trappistes restés fidèles à leur engagement au-delà de toute limite.

EDF – Centrale nucléaire du Tricastin : *chemin des Agriculteurs, 26130* ***SAINT-PAUL-TROIS-CHÂTEAUX.*** *☎ 04-80-42-80-00. • edf.fr/Tricastin • Espace Odyssélec du Tricastin, entrée libre et gratuite le mer 13h-17h, et sur rdv lun-ven. Visite de la centrale, 1 sam/mois, sur résa, voir sur le site • edf.fr/visiteredf • GRATUIT.*
Située à Saint-Paul-Trois-Châteaux, la centrale nucléaire du Tricastin est composée de 4 réacteurs de 900 MWe chacun, mis en service en 1980 et 1981. La centrale fournit près de 7 % de l'énergie nucléaire française soit l'équivalent des besoins en électricité de 3,5 millions d'habitants.
La centrale est implantée sur le ***complexe industriel du Tricastin,*** qui accueille les usines d'Orano liées à ***l'enrichissement de l'uranium,*** ce qui en fait un site

nucléaire unique en Europe. Elle occupe une surface de 55 ha dont 35 ha sont dédiés aux installations de production.
L'Espace Odyssélec de Tricastin est accessible à tous. Sa scénographie interactive, ludique et pédagogique, est dédiée à l'énergie.
Les + :
– Visite des installations industrielles et animations organisées tout au long de l'année.
– La centrale du Tricastin participe à différents événements nationaux tels que la Fête de la science, les Journées européennes du patrimoine, les Journées de l'industrie électrique d'EDF ; des moments exceptionnels où l'on peut entrer dans la centrale et découvrir les coulisses de la production d'électricité. *Rens par tél ou par mail à • tricastin-eip@edf.fr • ou sur • edf.fr/Tricastin •, rubrique « Visiter la centrale ».*

La Scourtinerie : *36, rue la Maladrerie, 26110* ***NYONS.*** *☎ 04-75-26-06-52. • scourtinerie.com • Visite libre : lun-sam 9h-12h, 14h-18h (18h30 en avr-oct). GRATUIT. Visite guidée de groupe sur résa, pour 10-35 pers. Résa par tél ou par mail à • boutique@scourtinerie.com • Tarif : 5 € ; scolaires 3,50 €/pers. Durée de la visite : 45 mn.*
Qu'est-ce qu'un ***scourtin ?*** Une poche, ou plutôt un ***filtre*** dans lequel on entasse la pâte d'olive qui sera pressée. Vers 1890, les moulins abandonnèrent l'antique système à vis pour la presse hydraulique, qui permettait d'obtenir beaucoup plus d'huile en 1re presse. Mais les vieux modèles de scourtins ne résistaient pas au choc. C'est là qu'intervint Ferdinand Fert. Bricoleur de génie, il eut l'idée de tisser le scourtin et d'utiliser pour sa confection de la fibre de noix de coco. En 1892, il inventa une machine à tisser révolutionnaire qui fit le succès de la maison jusqu'en 1956, année noire durant laquelle le gel détruisit la moitié des oliviers.
Depuis, dans l'atelier où cliquettent inlassablement les machines d'antan (tisseuses et tireuses), on fabrique encore quelques ***scourtins, filtres à huile ou à vin,*** mais on tisse principalement des objets de forme, couleur et format variés, du dessous-de-plat (25 cm) au tapis de 2,50 m. Ses héritiers ont eu la bonne idée de créer un ***petit musée du Scourtin*** afin de faire revivre l'histoire d'une maison unique en son genre et l'évolution des méthodes de fabrication à travers chaque génération.
Label : Entreprise du Patrimoine Vivant.

Maison Jaillance de Die – MuséObulles : *355 av. de la Clairette, 26150* ***DIE.*** *☎ 04-75-22-30-15. • jaillance.com • ♿ Visite guidée, sur résa seulement. Tte l'année, tlj 10h-12h30, 14h-18h30 ; juin-août, 9h-13h, 14h-19h. Tarif : 5 € ; gratuit moins de 16 ans. Visite de groupe sur résa, pour 10-30 pers. Tarif : 3,60 €/pers. Durée de la visite avec dégustation : 1h. Entrée libre et gratuite à la boutique et au Bar à Bulles pour les dégustations.* ***Boutique :*** *tlj 10h-12h30, 14h-19h.*
La ***vallée de la Drôme,*** qui allie beauté alpine et douceur méditerranéenne, recèle bien des trésors : merveilles de paysages, superbes petits villages accrochés aux flancs des montagnes, vallons magnifiques

LA CLAIRETTE, CE VIN QUI VENAIT DU FROID

Au Ier s de notre ère, Pline l'Ancien vantait déjà, dans son Histoire naturelle, un vin naturellement mousseux fabriqué par le peuple des Voconces. Des viticulteurs gallo-romains avaient trouvé un procédé qui donna naissance à l'« aigleucos », l'ancêtre de la clairette de Die : les jarres, plongées dans l'eau froide des torrents, produisaient un breuvage plutôt bourru mais déjà effervescent. Aujourd'hui, la clairette est produite sur plus de 1 400 ha de part et d'autre de la Drôme, entre Aouste-sur-Sye et Luc-en-Diois. Ce vignoble, l'un des plus hauts de France (600-700 m), se répartit sur de petites parcelles à flanc de coteaux, bénéficiant à la fois d'un climat alpin et d'un ensoleillement méridional.

parcourus de sauvages rivières, soleil éclatant 300 jours par an, lumière et paysages entre montagne et Provence... Au cœur de cette vallée, ***Die,*** dominée par les imposantes falaises du Glandasse (ce dernier éperon du Vercors), est une ville plaisante, au caractère méridional prononcé. On y produit un vin fruité et naturellement effervescent : la ***clairette de Die.***
Ce vin, qui bénéficie d'une AOC depuis 1942, associe 2 cépages : le muscat blanc à petits grains, très aromatique et fruité, et la clairette blanche, cépage méridional aux notes de fleurs blanches et de pêche. La méthode dioise ancestrale consiste, après pressurage, à filtrer les moûts puis à les refroidir afin d'obtenir une ***fermentation lente*** qui permet de conserver un taux de sucre naturel. Ce moût mi-fermenté est ensuite mis en bouteille, où la fermentation naturelle et la prise de mousse se poursuit durant 4 à 10 mois. Ce vin ne connaît donc aucune addition de sucre, ni de liqueur de fermentation ! Ce vin effervescent aromatique se décline en doux – faible en alcool (8°) – ou en brut – servi très frais (6-8 °C). Agréable à boire en apéritif, seule ou en cocktail, la clairette de Die accompagne aussi votre repas.
Au ***MuséObulles,*** on commence par la légende de la clairette de Die. Puis on découvre les secrets de sa lente élaboration, grâce au savoir-faire de la ***Cave Jaillance.*** La visite retrace son histoire et évoque toute la richesse du terroir diois. Elle se termine au ***Bar à Bulles*** par une dégustation des cuvées, avec ou sans alcool, disponibles à la boutique. À découvrir également à la Cave Jaillance : le crémant de Die et les vins de Châtillon-en-Diois, une sélection de vins et produits régionaux partenaires.

Moulin Richard : *69, av. Frédéric-Mistral, 26110* ***NYONS.*** *☎ 04-75-26-47-53. • huilerie.com/moulins/moulin-nyons • ♿ Visite libre ou guidée, sans résa. GRATUIT. Visite de groupe : visite guidée tte l'année sur résa. À partir de 10 pers. Tarif : 3 € ; 1,50 €/enfant. Durée de la visite (moulin) : 45 mn. Ouv tte l'année : lun-sam 9h-12h30, 14h30-19h ; juil-août : lun-sam, 9h-12h30, 14h30-19h, dim 10h-13h, 14h-18h.*

Un bon prétexte pour prendre le soleil, cette huilerie : il est conseillé de la visiter en décembre et en janvier, pour assister en direct à la fabrication de l'huile ! Une cure de soleil astral et liquide, car à Nyons, l'ensoleillement est équivalent à celui de la Côte d'Azur... Nyons, *l'ensouleiado tou l'an*, comme aiment à le dire les gens du pays. Dans ce moulin, au cœur des Baronnies provençales, berceau de l'olive noire, on élabore exclusivement ***l'huile d'olive vierge extra AOP de Nyons,*** à partir d'***une seule variété d'olive : la tanche.*** Un choix de la famille Richard, 5e génération à diriger cette huilerie, qui n'exclut pas d'autres productions dans d'autres oliveraies – à chacune sa spécialité !

LE SOUFFLE DE LA LÉGENDE

Longtemps, on crut que les habitants de Nyons venaient du Pont-Euxin, région située entre l'Arménie et le Caucase. En 520, le fameux saint Cézaire, évêque d'Arles, vint ici implanter une succursale de son monastère. Problème : peu de vent, donc terre peu fertile. Cézaire, un gars débrouillard, se rendit au bord de la mer Noire (mer Pontique alors), recueillit dans un de ses gants une lichette de vent marin et, au retour, la libéra dans la vallée de Nyons. Résultat, ce bien rafraîchissant « pontias » qui souffle opportunément le soir et favorise croissance et qualité des oliveraies de la région. Il s'explique en réalité par l'appel d'air frais descendant des pentes de la vallée pour remplacer l'air chaud de la plaine du Tricastin.

HAUTE-LOIRE (43)

Atelier-conservatoire national de la Dentelle aux fuseaux du Puy-en-Velay – Manufactures nationales – Sèvres & Mobilier national : *32, rue du*

*86e-R.-I., 43000 **LE PUY-EN-VELAY.** ☎ 04-71-09-74-41. • mobiliernational.culture.gouv.fr • Visite guidée seulement, sur résa : mar et jeu 14h-15h30, mer 9h-10h30. GRATUIT.*

Bien installé avec ses voisins, le ***musée des Beaux-Arts et celui de la Dentelle,*** l'Atelier-conservatoire national de la Dentelle aux fuseaux du Puy-en-Velay est créé en 1976. Rattaché à l'administration du ***Mobilier national,*** l'établissement est chargé de maintenir et de perpétuer à un niveau d'excellence le savoir-faire de la dentelle aux fuseaux. Les œuvres réalisées par les dentellières, d'après des modèles d'artistes contemporains, enrichissent les collections nationales et sont placées dans des lieux prestigieux (expositions d'art contemporain, hauts lieux de la République...) ; elles illustrent la ***vitalité persistante de l'art de la dentelle au XXIe s.*** Car au XVIe s déjà, le Puy-en-Velay est l'un des plus actifs centres dentelliers de France : on y compte alors 70 000 dentellières ! Situé ***au départ des chemins de Saint-Jacques-de-Compostelle,*** ce lieu de pèlerinage attire nombre de commerçants et de colporteurs. Les choses se formalisent au XVIIe s, avec la création en 1665 de l'ordre des ***Béates*** : de jeunes femmes qui enseignent aux enfants la morale, la religion et le métier de dentellière. À tel point que selon l'inventaire demandé par Colbert en 1668, la dentelle aurait été l'unique ressource économique de la région ! Au XIXe s, avant la grande récession amorcée par la chute du Second Empire, le Puy vend ses dentelles en quantités considérables. L'art de la dentelle est à son zénith créatif et ornemental, mais comme pour toute apogée, il commence à décliner pour des raisons économiques, d'une part, et pour des raisons de mode, d'autre part. Au début du XXe s, Jules Ferry, fervent défenseur de l'école publique laïque, met fin à l'activité des Béates. Des écoles spécialisées apparaissent, avec plus ou moins de succès... Seule une poignée de passionnés maintiennent cet art en activité, jusqu'à la création de cet atelier. Mais allons voir comment se fait-ce !

La dentelle du Puy est réalisée à l'aide de ***fuseaux,*** que la dentellière entrelace et croise pour former les points en suivant le tracé d'un modèle. La complexité de la dentelle réside dans la grande diversité des points, qui peuvent demander plusieurs centaines de fuseaux... Entre la réalisation de la dentelle et l'élaboration des étapes intermédiaires, on ne peut qu'être béat d'admiration devant la haute technicité de ce qui semblait relever d'une frivolité. Enfin, après la ***réalisation de la dentelle,*** en fil de lin, coton, soie, laine, d'or ou d'argent, naturel ou synthétique, vient la ***finition,*** qui assemble à l'aiguille les dentelles entre elles ou/et sur un tissu.
Label : France savoir-faire d'excellence.

D'Ennery Confection : *Z.I. Blavozy, 43700 **SAINT-GERMAIN-LAPRADE.** ☎ 04-71-03-03-56. • dennneryconfection.com • myhauteloire.fr/patrimoine-culturel/dennery-confection • ou voir dates sur site du musée Crozatier au Puy-en-Velay : • musee.patrimoine.lepuyenvelay.fr • Résa sur la billetterie en ligne ou à l'accueil du musée. 5 €. Durée de la visite : env 1h. **Boutique :** journées portes ouvertes ts les mer, uniquement en oct, nov et déc, 15h30-18h30.*

Cette société créée après la Seconde Guerre mondiale, est spécialisée dans la ***confection de produits matelassés sur mesure.*** Tissu, coupe, préparation, raccords, assemblage des matériaux, matelassage à façon, ouatinage, piquage, garnissage (ouate polyester, laine, soie, film isolant, mousse), finitions adaptées – biais, bord à bord, passepoil, ganse, bande rapportée, ourlet, surjet, fermeture à glissière, velcro, pressions.., c'est toute une gamme de produits qui est fabriquée ici aussi bien pour des particuliers que pour des collectivités ou même des palaces et des grandes marques de mode. Et cela va des couettes aux nappes en passant par les housses de canapé aux tentures murales... Bref, du sur mesure du début à la fin, comme vous pourrez le constater lors de la visite des différents ateliers.
Label : Entreprise du Patrimoine Vivant.

Distillerie de la Verveine du Velay-Pagès : *202, av. René-Descartes, 43700 **SAINT-GERMAIN-LAPRADE.** ☎ 04-71-03-04-11. • vedrenne.fr • ♿ Située dans* *la Z.I. Laprade, à Saint-Germain-Laprade, à l'est de la ville. Visite guidée : juil-août, lun-sam à 10h30, 14h30, 15h30 et 16h30 ; de mi-mars à juin et sept-déc, mar-sam sur résa seulement ; le reste de l'année pour les groupes seulement, sur résa. Tarif : 7 € ; gratuit moins de 12 ans ; groupe 5,50 €/pers. Compter 45 mn de visite avec dégustation. Visite jeux « sur les pas de la Verveinia ». Tarif : 11 € ; 5-15 ans 8 € ; formule famille 30 €.* ***Boutique :*** *mar-sam (lun-dim juil-sept ; dim pour le marché du Roi de l'Oiseau) 10h-12h30, 14h-18h (19h en hte saison).*

C'est en 1859 qu'un herboriste de génie crée la liqueur de Verveine du Velay. La recette originelle est restée la même : verveine locale (cultivée sur le site de la distillerie), mélange de plantes, d'herbes et d'épices. Elle a pour particularité une couleur vert fluo, mais qui est tout ce qu'il y a de plus naturel ! La ***distillerie Pagès,*** qui doit son nom à un aïeul du même nom (Victor Pagès, qui prit la direction de la distillerie en 1886), produit elle-même une grande partie des plants de verveine, qui sont récoltés et séchés sous la houlette du maître distillateur des lieux.

Un parcours suit le ***processus de macération, de distillation dans les alambics de cuivre jusqu'au vieillissement en fûts de chêne,*** où la ***liqueur*** va se bonifier et acquérir son moelleux et sa finesse. Vous serez désormais incollable sur les 3 verveines du Velay (la verte, l'extra et la jaune) !

Labels : Entreprise du Patrimoine Vivant, Tourisme et Handicap.

La Vertueuse : *180, rue du Dr Pipet, 43200* ***YSSINGEAUX.*** *☎ 04-71-75-95-01. • saveursdessucs.com • Visite à partir de 12 pers sur résa par tél. Tarif : 12 €/pers.* ***Boutique :*** *mar-sam 9h-12h, 14h-18h.*

Une entreprise en quelque sorte pluridisciplinaire, puisqu'elle fabrique aussi bien des ***liqueurs*** à base de fruits ou de plantes que des bières, des ***infusions*** ou des ***sirops,*** et même un ***pastis*** de la région ! Il y en a pour tous les goûts et pour tous les âges. Le tout 100 % artisanal et local, sans colorant et sans conservateur. Les visites vous permettent de découvrir les champs de verveine (plante phare de l'entreprise), l'espace musée avec la découverte des étapes de fabrication des liqueurs mais aussi des bières avec une immersion au cœur de la brasserie ! Et en prime vous pourrez déguster les produits sur place.

Un beau challenge et un nom amusant pour cette jeune entreprise créée en 2016 au cœur du Massif Central par 4 jeunes entrepreneurs motivés. Alors faire la visite c'est un peu comme les encourager à continuer !

Le + : dégustation.

HAUTE-SAVOIE (74)

Distillerie des Aravis : *106, chemin du Pré-de-Foire, 74220* ***LA CLUSAZ.*** *☎ 04-50-02-63-80. • distillerieAravis.fr • Visites sur résa en ligne sur le site pour les particuliers, généralement l'ap-m en fin de sem, et par mail pour les groupes à • contact@distillerieAravis.fr • Tarif : 6 € ; gratuit moins de 14 ans. Durée de la visite : env. 1h.* ***Boutique :*** *printemps-automne, 9h-12h, 14h-18h ; été et hiver, 10h-12h, 14h-19h. Fermé dim-lun.*

On ne présente plus cette grande station de montagne au cœur des Aravis, berceau du reblochon, et qui culmine à 2 752 m au sommet de la Pointe Percée. C'est dans cet environnement montagnard, dans les alpages qu'est fondée en 1976 la distillerie. En janvier 2020, Romain et Sarah (frère et sœur) reprennent la distillerie pour lui donner un nouvel élan. Au cours de la visite dans la joie et la bonne humeur, on découvre l'alambic centenaire, et toutes les étapes de production en finissant par le stockage. Et s'il y a le temps, vous pourrez participer à un ***atelier de cirage des bouteilles pour le bouchon ! Eaux de vie de fruits et liqueurs de plantes*** (dont le génépi) sont embouteillés dans des flacons aux jolies étiquettes vintage.

Le + : dégustation.

🚶🚶 ***Évian Expérience :*** *800, rue des Vignes-Rouges (parking visiteurs site Évian), 74500* ***AMPHION.*** *☎ 04-50-84-80-18. • evianexperience.com • Visites guidées, mai-sept, lun-ven sauf j. fériés. Résa en ligne obligatoire. Inscriptions clôturées 24h avt la visite. Tarif : 10-16 € selon formule ; réduc.* ***Attention :*** *pièce d'identité obligatoire et bonne condition physique nécessaire.*

Le principe de la visite consiste à ***suivre le trajet d'une goutte d'eau d'Évian.*** Une visite qui se fait au choix : en 2h (site Évian) ou, dans sa version approfondie, en 4h (site Évian, source Cachat, impluvium).

On découvre « ***l'impluvium*** », cet espace protégé collectivement depuis des dizaines d'années, sur le ***plateau de Gavot*** où les gouttes d'eau s'infiltrent durant plus de 15 ans avant de devenir l'eau minérale naturelle Évian... Pour comprendre l'histoire, on part ensuite à la rencontre de la ***source Cachat*** nichée au cœur de la ***ville d'Évian-les-Bains.*** Les bienfaits de son eau, et de son utilisation thermale par la suite, ont été découverts pendant la Révolution française. Enfin, vous pourrez découvrir une ***galerie de visite et le site d'embouteillage,*** transformé au fil des années par des générations de femmes et d'hommes engagés, à travers leurs métiers ou leurs actions de préservation. Et pour une fois, une boisson à consommer sans modération !

🚶🚶 ***Fonderie Paccard :*** *215, route du Piron, 74320* ***SÉVRIER.*** *☎ 04-50-52-47-11. • paccard.com • ♿ Fermé 1er janv et 25 déc. Visite guidée de la Fonderie seulement ven-sam et tlj les 3 premières sem d'août. Tarif : 14 € ; réduc. Visite libre du musée, lun-sam 10-12h30, 13h30-18h30. Tarif : 9,50 € ; réduc. Visite de groupe sur résa, à partir de 10 pers. Tarif : 12 € ; enfant 9 €. Durée de la visite : 1h30. Possibilité d'assister à la coulée des cloches jeu sur résa.* ***Boutique :*** *tlj 10h-12h, 14h30-18h30 (sauf dim mat et l'ap-m des j. fériés).*

Sévrier, avec son arrière-pays plutôt campagne, s'étend sur les rives du lac d'Annecy, le plus pur d'Europe, cerné par la montagne. Pas si grand que ça (14,6 km de long sur au maximum 3,2 km de large), alimenté par tout un réseau d'eaux de ruissellement et une surprenante source sous-lacustre qui jaillit à 82 m de profondeur, avec des eaux toujours bleues : voici le superbe paysage au sein duquel se dessine la ***Fonderie Paccard,*** aujourd'hui ***référence mondiale en matière de cloches d'églises et de carillons.*** Au total, ce sont plus de 120 000 cloches Paccard qui rythment le quotidien de villes et de villages à travers le monde entier. Sans les connaître, on les a peut-être entendues sonner un peu partout, au clocher de la cathédrale de New York comme à celui de la cathédrale de Vienne. Le carillon du *Taft Memorial* de Washington comme la cloche de la Paix d'Hiroshima sont aussi signés Paccard. Paccard bat également la mesure dans des ***vignobles de prestige :*** le château Angelus, le cru Petrus et le château Smith Haut Lafitte lui ont confié leur clocher. Elle a même une vocation œcuménique : si elle est fréquemment appelée à la rescousse pour des restaurations de monuments catholiques, comme celle du carillon de la cathédrale de Rouen, on trouve aussi une de ses cloches dans un monastère bouddhique dans le Jura ! Et elle se lance dans la création d'***œuvres d'art,*** telle la sculpture musicale *Flamme* de Jean-Marc Bonnard dans le village de Morzine.

UNE VOLÉE DE RECORDS

La fonderie Paccard, c'est un peu le Livre des records à elle toute seule : une des plus anciennes entreprises françaises (elle a été créée en 1796 par Antoine Paccard). Elle a fondu la plus grosse cloche de France (18 835 kg, dite « la Savoyarde » et installée au Sacré-Cœur à Montmartre), et la plus imposante cloche à la volée du monde (33 t) pour le monument du Millénaire édifié en 1999 à Newport dans le Kentucky...

L'histoire de l'entreprise est bien sûr évoquée dans le passionnant ***musée*** créé par la famille Paccard. On y découvre toutes les ***étapes de la fabrication***

d'une cloche (film de 25 mn sur la coulée), l'histoire très ancienne de l'instrument (les Chinois en fabriquaient déjà au IIe millénaire av. J.-C.) et une large collection de cloches de toutes les matières (du cristal de Daum au... chocolat bien sûr), de toutes les époques et de tous les pays (clochettes tibétaines offertes à la famille Paccard par le panchen-lama). ***7 générations de fondeurs*** se sont succédé à la direction de l'entreprise. Pour la découvrir, rien de tel qu'une visite guidée des ateliers, avec un concert « Chant et Carillon ». On assistera peut-être même à la coulée des cloches hebdomadaire le jeudi !
Label : Entreprise du Patrimoine Vivant.

Les Délices d'Alpage : *167, chemin des Combes, 74110* ***ESSERT-ROMAND.*** *☎ 04-50-38-69-88. 06-75-64-96-06. • les delicesdalpage.fr • Visite guidée seulement, mar et jeu à 17h. Tarif : 5 € ; réduc. Durée de la visite : 1h.* ***Boutique :*** *lun-ven 8h-18h.*
Depuis plus de 25 ans, dans le Chablais, tout près de Morzine, ***Les Délices d'Alpage*** préparent des bocaux artisanaux concoctés avec de bons produits locaux des pays de Savoie : soupes, terrines, rillettes, plats cuisinés, desserts ou encore boissons – un régal en perspective ! L'entreprise travaille avec une dizaine de producteurs des pays de Savoie, en économie circulaire, et se soucie véritablement de réduire ses déchets. Une entreprise non pas d'hier mais de demain.

ISÈRE (38)

Caves de la Chartreuse : *10, bd Edgar-Kofler, 38500* ***VOIRON.*** *☎ 04-76-05-90-34. • chartreuse.fr • ♿ (sauf descente cave). Fermé 1er janv et 25 déc. Visite guidée seulement : tte l'année, tlj 10h-18h30. Tarif : 12 € ; tarif réduit 9 € ; gratuit moins de 12 ans. Durée de la visite : 1h15.* ***Boutique et bar à cocktail :*** *tlj, 10h-18h30.*
Les plus grandes caves à liqueur du monde, rien que ça ! Et plus de 400 ans d'histoire, depuis ce jour de 1605 où le maréchal d'Estrées remit aux moines un manuscrit révélant la formule d'un « élixir » dont nul ne connaît l'origine... La célèbre liqueur répond à une alchimie subtile et complexe : pas moins de ***130 plantes*** entrent dans sa composition, mise au point par les chartreux apothicaires, codifiée depuis 1737 et titrant 69° (la chartreuse verte fait 55° ; en 1840, la liqueur jaune à 40° est inventée). Bien entendu, les tentatives d'imitation abondèrent, mais échouèrent toujours.
Dans un espace de 2 500 m² rénové et réaménagé en 2022, on en apprend toujours plus sur la chartreuse. Les parcours sont ponctués de ***1 200 pièces patrimoniales originales,*** pour certaines inédites, de ***multiples expériences sensorielles*** et d'une ***immersion dans le savoir-faire des moines chartreux.*** On découvre l'univers de la liqueur en parcourant des espaces muséographiques qui retracent les grandes périodes de son histoire de 1084 à nos jours, donnent un éclairage sur le savoir-faire et font la part belle aux plantes et au massif. Les visites se terminent par une ***dégustation commentée*** des liqueurs traditionnelles que sont la Chartreuse verte et la Chartreuse jaune – un moment convivial.
Labels : Entreprise du Patrimoine vivant, Qualité Tourisme, Tourisme et Handicap, Site touristique emblématique Auvergne Rhône-Alpes, France savoir-faire d'excellence.

EDF – Centrale nucléaire en déconstruction de Creys-Malville : *hameau de Malville, 38510* ***CREYS-MÉPIEU.*** *☎ 04-74-33-34-81. • edf.fr/centrale-nucleaire-creys-malville • Espace EDF Odyssélec, entrée libre. Visites de la centrale sur résa, sur • edf.fr/visiterEDF • GRATUIT.*

La centrale EDF de Creys-Malville abrite le ***réacteur Superphénix,*** mis à l'arrêt définitif en 1998, et actuellement en déconstruction. Ce réacteur, d'une puissance de 1 240 MW, était le ***1er prototype de la filière réacteur à neutrons rapides*** (RNR) construit à l'échelle industrielle. L'intérêt de ce réacteur résidait dans sa capacité à fonctionner soit comme « surgénérateur » (produisant plus de combustible qu'il n'en utilisait), soit comme « sous-générateur » (permettant de brûler une partie du combustible usé généré par les autres centrales nucléaires).

Une visite du ***Centre d'information du public*** vous permettra de découvrir, de manière ludique, les enjeux de l'énergie, les moyens de production, les métiers... au travers de maquettes et de films. Des visites guidées jusqu'au cœur du bâtiment réacteur vous mèneront sur le plus grand chantier au monde de déconstruction nucléaire. Pour plus d'informations : *• edf.fr/centrale-nucleaire-creys-malville •*

Les + :

– La centrale de Creys-Malville participe aux Journées européennes du patrimoine, un de ces moments exceptionnels où l'on peut entrer dans la centrale et découvrir les coulisses du démantèlement du plus grand réacteur en déconstruction au monde ainsi qu'un patrimoine industriel unique. Équipé d'un casque, d'écouteurs et de chaussures de sécurité, vous serez sans doute impressionné par le gigantisme du bâtiment réacteur ! *Infos sur le site internet.*

– Accès au bâtiment réacteur lors des visites de la centrale !

EDF – Centrale nucléaire de Saint-Alban/Saint-Maurice : *38550* ***SAINT-MAURICE-L'EXIL.*** *☎ 04-13-92-81-99. • edf.fr/saint-alban •centrale-stalban-stmaurice@edf.fr • Espace EDF Odyssélec, entrée libre et gratuite. Visite guidée de la centrale sur inscription, 1 fois/mois. GRATUIT. Durée de la visite : 3h. Pour les inscriptions, voir sur le site • edf.fr/visiteredf •*

Située sur la rive gauche du Rhône, à 50 km au sud de Lyon et à 17 km au sud de Vienne, la centrale nucléaire de Saint-Alban/Saint-Maurice possède ***2 réacteurs de 1 300 MWe*** chacun. Elle produit chaque année près de 30 % des besoins en électricité de la région Rhône-Alpes, soit près de 4 % des besoins de la France.

L'Espace EDF Odyssélec, à l'entrée du site, offre l'occasion de découvrir de manière ludique et interactive les enjeux de l'énergie, les grandes inventions, les moyens de production d'électricité et les métiers qui y concourent. Cet espace propose un ***parcours pédagogique*** expliquant le fonctionnement d'une centrale nucléaire.

Les + :

– Animations et conférences gratuites tout au long de l'année.

– La centrale de Saint-Alban / Saint-Maurice participe aux ***Journées européennes du patrimoine,*** un de ces moments exceptionnels où l'on peut entrer dans la centrale et découvrir les coulisses de la production d'électricité et un patrimoine industriel unique. Équipé d'un casque, d'écouteurs et de chaussures de sécurité, vous serez sans doute impressionné par le ***gigantisme du groupe turbo-alternateur !*** *Infos sur le site internet.*

La vallée du Drac, pôle hydroélectrique

Dans la vallée du Drac, EDF dispose d'un large patrimoine hydroélectrique. Il y exploite 4 grands barrages (Sautet, Saint-Pierre-Cognet, Monteynard-Avignonet et Notre-Dame de Commiers) et 6 centrales hydroélectriques, qui produisent chaque année l'équivalent de la consommation électrique résidentielle d'une ville comme Lyon.

EDF – Barrage de Monteynard-Avignonet : ***Belvédère Monteynard,*** *La Combe, 38650* ***AVIGNONET.*** *Ouvert toute l'année.* ***Espace d'information EDF Odyssélec « Le Môle »*** *(Sous Jullières, 38650* ***Treffort)*** *Mai-sept, tlj.*

Situé sur le Drac à 20 km au sud de Grenoble, ce barrage fut mis en service en 1962, et s'inscrit en troisième position, en aval des barrages du Sautet et de Saint-Pierre-Cognet et précèdant la retenue de Notre-Dame-de-Commiers. C'était alors l'un des plus grands barrages hydroélectriques en France ! Le barrage, construit pour fermer la gorge étroite et profonde de Monteynard, est de type voûte épaisse en béton, haut de 155 m et long de 230 m. La centrale de production est entièrement intégrée dans le corps du barrage. Elle est équipée de quatre groupes de production alimentés par quatre conduites forcées verticales intégrées dans le béton.
La retenue de Monteynard est longue de 16 km et a une surface de 6,5 km². Les eaux turbinées par la centrale sont restituées et stockées en aval directement dans la retenue de Notre-Dame-de-Commiers, dont le plan d'eau remonte jusqu'au barrage de Monteynard.
La conduite des groupes de production de Monteynard est effectuée à partir du Centre de Commande Hydraulique EDF basé à Lyon (CCH).
D'une puissance installée de 366 MWe, l'aménagement hydroélectrique produit de l'électricité équivalente à la consommation électrique résidentielle annuelle d'une ville de 170 000 habitants (soit Grenoble et Saint-Martin-d'Hères cumulées).
Depuis le ***belvédère EDF,*** vue imprenable sur le barrage de Monteynard-Avignonet ainsi que sur les eaux turquoise du lac ou les massifs environnants.
Poursuivez la visite dans l'***Espace EDF Odyssélec*** *(Le Môle, Sous Julières, 38650* ***TREFFORT****)* qui permet de découvrir l'histoire et le fonctionnement du lac et du barrage hydroélectrique du Monteynard surnommé le « Géant du Drac ». ***Projection de films*** sur le barrage, le lac ou encore sur la vallée du Drac ; également un ***espace ludique*** adapté aux petits et grands pour comprendre la production hydroélectrique, et maquette géante de la chaîne hydroélectrique du Drac.
Prolongez votre exploration de patrimoine hydroélectrique local par la visite du ***musée EDF Hydrélec,*** afin de revivre l'épopée industrielle de l'hydroélectricité du XIXe s à nos jours :

Musée EDF Hydrélec : *38114* ***VAUJANY.*** *☎ 04-76-79-12-76. • musee-edf-hydrelec.fr • com-upalpes@edf.fr • Visites libres ou audioguidées, mar-sam 10h-12h30, 13h30-18h. GRATUIT.* On entre dans ce musée comme on entre dans une histoire : l'histoire magique de l'eau qui devient électricité. Avec 450 objets exposés, c'est le seul musée en France entièrement dédié à l'hydroélectricité. L'utilisation de dispositifs multimédias, d'installations de réalité augmentée et de bornes interactives offre une exploration ludique et pédagogique. Un musée accessible à tous les publics : personnes à mobilité réduite, malvoyantes et non voyantes.

EDF – Barrage du Sautet : *Les Brèches, 38970* ***CORPS.*** *Visite libre du belvédère EDF du Sautet tte l'année, GRATUIT. Espace d'accueil EDF Odyssélec : juil-août. Durée de la visite : 30 mn. GRATUIT.*
Mis en service en 1935 après 7 ans de travaux, le barrage-usine du Sautet est un barrage de type voûte de 126 m de haut. Il forme une retenue s'étendant sur plus de 300 ha et offre une réserve d'eau de l'ordre de 95 millions de m³. C'est le « barrage de tête » de la vallée du Drac, le 1er construit des 4. Sa retenue forme le ***lac du Sautet,*** étroit et profond, d'une longueur de 6 km pour une surface de 300 ha et un volume d'eau de 95 millions de m³. La centrale est équipée de 6 groupes de production pour une puissance totale de 76 MW. Les installations en chaîne du Sautet, de Cordéac et de Saint-Pierre-Cognet produisent l'équivalent de la consommation résidentielle de 230 000 habitants soit la moitié de l'agglomération grenobloise.
Le ***belvédère*** EDF du Sautet, accessible toute l'année, offre une vue imprenable sur le barrage du Sautet et son lac, permettant aux petits et grands de comprendre la production de l'hydroéletricité dans la vallée.

Situé sur ce même belvédère, un ***espace d'information EDF Odyssélec*** accueille les visiteurs tous les étés pour explorer l'histoire de l'aménagement du Sautet grâce à la présence d'un guide d'accueil, à la présence de pièces d'origine, d'une maquette et de cartes détaillées.
Les sportifs compléteront la visite en suivant une ***via ferrata*** située en aval du barrage. Pour les plus expérimentés, une ***tyrolienne de 125 m au-dessus des gorges du Drac !*** *(poids min 40 kg, taille min 1,40 m ; tarif : tyrolienne 10 €/pers, via ferrata + tyrolienne 40 €/pers. Contact accompagnateur, Damien Girard : 06-12-38-63-06).*

La Belle Noix : *160 bis, allée des Cassières, 38840* **SAINT-HILAIRE-DU-ROSIER.** *06-74-99-35-00. • labellenoix.fr • Visite audioguidée : 2 €, réduc ; env 45 min. Jeu de piste : 18 € pour 2-5 pers ; jusqu'à 2h. Pdt les vac scol entre fév et août, visite guidée mar et jeu à 10h. Tarif : 6 €/pers ; réduc ; env 1h30. Pour les groupes de min 20 pers, possibilité de visite sur résa.* ***Boutique :*** *lun-sam 9h-12h, 14h-18h.*
Vous vous en doutiez, avec un nom pareil, il s'agit une exploitation nucicole familiale ! Dans cette ferme bicentenaire, située au pied des belles montagnes du Vercors, Dorothée et Ludovic se partagent le travail qui comporte 2 parties distinctes et complémentaires : la production de noix et la transformation de ces dernières en produits gourmands. La ferme est gérée de façon écologique et bio. La visite vous emmènera ***dans les pas d'un nuciculteur, des noyeraies aux séchoirs,*** de la casseuse au moulin artisanal, de l'atelier de transformation à la dégustation. Vous saurez tout sur ce fruit emblématique de la région, source de nombreux bienfaits pour la santé. La visite se clôture par une dégustation des produits fermiers et artisanaux fabriqués sur place, depuis les cerneaux de noix à la farine et à l'huile, et bien d'autres bonnes choses encore ! Bref, on aime la noix, de la coquille aux papilles !
Le + : accueil camping-car, 3 places.

LOIRE (42)

Chocolaterie Weiss – Les Ateliers Weiss : *1, rue Eugène-Weiss, 42000* **SAINT-ÉTIENNE.** *06-38-30-73-58. • weiss.fr • Fermé de mi-juil à mi-août. Visite guidée de la passerelle de la chocolaterie : mar-ven 14h-16h, sam 13h-16h ; vac scol, lun-sam 11h-16h ; dernière entrée à 15h. Résa par tél. Tarif : 4,50 € ; gratuit moins de 7 ans. Durée de la visite : 30 mn. Visite de groupe sur résa, pour 15-35 pers : mar-ven 9h30-12h30, 14h-16h, et pdt les vac scol lun-sam 11h-16h ; dernière entrée à 15h. Résa par tél : ☎ 04-77-49-41-42.* ***Boutique :*** *lun-sam 9h-19h.*
La chocolaterie Weiss a été fondée par ***Eugène Weiss, un chocolatier alsacien,*** précurseur dans l'art du praliné et de l'assemblage, en 1882 à Saint-Étienne. Depuis, la chocolaterie n'a de cesse d'inventer de nouvelles expériences gourmandes, associant son savoir-faire artisanal à sa signature unique. On peut visiter les ateliers Weiss et ***découvrir la fabrication des chocolats*** grâce à une passerelle qui surplombe les ateliers de confiserie. On peut même réaliser sa propre tablette de chocolat, dans les ateliers de fabrication du maître chocolatier *(sur résa ; atelier de 1h, jusqu'à 10 pers ; tarif : 20 €/pers, 7-16 ans 15 €).*
Labels : Entreprise du Patrimoine Vivant, France savoir-faire d'excellence.

La Fabrique de Julien : *48, bd d'Almandet, 42220* **BOURG-ARGENTAL.** *☎ 04-77-51-55-88. • fabrique-julien.fr • Visite libre : juil-août, tlj 10h-12h, 14h-19h ; le reste de l'année, mar-sam 10h-12h, 14h-19h, plus dim ap-m. Visite* *guidée : j. fériés et vac scol zone A, 15h-16h30 avec un départ ttes les 30 mn. GRATUIT. Visite de groupe sur rdv. Durée de la visite : 1h.* ***Boutique :*** *juil-août, tlj 10h-12h, 14h-19h. Le reste de l'année, mar-sam 10h-12h, 14h-19h, plus dim ap-m.*

On entre ici dans une ***confiserie traditionnelle et artisanale de bonbons.*** Couleurs franches et acidulées, formes géométriques variées, parfums échappés des ateliers... Tout concourt à réveiller les souvenirs de l'enfance et de ses douceurs. Le parcours démarre dans un ***espace musée*** qui détaille les ingrédients. Puis, dans un amphithéâtre, on assiste à la ***fabrication artisanale de berlingots et de sucettes.*** Le sucre encore en ébullition est parfumé et coloré à base de produits naturels : rose betterave, marron caramel, vert épinard ou chlorophylle... Le sucre cuit est ensuite versé sur la table afin d'être refroidi puis travaillé. La pâte à bonbons est en partie étirée au crochet, ce qui permet de la décorer de fines rayures. Il ne reste plus qu'à torsader le gros bonbon pour que celui-ci soit découpé en petits berlingots ou modelé en sucettes plus originales les unes que les autres.

On suit enfin un ***couloir vitré*** décoré de photos de toutes les fabrications, et donnant sur l'autre atelier où sont fabriqués guimauves, nougatines, pâtes de fruits, chichis... On observe aussi l'emballage jusqu'à l'arrivée dans la boutique, où les becs sucrés trouveront ***plusieurs dizaines de confiseries différentes :*** berlingots, sucettes, nougats, pâtes de fruits, guimauves, nougatines... garanties sans gluten. À déguster encore tout chaud !

La Ferme des Délices Foréziens : *230, chemin des Sermages, 42210* ***SAINT-CYR-LES-VIGNES.*** *☎ 04-77-94-62-04 et 09-75-48-29-40. ● lafermedesdelicesforeziens.com ● Visite tte l'année sur réservation. Tarif : à partir de 6,50 € (prix variable selon la visite choisie).* ***Boutique :*** *mai-sept et déc, tlj 14h-19h sauf dim et j. fériés ; hors saison, ven 14h-17h, sam 14h-19h ou sur rdv. N'oubliez pas votre glacière !*

Une ferme tenue par 2 familles et une équipe ultradynamique et pleine d'idées, qui élèvent des vaches laitières au cœur du Forez, à 30 mn de Saint-Étienne. Leur ***lait*** est transformé en ***glaces*** et les ***fruits*** locaux en délicieux ***sorbets.*** La ferme produit aussi des lentilles, des biscuits, de la crème fraîche... et une bière est élaborée avec l'orge de la ferme. La ferme est cultivée en agroécologie et un bâtiment est équipé pour produire de l'***énergie photovoltaïque,*** tandis qu'une unité de ***méthanisation*** produit de l'énergie à partir des excréments de vaches et des déchets végétaux. Bref, une exploitation qui n'a cessé d'évoluer vers une agriculture responsable, soucieuse du bien-être animal, et de transmettre sa vision d'un environnement plus vivable pour tous.

La visite – on devrait plutôt dire les visites – offre l'occasion de découvrir la vie des vaches, les nouvelles pratiques pour lutter contre le réchauffement climatique, la production d'énergies renouvelables ainsi que les coulisses de la transformation du lait en glace. Un programme d'***animations*** permet aux ***enfants*** de ***découvrir la ferme en s'amusant*** et en faisant des expériences (dès 18 mois) Ne reste qu'à choisir entre des ***visites gourmandes*** (visite du laboratoire des glaces et de son atelier de pâtisserie) ou bien des visites ***plus axées sur l'histoire de la ferme.*** Dans tous les cas, les visites sont menées avec enthousiasme. Si vous souhaitez rester pour la journée, des ***aires de pique-nique et de jeux*** sont accessibles gratuitement. Bref, un endroit où l'on s'instruit et où l'on s'amuse qui a un goût de revenez-y !

Les + :

– Dégustation : toutes les formules de visites incluent 1 boule de glace.
– Gîte pour 6 /8 pers non loin de la ferme *(résa au 📱 06-85-67-08-89).*
– Également de nombreuses animations pendant les vacances *(voir programme en ligne).* Toute l'année sur résa : escape-game, laser-game extérieur, balade en swincar. En été, labyrinthe de maïs *(ouv 10h-19h).*

Label : Tourisme et Handicap.

Source Badoit : *av. de la Coise, 42330* ***SAINT-GALMIER.*** *☎ 04-77-54-06-08 (office de tourisme de Saint-Galmier). Visites guidées uniquement. Résa et calendrier des visites sur le site : • saint-etienne-hors-cadre.fr/reservation-visites-guidees/ • Tarif : 7 € ; tarif réduit 5 €. Visite de groupe sur résa (sauf entre Noël et le Jour de l'an), jusqu'à 50 pers. 1 guide pour 25 pers. Résa par tél : ☎ 04-77-54-02-01. Tarif : sur demande. Durée de la visite : 2h. À partir de 8 ans.* ***Boutique :*** *ouv au moment des visites. À savoir :* ***pièce d'identité*** *obligatoire ; photos interdites ; chaussures plates et fermées, pas de bijoux.*

C'est au cours de son ***long voyage dans le sous-sol granitique*** que Badoit acquiert naturellement sa pétillance, son équilibre et sa minéralité spécifiques. L'eau de pluie infiltrée dans le sous-sol rencontre du gaz carbonique remontant du manteau terrestre, et se charge ainsi des fines bulles qui la caractérisent. Ainsi jaillit-elle à la source microbiologiquement saine et naturellement pure. Badoit répond aux critères de classification de l'***eau minérale naturelle,*** notamment par la constance de sa composition en minéraux au cours du temps. La composition de cette eau témoigne de la générosité de son terroir géologique : du magnésium (80 mg/l), du calcium (153 mg/l), du fluor et des bicarbonates (1 250 mg/l). Ces attributs valaient à l'eau de Saint-Galmier d'être vantée dès le XVIIIe s pour ses vertus « apéritives, digestives et exhilarantes ». L'eau minérale naturelle Badoit a été ***reconnue d'intérêt public*** en 1897 par l'Académie de médecine.

À Saint-Galmier, situé à une vingtaine de minutes au nord de Saint-Étienne, on plonge au cœur même de la source, grâce à une cuve recouverte de hublots. Le guide dévoile ***toutes les étapes d'embouteillage*** de ce produit de renommée internationale. On assiste au conditionnement dans les chaînes de production, au suivi qualité et à l'expédition des produits. La visite se finit avec une ***dégustation...*** naturellement pétillante !

PUY-DE-DÔME (63)

Pôle coutellerie

Coutellerie Robert David : *94, av. des États-Unis, 63300* ***THIERS.*** *☎ 04-73-80-07-77. • robert-david.com • Vue sur les ateliers tlj, sauf dim. Atelier de montage de couteau : sur résa, lun-sam à 10h, 14h et 16h (10 pers max) ; 50 €/pers. Pour les plus jeunes (5-7 ans), possibilité de monter un tartineur : 15 €. Durée de la visite : 2h. Pour les groupes, sur rdv, démonstration de fabrication d'un couteau LE THIERS® dans une salle pouvant accueillir jusqu'à 70 pers.* ***Boutique :*** *lun-sam 8h45-19h. Une autre boutique à* ***Thiers,*** *11, rue Terrasse, une à* ***Clermont-Ferrand,*** *31, rue des Gras et une boutique-atelier à* ***Lyon 2,*** *17, rue Ferrandière.*

C'est ***Anna David,*** qui ayant perdu son mari à la Grande Guerre, décide de s'associer avec son beau-frère et de fonder la Société Peylaire David, pour la ***fabrication des couteaux dans un seul atelier :*** initiative assez moderne pour l'époque, puisque les manufactures de coutellerie emploient des ouvriers à domicile, chacun spécialisé dans une tâche. Après la Seconde Guerre mondiale, la fabrique devient une des plus importantes dans le ***couteau fermant dit « de poche ».*** En 1950, plus de 50 personnes y travaillent.

Robert, la 3e génération, instaure la marque et travaille de nouvelles matières comme le bois d'amourette ou d'olivier. Devant l'engouement pour le couteau Laguiole, il ouvre en 1983 sa 1re boutique à Thiers. Et à la fin des années 1990, Robert David et quelques compagnons créent ***un nouveau modèle de couteau : le Thiers,*** et décident de miser sur la ***fabrication locale.***

Depuis, sous l'impulsion de sa fille Caroline et de son mari Stéphane qui lui ont succédé, l'entreprise s'est installée au centre de Thiers, et une boutique complète la fabrique dans laquelle les clients peuvent choisir et faire personnaliser leur couteau. Les ***ateliers sont vitrés*** pour que les visiteurs voient les ouvriers préparer les couteaux, qui s'apparentent à de véritables œuvres d'art. En complément, projection d'un film sur la fabrication des couteaux. L'***atelier de montage*** donne aux visiteurs l'opportunité de ***concevoir leurs propres couteaux*** et de repartir avec, une fois monté : une super expérience qui fera peut-être naître des vocations !
Le + : possibilité de fabriquer son couteau personnalisé.

Coutellerie Arbalète G. David : *3, rue du Champ-du-Bail, 63300* ***THIERS.*** *☎ 04-73-94-36-11. • laguiole-david.com • Visite accompagnée des ateliers sans résa lun-ven. GRATUIT. Durée de la visite : 15 mn. Arriver au moins 25 mn avt la fermeture de la boutique. Groupes 10-60 pers : sur résa, tte l'année, lun-ven 7h30-12h30, 13h30-18h (ven 17h). GRATUIT. Durée de la visite : 1h.* ***Boutique :*** *lun-jeu 7h30-12h30, 13h30-18h ; ven 7h30-13h, 14h-17h.*

L'entreprise est fondée en 1922, sur les hauteurs de Thiers, par Genès David. Dans la foulée, il reprend la marque ***Arbalète,*** l'une des plus anciennes manufactures de coutellerie thiernoise, et accole les 2 noms. Dans les années 1960, ses 2 fils le rejoignent. La fabrication est alors intégralement réalisée sur place, depuis le découpage des matières premières jusqu'au montage et polissage et enfin au conditionnement.

Aujourd'hui, même si l'outillage a évolué, il faut ***plus de 200 étapes pour fabriquer un couteau 3-pièces*** (lame/tire-bouchon/poinçon) du découpage de la lame, en passant par sa trempe et son polissage, jusqu'à son montage, sans oublier le travail pour obtenir de beaux manches à partir de différentes matières (bois, corne, acrylique...). C'est tout ce savoir-faire qu'on observe de façon plus ou moins détaillée, selon qu'on suit une visite individuelle ou une visite de groupe. Vous comprendrez mieux ainsi le prix de ces couteaux et leur durée de vie !
Le + : gravure offerte pour max 15 caractères. Stage de montage de couteau sur résa.

– Complément idéal, la visite du ***musée de la Coutellerie à Thiers :*** *23 et 58, rue de la Coutellerie. ☎ 04-73-80-58-86. • ville-thiers.fr/musee-de-la-coutellerie •* La visite se scinde en 2. Le 1er site, au n° 23 de la rue, retrace ***l'histoire de la coutellerie à Thiers,*** du Moyen Âge aux débuts de l'industrialisation, et présente de nombreux témoignages et souvenirs de la vie ouvrière. Intéressant, d'autant qu'il permet de mieux comprendre l'univers de la coutellerie avant de découvrir les ateliers, dans le 2^d^ site (au n° 58). Il s'agit en effet aussi d'un atelier de fabrication. Au sous-sol, son et lumière sur les forges industrielles de la fin du XIXe s. Dans les étages, une collection de 600 modèles fabriqués du XVIIe s à nos jours.

Fontaines pétrifiantes de Saint-Nectaire : *Les Sources, 1, av. du Docteur-Roux, 63710* ***SAINT-NECTAIRE.*** *☎ 04-73-88-50-80. • fontaines-petrifiantes.fr • De fin mai à mi-sept, tlj 9h30-12h, 14h-19h ; juil-août, tlj 9h30-19h ; hors saison, tlj (sauf lun en janv, mars et oct) 9h30-12h, 14h-18h30 (18h ou 17h30 nov-avr hors vac scol). Fermé 1er janv, de mi-nov à mi-déc et 25 déc. Visite libre possible. Visite guidée en juil-août. 1 départ ttes les 10 mn. Tarif : 9 € ; 7-15 ans 6 € ; gratuit moins de 7 ans. Visite de groupe sur résa (sauf de mi-nov à mi-déc), pour 25 pers min. Tarif : 5 €/pers ; 7-15 ans 2,50 €. Durée de la visite : 45 mn.* ***Boutique :*** *accès libre aux horaires d'ouverture du site.*

Bienvenue dans un atelier pas comme les autres. Dans la 1re moitié du XIXe s, Jean Serre et Michel Papon réussirent à capter ces sources d'eau chaude naturellement riches en calcaire, afin de procéder à la ***pétrification de végétaux et de toutes sortes d'objets.*** Avec le temps, leurs descendants ont affiné les techniques.

L'espace de géologie et la grotte dans laquelle jaillissent les sources livrent les clés de leur origine volcanique – car c'est bien dans les profondeurs du massif du Sancy que se cristallisent les précieuses ***eaux thermales*** (à l'origine du tourisme de cure dès le XIXe s à La Bourboule et au Mont-Dore). Les ateliers de

fabrication permettent de percer les ***secrets d'un métier d'art rare,*** exercé ici depuis 2 siècles. Enfin apparaissent la fontaine pétrifiante et sa surprenante chute d'eau de 14 m. Se dévoilent le principe physico-chimique du dépôt calcaire, et les échelles de pétrification qui permettent aux eaux, débarrassées de l'oxyde de fer, de s'écouler sur les moulages en déposant peu à peu les particules de calcaire. Il faut un an pour obtenir un résultat satisfaisant !
Label : Entreprise du Patrimoine Vivant.

L'Aventure Michelin : *32, rue du Clos-Four, 63000* ***CLERMONT-FERRAND.*** *☎ 04-73-98-60-60. • laventure.michelin.com • Ⓣ Stade-Marcel-Michelin. ♿ Parcours adaptés aux personnes malvoyantes, malentendantes ou à mobilité réduite. Contourner le stade par la gauche, L'Aventure Michelin est derrière. Fermé en janv. Tlj (sauf lun hors vac scol) 10h-18h (19h en juil-août et ponts d'avr-mai). Tarif : 12 € ; réduc 8 € ; pack famille 4 pers (dont 1 jeune de moins de 17 ans) 31 € ; gratuit moins de 7 ans ; audioguide 2 € ; smartguide 3 €. Durée de la visite : env 2h. Parking gratuit.* ***Boutique :*** *tlj 10h30-18h (fermé lun sept-mars sauf vac scol).*
C'est une vraie épopée que la saga Michelin ! Elle se raconte au gré d'un parcours de visite clair et agréable. Et avant même d'avoir acheté son ticket, on découvre 2 pièces de collection : un ***avion Breguet XIV suspendu au-dessus d'une Micheline,*** toute blanche, avec des fauteuils en osier à l'intérieur. Celle-ci fut mise en service en 1952 à... Madagascar ; il s'agissait en fait d'un autorail sur pneus.
On démarre avec la Révolution industrielle du XIXᵉ s, l'***introduction du caoutchouc sur les roues des fiacres parisiens,*** et la présentation des frères Michelin : André, l'ingénieur de la fratrie, et Édouard, l'artiste de la famille. Les 2 frères ont très tôt le sens de la publicité. Pour promouvoir leurs « pneumatiques », ils organisent la ***course Paris-Brest*** (qui donnera naissance à un gâteau en forme de pneu). Leur champion, Charles Terront, arrive avec 10 jours d'avance sur le dernier concurrent ! Puis c'est la ***course Paris-Clermont-Ferrand*** avec de sombres histoires de clous et l'intrusion hors compétition d'une firme concurrente... On admire la 1ʳᵉ « voiture sur air », l'Éclair, conduite par les frères Michelin eux-mêmes sur les 1 200 km de la ***course Paris-Bordeaux-Paris*** en 1895, moyennant une centaine d'heures et autant de pannes. Cela dit, en 1896, les 1ʳᵉˢ ventes de pneus s'annoncent mal. André affirme pourtant « dans 10 ans, toutes les voitures seront équipées ». 2 ans plus tard, c'est chose faite ! Visionnaire... Admirez le truculent tricycle « De Dion », la 1ʳᵉ automobile en série sur pneus Michelin, ou encore la « Jamais Contente », 1ʳᵉ voiture à atteindre les 100 km/h (et c'était – déjà – une voiture électrique !). Avant de vous plonger dans la section aérienne, embarquez pour les ***mythiques Croisières Jaune et Noire Citroën.***

UN GUIDE QUI TRACE SA ROUTE !

Créé en 1900, le Guide Michelin était offert aux automobilistes et aux garagistes. André Michelin s'aperçut 2 décennies plus tard que des guides servaient à caler les établis. Du coup, ils devinrent payants. « L'homme ne respecte que ce qu'il paie », dira le patron qui ne se dégonflait jamais.

Il est aussi fait allusion à la dimension sociale de l'entreprise. À l'époque, dans une famille de « Bibs », ***on naissait, on travaillait et on mourait chez Michelin.*** Tout était prévu : les cités ouvrières, les maternités, les crèches, les magasins, jusqu'au dispensaire et au sanatorium...
Puis sont exposées les ***redoutables stratégies de communication*** de la firme, transformant la devise latine *Nunc est bibendum* (« C'est maintenant qu'il faut boire ») en slogan maison : « Le pneu boit l'obstacle. » Superbes affiches d'époque, entre autres, et un film sur une belle invention publicitaire : le Bibendum. Et puis d'où croyez-vous que ça vient, les cartes routières, hein ? Et les panneaux sur les routes ? Ne manquez pas la reconstitution du ***Bureau d'itinéraires***

Michelin, qui délivrait gratuitement, via un service d'assistance téléphonique, des fiches d'itinéraires avec une description incroyable de l'état de la route ! L'ancêtre du site ViaMichelin... Très belle ***collection de cartes anciennes,*** dont la fameuse carte Michelin nº 1. La 2 CV, encastrée dans un plan, rappelle qu'elle fut conçue avec Citroën pour y entrer avec son chapeau tout en jetant un sac de 50 kg à l'arrière ! C'est au tour de la « révolution du Radial », à partir de 1946. Surprenant « Mille-pattes », un avant de DS assemblé avec 2 moteurs Chevrolet et possédant 11 roues, utilisé pour tester les pneus des poids lourds.
Ensuite, on se familiarise avec la ***récolte du latex*** provenant de l'hévéa (un hévéa = 4 ou 5 pneus de tracteur), l'importance du caoutchouc synthétique, de la silice et du noir de carbone, tous ingrédients incorporés dans le moule de cuisson des pneus. Les étapes de leur fabrication sont présentées de manière didactique. Dans le dernier espace, un film vous immerge dans les enjeux de la mobilité de demain. Que ce soit dans l'hévéaculture responsable ou avec son concept de roue Vision (avec bande de pneu biodégradable), Michelin roule vers l'avenir.
En sortant de la visite, espace ludique avec une photocapture et des simulateurs de voitures de course sur PlayStation avec le jeu Gran Turismo, et boutique-librairie.
Label : Tourisme et Handicap.

Moulin Richard de Bas : *Richard-de-Bas, 63600* ***AMBERT.*** *☎ 04-73-82-03-11. • richarddebas.fr • Visite guidée seulement, pour les horaires se reporter au site internet. Tarif : 10,90 € ; tarif réduit 9 € ; 6-17 ans 6,90 € ; gratuit moins de 6 ans. Durée de la visite : 1h.* ***Boutique :*** *mar-sam 9h30-12h30, 14h-18h.*
Découvrir ce ***site auvergnat classé Monument historique*** – certains de ses bâtiments remontent au XVe s –, c'est remonter au berceau de la papeterie française. Dès le XIVe s, le ***filigrane ambertois*** se répandit, et il fut vite recherché par les 1res imprimeries lyonnaises. La révolution industrielle asséna le coup fatal à la production française du papier, mais l'activité papetière du moulin Richard de Bas échappa à une trop rude concurrence grâce aux célèbres papiers à ***inclusions florales,*** réalisés ici depuis les années 1950. Richard de Bas en reste son seul témoin en Auvergne : avec toujours la même mécanique de bois et toujours les mêmes gestes ancestraux, on perpétue ici la tradition en utilisant les fibres de lin et de coton (et non de cellulose). Et on cherche de plus en plus à se diversifier pour perdurer.
Ce moulin abrite un ***musée du Papier :*** créé en 1943 par Marius Péraudeau, il rassemble d'innombrables documents historiques, du matériel, et l'appartement témoin du Moulin, qui retracent cette histoire économique – une histoire qui a fait la richesse et la renommée de la région pendant des années. Une visite instructive, qui permet de tout apprendre sur les techniques de fabrication, et d'***assister à la naissance d'une feuille de papier fabriquée à la main*** et séchée selon les techniques des papetiers du XVe s. Et en été, en plus, promenade possible dans le parc de la Combe-Basse et buvette !

L'HISTOIRE DU PAPIER

La technique du papier était connue des Chinois dès le Ier s. Elle fut reprise par les Arabes après la victoire de Samarkand en 751. Le papier se répand alors avec l'islam en Afrique du Nord, en Espagne, en Italie, puis... en France, au XIIe s seulement ! Il semble que la région auvergnate ait été l'une des toutes premières à fabriquer du papier en France. Dès le XIVe s, le filigrane ambertois est très répandu, et bientôt recherché par les 1res imprimeries lyonnaises. L'apogée de la papeterie ambertoise se situe à la fin du XVIe s : la ville compte alors plus de 300 moulins à papier ! C'est sur des feuilles faites « à la main » à Ambert que l'on imprima presque entièrement, au XVIIIe s, **l'Encyclopédie.**

Les + :
– Le moulin est situé sur le sentier des Papetiers *(départ du village de Valeyre ; compter 2h30, balisage jaune).*
– Atelier pédagogique de fabrication de papier *(6,90 €/pers).* Venez mettre la main à la pâte et réaliser votre propre feuille de papier !
Label : Entreprise du Patrimoine Vivant.

Société des Eaux de Volvic – Volvic O'rigines : *rue des Sources, 63530* ***VOLVIC.*** *☎ 04-73-64-51-24. • volvic.fr/volvicorigines • Visite guidée. Avr-sept (résa en ligne conseillée). Tarif : 2 € (visite courte) ou 4 € (visite longue), réduc. Prévoir 45 mn-1h30 de visite. Visite de groupe uniquement sur rdv. Durée de la visite : 2h. Tarif : 1 €/pers.* ***À savoir :*** *la visite de l'usine d'embouteillage est interdite aux enfants de moins de 7 ans et déconseillée aux personnes se déplaçant avec difficulté. La visite de groupe ne passe pas par l'usine d'embouteillage. Il faut prendre connaissance du règlement en vigueur, pour des raisons de sécurité. Visite guidée sur résa : • volvic.fr/visiteusine •*
Volvic a 2 amours : l'eau et la pierre. Or bleu et or noir (la trachyandésite), tous deux issus des ***volcans*** qui ont apporté à la ville richesse et renommée bien au-delà des frontières de l'Auvergne. Pour ce qui est de l'eau, la vallée de Volvic constitue un filtre naturel unique, formé d'épaisses couches de roches volcaniques, de basalte, de pouzzolane et de trachyandésite. Le site qui alimente la source s'étend sur ***3 800 ha de forêts et de landes.*** L'***eau*** qui émerge après un long voyage est ***d'une pureté exceptionnelle, peu minéralisée et très équilibrée.*** Pourtant, les richesses hydrologiques de Volvic ne furent découvertes qu'au XXe s. En 1963, on découvrit la source Clairvic, et en 1965, elle fut classée sous le label « eau minérale naturelle » (captée à 90 m sous terre).
Dans les années 1960, un petit chalet a vu le jour sur le site de la Source Volvic. Rebaptisé Volvic O'rigines en 2023, il est devenu au fil du temps un lieu immersif et pédagogique. Au programme : une ***exposition autour de l'origine de l'eau minérale naturelle Volvic,*** ses propriétés et ses engagements ; *L'héritage des Volcans*, un bon ***film*** qui plonge les visiteurs au cœur de l'histoire de Volvic ; enfin la ***visite virtuelle de l'usine d'embouteillage,*** guidée par des salariés ambassadeurs (casques de réalité virtuelle). Les visiteurs se trouvent alors comme en totale immersion au cœur des différents ateliers de l'usine d'embouteillage. Et la visite se termine par une ***dégustation*** complète de toute la gamme de produits.
Autour, ***sentiers de découverte,*** parcours d'orientation, randonnées. Des balades sont proposées toute l'année sur l'impluvium de Volvic, territoire préservé de 38 km^{2}. Et sur le Parc sont aussi proposées des ***activités pour enfants,*** comme le « sentier du Rhinolophe » ou des cartes de courses d'orientation avec 2 niveaux différents de difficulté.
Le + : un cadre 100 % nature.
Label : France savoir-faire d'excellence.
– Pour faire le tour de la question, on peut également visiter ***l'usine d'embouteillage de Volvic*** *(usine du Chancet, route de Riom – D 986 ; visite guidée 4 € ; inscription au plus tard la veille sur le site).* La ***visite guidée*** détaille tous les aspects historiques et géologiques, avant de s'intéresser à l'activité de l'usine, de la fabrication de la bouteille au conditionnement. Vous suivrez toute la ***chaîne de protection de la qualité de l'eau de Volvic,*** de la préservation de l'écosystème des volcans jusqu'à la mise en bouteilles et son conditionnement.

RHÔNE (69)

Brochier Soieries 1890 : *33, rue Romarin, 69010* **LYON.** *☎ 04-72-07-97-83. ● brochiersoieries.com ● ♿ Visite libre : lun-ven 9h30-13h, 14h-18h30, sam 9h-13h, 14h-18h ; tarif 12 €. Visite de groupe et atelier de peint-main sur soie sur résa, pour 10-30 pers ; durée de la visite : 1h.* **Boutique :** *lun-ven 9h30-13h, 14h-18h30, sam 9h-13h, 14h-18h.*

À Lyon, la soie a dicté jusqu'à l'architecture de la ville. Au XIXe s, le quartier de la Croix-Rousse se caractérise par un habitat particulier : les immeubles de ***canuts,*** destinés à accueillir les nouveaux métiers Jacquard qui nécessitent plus de 4 m sous plafond, et des ***traboules*** (passages) pour raccourcir les trajets à travers les immeubles tout en protégeant les rouleaux de soie. L'***Atelier de Soierie*** reste le dernier atelier d'impression à la lyonnaise à la main, une ***impression au cadre plat.*** Cette technique mise à la mode dans les années 1920 est présentée dans son ensemble, depuis la préparation des couleurs jusqu'à la réalisation d'un carré. La soie blanche est tendue sur une table. L'imprimeur place de la couleur dans le cadre préalablement posé sur la soie et, avec l'aide d'une racle, l'étend sur toute la surface. La couleur traverse les mailles de gaze du cadre : c'est la ***technique du pochoir.*** Le motif apparaît sous vos yeux. À l'étage, atelier de peinture à la main sur velours, mousseline ou soie, et point de vente.

Espionnage industriel et mondialisation au Moyen Âge

Si la culture du ver à soie remonte à la nuit des temps, la soie elle-même n'arrive en Europe qu'à partir du VIe s. Un début de marché s'installe, passant par Serique, région de l'Inde qui, par déformation, donnera le mot soie. Les Chinois perdent le secret de la fabrication vers le IVe s, date à laquelle Indiens et Perses tissent leur propre soie. Les procédés de fabrication se répandent très vite jusqu'à Constantinople où l'empereur Justinien développe la culture du mûrier. La soie arrive alors en Italie. Les papes, qui adorent, l'adoptent pour se vêtir. Mais au début du XIVe s, le pape Clément V, qui en a assez des Italiens, transfère le siège de la papauté en Avignon... Ainsi naissent les 1res manufactures en France. C'est sous Louis XI que la sériciculture et les manufactures prendront leur véritable essor. François Ier, en 1536, répond favorablement à la demande de Lyon qui sollicite l'autorisation pour les Italiens d'habiter la ville afin de travailler la soie.

EDF Renouvelables / Hespul – Parc éolien du Beaujolais Vert : *69170* ***VALSONNE.*** *● parc-eolien-beaujolais-vert.fr ● visites-eoliennes@hespul.org ● Visite guidée sur résa, les contacter pour les horaires. GRATUIT. Durée de la visite : 1h30.*

Situé dans une région vallonnée associant forêts et cultures, le ***parc éolien du Beaujolais Vert*** avec ses 4 éoliennes, fournit l'équivalent de la consommation électrique annuelle d'environ 13 000 habitants soit un quart de la communauté d'agglomération de l'Ouest rhodanien. Modèle de développement local, le parc a obtenu l'adhésion des divers acteurs de la région, et mis en œuvre le maximum de mesures de protection de l'environnement et de la biodiversité, en arrêtant, par exemple, le chantier en période de nidification des oiseaux. Sur le chemin qui mène au parc, on découvre différents ***panneaux pédagogiques*** sur le fonctionnement des ***énergies renouvelables*** et sur la ***biodiversité environnante.***

L'***association Hespul,*** spécialisée dans les énergies renouvelables depuis plus de 30 ans, en partenariat avec ***EDF Renouvelables,*** exploitante du parc éolien, propose régulièrement des visites.
Pendant une balade, vous découvrirez l'histoire du parc, le fonctionnement d'une éolienne et les spécificités de ce projet passionnant !

Marché de gros Lyon Corbas : *69, rue Marcel-Mérieux, 69960* ***CORBAS.*** *☎ 04-72-50-69-53. • marchedegros-lyoncorbas.com • Visite guidée seulement : le 1er jeu du mois, sur résa par tél au ☎ 04-37-25-30-95 ou par mail à • communication@marchedegros-lyoncorbas.fr • Individuels : 1er jeu du mois à 8h. Visite de groupe (18-25 pers) sur résa. Tarif : visite du marché 12 € ; visite du marché + mâchon 34 € ; réduc. Durée de la visite : 1h30. Mâchon : 1h.* ***À savoir :*** *le parcours passant par des endroits réfrigérés, prévoir un vêtement chaud.*
Voilà rien moins que le ***1er marché de gros privé français spécialisé en fruits et légumes.*** Plus de 280 000 t de marchandises y transitent chaque année. Chaque jour, de 5h à 12h, 80 opérateurs environ y desservent plus de 2 240 clients. 2 bâtiments totalisant 32 000 m² sont dédiés à l'activité grossiste, et 2 600 m² sont réservés à un carreau des producteurs. Dans l'enceinte du marché, un ***centre de tri valorise plus de 75 % des déchets.*** Les grossistes qui travaillent ici sont engagés dans différentes démarches qualité, qui montrent leur professionnalisme et leur savoir-faire.
Le + : possibilité de s'inscrire pour le ***mâchon,*** casse-croûte matinal typiquement lyonnais, à base de cochonnaille ou de tripes et de saint-marcellin *(tarif 22 € sans la visite).*

Renault Trucks : *402, avenue Charles de Gaulle, Porte A, Halle A2, espace Marius Berliet, 69200* ***VÉNISSIEUX.*** *• boutique.visiterlyon.com • Visite guidée seulement. Réservation en ligne obligatoire. Tarif : 16 €. Durée : 2h. À savoir : carte d'identité obligatoire. Port de chaussures fermées obligatoire. Se présenter 10 mn avant le début de la visite. Non-accessible aux enfants de moins de 10 ans.*
Les premiers moteurs à combustion interne fonctionnels sont fabriqués au cours du XIXe siècle. En 1884 à Lyon, Marius Berliet, en autodidacte passionné, construit l'un de ces moteurs dans un coin de grenier chez ses parents, avant de monter sa première voiture l'année suivante. Véritable précurseur en termes d'innovation technique, et ce tout au long de sa vie, il continue, depuis plus de 120 ans, d'inspirer l'entreprise !
Moteurs de bateaux, de camions, d'engins de chantier, de machines industrielles... Découvrez comment ces moteurs sont fabriqués : spécifiquement conçus pour transporter des charges lourdes, et devant respecter les nouvelles normes écologiques antipollution... il y a beaucoup à apprendre. Faites le tour de chaque poste et de chaque machine, et laissez-vous guider par notre ***guide spécialisé du patrimoine technique français.*** Sur la route, vous ne regarderez plus les camions de la même façon !

SAVOIE (73)

Brasserie des Cimes : *152, av. de Saint-Simond, 73100* ***AIX-LES-BAINS.*** *☎ 04-79-88-16-80. Visite lun-ven à 10h ou 14h (hors été). Tarif : 3,50 € ; 3 €/pers pour les groupes de plus de 10 pers (max 18 pers). Durée de la visite : 1h. Résa par mail ou par tél.* ***Boutique :*** *lun-jeu 9h-12h30, 13h30-17h, ven 9h30-12h30, 13h30-16h.*

Installée depuis 1998 dans la ville thermale d'Aix-les-Bains, au ***cœur des Alpes,*** la Brasserie des Cimes a été créée par un Irlando-Américain qui, face à l'essor des micro-brasseries aux États-Unis, a voulu tenter l'aventure en France. Il choisit ***Aix-les-Bains car la ville est réputée pour son eau,*** ingrédient indispensable pour élaborer une bière de qualité. D'année en année, de nouvelles bières sont élaborées, qui portent des noms en rapport avec la montagne *(Hors-piste, Yéti, Piste noire* par exemple). En 2004, la brasserie des Cimes sort un nouveau produit original, la ***Mousse au Génépi,*** un mélange de bière blonde légère et de liqueur de génépi ! De nouvelles recettes suivent.
25 ans après sa création, avec une gamme de 13 bières différentes et plus de 50 médailles et récompenses, la Brasserie des Cimes peut séduire tous les consommateurs, quelles que soient leurs préférences. C'est toute l'histoire de ce savoir-faire et des différentes étapes de fabrication, du concassage à la pasteurisation et au conditionnement, qui vous est racontée lors de la visite dans les zones de production, après un film de présentation. Et on termine par une ***bonne petite mousse !***
Le + : la dégustation.

Coopérative laitière du Beaufortain : *av. du Capitaine-Bulle, 73270* ***BEAUFORT.*** *☎ 04-79-38-33-62. • cooperative-de-beaufort.com • Visite libre (circuit via une approche sensorielle), tlj 9h-12h, 14h-18h. GRATUIT. Possibilité de voir la fabrication, le mat 9h-12h uniquement. Pour les visites, pdt les vac scol, départ ttes les 30 mn 9h30-11h30, 14h30-17h30 ; hors vac scol, départ ttes les heures, 9h30-11h30, 14h30-16h30. Tarif : 3 €/pers pour la visite guidée des caves avec projection du film « Le Beaufort en héritage ». Pour les groupes, tte l'année sur résa au moins 10 j. avt. Projection du film et visite guidée des caves : 3 €/pers. Visite guidée des caves et dégustation : 4 €/pers. Projection du film, visite guidée des caves et dégustation : 5 €/pers.* ***Boutique :*** *mêmes horaires que la visite.*
« Le pays des mille chalets » : c'est ainsi que Roger Frison-Roche, l'alpiniste écrivain qui y passait ses vacances enfant, surnommait le ***Beaufortain.*** Beaufort-sur-Doron, gros bourg animé au confluent des torrents de l'Argentine et du Doron a, avec son proche voisin Arêches (qui fait partie de la même commune, Arêches-Beaufort), créé une petite station de sports d'hiver où se côtoient tourisme et agriculture. On préserve ici plus qu'ailleurs une ***vraie culture montagnarde,*** tant au niveau architectural qu'agricole, et on ne se lasse pas, l'été, de voir ces prés d'altitude encore fauchés à la main et ces bidons de lait déposés au bord de la route, juste après la traite... Car la grosse affaire reste bien ici la ***fabrication du... beaufort.***

LE BEAUFORT, « PRINCE DES GRUYÈRES »

AOC depuis 1968, il ne peut provenir que des vastes alpages des vallées du Beaufortain-Val d'Arly, de Tarentaise et de Maurienne. Les vaches tarentaises, aussi dites tarines, et de race Abondance, n'ont droit qu'à la pâture et au foin, et leur production est limitée à 5 000 kg de lait par vache et par an. L'affinage doit durer au moins 5 mois, dans un cercle de bois caractéristique de cette production. Une meule pèse environ 30-40 kg et fait 35 à 75 cm de diamètre. Une plaque de caséine garantit la traçabilité de chaque produit. Un cahier des charges exigeant pour un produit d'excellence !

Quand sont tombées les indemnités d'EDF (plusieurs barrages ayant noyé certains alpages), les paysans ont investi dans le fromage, avec la mise en place d'une coopérative et le choix de la qualité plus que de la quantité. Et ils ont ainsi réinstallé sur son trône le ***beaufort, « prince des gruyères »*** selon Brillat-Savarin. Le beaufort d'été a le bon goût des alpages ; le ***beaufort d'hiver*** a un goût moins prononcé car les vaches sont, à cette période, nourries au foin.

Créée en 1957, la ***coopérative laitière du Beaufortain*** est la ***1re coopérative de beaufort.*** Elle a participé à la mise en place de la 1re machine à traire mobile, avec la coopération de l'INRA. Elle n'en continue pas moins d'utiliser les outils traditionnels : cercle en bois, toile de lin, cuve en cuivre ; et les caves, où mûrit le fromage, sont restées elles aussi traditionnelles. 30 000 meules, soit 1 300 t de beaufort, en sortent chaque année !

On visite ici la ***galerie d'exposition,*** organisée autour de ***9 thèmes*** (la géologie, le chemin du lait, le beaufort...) et on aperçoit derrière la grande baie vitrée ***l'atelier moderne.*** La visite, grâce à une approche sensorielle et ludique, est adaptée aux 4 handicaps. La coopérative produit exclusivement du beaufort, mais on trouve aussi à la boutique du reblochon (laitier ou fermier), de la tomme de Savoie, de la raclette au lait cru et de l'épicerie fine. Il ne manque plus que le pain !

Label : Tourisme et Handicap.

Filature Arpin : *2, rue de la Filature, La Fabrique, 73700* ***SÉEZ.*** *☎ 04-79-09-49-27. • arpin1817.com • Visites guidées des ateliers en juil-août, 2 visites/sem ; en hiver, 1 visite/sem (résa obligatoire par tél ou par mail). Tarif : 10 € ; 5-14 ans 5 € ; gratuit moins de 5 ans ; offre famille, 1 place adulte achetée, 1 place enfant gratuite. Visite de groupe sur rdv (sauf juil-août), jusqu'à 25 pers. Tarif : sur demande. Durée de la visite : 1h30.* ***Boutique :*** *mar-sam 9h30-12h30, 14h30-18h30.*

On pénètre ici au cœur de la ***Tarentaise, classée Pays d'art et d'histoire.*** La haute vallée de l'Isère (la rivière...) évoque certes les domaines skiables géants, mais aussi les églises et les chapelles aux précieux décors baroques, les tarines – ces vaches brunes aux grands yeux doux –, les villages cernés de vergers et le parc de la Vanoise. Séez, petit bourg de montagne tout en longueur, carrefour des routes du col de l'Iseran et du Petit-Saint-Bernard, veille à conserver certaines traditions locales, dont celles du drap de Bonneval – car c'est un colporteur de Bonneval qui a assuré sa renommée.

Le ***drap de Bonneval*** est à la filature Arpin ce que le jean 501 est à Levi's : un mythe fondateur. ***Un tissu 100 % pure laine vierge de mouton d'alpage,*** épais, imperméable et increvable dans lequel étaient taillés fuseaux, knickers... Le grand explorateur des pôles Paul-Émile Victor y était fidèle. La filature s'est installée en 1817 au bord d'un torrent assez puissant pour faire tourner les ***métiers mécaniques, classés au Patrimoine historique.*** Durant la visite, on suit ***toutes les étapes en «-age» de la fabrication*** (battage, ourdissage, foulonnage, cardage...) sur des machines hors d'âge. À la boutique, le drap de Bonneval est décliné en tissu d'ameublement ou en vêtements, dans des coupes somptueuses.

Label : Entreprise du Patrimoine Vivant.

BOURGOGNE-FRANCHE-COMTÉ

● Carte *p. 28*

La gastronomie est ici, bien sûr, à l'honneur. Quelques visites remarquables en attestent : celles des grandes maisons de vin de Bourgogne aux noms prestigieux, dont les crémants de la *Veuve Ambal ;* des distilleries d'absinthe, ou le *Cassissium* où l'on découvre la culture et la transformation du cassis ; la *Moutarderie Fallot,* à Beaune ; les *Anis de Flavigny* qui fabriquent, depuis le XVIIIe s., l'un des plus anciens bonbons de France ; les pains d'épices *Mulot et Petitjean ;* la charcuterie fumée du « Tuyé du Papy Gaby » ; sans oublier les nombreuses caves d'affinage de fromage, en particulier les fruitières de comté du *fort des Rousses* et du *fort Saint-Antoine.*
Dans les autres secteurs, nombreuses sont les entreprises artisanales qui montrent leur talent telles la fonderie de cloches en bronze *Jean Obertino & Fils,* la *verrerie de la Rochère,* fondée en 1475, la plus ancienne verrerie d'art de France encore en activité, la *manufacture Perrin* qui fabrique des chaussettes et collants 100 % français exportées jusqu'en Chine !

CÔTE-D'OR (21)

Anis de Flavigny : *rue de l'Abbaye, 21150* ***FLAVIGNY-SUR-OZERAIN.*** *☎ 03-80-96-20-88. ● anis-flavigny.com ● Fermé de mi-nov à mi-déc et certains jours en janv, 1er mai et 25 déc. Atelier de dragéification : pour individuels et groupes, lun-ven 9h20-11h20, 14h-16h20. Résa conseillée pour les individuels et obligatoire pour les groupes de plus de 10 pers. Visite guidée seulement jusqu'à 60 pers. Résa par tél au ☎ 03-80-96-29-01. GRATUIT. Durée de la visite : 40 mn.* ***Boutique, crypte, musée des Anis et café :*** *tlj 9h (10h le w-e) jusqu'à 19h l'été (18h hors saison, 17h l'hiver).*

C'est un incontournable, qui allie gourmandise et histoire. Depuis le XVIe s, on produit ici ces fameux petits bonbons à l'anis, dans cette belle fabrique qui occupe les vestiges d'une abbaye fondée sous Charles Martel, au VIIIe s, par le chef burgonde Widerad – et grâce aux dons de Charles Martel, ce qui plaçait l'abbaye sous la protection du pouvoir carolingien. Les petites boîtes métalliques, délicieusement rétro, perpétuent aussi la tradition – le couple de bergers représenté sur les couvercles en a vu passer, des générations de gourmands !
La visite guidée commence par une présentation et une dégustation dans une salle joliment aménagée. Puis on se dirige vers le saint des saints, l'***atelier de dragéification :*** c'est de ses grosses bassines odorantes que sortent chaque année plus de 220 millions de « bien bons bonbons ». Puis on embraye sur les ***anciens ateliers de conditionnement et d'expédition,*** en activité depuis le départ des moines après la Révolution française jusqu'en 2019. En visite libre, on se balade dans les salles où le mobilier d'origine et les vieilles machines sont toujours en place, sans oublier de passer par l'***atelier des arômes*** (saurez-vous les identifier ?). L'***espace muséographique*** rassemble des archives, des objets insolites, un topo sur le bonbon et toute une section retraçant l'épopée de la famille Troubat, propriétaire depuis 1923. Enfin, élargissant la perspective, la découverte

crypte carolingienne permet de comprendre l'histoire de l'abbaye telle qu'elle a commencée en 719, sous l'impulsion carolingienne. Arts gallo-romain, roman et gothique sont réunis dans un mouchoir de poche.
- ***Boutique*** et ***Café des Anis*** sur place *(tlj sauf 1er janv, 1er mai et 25 déc)*. On y trouve apéro anisé (forcément), biscuits maison, glaces artisanales et vins au verre. Pour s'occuper entre 2 dégustations, plein de jeux anciens à disposition.

Les + :
- Dégustation.
- Jeu olfactif dans le laboratoire des arômes.
- À voir aussi, ***le vieux village de Flavigny.*** Il faut se promener au hasard des ruelles tortueuses et agrémentées de rosiers anciens, à la découverte des tourelles d'escaliers et d'une foule de maisons anciennes. Quelques jolis spécimens dans la rue de l'Église, avec la maison au Loup (levez les yeux vers sa gargouille et vous comprendrez d'où vient son nom...) du XIIIe s. Également la maison au Donataire, de style Louis XII et aux élégantes fenêtres ainsi que l'église Saint-Genès, sa tribune et son jubé.

Label : Entreprise du Patrimoine Vivant.

BONBONS À L'ANIS

Une douceur très ancienne, puisque ce sont les Romains qui rapportèrent d'Orient l'anis pour soigner leurs soldats de la dysenterie, en particulier pendant le siège d'Alésia. On prétend que Louis XIV avait toujours ces bonbons sur lui pour cacher son haleine pestilentielle due à un bout de gencive arraché !

Bon Vivant : *5, rue Champ-de-la-Perdrix, 21140* **SEMUR-EN-AUXOIS.** *☎ 03-80-97-43-99. ● bonvivantfrance.com ● Visite sur résa mer à 17h. Tarif : 5 € ; moins de 12 ans 3 €. Durée de la visite : 1h. Pour les groupes entre 10 et 50 pers, visite tte la sem sur résa par tél ou par mail à ● adv@bonvivantfrance.com ● GRATUIT. Visite avec dégustation : 5 €, enfants 2 €.* ***Boutique :*** *lun-sam 10h-12h, 14h-19h.*

Entreprise créée en 1849 en Hollande, De Kroes dispose au tournant du XXIe s de 3 sites de production en Hollande. Puis en 2010, Semur Feuilletage, une entreprise française spécialiste de la fabrication de ***biscuits feuilletés pour l'apéritif,*** intègre le groupe ; et en 2016 ouvre son 1er magasin d'usine dédié au monde de l'apéritif, sous le nom de Bon Vivant à Semur. Un an plus tard, l'entreprise décide de développer une gamme de biscuits sous la marque Bon Vivant. Tout un programme ! La visite permet de voir les différentes étapes de la fabrication des biscuits, crakers et autres petits snacks qui rendent l'apéritif encore plus convivial.

Le + : la dégustation après la visite.

Cassissium : *8, passage des Frères-Montgolfier, 21700* **NUITS-SAINT-GEORGES.** *☎ 03-80-62-49-70. ● cassissium.fr ● ♿ Fermé 1er janv et 25 déc. Visites sur résa et à heures fixes. Avr-1er nov, tlj 10h-13h, 14h-19h ; 2 nov-mars, mar-ven 10h30-13h, 14h30-17h (18h sam et vac scol). Visite guidée obligatoire. Dernier départ 1h45 avt fermeture. Tarif avec dégustation : 11 € ; étudiants 9 € ; enfants 6,50 € ; gratuit moins de 12 ans. Visite de groupe sur résa, à partir de 10 pers. Tarif : 9 €/pers ; lycée et collège, 6 €/pers ; primaire, 5 €/pers. Durée de la visite : 1h30-2h.* ***Boutique :*** *avr-nov, tlj 10h-13h, 14h-19h ; nov-mars, mar-sam 10h30-13h, 14h30-17h (18h sam).*

Le site de production des liqueurs Vedrenne joue la carte de la visite familiale dans son vaste espace d'expo, moderne et ludique, consacré au ***cassis*** – qui est bien une particularité bourguignonne. En effet, sa véritable culture a commencé en 1841, lorsqu'un fabricant de liqueurs de Dijon, un nommé Lagoutte (ça ne s'invente pas, d'autant plus qu'il s'associa à un certain Lejay !), produisit pour la 1re fois une liqueur digne de ce nom selon une recette nouvelle (une macération de grains de cassis dans l'alcool avec adjonction de sucre).

Le Cassissium permet d'entrer dans les secrets de la fabrication de la fameuse crème de cassis. Votre guide vous emmènera dans la liquoristerie Vedrenne, installée depuis 1923 à Nuits-Saint-Georges, et vous fera découvrir le site de production des **crèmes de fruits bourguignonnes.** Film de 15 mn, animations visuelles, olfactives et gustatives pour s'initier aux vertus de cette petite baie noire, qui arrive en masse dans les usines (600 t par an, dont 70 % produites en Bourgogne) avant de suivre un processus de transformation qu'on découvre ensuite dans l'unité de production. Le tour se termine par le chai de vieillissement des eaux-de-vie de Bourgogne et la dégustation... Boutique, autour du cassis et de produits régionaux bien sûr.

Labels : Tourisme et Handicap, Entreprise du Patrimoine Vivant, France savoir-faire d'excellence.

LA TOURNÉE DES GRANDS DUCS

C'est au chanoine Félix Kir, maire de Dijon entre 1945 et 1968, qu'on doit ce nom, ainsi que le mérite d'avoir popularisé ce fameux élixir, composé d'un tiers de crème de cassis et de 2 tiers de bourgogne aligoté. Le chanoine l'offrait volontiers à ses hôtes lors de réceptions officielles dans les magnifiques cuisines du palais ducal. Goûtez aussi la variante « kir royal » : l'aligoté est remplacé par le crémant de Bourgogne (et surtout pas par un « vulgaire » champagne...).

Fabrique de pains d'épices Mulot et Petitjean : *6, bd de l'Ouest, 21000* ***DIJON.*** *Pas loin de la chartreuse de Champmol.* ☎ *03-80-66-30-80. • mulotpetitjean.fr • Visite libre ou guidée, mar-sam 10h-12h30, 14h-18h30 (dernière entrée 1h avt fermeture). Tarif : 9 € ; 10-17 ans 7 € ; gratuit moins de 10 ans. Visite de groupe (10-60 pers) sur résa. Tarif : 8 €/pers. Durée de la visite : 1h.*

À base de farine de blé de froment, d'un miel toutes fleurs léger en goût, et de quelques épices aux fragrances nostalgiques – telles que l'anis étoilé –, cette gourmandise envahit la bouche de ses parfums, charriant des flots de souvenirs d'enfance. Pister le pain d'épices vous emmène tout à l'ouest de Dijon, à proximité du ***lac Kir*** et des 30 ha d'espaces verts environnants : la garantie d'un plan sympa avec des enfants. C'est aussi l'occasion de découvrir le ***puits de Moïse,*** magnifique vestige de la chartreuse de Champmol, la nécropole des ducs de Valois. Mais le clou de l'expédition, c'est bien la célèbre ***fabrique de pains d'épices Mulot et Petitjean :*** elle a plus de 225 ans, mais elle ne les paraît pas ! Un site industriel original, reconverti en lieu de mémoire gourmand consacré à ce produit fin artisanal, importé des Flandres par les ducs de Bourgogne. Une muséographie ludique, tendre et drôle à la fois conduit le visiteur – amateur ou non de pain d'épices – sur les pas de ceux qui ont fait et continuent d'assurer le succès de cette ultime entreprise artisanale du secteur.

Qui n'a pas le temps pour la visite peut se rendre directement dans les ***belles boutiques en ville*** de l'entreprise, d'abord sur la ***place Bossuet*** *(13, pl. Bossuet ; ☎ 03-80-30-22-45 ; tlj sauf dim et lun mat 9h-12h, 14h-19h),* une drôle de maison d'allure et d'esprit médiévaux pour abriter un paradis du pain d'épices : en forme de sabot, cloche, poisson, ou tout simplement de « pavé de santé » à l'ancienne, glacé-mince et nonnettes fourrées.

On vous recommande aussi la boutique de la ***rue de la Chouette,*** installée au rez-de-chaussée d'une demeure à colombages rénovée dans des couleurs pain d'épices *(1, rue de la Chouette ; ☎ 03-80-61-42-22 ; tlj lun-dim 10h-12h30, 14h-19h – 18h dim et j. fériés). Autres boutiques rue de la Liberté (lun-sam 9h-19h, dim et j. fériés 10h-13h30, 14h30-18h) et pl. Notre-Dame (mar- sam 10h-12h, 14h30-19h).*

Labels : France savoir-faire d'excellence, Entreprise du Patrimoine Vivant.

*Ferme Fruirouge : 21700 **CONCŒUR**, hameau de Nuits-Saint-Georges. ☎ 03-80-62-36-25. • fruitrouge.fr • Fermé mar-mer. Visite : 3 €, dégustation comprise. Durée de la visite : 15-20 mn. L'été, balade commentée dans les cultures, suivie de la dégustation le ven à 17h. Durée : 2h. Tarif : 8,80 €.* ***Boutique :** jeu-lun 9h-11h30, 14h-18h30.*

Dans la même famille depuis 6 générations, cette ferme située dans le ***hameau de Nuits-Saint-Georges, Concœur, dans les Hautes-Côtes de Bourgogne,*** s'est lancée dans la démarche bio (et même de la biodynamie !) sous la houlette d'Isabelle, Sylvain et leurs enfants. Adorables et très à cheval sur la qualité, ils ne transforment les fruits rouges qu'à la commande et en fonction des besoins. Difficile de faire plus frais ! Belles et subtiles originalités à base de cassis, comme de la moutarde, du ketchup, du beurre, des confitures cuites à la bassine, et bien sûr de la liqueur. Délicieux ! Pour en savoir plus, une petite visite permet de découvrir quelques objets agricoles familiaux, de visionner un film sur le cycle végétatif du cassis et de jeter un coup d'œil à l'atelier de fabrication attenant. Et à la fin, on déguste !

Label : Tourisme & Handicap.

Fromagerie Gaugry : *10, route Nationale, 21200 **BROCHON.** ☎ 03-80-34-00-05. • gaugryfromager.com • Visite libre. Mar-sam, 9h-12h, 14h-17h30. GRATUIT. Assiette de dégustation 6 €/pers (5 fromages accompagnés de pain et d'un verre de vin). Durée de la visite : 1h30. Visite guidée de groupe pour 12-50 pers, mar-sam à 9h, 10h30, 14h, 15h30 et 16h30. Résa par tél ou par mail à • visites@gaugry fromager.com • Tarif : 8 €/pers (dégustation comprise). Durée de la visite : 1h30.* ***Boutique :*** *lun-sam 9h-12h30, 14h-18h30.*

Entre Dijon et Beaune, au cœur du vignoble bourguignon, entre 2 visites de caves, pourquoi ne pas s'arrêter un moment dans cette entreprise familiale fondée en 1946, qui invite à visiter ses installations. ***Époisses AOP lait cru,*** ami du chambertin, ***soumaintrain*** IGP... si vous voulez assister à la fabrication des fromages, il faut venir le matin.

Maison Prosper Maufoux au château de Saint-Aubin : *3, rue des Lavières, 21190 **SAINT-AUBIN.** ☎ 03-80-20-68-71. • chateau-st-aubin.com • Résa des expériences en ligne. Durée : 1h30 ; vélo : 3h. Achat de vin : au caveau et en ligne.*

Le domaine est situé sur la fameuse ***Côte des blancs,*** sur la route des Grands Crus de Bourgogne, plus précisément dans le village de Saint-Aubin, entre Santenay et Beaune : voilà pour la – prestigieuse – localisation géographique, fondamentale en viticulture. L'histoire, elle, commence en 1860 quand Prosper Maufoux, notaire de profession, décide de fonder une maison de vins. Le succès ne se fait pas attendre et l'entreprise s'installe dans un hôtel particulier sur la place principale de Santenay. La maison de famille se développe et le succès à l'export est considérable, en particulier aux États-Unis. Puis en 2010, la famille Piffaut, dont les racines viticoles en Bourgogne remontent à plus de 200 ans, reprend la Maison Prosper Maufoux. Elle acquiert alors le château de Saint-Aubin du XVIIe s et son exceptionnel domaine, implanté sur les terroirs d'appellations mythiques telle que Chassagne-Montrachet, Puligny-Montrachet et Meursault.

Ses 9 ha de vignes, majoritairement plantés en ***chardonnay,*** sont conduits en viticulture durable et responsable, certifiée HVE3. Mais surtout, la Maison propose une ***vaste palette d'expériences,*** dégustations, visites du vignoble, des caves ou encore une balade à vélo sur la route des Grands Crus, pour révéler ses savoir-faire mais aussi ses terroirs classés au patrimoine mondial de l'Unesco. Vous avez le choix, entre l'***expérience Prosper avec 5 vins dégustés*** dont 2 Premiers Crus *(31 €/pers),* l'***expérience Prestige avec 6 vins dégustés*** dont 4 Premiers Crus accompagnés de bouchées bourguignonnes *(59 €/pers),* l'***expérience Grands Crus avec 5 vins dégustés*** dont

3 Grands Crus et 2 Premiers Crus avec bouchées bourguignonnes *(130 €/pers)* ou bien l'expérience ***Vélo/Vignoble en autonomie*** *(95 €/pers),* au cours de laquelle on découvre en vélo électrique les vignes du domaine grâce à une application dédiée, suivie bien entendu d'une dégustation au caveau. Et pour prolonger le plaisir, 41 belles chambres d'hôtes (avec piscine à débordement) vous attendent au château *(à partir de 290 € la double).* Luxe, calme sans excès et volupté sans mesure !
Les + : le restaurant bistronomique avec vue sur vigne *(formules 27-35 €, 62 et 77 €, et carte).*

Moutarderie Fallot : *31, rue Faubourg-Bretonnière, 21200* ***BEAUNE.*** *☎ 03-80-22-10-10. • fallot.com • Visite guidée seulement. Visites « Découvertes » (musée seulement, consacré à l'histoire du produit) ou « Sensations fortes » (pour visiter les ateliers de production). Résa obligatoire sur le site, parfois plusieurs jours à l'avance. Tarif : 12 € ; 10-18 ans 9 € ; gratuit moins de 10 ans. Visite de groupe sur rdv (résa au ☎ 03-80-22-10-10). Parcours* ***Découvertes*** *: jusqu'à 25 pers, forfait 220 €/groupe. Parcours* ***Sensations fortes*** *: 50 pers max, forfait 280 €/groupe. Durée de la visite : 1h15.* ***Boutique :*** *lun-dim 9h30-18h.*
Un autre incontournable bourguignon ! Fondée en 1840, la moutarderie Fallot est une maison indépendante, bourguignonne et familiale, qui a su maintenir le savoir-faire de l'artisan moutardier. Sa longévité et son succès, cette moutarde multicolore la doit aux produits de base hyper sélectionnés dont elle use et abuse pour se faire belle et bonne, tout en changeant de couleurs selon l'humeur (25 en tout), et à un procédé de fabrication ancestral, secret de son piquant et de sa saveur incomparable : le ***broyage à la meule de pierre.*** En effet, elle perpétue ce broyage lent des graines, qui évite tout échauffement et préserve toutes les qualités gustatives de la pâte de moutarde. Et elle a participé, avec l'association Moutarde Bourgogne, à la définition de l'IGP « moutarde de Bourgogne », produite avec du vin blanc de Bourgogne et des graines cultivées en Bourgogne. Il faut ce qu'il faut !
L'espace muséographique de la moutarderie Fallot comporte 2 parcours de visites.
– Le parcours muséographique ***Découvertes*** *:* circuit ludique et interactif, qui met l'accent sur les sensations olfactives, dans une ambiance intemporelle. Vous fabriquez même votre propre moutarde !
– Parcours ***Sensations fortes*** *:* visite du site de production actuel, mise en valeur par une scénographie très contemporaine et des sollicitations sensorielles sophistiquées.
Le + : espace de dégustation doté d'un « bar à moutardes », où les grands classiques de la maison côtoient des créations originales innovantes.
Labels : Entreprise du Patrimoine Vivant, France savoir-faire d'excellence.

Dissimuler ou relever, telle est la question

Même si les grains de sénevé *(Brassica nigra)* sont venus de Chine via les Romains, la moutarde reste la véritable gloire de la capitale ducale. La moutarde de Dijon a changé de goût avec le temps, de la même façon qu'elle a changé le goût – initialement, on l'utilisait pour masquer celui de certains plats ou aliments, justement. Ce condiment était composé d'un mélange de graines broyées avec du moût (mélange de jus de raisin et de verjus) de qualité, et produit dans la région même. Certains rares artisans, comme le Beaunois Fallot, utilisent encore le procédé ancien avec broyage à la meule en silex pour éviter de chauffer le produit.

Veuve Ambal : *Le Pré-Neuf, 21200* ***MONTAGNY-LÈS-BEAUNE.*** *☎ 03-80-25-90-81. Visite guidée ou audioguidée seulement, lun-sam à 10h30, 14h30, 15h30, 16h30 (avr-oct, le dim à 10h30, 14h30 et 15h30). Tarif (dégustation incluse) : 10 € ; 12-18 ans 6 € ; gratuit moins de 12 ans. Visite de groupe sur résa. Tarif : 8,50 €/pers, à partir de 10 pers ; scolaires, 5 €/pers. Durée de la visite : 1h30.*

La maison ***Veuve Ambal*** élabore des ***crémants*** depuis la fin du XIXe s. Afin de partager sa passion des vins effervescents, la maison dévoile ses secrets lors d'un parcours didactique à travers le site de production. La découverte des caves de vieillissement, ateliers, robots et automates au service de la « méthode traditionnelle » est très intéressante. Des projections sur écrans géants agrémentent le parcours. On termine la visite par une dégustation personnalisée et commentée de différents crémants de Bourgogne (produits maison sans alcool pour les enfants), dans le cadre convivial de l'espace boutique.

Les + :
- Dégustation de 4 crémants de Bourgogne.
- Parcours spécial enfants.

Label : France savoir-faire d'excellence.

BULLES BOURGUIGNONNES

Le mode de vinification des crémants est directement hérité de celui pratiqué en Champagne (on parle de « méthode traditionnelle » ou « méthode champenoise »). La 2e fermentation se produit en bouteille, créant l'effervescence. Le vin est gardé sur lattes pendant 9 mois minimum, le temps de gagner en complexité. Un crémant est dit « blanc de blancs » quand il est issu de cépages majoritairement blancs (comme le chardonnay), « blanc de noirs » lorsque les raisins d'origine sont rouges.

DOUBS (25)

Pôle absinthe

Distillerie Les Fils d'Émile Pernot : *18-20, Le Frambourg, 25300* ***LA CLUSE-ET-MIJOUX.*** *☎ 03-81-39-04-28. • accueil@emilepernot.fr • emilepernot.fr • Visite guidée seulement (avec dégustation) : lun-ven à 10h30 et 16h30, et sam mat à 10h30. Visite de groupe sur résa, jusqu'à 80 pers. Tarif : 5 € ; gratuit moins de 18 ans. Durée de la visite : 45 mn (avec dégustation).* ***Boutique :*** *lun-ven 9h-12h, 14h-18h, sam 10h-12h.*

La distillerie ***Les Fils d'Émile Pernot,*** fondée à Pontarlier en 1890, produit des spiritueux dans le plus strict respect des traditions. Elle est l'une des dernières distilleries d'***absinthe traditionnelle*** en activité. L'absinthe est distillée dans des alambics plus que centenaires, qui font la renommée de ***Pernot*** dans le monde entier. Désormais installée dans les bâtiments de l'ancienne distillerie Cousin Jeune, elle propose une visite dynamique qui fait appel aux 5 sens. On découvre les alambics du XIXe s, toujours en service, et les étapes de la distillation, tout en plongeant dans l'histoire de l'absinthe et de la distillerie. La visite s'achève, comme il se doit, autour d'un verre ! Beau panel de produits, incluant des apéritifs comme le fameux ***Vieux Pontarlier, des absinthes, des liqueurs et des eaux-de-vie.***

Labels : Entreprise du Patrimoine Vivant, France savoir-faire d'excellence, Made in Chez Nous.

La fée verte

Pontarlier fut, jusqu'au début du XXe s, la capitale mondiale de l'absinthe. Cette verte liqueur, dite la « Fée verte », inventée en Suisse voisine, arrive à Pontarlier en 1805 dans les bagages d'un artisan dont le nom résonnera à vos oreilles : Henri-Louis Pernod. À l'époque, un tiers de la population vit directement ou indirectement de l'absinthe, et Pontarlier connaît une réputation aussi importante que celle de Lourdes (dans un autre genre) ! Mais les liaisons tapageuses de cette boisson (Rimbaud, Verlaine, Toulouse-Lautrec...), son immense popularité, la pression du lobby viticole (l'absinthe est le 1er apéritif à apparaître sur le marché) et des ligues de vertu (« l'absinthe rend fou et criminel ») font progresser l'idée prohibitionniste jusqu'à son interdiction absolue en 1915. La levée de l'interdiction a eu lieu en 1988. À Pontarlier, des champs de grande absinthe ont été replantés, et les distilleries ont commercialisé, au début du nouveau millénaire, leurs 1res bouteilles (comme dans l'temps, mais en conformité avec les nouvelles réglementations). Ce n'est toutefois qu'en 2011 que la réhabilitation fut totale : on put à nouveau indiquer sur les étiquettes « absinthe », alors que jusqu'ici il fallait se contenter de l'appellation spécifique « spiritueux (ou apéritif) à base de plantes d'absinthe ». Forte de cette victoire, Pontarlier s'est investie dans le développement de la ***route de l'Absinthe,*** qui permet de relier la ville au val de Travers en suivant un itinéraire franco-suisse jalonné de sites culturels, industriels... et gourmands ! Infos auprès de l'office de tourisme *(14 bis, rue de la Gare ; ☎ 03-81-46-48-33 ; • destination-haut-doubs.fr •).*

Distillerie Pierre Guy : *49, rue des Lavaux, 25300* ***PONTARLIER.*** *☎ 03-81-39-04-70. • pontarlier-anis.com • ♿ Fermé 1re sem de janv et j. fériés. Visite guidée seulement. Mar-ven 8h30-11h, 14h-17h, sam 8h30-11h. Visite de groupe sur résa, 10-60 pers. GRATUIT. Durée de la visite : 1h.* ***Boutique :*** *mar-ven 8h-12h, 14h-18h, plus sam mat.*

Fondée en 1890 par Armand Guy, la distillerie Guy est la ***dernière distillerie de Pontarlier.*** Au début du XXe s, la production d'absinthe représentait son cœur de métier ; mais après l'interdiction de cet apéritif en 1915, l'entreprise est parvenue à se réinventer en développant de nouvelles recettes, dont le ***Pontarlier-Anis,*** créé en 1921. Aujourd'hui, cette distillerie est reconnue pour son savoir-faire artisanal et sa production d'excellence. La visite s'effectue dans les différentes salles de la distillerie : alambics, foudres centenaires, boutique. Les visiteurs découvriront des produits de qualité, fabriqués avec le plus grand ***soin.***
Le + : dégustation gratuite.
Labels : Entreprise du Patrimoine Vivant, Qualité Tourisme, Made in Chez Nous.

Biscuiterie Cornu : *Zone artisanale, 25660* ***FONTAIN.*** *☎ 03-81-57-36-36. • cornu.ch • Visite guidée seulement. Usine de fabrication sur résa par tél, à partir de 10 pers. Tarif : 8 € (donne droit à un bon d'achat de la même valeur, à valoir dans le magasin uniquement sur fabrication) ; plus de 12 ans et carte étudiant : 4 € ; gratuit moins de 12 ans. Groupe de 10 pers : 6 €/pers. Durée de la visite : 45 mn.* ***Boutique :*** *lun-ven 8h-18h30 (sam 9h-18h).*

Depuis 3 générations, le groupe Cornu cultive l'art de la boulangerie traditionnelle. Si la maison mère est en Suisse, on peut visiter, à quelques minutes de Besançon, à la sortie du village de Fontain (direction Larnod), l'unité spécialisée dans la ***fabrication de produits apéritifs.*** Presque toutes les marques de la grande distribution y font faire leurs flûtes ! L'entreprise Cornu vous invite à découvrir les

différentes étapes de la ligne de fabrication de la flûte traditionnelle (local boulangerie, four et étuves, conditionnement du produit).
Label : Made in Chez Nous.

Caves d'affinage de comté Marcel Petite du Fort de Saint-Antoine : *Fromageries Marcel Petite, Fort de Saint-Antoine, 25370* **SAINT-ANTOINE.** *☎ 03-81-49-14-34 (fort Saint-Antoine). • comte-petite.com • Visite guidée sur résa seulement, sur le site internet ou à l'office de tourisme du Pays du Haut-Doubs (☎ 03-81-69-31-21). Tarif : 9,50 € ; 6-14 ans 4,50 € ; gratuit moins de 6 ans. Visite de groupe sur résa, jusqu'à 45 pers, se renseigner par mail sur • fortsaint antoine@comte-petite.com • Durée de la visite : 1h30.* ***Boutique :*** *vente en fin de visite.*

Un cheminement à travers les galeries permet de découvrir l'intérieur de cet ancien ***fort militaire*** construit à 1 100 m d'altitude dans le massif du Jura entre le lac de Saint-Point et la station de Métabief, autour de 1880 pour protéger la frontière Est, véritable curiosité en soi. À partir de 1966, il est réaménagé en cave par un ***affineur de comtés : Marcel Petite.*** Et en plus d'un demi-siècle, cette cathédrale souterraine a déjà élevé plus d'un million de comtés d'exception suivant un affinage lent, dans une ambiance de grotte naturelle ! À travers un ***parcours didactique,*** on apprend ainsi toutes les étapes de l'affinage du comté. On y affine lentement (14 mois en moyenne) et à basse température, 8 m sous terre, plus de 100 000 meules qui proviennent de différentes coopératives fruitières. Une fois par semaine, chaque meule de 40 kg environ est méticuleusement brossée, salée, puis retournée. Le chef de cave et les goûteurs, en véritables « œnologues » du fromage, vous expliqueront qu'avec leurs « sondes », ils ***sonnent les meules*** les unes après les autres pour cueillir chaque comté à son apogée et détecter à l'oreille d'éventuels signes de fragilité. Dans les caves Marcel Petite du fort Saint-Antoine, on affine lentement des milliers de meules jusqu'à l'obtention d'une très large palette d'arômes : fruité ou animal, acide ou sucre... Une visite épatante pour découvrir le métier d'affineur, avec vidéo et dégustation à l'appui.
Le + : dégustation.
Label : Made in Chez Nous.

LE FROMAGE, UN FRUIT... DU TRAVAIL

Le **comté** *est une pâte cuite, bien protégée par son AOP et traditionnellement produite par les « fruitières », sous forme d'énormes meules de 36 kg. Car traditionnellement également, les paysans mettaient en commun le lait pour fabriquer le fromage : les coopératives avant l'heure ! Le meilleur est le comté de montagne, produit au-dessus de 600 m d'altitude. La flore variant d'une montagne à l'autre, il arbore une incroyable diversité de terroirs et de crus. Il existe une* **route du Comté** *(• lesroutesdu comte.com •) pour découvrir tous les lieux de production de ce délice.*

Cristel SAS : *rue du 8-Mai, parc d'activités du Moulin, 25490* **FESCHES-LE-CHÂTEL.** *☎ 03-81-96-17-52. • cristelmagusine.com • Pas de visite en juil-août. Visite guidée seulement (jusqu'à 30 pers), 14h-16h30, sur résa au ☎ 03-81-94-45-60 ou par mail à • accueil@paysdemontbeliard-tourisme.com • Visite de groupe sur résa, 10-30 pers. GRATUIT. Durée de la visite : 2h30.* ***Boutique :*** *lun 14h-18h30, mar-sam 9h30-12h, 14h-18h30 (18h le sam).*
Si 1983 est la date de naissance de la marque Cristel, l'entreprise est en réalité l'héritière d'un savoir-faire remontant à 1826 : cette année-là, l'entreprise Japy, bien connue pour ses montres, lance la fabrication de la 1re casserole en fer blanc. Cristel est aujourd'hui une manufacture d'***articles culinaires en acier inoxydable*** haut de gamme, qui s'est développée en lançant le concept de la poignée amovible, permettant à la casserole de devenir un plat de service.

Les visites débutent par un film de présentation de l'entreprise, puis sont suivies par une visite du site de fabrication. Histoire, savoir-faire, excellence, authenticité, originalité... autant de valeurs qui caractérisent l'univers Cristel. L'entreprise a reçu le prix du Talent du luxe et de la création en 2007.
Labels : Entreprise du Patrimoine Vivant, Origine France Garantie, France savoir-faire d'excellence, Made in Chez Nous.

Le Criollo Chocolatier : *1, rue du Murgelot, 25220* ***CHALEZEULE.*** *☎ 03-81-40-07-23. • lecriollo.com • ♿ Visite guidée seulement : mer et sam à 14h30. Visite de groupe (12-55 pers) sur résa : mar-sam 9h-15h. GRATUIT. Durée de la visite : 1h15.* ***Boutique :*** *lun-sam 9h-19h.*
Aux portes de Besançon, la ***chocolaterie Le Criollo,*** née avec le XXIe s, constitue un rendez-vous incontournable des gourmets. Un savoir-faire unique permet à la fabrique artisanale de proposer une large gamme de produits allant des bonbons de chocolats et plaques à casser aux confiseries, sans oublier la pâte à tartiner et autres spécialités, tel que le « Doubs frisson ». Ce savoir-faire et cette expérience vous sont dévoilés lors de visites conviviales de la chocolaterie. Au programme : visionnage d'un documentaire, démonstration des chocolatiers et dégustation. C'est aussi l'occasion de découvrir l'***assortiment de chocolats Victor Hugo :*** 9 chocolats aux saveurs originales dont le nom rend hommage aux titres de 9 poèmes de l'auteur bisontin, dont on pourra suivre la vie et l'œuvre à la ***Maison Victor-Hugo.***
Les + : dégustation, animation, accueil handicapés.
Label : Made in Chez Nous.
– En poussant à 5-6 km de la chocolaterie, on rejoint la ***Maison Victor-Hugo,*** élégante demeure où naquit, le 26 février 1802, le géant des lettres françaises... Dans une remarquable présentation contemporaine, didactique, vivante, laissant beaucoup de place à l'audiovisuel, c'est un hommage à l'homme engagé. Est narrée ici sa vie de combats. On reste stupéfait de constater combien il fut en avance sur son temps et combien nombre de ses chevaux de bataille sont toujours d'actualité, rassemblés autour de 4 thèmes : la liberté d'expression, le triptyque « misère-égalité-justice », l'enfance et l'éducation, la liberté des peuples. Il ferraillait contre la peine de mort, pour l'éducation publique (son lumineux : « Quand on ouvre une école, on ferme une prison ! »), les droits des femmes et des enfants... *140, Grand-Rue, 25000* ***BESANÇON.*** *☎ 03-81-87-85-35. • maisonvictorhugo.besancon.fr •*

OBERTINO MORTEAU – Fonderie de cloches en bronze et Atelier cuir : *44, rue de la Louhière, 25500* ***MORTEAU.*** *☎ 03-81-67-04-08. • obertino.com • ♿ (appeler avt). Visite guidée seulement. Lun-jeu, sur résa par tél. Tarif : 6 €. Durée de la visite : 1h30.* ***Boutique :*** *lun-ven 8h30-12h, 13h30-18h30.*
Partez à la découverte de l'une des dernières ***fonderies artisanales de cloches en bronze*** de France, ainsi que de son atelier cuir, où ces savoir-faire sont perpétués depuis plus de 3 siècles par ses artisans. Chaque cloche est entièrement moulée à la main, dans le plus grand respect de la tradition. La qualité du métal, la variété des modèles, la richesse des décors font de chaque cloche une pièce robuste, unique et intemporelle. Chaque produit est moulé et décoré manuellement avant d'être coulé. Lors de la visite, vous observerez l'ensemble des procédés de fabrication d'une cloche : moulage,

FROID OU CHAUD ?

Un plateau des monts de Joux se compose, entre autres, de mont-d'or (ou vacherin mont-d'or), une AOP fabriquée exclusivement dans le Doubs, fromage de boîte, cerclé dans une de ces sangles d'épicéa qui est pour beaucoup dans son goût. Fromage de table saisonnier, on le mange aussi désormais sous forme de « boîte chaude ». On perce un trou au centre du mont-d'or, on le remplit de blanc sec du Jura et on enfourne le tout. Fondu, le mélange va napper des pommes de terre chaudes... Un régal.

coulée, démoulage, finition. Et vous verrez même se réaliser en direct le décor d'une courroie en cuir véritable !
Label : Entreprise du Patrimoine Vivant, Made in Chez Nous.

Patrick Salvi, artisan sanglier : *14, rue Chargebin, 25160* ***VAUX-ET-CHANTEGRUE.*** *☎ 03-81-69-65-90. • visite-jura-doubs.fr • Visite guidée de groupe seulement, à partir de 20 pers. Résa par tél. Tarif : 12 €/pers. Durée de la visite : 2h.*
Depuis 3 générations, les Salvi exercent le métier de bûcheron et de sanglier dans les forêts du Haut-Doubs. Rien d'animal là-dedans : le métier de sanglier consiste à prélever des ***sangles sur les épicéas.*** Celles-ci sont ensuite découpées et séchées. Originales, écologiques, 100 % naturelles, les sangles donnent un goût typique d'épicéa aux fromages – en particulier aux boîtes de mont-d'or, aux charcuteries, au pain. Les Salvi fabriquent également des boîtes rondes en bois, idéales pour les loisirs créatifs, la décoration des banquets, les traiteurs... Durant la visite guidée, on assiste à une démonstration du métier de sanglier, en lisière de forêt, et on peut même s'y essayer !
Label : Made in Chez Nous.

Sauge, artisan du bois : *27, rue Coquillards, Derrière-le-Mont, 25500* ***MONTLEBON.*** *☎ 03-81-67-11-41. • sauge-artisans-du-bois.com • Vac scol (sauf Noël) : visites des ateliers sur résa mar-jeu à 15h. Durée : 2h. Tarif : 6,20 € ; moins de 16 ans 3,50 € (3e enfant gratuit) ; gratuit moins de 7 ans. Hors vac scol : possibilité de se joindre aux groupes programmés.* ***Boutique, vidéo et salle de jeux :*** *tte l'année, 10h-12h, 14h-18h (sam 17h).*
Pour les groupes (à partir de 6 ans) : visite tte l'année des ateliers, sur résa par tél ou par mail à • mag1@artisans-du-bois.com • Lun-ven à 9h ou 14h. Tarif : moins de 12 pers, forfait 75 € ; à partir de 13 pers, 6,20 €/pers. Gratuité pour le chauffeur de bus et pour le responsable groupe de plus de 25 pers. Gratuité accompagnateur par tranche de 20 enfants de moins de 15 ans.
Une visite d'entreprise qui plaira aussi bien aux petits qu'aux grands, puisqu'il s'agit d'un atelier de fabrication de jeux, jouets et articles en bois ! Au cours de la visite, on vous parlera de l'histoire de l'entreprise fondée en 1923, on vous donnera des explications sur les étapes du travail du bois, vous assisterez à une démonstration d'usinage et à une vidéo de présentation sur les métiers du bois. Et un guide est là pour répondre à vos questions : le Père Noël vient-il se servir ici ? Qui sait ?
Les + :
- Accueil camping-car gratuit.
- Aire de pique-nique à l'extérieur.
- Salle de jeux géants à disposition.

Label : Made in Chez Nous.
On garde ses yeux d'enfant pour compléter avec le ***musée Vie d'Antan :*** *La Voie-Bournez, 25500* ***Montlebon.*** *☎ 03-81-67-30-72. • musee-vie-dantan.fr • ♿ À 8 km au sud-est de Morteau (fléché depuis Montlebon).* Ses collections superbes évoquent la vie d'autrefois dans « le Haut » à travers divers espaces : la classe unique d'une école, le « poêle » (pièce où l'on se serrait pour les veillées), l'intérieur d'une chapelle, les différents métiers (ceux du bois, du monde paysan, mais aussi l'art de la distillation...).

Techni-Café : *rue de Sodetal, 25870* ***DEVECEY.*** *☎ 03-81-56-72-80. • techni-cafe.fr • Visite sur résa, pour groupe 15 pers en sem. Tarif : 4 €/pers, réduc. Durée : 1h30-2h.* ***Boutique :*** *lun-ven 9h-12h, 14h-18h, sam 9h-12h, 15h-18h.*
Techni-Café, enseigne de vente de matériels, mais aussi de ***thé et de café*** sous la marque Dame blanche depuis 2002, a décidé de faire découvrir le café sous la forme d'un parcours didactique dans ses locaux installés à 14 km au nord de Besançon. La visite se déroule en plusieurs temps : d'abord accueil et présentation de la société, puis visionnage d'un intéressant ***film sur le café,*** et enfin le clou du spectacle : on assiste à une ***torréfaction*** en direct. Les meilleurs cafés d'Amérique

centrale, d'Amérique du Sud, d'Afrique ou d'Asie, soigneusement sélectionnés, sont assemblés et torréfiés ici selon une méthode lente et méticuleuse.
La visite passe aussi par l'***écomusée.*** La ***découverte olfactive et sensorielle*** des arômes du café est sans doute un des moments les plus intéressants de la visite : elle permet de découvrir que chaque café est différent en fonction de son terroir et de son cru. Gageons qu'après cette visite instructive et pleine d'odeurs, vous ne boirez plus votre café de la même façon !
Les + :
– Dégustation en fin de visite.
– Visite offerte pour tout achat supérieur à 20 € dans la boutique.
Label : Made In Chez Nous.

Tuyé du Papy Gaby : *2, rue Les Coteys, 25650* ***GILLEY.*** *☎ 03-81-43-33-03. • tuye-papygaby.com • Visite guidée seulement : lun-sam, 9h-12h, 14h-18h30 ; tlj mai-oct et pdt vac scol. Visite de groupe sur rdv, jusqu'à 50 pers. GRATUIT. Durée de la visite : 1h (groupe), 30 mn (individuels).* ***Boutique :*** *de nov à mi-avr, lun-sam 9h-12h, 14h-18h30 ; sauf vac scol, tlj 9h-12h, 13h30-18h30.*
Curieux cocktail que celui de la ***République du Saugeais :*** une bonne rasade de forte identité géographique et historique, 2 doigts de folklore et un zeste de gentille provocation. Le terme « Saugeais » apparaît pour la 1re fois au XIIe s, lorsque des colons suisses et savoyards viennent défricher le val pour faire construire l'abbaye de Montbenoît. Il désigne toujours une microrégion (11 communes avec Montbenoît pour capitale, 132 km², 5 700 habitants : les Saugets et les Saugettes), historiquement née après que les sires de Joux eurent fait don de ce territoire au clergé pour pardonner les fautes de leurs ancêtres. Une dizaine de villages et quelques fermes éparses à tuyé (ici commence leur territoire) ont ensuite peuplé les plateaux voisins.
À 40 km de Besançon et à 30 km de la Suisse, à Gilley, dans la petite république du Saugeais donc, se trouve, à 900 m d'altitude, ***le plus impressionnant tuyé du Haut-Doubs,*** avec ses 100 m² au sol et ses 18 m de hauteur. Au-dessus de vos têtes, vous pourrez admirer la cheminée pyramidale où fument les ***saucisses de Morteau,*** les jambons, le lard, la palette, le Bresi (bœuf fumé et séché), le filet de porc (bacon). Autre particularité, le foyer se trouve au centre du tuyé. Les branches et la sciure de sapin se consument lentement afin de parfumer les produits.
Vous ne repartirez pas sans avoir découvert la spécialité de la maison : ***« la cendrée du Papy Gaby »,*** un saucisson très onctueux, séché et affiné pendant 5 semaines avant d'être roulé dans la cendre, ce qui lui donne un goût inimitable. En entrant, la présidente de la république du Saugeais vous accueillera et le Papy Gaby clôturera la visite en chantant l'hymne national du Saugeais !
Le + : dégustation gratuite.
Label : Tourisme et Handicap, Made in Chez Nous.

HONNI SOIT QUI MAL Y PENSE

La république du Saugeais, toute factice soit-elle, a tout de même son hymne national, sa monnaie (sans aucune valeur), son timbre (1987), son drapeau, un Premier ministre et quelques prestigieux citoyens d'honneur. Le premier fut d'ailleurs Edgar Faure en 1974, alors président de l'Assemblée nationale. Une précision : la république possède 2 douaniers mais pas de frontière, car ici « ce sont les voisins qui sont bornés » !

HAUTE-SAÔNE (70)

Source de Velleminfroy : *route de la Creuse, 70240* ***VELLEMINFROY.*** *☎ 03-84-75-57-74. • velleminfroy.fr • Visites guidées, gratuites, lun-jeu sur rdv au ☎ 03-84-96-35-50 ou par mail à • accueil@velleminfroy.fr • Groupes : uniquement sur rdv.* ***Boutique :*** *lun-ven 9h-18h, sam 10h-16h.*

BOURGOGNE-FRANCHE-COMTÉ

La source originelle de Velleminfroy, la ***source Claire,*** fut découverte en 1828 et déclarée « eau minérale naturelle » par décret de l'Académie impériale de médecine, sous le règne de Napoléon III. Aujourd'hui, c'est la ***source Tom,*** forée juste à côté en 1992, qui est exploitée. En 2004, le boulanger et chef d'entreprise Paul Poulaillon rachète l'ensemble avec l'ambition de faire revivre cette source oubliée. Pari réussi, puisqu'elle est aujourd'hui présente dans 52 pays, dans de belles bouteilles en verre facilement identifiable avec leurs dessins de volutes ! Ses caractéristiques : elle est riche en sels minéraux, calcique, magnésienne, ne contient pas de nitrate et convient à un régime pauvre en sodium.
L'unité d'embouteillage « l'espace Renaissance » est installée entre Lure et Vesoul. Dans ce ***site de production ultramoderne,*** Velleminfroy emploie des technologies de pointe pour exploiter la source Tom et produire jusqu'à 1 million de bouteilles par mois. Du pompage de l'eau au soufflage des bouteilles en passant par la mise en palettes, on apprend tout de cette histoire d'eau en suivant la visite – qui se conclut par une dégustation, bien entendu. Ensuite, rendez-vous 2 km plus loin dans le pavillon qui abritait l'ancienne source Claire : il accueille désormais un ***musée*** retraçant l'histoire de la source de Velleminfroy, avec objets anciens et photos d'époque, la boutique et le restaurant. Une pause sans dommage pour la santé !
Le + : restaurant ***Le Paradis Vert*** *(ouv mer-jeu 11h30-14h et ven-dim 11h30-22h ; formules du midi 13-17 €, menus 25-35 € et carte).*

Verrerie La Rochère 1475 : *4, rue de la Verrerie, 70210* ***PASSAVANT-LA-ROCHÈRE.*** *☎ 03-84-78-61-00. • larochere.com • ♿ Visite libre. Possibilité de voir les souffleurs de verre au travail avr-oct, tlj sauf dim et j. fériés 10h-12h, 14h-16h30 (jusqu'à 17h30 mai-sept et fermé le mat en oct) ; oct-déc, lun-sam, 14h-16h30. Visite de groupe, à partir de 35 pers. Prévenir par tél. Tarif : 3 €/pers. Durée de la visite : 1h30.* ***Boutique expo-vente :*** *avr-sept, tlj sauf le mat des dim et j. fériés, 10h-12h, 14h30-18h ; oct-déc, 14h30-17h30 (sauf 25 déc).*
C'est la plus ancienne ***verrerie d'art de France*** encore en activité. Fondée en 1475 par des aristocrates, elle fut reprise par François-Xavier Fouillot au milieu du XIXe s et gérée par ses descendants jusqu'en 2021. Aujourd'hui, elle appartient à la Holding Tourres & Co, issue d'une longue lignée de verriers normands, et qui possède également une verrerie en Normandie : le savoir-faire reste au cœur des préoccupations ! Si la production s'est mécanisée dans les années 1970, on n'y a pas pour autant abandonné la verrerie « fait main, soufflé bouche », fierté de l'entreprise et point fort de la visite. Celle-ci permet d'assister au ***travail des maîtres verriers.*** Ils prélèvent de la pâte en fusion, la soufflent, lui donnent une forme par des gestes secs et précis, et en sortent un verre, une coupe ou un broc. Une ***exposition permanente sur le travail du verre*** ainsi que plusieurs vidéos complètent la visite et apportent des connaissances supplémentaires sur cette matière fascinante et ses techniques (verre soufflé à la bouche et verre mécanique). Jardin japonais, magasin d'exposition-vente dans un bâtiment du XVIIe s à la superbe charpente : ***tout respire la beauté,*** rehaussant celle des œuvres inspirées par l'Art nouveau de l'école de Nancy, des rééditions de verres à absinthe ou d'un service « romantique » offert, paraît-il, par Chopin à George Sand. On peut même y acheter les verres spécialement conçus et fabriqués pour l'Élysée ! Galerie d'art contemporain.
Labels : Entreprise du Patrimoine Vivant, France savoir-faire d'excellence, Origine France Garantie.

JURA (39)

Caves d'affinage Juraflore Fort des Rousses : *Fort des Rousses, 39220* ***LES ROUSSES.*** *☎ 03-84-60-02-24. • fortdesrousses.com •*

Horaires de visite variables selon saison, consulter le site (visites nocturnes en saison). Résa obligatoire par le biais du site internet. Tarif : 11,50 € ; 7-16 ans 7 € ; gratuit moins de 7 ans. Durée de la visite : 1h30. ***Boutique :*** *pdt vac scol, lun-dim 10h-12h, 14h-18h ; hors vac scol, ven 14h-18h, sam-dim 10h-12h, 14h-18h. À savoir : prévoir un vêtement chaud et des chaussures fermées, car il fait 8 °C, et c'est très humide.*

Ce fort, qui date du milieu du XIXe s, s'étend sur près de 21 ha au milieu du Parc naturel régional du Haut-Jura dans la station des Rousses. Après le départ de l'armée, les ***comtés JuraFlore*** – l'un des comtés les plus réputés, élaboré depuis 3 générations par les Fromages Arnaud – ont investi les lieux, pour transformer le fort en cave d'affinage. Ce sont près de 190 000 meules de comté qui s'affinent, entre 12 et 36 mois, dans les ***caves voûtées en pierre*** du Fort des Rousses, car l'architecture particulière du bâtiment garantit une température constante (à peine quelques degrés d'amplitude). Avec 37 caves aux écosystèmes uniques et grâce à la voûte de pierre, l'ensemble permet un affinage optimal pour les comtés JuraFlore. Classé ***« Site remarquable du Goût »,*** le lieu illustre les liens étroits entre site et goût, histoire et culture, en s'appuyant sur l'art du savoir-faire et celui de le faire savoir !

Les + :

- Dégustation.
- Durant les vacances d'été et de février : visite nocturne du Fort des Rousses, visite Fabricant & Affineur (visite d'une fruitière et du Fort des Rousses), visite 100 % Haut-Jura (musée de la Boissellerie et Fort des Rousses).
- Une visite qu'on peut compléter par le ***musée de la Boissellerie*** : ***Bois-d'Amont.*** *☎ 03-84-60-98-79. • museedelaboissellerie.com • Tlj sauf lun-mar 9h30-12h30, 14h-17h30. Visite guidée (env 45 mn) : 9 € ; réduc. Scénovision (env 30 mn) : 9 € ; réduc. Billet combiné pour les 2 : 15 € ; réduc.* Installé au bord de l'Orbe, dans une ancienne scierie superbement reconstruite. Elle a conservé sa ***machinerie hydraulique d'origine.*** Un vibrant hommage à l'ingéniosité des artisans qui ont su exploiter toutes les qualités des ***épicéas*** de leur région. On verra également le moulin doté d'une roue à aubes (à la structure tout en bois). Comme autrefois, elle actionne le battoir à chanvre et la meule à orge...

PLATEAU DE FROMAGES

Au rayon des fromages franc-comtois, on trouve le comté bien sûr, mais aussi le morbier, pâte pressée reconnaissable à la traînée de suie qui en strie le cœur (lui aussi protégé par une AOC), le bleu du Haut-Jura comme le bleu de Gex (exquise pâte persillée), ou bien encore la tomme de montagne, sans oublier la raclette pour des dîners entre amis.

SAÔNE-ET-LOIRE (71)

Jardin de France Parfums : *15, rue des Varennes,* ***BOURBON-LANCY.*** *Résa auprès de l'office de tourisme (☎ 03-85-89-18-27) ou sur • jardindefrance.fr • ☎ 03-85-89-90-92. Avr-nov, visite guidée mar et jeu à 15h. Entrée : 5 €. Durée : 1h. Groupes visites uniquement sur résa, 4 €/pers. À partir de 15 pers.* ***Boutique :*** *lun-ven 9h-17h. Fermé la sem du 15 août et entre Noël et le jour de l'An. Prix intéressants.*

Une entreprise installée au cœur de la cité thermale de Bourbon-Lancy, à la frontière de l'Allier et de la Saône-et-Loire... Mais en fait, tout a commencé à Amboise sur les bords de la Loire en 1920. À cette époque, elle se nomme « Parfumerie du Jardin de la France » en hommage aux somptueux jardins des châteaux de la Loire. La manufacture se spécialise dans la fabrication d'***eaux de Cologne, lotions végétales et essences de fleurs.*** Puis, en 1936, suite à l'association de partenaires, elle remonte alors le cours de la Loire pour s'installer à Yzeure, dans l'Allier. Imprégnée de tradition et d'authenticité, elle érige alors ses eaux de Cologne en symbole de son savoir français. Plus tard, à partir des années 1970, son activité se diversifie avec la création d'***eaux de toilette,*** et en 2000, la parfumerie s'implante à Bourbon-Lancy. La manufacture devient alors bourguignonne ! Aujourd'hui, elle développe toute une gamme de parfums, eau de toilette, parfums d'ambiance.

La ***visite guidée,*** très complète, retrace tout le processus de fabrication des précieuses essences au sein des installations où s'activent les employés. On plonge le nez dans les flacons, on découvre les cuves, puis les ateliers et le conditionnement... C'est ainsi qu'on apprend à connaître les différents métiers nécessaires à l'élaboration de parfum ainsi que toutes les étapes : macération des jus, mise en flacon, sertissage, bouchage, étiquetage, conditionnement... Sans conteste une ***visite odorante,*** qui peut se terminer par des achats coups de cœur en boutique.

Manufacture Perrin : *17, rue Claude-Forrest, 71300* ***MONTCEAU-LES-MINES.*** *☎ 03-85-67-72-85. • manufacture-perrin.com • ♿. Fermé de mi-juil à mi-août. Visite mer mat, sur résa auprès de l'office de tourisme. ☎ 03-85-69-00-00. • bienvenue@creusotmontceautourisme.fr •, ou office de tourisme du Creusot ☎ 03-85-55-02-46. Tarif : 6 €/pers (remboursement du prix d'entrée à partir de 60 € d'achat au magasin) ; gratuit moins de 12 ans ; scolaires 3 €/pers. Durée de la visite : 45 mn.* ***Boutique :*** *lun 14h-18h30, mar-sam 9h30-12h, 14h-18h30. Elle présente l'intégralité des collections, ainsi qu'une gamme de produits textiles issue des partenaires-fabricants 100 % Made in France : Saint-James, Armor Lux, Tolix, Le Slip Français, Ector Sneakers, 1083, Tissage Moutet.*

La manufacture de bonneterie Perrin, entreprise familiale fondée en 1924, produit des ***chaussettes et des collants 100 % français.*** Le pied, pour les adeptes de tourisme industriel, que ce temple de la bonneterie française où l'on fabrique chaque année plus de 1,2 million de chaussettes et collants 100 % *made in France* donc – sur les 450 000 millions consommés dans le pays ! Visite passionnante, parmi les machines et des mosaïques de bobines de fil, où l'on s'approche au plus près du travail des 80 concepteurs : design, couture, formage, appairage, emballage, etc. ***70 machines à tricoter*** sont nécessaires pour produire les 5 000 pièces quotidiennes, dont 2 spécifiques qui réalisent des points anciens. Les finitions sont faites à la main dans l'atelier de confection, puis chaque pièce est contrôlée manuellement, mise en forme et repassée avant d'être conditionnée. Le local d'expédition prépare les commandes qui doivent partir aux 4 coins du monde et principalement aux États-Unis, au Japon et en Chine. Nul doute que les centaines de milliers de paires fascineront petits et grands et qu'après la visite, vous verrez vos chaussettes d'un autre œil.

UN GRAND PIED ET UNE CULOTTE À L'ENVERS

Plusieurs marques de la manufacture Perrin font référence à des personnages historiques. À la mère de Charlemagne, Bertrade de Laon (720-783), par exemple, alias Berthe au Grand Pied, dont rien pourtant ne prouve qu'elle ait été réellement atteinte d'une « asymétrie déambulatoire ». Tout comme les historiens peinent à trouver la preuve que le bon roi Dagobert (602-639) avait la fâcheuse habitude de mettre sa culotte à l'envers...

Que ce soient les chaussettes de la marque *Perrin* garanties sans élastique, les amusantes *Berthe aux grands pieds,* les réversibles *Dagobert à l'envers* ou les nobles *Chaussette française* avec leur cocarde bleu-blanc-rouge (en vente à l'Assemblée nationale !), une fois la visite achevée, vous n'enfilerez plus vos chaussettes de la même manière !

Les + :

– Remboursement du prix d'entrée à partir de 60 € d'achat au magasin.

– Un cadeau-souvenir remis à chaque visiteur.
Label : Entreprise du Patrimoine Vivant.

Vitteaut-Alberti : *16, rue de la Buisserole, 71150* ***RULLY.*** *☎ 03-85-87-23-97. • vitteaut-alberti.fr • Dégustation simple : lun-sam ; tarif : 10-15 € à partir de 4 crémants. Sur résa, visite complète + dégustation. Tarif : 20-25 €/pers, réduc. Durée : 1h à 1h30. Boutique : en hiver, lun-ven 8h-12h, 14h-18h ; en été (mai-août) lun-ven 9h-12h, 14h-18h30, sam 9h-12h, 14h-18h.*

La ***Maison Vitteaut-Alberti,*** spécialisée dans le ***crémant de Bourgogne,*** est située au cœur du vignoble de Bourgogne, à Rully, à 20 km au sud de Beaune. Établie depuis 1951, elle décline une gamme de 9 crémants. Dans la visite « de la vendange au verre », on arpente la cuverie du domaine où l'on découvre le métier de vigneron, le terroir, les cépages et les secrets de fabrication du crémant « méthode traditionnelle ». La visite se termine par une dégustation commentée et un échange autour des cuvées de la maison.

Les + :
– Ateliers « accords mets & crémants » selon les saisons.
– Pique-niques dans les vignes à partir d'avril.

DES BULLES, QUELLES BULLES ?

Le crémant est un vin mousseux à fines bulles. Il est produit exactement de la même façon que le vin champenois selon la méthode traditionnelle. La différence est que le champagne est exclusivement produit sur l'aire d'appellation de l'AOC Champagne, et est obligatoirement composé d'un des 3 cépages champenois : chardonnay, meunier et pinot noir. En revanche, le crémant est fabriqué dans 8 régions viticoles de France : Alsace, Bordeaux, Bourgogne, Die, Jura, Loire, Limoux et Savoie, à partir des cépages de chaque région.

YONNE (89)

Caves Bailly-Lapierre : *à 1 km au sud-est du hameau de Bailly, 89530* ***SAINT-BRIS-LE-VINEUX*** *(à 500 m du canal du Nivernais). ☎ 03-86-53-77-77. • bailly-lapierre.fr • ♿ Fermé 1er janv, 1er mai et 25 déc. Visite guidée, horaire sur le site internet. Tarif : 8 €/pers. Livret-jeu pour les enfants : 2 € (avec dégustation surprise en fin de visite). Visite pour les groupes sur résa uniquement (17-50 pers). Tarif : 7 €/pers. Durée : 1h (avec dégustation). Prévoir un vêtement chaud, la température étant de 12 °C.* ***Boutique :*** *lun-ven 9h-12h, 14h-18h30, sam-dim 10h-12h, 14h-18h30.*

Dans un coin charmant : sur la route depuis Bailly via le col du Crémant, très joli panorama sur le vignoble et la vallée de l'Yonne (table d'orientation). Saint-Bris est une grosse bourgade vinicole agrémentée d'une charmante église, dans un paysage qui rappelle les plus belles affiches de promotion pour la Bourgogne. Depuis 2003, le vin tiré de ces coteaux, un ***sauvignon blanc*** pur souche, est ***gratifié d'une AOC.***

On trouve ici d'anciennes carrières qui ont été exploitées dès le Moyen Âge : on en a extrait la pierre, transportée par voie fluviale pour bâtir Notre-Dame et le Panthéon à Paris, et des ouvrages du canal du Nivernais. Elles abritent depuis 1972 ces ***caves à vin spectaculaires*** : 4 ha, creusés à 50 m sous la roche ! Y sont stockées 8 millions de bouteilles de ***crémant-de-bourgogne.*** Pour un amateur de fines bulles, un rêve éveillé... Visite guidée bénéficiant d'une climatisation naturelle à 13 °C (bien agréable les jours de canicule !), et dégustation-vente.
Label : Tourisme & Handicap.

BRETAGNE

• Carte *p. 26*

En Bretagne, on n'est jamais loin de la mer et de ses produits. La région concentre, à elle seule, 70 % des criées ouvertes à la visite en France, comme celles du *Guilvinec* ou de *Lorient-Keroman.* Et avec les poissons viennent aussi les conserveries de poisson : *Courtin, la Belle-Îloise, Kerbriant...,* les *algues* – *Algoplus* à Roscoff – et ici bien sûr les huîtres, comme à la *ferme marine de Cancale.*
Bénéfice de la mer encore avec *EDF et son usine marémotrice de la Rance,* entre Dinard et Saint-Malo, la seule de ce type installée en France. Le site, à la fois monumental et insolite, propose un espace au cœur du barrage en immersion sous la mer.
Côté terre, la Bretagne, c'est aussi le beurre que l'on respire à plein nez dans les biscuiteries : celle de la *Pointe du Raz, Brieuc à Yffiniac, Marin Coathelem* et ses kouign aman à Douarnenez ; et dans les *confiseries* qui produisent à qui mieux mieux (toujours mieux !) des caramels... au beurre salé : *maison Guella* à Cancale, *Carabreizh* – tout un programme ! – à Landévant, *maison d'Armorine* à Quiberon... Ceux qui préfèrent s'humecter le gosier se tourneront vers les cidreries et les distilleries. La *distillerie des Menhirs* est la seule à élaborer un whisky de blé noir !
Quant aux passionnés de manufacture, ils vogueront par exemple entre la *faïence Henriot* à Quimper et les ateliers textiles spécialistes du pull marin et de la marinière, comme *Le Minor* et *Roc'han maille* dans le Morbihan.

CÔTES-D'ARMOR (22)

Baie des Caps : *2, allée commerçante, Ploubalay, 22650* ***BEAUSSAIS-SUR-MER.*** *☎ 02-96-27-31-08. • baiedescaps.com • Visite guidée : sept-juin et ven vac scol, 10h30-12h30 ; juil-août, lun-ven 10h-12h30. Tarif : 8 € ; réduc. Résa groupes (2 pers min, 10 pers max) par mail à • contact@baiedescaps.com • Résa scolaires par tél. Durée de la visite : 1h.* ***Boutique*** *(située à 300 m de l'atelier, 13, rue du colonel Pleven)* ***:*** *lun-sam 9h30-12h30, 14h-19h.*

Le ***plus petit fabricant de pulls marins en France*** est... breton, bien sûr ! Et fier de ses engagements : un processus de fabrication entièrement français et en ***circuit court,*** de la sélection des matières premières jusqu'à l'étiquetage et la vente en passant par le tricot et l'assemblage. La laine est tricotée sur place, et une fois les tricots obtenus, ils sont assemblés à l'atelier même ! Les ***chutes de tissus sont même recyclées,*** soit en les refilant, soit en les utilisant dans d'autres produits. Et cette entreprise familiale va toujours plus loin dans le « zéro déchet » : les vêtements usés de la marque peuvent être récupérés et reprisés, pour favoriser le ***commerce de seconde main.*** Voir l'atelier à travers la baie vitrée est une bonne manière de comprendre comment sont élaborés depuis 1986 ces pulls en laine, faits pour résister aux pires bourrasques.

Biscuiterie-caramèlerie-confiturerie Brieuc : *5, rue du Verger, 22120* ***YFFINIAC.*** *☎ 02-96-77-04-49. • brieuc.bzh • ♿ Visite libre (observation de la production à travers une vitre depuis la boutique), gratuite. Lun 9h15-12h30, 13h30-18h, mar-ven 9h15-12h30, 13h30-19h, sam 10h-12h30, 14h30-19h. Visite guidée,*

sur résa sur le site. Visite de groupe sur résa, pour 7-15 pers. Tarif : 3,50 €. Durée de la visite : 45 mn-1h. ***Boutique :*** *mêmes horaires que la visite libre.*
Localisée au cœur de la ***baie de Saint-Brieuc,*** la biscuiterie-caramèlerie-confiturerie Brieuc fabrique artisanalement une large gamme de caramels au beurre salé, de biscuits et spécialités bretonnes et de Confibreizh. Fabriquées sans colorant, ***sans conservateur, sans additif ni gélifiant,*** toutes les gourmandises sont cuisinées dans le respect de la pure tradition pâtissière et caramélière bretonne.
En s'arrêtant dans l'appétissante boutique, située en bordure de la RN 12 sur l'axe Rennes-Brest, à hauteur d'Yffiniac, on peut observer la réalisation des produits à travers une ***baie vitrée donnant sur l'atelier depuis le magasin d'usine.*** Un site récent, aménagé dans cette perspective de transparence.
Le + : dégustation.

Criée d'Erquy : *Le Port, 22430* ***ERQUY.*** *☎ 02-96-41-50-83. ♿ Visite guidée seulement, résa par tél. De mi-juin à mi-sept, mar à 6h (et à 6h30 de mi-juil à mi-août). Scolaires : vac scol sauf Noël, mar à 6h30. Tarif : 7 € ; 6-18 ans 4 € ; gratuit moins de 6 ans. Visite de groupe sur rdv, pour 6-25 pers. Tarif : 179 €/groupe ; scolaires 108 €/groupe. Durée de la visite : 2h à 2h30.*
Si la coquille Saint-Jacques reste la reine de la baie de Saint-Brieuc, tous les matins, le poisson ramené à quai fait l'objet de toutes les attentions. Et tout va très vite. Triés, pesés, étiquetés, les saint-pierre, rougets et autres roussettes sont soumis au rituel de la vente à la criée. Lors de la visite (à condition de vous lever tôt) vous irez ***du quai de débarquement au port,*** en passant par la salle des ventes, les différents lieux de stockage du poisson, la présentation du travail du mareyeur, jusqu'aux ***bateaux et engins de pêche.***

Distillerie Warenghem, Armorik Whisky breton : *route de Guingamp, Boutil, 22300* ***LANNION.*** *☎ 02-96-37-00-08. • distillerie-warenghem.bzh • boutique@distillerie-warenghem.com • ♿ Lun-ven (plus sam juil-août) 10h-12h30, 14h-18h30 (17h30 oct-mars). Visites guidées sur résa. Tarif : 5,20-60 € selon visite choisie ; gratuit moins de 18 ans. Durée de la visite : 1h.* ***Boutique :*** *avr-sept, lun-sam 9h30-12h30, 14h30-18h30 (sauf lun mat et sam ap-m) ; oct-mars, lun-ven 9h-12h, 13h30-17h.*
Pour découvrir les mystères de l'âme celte et tout savoir sur la grande aventure du whisky breton ***Armorik Single Malt.*** Cette distillerie de whisky, la plus ancienne de France, accueille les visiteurs dans la bonne humeur. Après un petit ***film d'introduction,*** on file ***découvrir les alambics,*** puis les chais de vieillissement, le tout illustré par les commentaires des guides. On apprend par exemple que la distillerie dispose de sa propre source, utilise presque exclusivement des ingrédients bretons bio et commande une partie de ses fûts à un tonnelier voisin. ***Dégustation finale*** tout aussi instructive... et savoureuse. Une visite idéale, aux effluves envoûtants, pour se réchauffer par mauvais temps !
Le + : dégustation.

Pinceaux Léonard : *37, bd Laennec, 22001* ***SAINT-BRIEUC.*** *☎ 02-96-94-31-10. • leonard-pinceaux.com • Visite guidée seulement : mar 10h30-11h30. Résa auprès de l'office du tourisme de la baie de Saint-Brieuc (☎ 02-96-33-32-50). Groupes de 7 pers max. Tarif : 5 € ; 12-18 ans 3 €. Durée de la visite : 1h.* ***Boutique :*** *en ligne uniquement.*
Non loin de la cathédrale fortifiée et de l'agréable quartier ancien, se dresse cette manufacture familiale, où l'on fabrique plusieurs centaines de références de pinceaux fins, pour les beaux-arts et la cosmétique. Ici, 7 générations ont assemblé et continuent d'assembler, avec soin et dextérité, à la main, chaque pinceau, et ce depuis 1840. Chaque étape du processus de fabrication est expliquée, de la mise en virole au marquage. De quoi prendre la mesure d'un savoir-faire rare.
Label : Entreprise du Patrimoine Vivant.

FINISTÈRE (29)

Pôle conserverie

Algoplus : *ZA de Bloscon, 29680* **ROSCOFF.** *☎ 02-98-61-14-14. • algoplus-roscoff.fr • ♿ Individuels : visite guidée seulement, tte l'année. Juil-août, sans résa : lun-ven à 10h30, 14h30, 15h30 et 16h30. Hors saison, voir horaires sur le site. GRATUIT. Visites de groupes : sur rdv, résa par tél, pour 20-50 pers. GRATUIT. Durée de la visite : 1h15.* **Boutique :** *lun-ven 9h30-12h30, 14h-18h. Également une petite boutique quai Charles-de-Gaulle, en centre-ville (tlj 10h30-12h30, 14h-19h).*
Installée dans les anciens locaux d'une fabrique de casiers, la ***conserverie marine artisanale*** Algoplus récolte et transforme des algues alimentaires. Son installation à Roscoff est due à la proximité d'un champ d'algues exceptionnel. La Bretagne Nord est en effet l'**une *des régions les plus riches du monde en espèces d'algues*** (800 au bas mot) ! Au rythme des marées et des coefficients, l'équipe sélectionne les algues et les récolte en les coupant à la faucille. La reproduction est assurée d'une saison à l'autre ; l'environnement et l'écosystème sont ainsi protégés. Une fois récoltée, l'algue fraîche est directement travaillée en atelier de façon naturelle : séchage, saumurage ou appertisation pour intégrer les préparations et devenir des produits maison : moutarde aux algues, haricots verts marins, persil de la mer, soupes de poissons aux algues...
Côté ***poissons,*** la conserverie se fournit directement dans les criées de Roscoff, Concarneau, Le Guilvinec et Douarnenez. Le schéma de fabrication est simple. Le poisson est directement fileté à la main puis transformé en rillettes selon des recettes naturelles et artisanales. La conserverie décline aussi des ***légumes locaux :*** artichaut, chou-fleur, potimarron du Léon, sans oublier l'oignon rose de Roscoff à travers un délicieux confit... « à pleurer de bonheur » ! Vente de cosmétiques et produits alimentaires.
Le + : dégustation.

Conserverie Courtin : *zone de Kerouel, 29910* **TRÉGUNC.** *☎ 02-98- 97-01-80. • conserverie-courtin.com • ♿ Visite libre : tlj 9h-19h (20h juil-août). Visite de groupe : 20-70 pers, sur rdv (avec guide sur demande). Tarif : GRATUIT (avec dégustation). Durée de la visite : 30 mn.* **Boutique :** *tlj 9h-19h (20h juil-août).*
Au tout début du XXe s, Concarneau comptait une trentaine de conserveries, représentant plus de 2 000 emplois sur le territoire. Courtin est l'une des 2 conserveries encore en activité. Depuis 1893, elle fabrique et commercialise sa propre spécialité, sans s'écarter de sa recette d'origine: le ***confit de noix de Saint-Jacques.*** Mais elle a aussi diversifié sa production et propose maintenant soupes et rillettes de poisson fabriquées artisanalement, autour du convivial « casse-croûte du marin ».
Le + : dégustation gratuite.
– En complément, on musarde au ***musée de la Pêche :*** *3, rue Vauban, 29900* ***Concarneau.*** *☎ 02-98-97-01-80. • musee-peche.fr • ♿ Dans la ville close.* Au cœur du centre historique de Concarneau, ce musée présente l'histoire des pêches depuis la Préhistoire jusqu'à aujourd'hui. Bateaux, objets maritimes, maquettes, films et dioramas éclairent l'activité halieutique. Présentation de bateaux, dont un chalutier à flot, l'*Hémérica,* amarré au quai du musée. Expos temporaires diverses.

Conserverie Kerbriant : *parc d'activités Lannugat Nord, 32, rue Jean-Kervoalen, 29100* **DOUARNENEZ.** *☎ 02-98-70-52-44. • kerbriant.fr • ♿ Visite guidée seulement. Lun-ven à 9h30 et 11h, uniquement sur rdv (appeler avt). Visite de groupe sur rdv. Résa par tél ou sur le site. GRATUIT. Durée de la visite : 1h30.* **Boutique :** *de mi-juil à mi-sept, lun-sam 9h30-19h ; oct-juin, 9h30-12h, 14h30-17h30.*

Dernière conserverie artisanale et familiale de produits de la mer de Douarnenez, où tout est élaboré et transformé sur place, à la main, quasiment à l'ancienne. Douceurs pour l'apéritif, plats cuisinés pour la famille ou pour les grands rassemblements, la gamme est appétissante et répond à la devise du patron : « Il faut que les gens prennent du plaisir à manger ». Tout un programme ! On y apprend en détail ce qu'est le ***sertissage*** (avec la mise en route de machine) ainsi que l'***autoclavage.*** Et on déguste 4 ou 5 produits tartinables, puis une ***soupe de poissons,*** et on termine avec un plat cuisiné. Une visite nourrissante !
Le + : dégustation.

Les sardinières du Finistère

En 1853, Douarnenez, devient le 1er port sardinier de France : rapidement, une conserverie ouvre en ville. La main-d'œuvre de l'époque est majoritairement constituée de femmes venant de la campagne. Certaines portent la coiffe propre à leur « pays » : pays Bigouden, Crozon, Concarneau, pays Penn Sardin... ; des coiffes qui sont raccourcies, puis de moins en moins portées car inadaptées à cette activité. Les coiffes des ouvrières sont alors sans distinction nommées coiffes Penn Sardin (« tête de poisson ») ; par antonomase, le mot désigne finalement les ouvrières elles-mêmes. Elles sont peu payées et travaillent jusqu'à 72 h d'affilée, car la sardine doit être mise en conserve lorsqu'elle est encore fraîche. Elles finiront par se mettre en grève pour améliorer leurs conditions de travail... des grèves qui demeurent dans l'histoire de Dournenez comme une fierté.

Criée du Guilvinec – Haliotika : *Le Port, 29730* ***LE GUILVINEC.*** *☎ 02-98-58-28-38. ● haliotika.com ● Visite guidée seulement. Résa en ligne ou par tél, fév-oct, lun-ven. La visite de la criée est couplée avec la visite du centre de découverte Haliotika. Tarif : 14,90 € ; enfants 9,90 € ; gratuit moins de 5 ans. Visite de groupe sur rdv, pour 10-120 pers. Tarif sur demande. Durée de la visite : 1h30 (centre de découverte) et 45 mn (criée de Guilvinec).* ***Boutique :*** *lun-ven 10h-12h30, 14h30-18h30 (le w-e également avr-août).*

Troisième en importance nationale, et dans le port de pêche actif probablement le plus charmant de Bretagne. Avec Léchiagat, petite commune de l'autre côté de l'estuaire, Le Guilvinec forme un ensemble homogène vivant. Vous assistez *(en sem uniquement, à partir de 16h),* au ***retour des chalutiers,*** sous une nuée de goélands. Vous avez même droit à une visite guidée passionnante si vous prenez un billet couplé avec ***l'entrée du centre Haliotika.*** Un parcours symbolisé par des bronzes emblématiques de l'activité de pêche guilviniste (langoustines et poissons) guidera vos pas du parking de la Petite Sole à la Criée, réunissant pour de bon ville et port.
Le + : bar à langoustines.
Label : France savoir-faire d'excellence.

PROMENEZ LA LANGOUSTE !

Quand les bateaux revenaient de Mauritanie avec leur cargaison de langoustes, les prix étaient parfois trop bas. Alors, les capitaines voguaient avec leur chargement, dans la baie de Douarnenez, en attendant que les cours remontent. Exceptionnellement, les femmes avaient le droit de monter à bord. Beaucoup d'enfants ont été conçus quand « on promenait la langouste ».

BRETAGNE

La Compagnie bretonne – Maison Furic : *105, Hent Yvon Buannic, 29760* ***PENMARC'H.*** *☎ 02-98-58-40-10. • lacompagniebretonne.fr • Visite libre lun-ven 9h-18h30. 2 visites guidées/j., à 11h et 15h, sur résa par tél. GRATUIT. Durée de la visite : env 1h.* ***Boutique :*** *lun-ven 9h-18h30, sam 9h-13h, 15h-18h.*

Si vous vous étiez toujours demandé pourquoi les sardines étaient si serrées dans leurs boîtes, c'est l'occasion de répondre à cette question ! Et de comprendre les jolis mots d'emboîtage, sertissage, fleurissage, qui évoqueraient d'abord plutôt cadeau, bijou et bouquet... Depuis une ***coursive vitrée,*** on découvre des techniques de conservation traditionnelle effectuées dans des conditions d'hygiène contemporaine, et on en apprend long sur l'univers de la poiscaille. À la fin, on se laisse tenter par ces délices iodés déjà cuisinés... Bon appétit, il n'y a plus qu'à chauffer !

Pour une cuisine iodée

Si autrefois les usines brûlaient les algues pour en extraire de l'iode, aujourd'hui, les débouchés se sont diversifiés. Après les engrais et les bains d'algues, les chercheurs concoctent actuellement avec les algues brunes, vertes ou rouges des produits alimentaires. Le Centre d'études et de valorisation des algues (CEVA) de Pleubian, en liaison avec ADRIA à Quimper, a mis au point des recettes de pains, pâtés, saucissons, plats composés, etc. Seul problème avec les algues bretonnes : elles n'ont jamais fait partie des traditions culinaires de la région. Contrairement au Japon, où l'algue est dans toutes les assiettes (depuis des siècles !), en Bretagne, elle n'est consommée que par une minorité de gourmets.

Biscuiterie de la Pointe du Raz : *route de la Pointe-du-Raz, 29770* ***PLOGOFF.*** *☎ 02-98-53-10-13. • biscuiteriedelapointeduraz.com • ♿ Tlj 9h-12h, 14h-18h. Pour connaître les horaires de fabrication des sablés, et pour une visite guidée, téléphoner au ☎ 02-98-70-60-73. Visite de groupe sur rdv, pour 20-100 pers. Résa au ☎ 02-98-53-10-20 (Bretagne terroirs). GRATUIT. Durée de la visite : 10 mn.* ***Boutique :*** *tlj 9h-12h, 14h-18h.*

Depuis 1936, la ***biscuiterie de la Pointe du Raz*** régale les amateurs de ***gâteaux bretons de tradition*** grâce à de bons ingrédients (sel de Guérande) mariés à l'amour du travail bien fait. Le beurre, par exemple, est exclusivement du « beurre de baratte ». Lors de votre visite, vous découvrirez le processus d'élaboration des biscuits, du choix de ces ingrédients aux différents circuits de distribution. On traverse ainsi la salle de préparation et d'emmoulage, puis celle de cuisson et de démoulage, et enfin la salle d'emballage et de conditionnement. Simple mais tellement bon. Pour clore la visite en saveur, dégustation des spécialités de la maison. ***Le + :*** dégustation.

Biscuiterie Marin Coathalem : *4, route du Parc-Land, 29100* ***KERLAZ-DOUARNENEZ.*** *☎ 02-98-91-09-00. • marin-coathalem.fr • Visite guidée, résa obligatoire sur le site internet ou auprès de l'office du tourisme du Pays de Douarnenez ; places limitées. Juil-août, mar et jeu à 10h. GRATUIT. Durée de la visite : 45 mn.* ***Boutique :*** *lun-ven 10h-12h (été : lun-sam 10h-13h, 14h-19h, dim et j. fériés 10h-13h, 15h30-19h).*

DU BEURRE SALÉ DANS LE KOUIGN AMANN

Déjà au Moyen Âge, le duché de Bretagne avec ses nombreux marais salants est un gros producteur de sel. Du coup, il est exempté de gabelle – la taxe sur le sel – et abondamment utilisé pour conserver le beurre, dont le duché est également un gros producteur. Mais pour la cuisine, le beurre demi-sel, bien moins salé, sera inventé.

Spécialité bretonne née dans la ville de Douarnenez, le ***kouign aman, littéralement « gâteau au beurre » en breton,*** est aussi la spécialité... de cette biscuiterie de Douarnenez. Mais pas que ! Ici, depuis 1960, on confectionne également des biscuits bretons, quatre-quarts, et autres douceurs en utilisant des produits locaux. La biscuiterie est d'ailleurs récompensée d'un ***Coq d'Or du Guide des Gourmands,*** gage de reconnaissance de son savoir-faire. La visite guidée inclut une histoire des spécialités, ainsi qu'une dégustation dans la boutique, qui propose moult autres spécialités bretonnes.
Le + : dégustation.

Distillerie des Menhirs : *7, Hent Saint-Philibert, Pont-Menhir, 29700* ***PLOMELIN.*** *☎ 02-98-94-23-68. • distillerie.fr • Visite guidée seulement, sur résa par tél. Juil-août, lun-ven à 10h30, 15h et 16h30 (sauf ven à 16h30) ; oct-juin, sur résa. GRATUIT. Visite de groupe sur résa, pour 10-60 pers. Tarif : 4 €/pers. Durée de la visite : 1h.* ***Boutique :*** *lun-ven 8h-12h, 13h30-17h30 (ven 16h30), sam 10h-12h.*
La ***Distillerie des Menhirs,*** c'est avant tout une histoire de famille : 5 générations se sont succédé pour faire perdurer la tradition dans cette distillerie. Elle est située dans un lieu baigné de mystère, le vallon de Pont-Menhir en Plomelin, entouré de menhirs vieux de 5 000 ans, de vestiges d'amphores romaines datant de plus de 2 000 ans... Si l'histoire familiale, elle, commence dès 1921, avec l'achat d'un alambic qui servira à la fabrication de *lambig*, alcool traditionnel à base de pomme – alambic qui trône fièrement encore aujourd'hui dans la distillerie –, aujourd'hui, ce sont les trois frères Erwan, Kévin et Loig qui dirigent l'entreprise. Et le moins que l'on puisse dire, c'est que la famille Le Lay est fière de ses origines et de sa culture bretonne ! Par exemple, en défendant l'appellation « lambig » sur le marché de l'eau-de-vie, et en faisant reconnaître ce nom pour désigner spécifiquement l'eau-de-vie de cidre des Bretons de l'Ouest. Ou encore en créant, en 2002 après de nombreuses années de recherche, le ***whisky EDDU Silver***, un whisky de blé noir qui ravit les connaisseurs par son goût inédit (les trois frères ont aussi participé à la mise en place de l'IG Whisky de Bretagne, ou Whisky Breton, en 2015).
Au cours de la visite, vous aurez l'occasion de découvrir plus en détail l'histoire de la famille, et d'en apprendre plus sur le processus de fabrication de leurs whiskys. On fait le tour de la distillerie artisanale, avec ses alambics ancestraux, et on s'émerveille devant le superbe chai de vieillissement, véritable cathédrale abritant la transsubstantiation du sarrasin en whisky. Calices pour tout le monde à la dégustation !
Le + : dégustation.

EDF – Centrale nucléaire en déconstruction et centrale thermique de Brennilis : *site des Monts d'Arrée, 29690* ***BRENNILIS.*** *☎ 02-98-99-69-06. • edf.fr/brennilis • Visite guidée uniquement, sur résa sur le site internet. Parcours extérieur (visite guidée à l'extérieur des installations industrielles). Durée de la visite : 1h. Visite guidée de la centrale, pour les inscriptions, voir sur le site • edf.fr/visiteredf • GRATUIT. Durée de la visite : 4h.*
À Brennilis, en bordure du lac Saint-Michel, à 25 km au sud de Morlaix, dans la partie ouest du Finistère, le groupe EDF gère 3 sites : une centrale nucléaire en déconstruction, un barrage et une centrale thermique.
La ***centrale nucléaire*** de Brennilis a été l'***unique centrale électrique de la filière à eau lourde en France.*** Couplée au réseau en 1967, et exploitée conjointement par EDF et le Commissariat à l'énergie atomique (CEA), la centrale a fonctionné pendant 18 ans (de 1967 à 1985) et a produit plus de 6 millions de MWh. Elle est aujourd'hui la 1re centrale de ce type ***en cours de déconstruction*** dans le monde.
La ***centrale thermique*** de Brennilis est, quant à elle, constituée de ***3 turbines à combustion fonctionnant au fioul,*** d'une puissance unitaire de 85 MW pour les plus anciennes (1980, 1981) et de 125 MW pour la plus récente (1996). Elle produit chaque année l'équivalent de la consommation électrique d'une ville de 385 000 habitants.

Les + :
– Pour les groupes, une conférence thématique est proposée, sur rendez-vous.
– Pour petits et grands, des expositions et des animations sont proposées tout au long de l'année ainsi que des événements (Journées européennes du patrimoine, Fête de la nature, etc.).
– Pour les plus de 18 ans, des visites des installations nucléaires sont organisées chaque dernier vendredi du mois.

Pôle faïencerie de Quimper

Céramiques de Cornouaille : *4, rue Gustave Eiffel, 29170* ***SAINT-ÉVARZEC.*** *Réservation obligatoire ☎ 02-98-64-77-44. • ceramiquesdecornouaille.com • Visite guidée : lun-ven 10h-17h. Tarifs : 7 €, réduc. Visite de groupe possible. Durée de la visite : 45 mn.* ***Boutique :*** *6, rue Elie Fréron, 29000* ***QUIMPER.*** *☎ 09-62-59-15-70. Mar-sam 10h30-12-30 et 14h-18h. Sur présentation du ticket de visite, remise 10 % dans la boutique d'usine et la boutique du centre-ville.*
Avec plus de 25 ans derrière eux, l'atelier des ***Céramiques de Cornouaille*** produit des objets en faïence en suivant une véritable tradition de la céramique (la fameuse faïence de Quimper), sans mettre de côté les avancées technologiques et la vision des artistes et artisans contemporains. Il s'agit avant tout d'une histoire de transmission familiale, et l'atelier tient à conserver son savoir-faire artisan, en particulier dans les fameux bols bretons.
Au cours d'une visite de l'usine en 3 parties, découvrez l'histoire de l'entreprise, puis le fonctionnement actuel des ateliers, avant de faire un dernier détour vers la boutique. Apprenez comment sont faites les céramiques, les étapes de fabrication et les différents types de cuisson.
Le + : atelier de décoration de bols.

Faïencerie Henriot-Quimper : *2, pl. Bérardier, 29000* ***QUIMPER.*** *☎ 02-98-90-09-36. • henriot-quimper.com • ♿ Individuels, visite guidée seulement. Horaires sur le site internet ou par tél. Visite de groupe sur résa, pour 10-30 pers. Durée de la visite : 30 mn.* ***Boutique :*** *lun-sam 10h-12h30, 13h30-18h.*
La faïencerie, créée en 1690, est ***l'une des plus anciennes manufactures françaises.*** C'est l'une des rares faïenceries bretonnes à fabriquer et à décorer entièrement à la main toutes ses faïences ! Chaque pièce est exécutée selon la technique de la main levée et signée par l'artiste. Les ateliers sont situés juste au-dessus de la boutique d'usine. Toute la production est aujourd'hui assurée par seulement 9 employés, qui perpétuent cette tradition de la faïence. Si vous voulez votre ***bol-prénom,*** il faudra le commander, car la boutique n'a que très peu de stock. Comptez alors 2 semaines de délai et environ 40 € pour un bol – oui, c'est un bol qui a de la valeur !
– Pour compléter la visite, poussez jusqu'au ***musée de la Faïence :*** *14, rue Jean-Baptiste-Bousquet, 29000* ***Quimper.*** *☎ 02-98-90-12-72. • musee-faience-quimper.com • ♿ Derrière la faïencerie Henriot-Quimper.* Installé dans une ancienne faïencerie, le long de l'Odet. Les 8 salles d'exposition retracent l'histoire de la faïence à Quimper depuis 1699. Sa spécificité est d'avoir su intégrer et synthétiser les motifs, les couleurs et les techniques des villes concurrentes comme Rouen ou Nevers, et d'avoir finalement inventé un style propre.

Aujourd'hui emblématique, le ***petit Breton*** n'apparaît qu'au XIXe s. Dès lors, le « style Quimper » s'impose définitivement. Certains artistes laisseront même une empreinte durable : François-Victor Bazin, René-Yves Creston (voir sa mappemonde réalisée pour le secrétariat d'État à la Mer, dont la ceinture équatoriale porte la mention : « Partout où le soleil passe, le Breton passe »). Les œuvres de Mathurin Méheut, Micheau-Vernez, Nicot, Quilivic, Renaud (les grès Odetta) ou Berthe Savigny (connue pour ses bébés) et quelques autres grandes signatures sont particulièrement recherchées des collectionneurs, notamment pour les périodes Art nouveau et Art déco.

*Grain de Sail : 7, rue du Cosquer, Vierge Noire, 29600 **MORLAIX.** • contact@graindesail.com •graindesail.com • Visite libre : mar-sam 9h30-18h30. Le site n'est pas en activité le samedi mais la visite est possible, avec des vidéos explicatives. Tarif : 3 € ; réduc. Durée : env 1h. Avec atelier de customisation d'une tablette (résa conseillée) : 12 € ; réduc. Durée : 1h30. **Boutique :** mar-sam 9h30-18h30. À savoir : le port du masque est obligatoire pour des raisons d'hygiène. Les enfants doivent être accompagnés d'un adulte.*

Grain de Sail, c'est avant tout un défi qu'ont décidé de relever 2 frères : celui de rapporter du café et du chocolat tout droit d'Amérique latine et des Antilles, autrement dit de l'autre côté de la planète, en ***limitant au maximum l'empreinte carbone*** liée au transport. La solution : le ***voilier cargo.*** Du coup, aujourd'hui, l'entreprise, qui compte 2 cargos dans sa flotte, a élargi le champ de ses exportations ! Cette ***préoccupation environnementale*** reste au cœur l'entreprise : la chocolaterie est alimentée par des panneaux solaires, et des systèmes de récupération d'énergie thermique sont en place.

Le ***parcours traversant l'usine*** permet de comprendre le processus de production du chocolat dans son ensemble, de la fève qui doit être torréfiée à la tablette de chocolat prête à être grignotée. Mais visiter cette chocolaterie, c'est aussi se sensibiliser à la question du cours du cacao et comprendre les enjeux sociaux et environnementaux de cette production.

Le + :

– Possibilité de personnaliser des tablettes de chocolat avec des inclusions de qualité, sélectionnées par Grain de Sail, notamment différents types de grains de café.

ILLE-ET-VILAINE (35)

***EDF – Usine marémotrice de la Rance :** 35780 **LA RICHARDAIS.** ☎ 02-99-16-37-14. • visiteredf-la-rance@edf.fr • edf.fr/la-rance • ♿ Espace EDF Odyssélec. Visite guidée sur résa en ligne, min 48h avt. Pour les groupes, visites guidées sur résa par mail, min 8 pers. GRATUIT. Durée de la visite : 1h. Pour les inscriptions, voir sur le site • edf.fr/visiteredf •*

L'usine marémotrice de la Rance, et son barrage long de 750 m, se trouvent à l'embouchure de l'***estuaire de la Rance,*** à la Richardais, entre les villes de Dinard et de Saint-Malo. Ce site a pour objectif de produire de l'***hydroélectricité,*** une énergie 100 % renouvelable, en utilisant la ***force de la marée.***

L'usine de la Rance, inaugurée en 1966 par le général de Gaulle, est l'une des 2 seules usines au monde de ce type à produire de l'électricité de façon industrielle (l'autre est en Corée du Sud). Le fonctionnement de l'usine marémotrice dépend de la différence de hauteur d'eau de chaque côté du barrage (13,50 m d'amplitude maximale) et du débit de l'eau. De ce fait, l'usine marémotrice de la Rance fonctionne au rythme des marées en utilisant la variation du niveau de la mer qui, chaque jour, monte et descend 2 fois. Sa particularité est de fonctionner ***« dans les 2 sens »*** : les turbines peuvent tourner aussi bien lorsque la marée monte (et vient remplir l'estuaire derrière le barrage), que lorsqu'elle descend.

Grâce aux 24 groupes de production de type « bulbe » de 10 MW chacun, l'usine produit l'équivalent de la consommation d'électricité de la ville de Rennes.

L'***Espace EDF Odyssélec*** de la Rance offre aux visiteurs une immersion dans le monde des énergies marines. Une turbine « bulbe » grandeur nature, des bornes interactives, maquettes, vidéos, des panneaux d'information permettent de comprendre le fonctionnement de l'usine, son histoire et son environnement.

Les + :

– Un ***circuit extérieur,*** composé de 12 pupitres et d'une table d'orientation, complète la visite et permet de profiter du magnifique panorama offert par l'estuaire et d'observer des bateaux passant par l'écluse du barrage.

– La ***chasse au trésor interactive adaptée aux familles*** « VisiterEDF », à télécharger gratuitement (sur AppleStore ou GooglePlay ; durée : env 45 mn).

Label : France savoir-faire d'excellence.

La Ferme marine de Cancale : *l'Aurore, 35260* ***CANCALE.*** *☎ 02-99-89-69-99. • ferme-marine.com • Visite guidée seulement : juil-août, lun-ven à 11h, 15h et 17h ; de mi-fév à fin oct, lun-ven à 15h. La Ferme marine ouvre 30 mn avt le début de la visite. Visites pour les enfants à 10h30 lun-ven pdt vac de printemps et de la Toussaint (zones B et C) et en juil-août. Tarif : 9,70 € ; 5-14 ans 5,70 € ; gratuit moins de 5 ans ; réduc. Visite de groupe sur rdv (sauf déc), pour 10-100 pers. Tarif : sur demande. Durée de la visite : 1h.* ***Vente sur place.***

Le destin de Cancale est très tôt lié à celui des huîtres que l'on récolte dans la baie, au moins depuis l'Antiquité romaine. Cancale bénéficie aujourd'hui du label ***Site remarquable du Goût,*** mais les huîtres ne sont pas encore protégées par une AOC. Pourtant, si le savoir-faire des ostréiculteurs est capital, le terroir a son importance. Comme pour les vins, on peut parler de crus. La grande spécialité de Cancale reste la ***cancalaise,*** c'est-à-dire l'huître plate, la seule connue et consommée jusqu'au XIXe s. Mais le dragage intensif des gisements par les célèbres bisquines finit par épuiser les fonds marins... Cancale fut sauvée par l'arrivée de l'huître portugaise, puis de la japonaise, l'***huître creuse*** que nous consommons partout en France. L'élevage des huîtres remonte donc ici à la fin du XIXe s.

Excellente ***visite guidée*** et explications instructives ***sur les huîtres*** en général, celles de Cancale en particulier et la spécialité : le « pied-de-cheval ». On suit pas à pas l'évolution des bestioles, du parc à huîtres jusqu'au fond du gosier. Film et informations sur les ***marées,*** le ***« trompage »,*** la ***baie de Cancale,*** etc. Après cela, visite libre du ***musée du Coquillage*** où plusieurs centaines de spécimens du monde entier ont été rassemblés.

Les + :

– Dégustation pour visites individuelles (pour les groupes, se renseigner avant la visite).

– La balade Escap'Algues où les visiteurs en découvrent d'avantages sur les végétaux de la baie.

Label : France savoir-faire d'excellence.

LES HUÎTRES DE CANCALE

La faible profondeur des eaux et la grande amplitude des marées sont ici favorables à la culture des huîtres creuses. Les plates, quant à elles, sont restées plus ou moins sauvages. On les trouve en eaux profondes, sur le sable, et non dans les parcs. Cela explique – en partie – leur différence de goût, à la fois plus salé avec une saveur de noisette, mais surtout leur différence de prix. La récolte est, en effet, beaucoup plus aléatoire ; les chiffres sont d'ailleurs édifiants : à Cancale, de 6 000 à 7 000 t de creuses par an, contre à peine 1 000 t de plates. Les huîtres sont commercialisées, calibrées, après 3 ou 4 années d'élevage et d'affinage. Mais il arrive encore que l'on trouve les fameux « pieds-de-cheval », des plates de 15 ans, que l'on mange au couteau et à la fourchette.

L'Atelier du Verre : *4, rue de Radegonde, 35350* ***SAINT-MÉLOIR-DES-ONDES.*** *☎ 02-99-89-18-10. • idverre.net/durand-gasselin • Visite libre. Mars-déc, mar-dim 10h-13h, 14h30-18h30 (sauf dim mat) ; juil-août, tlj 10h-13h,*

14h30-19h (sauf dim mat). GRATUIT. Travail du verre : mar-sam ap-m. Stages d'initiation sur résa, voir le site. Visite de groupe, sur résa, plusieurs formules. ***Boutique :*** *sept-juin, mar-dim, 10h-12h30, 14h30-18h30 (sauf dim mat) ; juil-août, tlj 10h-12h30, 14h30-18h30.*

Une vraie routarde, Martine Durand-Gasselin, la fondatrice de cet atelier : quand elle s'est dirigée vers la Suède, elle a marché de Rennes à Stockholm ! Elle se familiarise avec le verre à l'école d'Orrefors, et perfectionne sa formation à l'***École des arts appliqués de Copenhague.*** Depuis, ses créations aux formes pures mais aux couleurs chatoyantes ont séduit et séduisent tout le monde, y compris François Mitterrand et Martin Bouygues... Cette amoureuse de la lumière a fait du ***verre à pied*** sa spécialité. Pour monter votre service, n'hésitez pas à pénétrer dans sa boutique-atelier, où travaillent jusqu'à 3 souffleurs de verre. Les magies de l'incandescence et de la transparence réunies...

Maison Guella : *1, rue du Brocanteur, 35260* ***CANCALE.*** *☎ 02-99-40-83-43. • lamaisonguella.com • Visite libre : lun-sam, 10h-17h30. Visite de groupe, pour 15-50 pers, sur résa 72h avt, par tél ou par mail à • lamaisonguella@gmail.com • GRATUIT. Durée de la visite : 45 mn.* ***Boutique :*** *tlj 9h45-19h (dim 18h30).*

La maison Guella a colonisé l'estuaire de la Rance par la méthode douce, plus précisément par la méthode des douceurs : ***palet, galette, cookie, financier***... L'entreprise gourmande est née dans les années 1920 à Saint-Samson-sur-Rance, puis a emménagé dans les contreforts de la cathédrale de Saint-Malo, s'est agrandie à Dinan et à Dinard, avant que s'ouvre un confortable espace de production et de vente à Cancale. C'est ici que la 3e génération concocte sablés et ***caramels,*** sans transiger avec la tradition du beurre salé ! Une fabrication dont on peut observer les différentes étapes à travers une ***baie vitrée donnant sur l'atelier.*** Un ***film explicatif*** permet de faire le lien entre les différentes observations. Dégustation pour concrétiser le tout !

Le + : dégustation.

Ouest France : *10, rue du Breil, 35000* ***RENNES.*** *☎ 02-99-32-66-27. • visite@ouest-france.fr • ouest-france.fr • ♿ Visite guidée, lun-ven à partir de 21h30. Tarif : 7 €, réduc. Résa par mail ou tél. Accueil personnes à mobilité réduite. Durée : 2h.*

Le champion de la PQR (presse quotidienne régionale) ouvre ses portes ! De la rédaction, digitale et print, à la distribution, en passant par l'impression, on plonge dans les coulisses du monde de l'information. Une énorme machine : la rédaction à elle seule implique environ 780 journalistes et 2 100 correspondants locaux, la livraison en semaine, environ 4 000 porteurs... La partie la plus impressionnante reste l'impression : des énormes rotatives – 34 m de long pour 12 m de haut – sortent 84 000 exemplaires à l'heure ! Tout un travail d'équipe qui façonne le produit le plus mouvant qui soit : l'actualité.

Roazhon Park – stade de Rennes : *porte 9, 111, rue de Lorient, 35000* ***RENNES.*** *• tourisme-rennes.com • Visite guidée. Tarif : à partir de 15 €. Résa sur le site internet de l'office du tourisme « Destination Rennes ». Durée de la visite : 1h30.* ***Boutique :*** *mar-sam 10h-19h.*

Emblème breton parmi d'autres grâce à son équipe éponyme, le fameux ***stade rennais*** se donne à voir de l'intérieur. Les supporters pourront se mettre dans la peau de leurs footballeurs préférés. Découvrir ce qui se joue sous les gradins, arpenter les couloirs, voir le stade tels que les joueurs le voient en arrivant sur le terrain : enfin ! On traverse la salle de presse, on se retrouve à la place des entraîneurs qui se succèdent aux micros des journalistes... La visite se conclut par la ***galerie des Légendes,*** une salle dédiée à l'histoire du club des Rouge et Noir, remplie des trophées, photos, et autres objets retraçant l'aventure de l'équipe.

MORBIHAN (56)

Port de pêche Lorient Keroman

La marée du jour : *bd Louis-Nail, 56100* ***LORIENT.*** *☎ 02-97-84-87-37 (Maison de la Mer). ● maisondelamer.org ● ♿ Individuels : visite guidée seulement. Résa au ☎ 02-97-84-78- 00 (office de tourisme de Lorient). Pdt les vac scol ttes zones, visites guidées les mer, jeu et ven à 4h45 (pour assister à la criée) ou 9h45. Tarif : 7 € ; tarif réduit 4 € ; gratuit moins de 4 ans. Visite de groupe sur rdv. Résa par tél (Maison de la mer). Tarif groupes : moins de 15 pers, forfait 100 €/groupe ; plus de 15 pers, 6,50 €/pers. Scolaires : moins de 20 pers, forfait 100 €/groupe ; plus de 20 pers, 5 €/pers. Durée de la visite : 2h.* ***Boutique :*** *poissonnerie sur le circuit de la visite.*

Lorient est le 2e port de pêche de France pour le tonnage et la variété des espèces. Plusieurs milliers de personnes y vivent par et pour la pêche. Le chalutier est le bateau le plus utilisé, mais les autres techniques de pêche ne sont pas en reste, comme la palangre, le filet maillant ou le casier. Presque 2 km de quais, une ***criée couverte de 2 ha, à voir et à sentir tôt le matin lors de cette visite guidée.*** On suit le parcours du poisson, de la mer à l'assiette, avec les médiateurs de la Maison de la mer. La gestion de la ressource, les techniques de pêche et le système des ventes sont expliqués, ainsi que la transformation et l'expédition du poisson grâce à la visite d'un atelier de marée.

Quelque 60 espèces sont vendues sur le marché sous les ***halles de Merville*** tous les matins, près de la mairie. Également vente aux particuliers aux ***Établissements Moulin*** *(au port, magasin 78, lun-sam 8h-12h).* Pas cher et on ne peut plus frais !

« Secrets de navires », aire de réparation et de construction navale : *rue Ingénieur-Henry-Verrière, 56100* ***LORIENT.*** *● maisondelamer.org ● ♿ Visite guidée seulement : ven à 14h15 pdt les vac scol (ttes zones). Résa au ☎ 02-97-84-78-00 (office de tourisme du Pays de Lorient). Tarif : 7 € ; étudiants, demandeurs d'emploi, 4-18 ans 4 € ; gratuit moins de 4 ans. Visite de groupe sur rdv. Résa au ☎ 02-97-84-87-37 (Maison de la Mer). Tarif : moins de 15 pers, forfait de 100 €/groupe ; plus de 15 pers, 6,50 €/pers. Durée de la visite : 2h. La visite s'organise selon les disponibilités des professionnels.*

Chalutiers, voiliers, vedettes... ***l'anneau de Keroman,*** encore appelé ***« slipway »,*** est un théâtre où transitent de nombreux navires. Hissés hors de l'eau par l'un des élévateurs à bateaux les plus puissants d'Europe, ils révèlent leurs secrets immergés. Flottaison, propulsion, direction, c'est bien en dessous que tout se joue ! Découvrez les ***innovations et savoir-faire*** développés par les ***professionnels de la navale,*** jamais à court d'ingéniosité.

Conserverie La Belle-Îloise : *2, rue des Confiseurs, ZA Plein Ouest, 56170* ***QUIBERON.*** *☎ 02-97-50-59-08. ● labelleiloise.fr ● ♿ Individuels, visite guidée seulement. Juil-août, lun-sam, à 10h30, 11h30, 14h30, 15h30, 16h30 et 17h (sauf à 17h sam) ; avr-juin et sept-vac scol de Toussaint, lun-sam à 10h, 11h, 15h et 16h (sauf sam à 10h et 16h) ; nov-mars, mar-ven à 11h et 15h. Visite de groupe sur rdv, pour 5-40 pers. Résa par tél. GRATUIT. Durée de la visite : 45 mn.* ***Boutique :*** *lun-sam 9h-12h, 14h-18h.*

Créée en 1932 à Quiberon, La Belle-Îloise est une ***entreprise familiale et indépendante*** qui, depuis 3 générations, fabrique et propose en vente directe des conserves de poisson aux saveurs d'exception. Si la conserverie (dans la même famille depuis sa création) a démarré modestement, comme en témoigne ici la ***reconstitution du 1er atelier,*** l'entreprise est aujourd'hui installée dans un espace moderne. Lors de la visite de la conserverie, les différentes étapes de fabrication

vous sont expliquées et commentées en temps réel. Son espace visite de 500 m² offre une ***immersion en son et lumière*** au cœur de l'histoire et du quotidien des marins-pêcheurs et des sardinières. On y découvre le savoir-faire artisanal et toutes les étapes de fabrication pour transformer un poisson frais en une conserve haut de gamme. On observe les ***opérateurs d'aujourd'hui*** accomplir en temps réel les gestes d'antan : étripage et emboîtage à la main, présentation à blanc, et autres attentions pour préserver la chair délicate du poisson !
Le + : dégustation.

L'Huître La Toulverne – Au Rythme des Marées : *48, route de Toulvern, 56870* ***BADEN.*** *☎ 02-97-57-00-19. 06-04-59-68-28. • contact@huitrelatoulverne.fr • huitrelatoulverne.fr • Visite guidée : avr-sept ou oct, selon météo et marées. Plusieurs visites possibles dont la découverte des parcs ostréicoles : 1 départ/j. selon météo et marées. Tarif : 45 € ; moins de 12 ans 25 € ; réduc (famille 2 adultes + 2 enfants 120 €). Visite de groupe 10-28 pers sur rdv, résa par tél. Tarif : 40 €/pers ; moins de 12 ans 15 €. Durée de la visite : 2h30.* ***Boutique :*** *avr-sept, lun-mar 8h30-15h, mer-sam, 10h-15h ; juil-août, tlj 10h-20h ; oct-mars, lun-ven 8h30-15h.*
Ivan Selo, 5e génération d'ostréiculteurs, ne cultive que des huîtres traditionnelles, dans le respect de la nature (pas de triploïdes ici !). Du coup, il a équipé un bateau avec moteur 100 % électrique pour les visites des parcs à huîtres. La visite est suivie d'une dégustation à bord. Le bateau ressort, en fin de journée, à l'heure de l'apéro, pour admirer le coucher du soleil... Le bonheur ! Mais vous pouvez aussi venir pour une dégustation de fruits de mer à ***La Cabane à Huîtres.***
Le + : cabane à huîtres, dégustation de fruits de mer et coquillages.

BRETAGNE

Pôle textile

Le Minor : *10, rue Nicolas-Appert, 56520* ***GUIDEL.*** *☎ 02-97-65-97-67. • leminor.fr • Visite guidée : vac scol mar-jeu 14h30, juil-août, ven également ; Journées du patrimoine ; portes ouvertes en déc (résa en ligne ou par tél). Tarif : 5 € ; réduc.* ***Boutique :*** *mar-sam 10h-18h, 10h-19h période estivale.*
Depuis 1922, la manufacture bretonne Le Minor veille à la transmission de son savoir-faire de tricot et de confection de vêtements : elle a alimenté la Marine nationale en ***pull officier*** pendant 40 ans ! Une autre de ses spécialités : la ***marinière,*** bien sûr. L'usine utilise des ***machines anciennes,*** maniées avec dextérité et précision, afin de produire un produit fini d'une qualité irréprochable. L'entreprise prend un soin particulier à former les nouvelles générations, ainsi qu'à sensibiliser au circuit court et au produit local. La confection du vêtement commence et se termine dans l'usine : du travail de la maille à la boutique, vous pourrez découvrir comment sont confectionnés des ***vêtements 100 % breizh.***
Label : Entreprise du Patrimoine Vivant.

Roc'han Maille : *rue Notre-Dame, 56580* ***ROHAN.*** *☎ 02-97-38-57-78. • rochan-maille.fr • Visite guidée, sur résa (pour 10 pers min, 20 pers max), départ*

MAIS D'OÙ VIENT LA MARINIÈRE ?

Au XVIIe s, lorsque les hommes partent en mer, ils portent sous leur vareuse un simple tricot à rayures bleu marine sur fond blanc. Les hypothèses associées à ce motif sont multiples : classe sociale plutôt basse, car il était associé aux prisonniers ; économies de teinture dans les tissus ; voire un moyen de rendre plus visibles les hommes tombés à la mer. La Marine le récupère et le systématise. Mais c'est Coco Chanel qui, dans les années 1910, le popularise, inspirée par ses voyages en bord de mer. Une tendance qui participe au mouvement de libération du corps de la femme, en valorisant le vêtement pratique et confortable.

à 10h30 le mat, sur résa par tél. GRATUIT. Durée de la visite : 1h30. À partir de 12 ans. ***Boutique :*** *voir horaires en ligne. Également 2 ventes directes d'usine par an (fin oct et fin avr).*

Cette entreprise fondée en 1959 est fière, à juste titre, d'avoir décroché le label ***France Terre Textile,*** qui garantit que les ¾ des étapes de la production des vêtements se passent en France et répondent à un cahier des charges qualitatif et environnemental ! Ici, les matériaux (laine, laine mérinos ou mélangé à de l'acrylique) sont garantis sans produit chimique de synthèse néfaste pour la santé. Durant la visite, on observe tout d'abord la modéliste qui crée des patrons correspondant à 2 collections annuelles. Puis on voit les panneaux tricotés sur place, repassés avant d'être coupés, enfin cousus et assemblés à l'atelier de confection, avant une vérification finale de qualité. Et pendant la visite, les ouvrières peuvent répondre aux questions des petits comme des grands !

Carabreizh : *ZA Mané Craping, 56690* ***LANDÉVANT.*** *☎ 02-97-88-30-30. • contact@carabreizh.bzh • carabreizh.bzh • Visite libre : lun-sam 9h-19h. Parcours ludique : 9h-18h, sans résa. Durée : env 30 mn. GRATUIT. Les enfants doivent être accompagnés d'un adulte.* ***Boutique :*** *lun-sam 9h-19h.*

Idéal pour une sortie en famille : entrer dans les coulisses de la fabrication du caramel au beurre salé ! Dans un univers coloré, on embarque pour une aventure gourmande et ludique à la Cité du Caramel Carabreizh® : une machine folle y explique la fabrication des délicieux caramels. Une façon décalée de découvrir le savoir-faire de ces artisans fabricants.

DU SEL DANS LE CARAMEL

En Bretagne, pas de gabelle et beaucoup de sel ; le sel s'immisce donc aussi dans les douceurs. Mais c'est à un chocolatier de Quiberon, Henri Le Roux, qu'on peut attribuer la popularisation du bonbon : en 1977, sa recette transforma le coulis en confiserie. Il y ajouta aussi des noisettes, des noix, des amandes, afin de se différencier de ses concurrents : mission réussie, puisque aujourd'hui cette gourmandise est devenue l'un des emblèmes breizh !

Distillerie du Gorvello : *route de Pebeyec, Le Gorvello, 56250* ***SULNIAC.*** *☎ 02-97-54-04-11. • distilleriedugorvello.fr • ♿ Dégustations avec explications : juil-août, tlj (sauf dim et j. fériés) 9h30-12h30, 14h-19h ; le reste de l'année, mar-sam, 9h30-12h30, 14h-18h. Visite guidée ven à 11h en juil-août (résa conseillée). GRATUIT. Visite de groupe sur rdv, pour 20-60 pers : tte l'année mar-sam. Résa par tél. Tarif : 5,20 €/pers. Durée de la visite : 1h30-2h.* ***Boutique :*** *mar-sam 9h30-12h30, 14h-18h ; juil-août, ouv lun jusqu'à 19h.*

Le Gorvello est un minuscule village doté d'un remarquable patrimoine classé, et qui a la particularité d'être à cheval sur 2 communes (Theix et Sulniac) ! À voir : une église, une chapelle, une fontaine (miraculeuse, bien sûr). Sans oublier le château du Plessis-Josso, l'un des plus beaux de Bretagne. Et faisant face aux vergers, cette belle ***distillerie à l'architecture design et high-tech,*** qui élabore d'excellents ***produits artisanaux dérivés de la pomme*** : jus, cidre, pommeau, fine, eau-de-vie... et même un jus de pomme mousseux (non alcoolisé) pour les enfants. La ***visite de la distillerie*** commence par une explication concernant la partie arboricole de l'entreprise, donnée au cœur du verger. Elle se poursuit dans le bâtiment de transformation, où l'on peut observer le processus de fabrication. On passe ensuite dans le chai de vieillissement avant de déguster les produits, notamment le ***« Petit Prince Guillevic »,*** apéritif emblématique de la distillerie.
Le + : la dégustation.

La Maison du Cidre : *rue de Lann-Vrihan, 56450,* ***LE HÉZO.*** *☎ 02-97-26-47-40. • museeducidre.com • Visite libre, lun-sam 9h30-11h, 14h-17h ; vac scol : lun-sam 9h30-17h. Visite guidée pour groupes sur résa par tél. ♿ Tarif : 5 € ;*

parcours enfants gratuit. ***Boutique :*** *lun-sam 9h30-19h ; été : également dim 10h-12h, 15h-18h. Les mineurs doivent être accompagnés d'un adulte.*

La ***Maison du Cidre,*** c'est à la fois un ***musée*** pour en apprendre plus sur le processus de fabrication du cidre, un ***bar-terrasse,*** un ***parcours interactif*** pour les enfants au milieu des vergers... Mais c'est avant tout la démonstration d'un véritable attachement aux valeurs de la tradition et de l'authenticité : on découvre ici l'histoire des campagnes bretonnes et de leurs vergers. Ici est cultivée l'une des plus anciennes variétés de pommes de la région, la ***pomme Guillevic,*** qui permet de produire le cidre d'exception Royal Guillevic. Des ruches sont installées sur le verger afin de favoriser la pollinisation et la biodiversité. On découvre les différentes étapes de fabrication du cidre, et on voit s'allier techniques d'antan et savoirs d'aujourd'hui.

Cerise sur les pommes, la Maison du Cidre propose une petite restauration toute la journée : crêpes sucrées garnies (beurre sucre, chocolat maison, caramel maison, miel de nos ruches) ; en salé, l'incontournable galette saucisse, le breizh croque (à base de blé noir) accompagné d'un verre de cidre ou de jus de pomme. À savourer dans un cadre verdoyant et reposant !

Les + :
- Dégustation de 4 cidres ou 3 jus de pomme.
- Goûter à base de crêpes maison, et garnitures maison *(10h-18h).*
- Activité « initiation crêpes et galettes » : *sam 9h30-16h, sur résa. Tarif : 95 €, pour 6 pers max.* Dégustation de cidre et repas inclus.

LA MIGRATION D'UNE BOISSON

Le « vin de pomme » n'est pas d'abord une boisson de l'Ouest... mais du Sud ! Dans l'Antiquité, elle est très consommée sur les rives de la Méditerranée, car pommiers et poiriers y étaient nombreux à l'époque, On suppose que les marins basques, qui l'utilisaient pour lutter contre le scorbut en mer, ont filé le tuyau à leurs compères bretons et normands. La culture des pommes se développe au nord-ouest de la France au Moyen Âge, contribuant à élargir la diffusion du cidre.

La Mine d'Or : *2, rue André-Le Blay, Ronsouze, 56800* **PLOËRMEL.** • *laminedor.bzh* • *Visite guidée, à partir de 2 pers : lun-sam, 10h30-11h45, 15h-16h15. Résa en ligne. Tarif : 6,50 € ; réduc. Durée de la visite : 1h15. Les mineurs doivent être accompagnés d'un adulte.* ***Boutique :*** *lun-ven 10h-18h ; vac scol, sam 10h-17h30.*

Une plongée en plein univers celtique ! Au cœur de la forêt de Brocéliande, cette distillerie a lancé ***3 gammes de whiskys*** – dont une joliment nommée ***Galaad,*** comme le fils de Lancelot du Lac et d'Ellan, la fille du Roi Pêcheur –, de gins et de spiritueux 100 % bretons. Du maltage, c'est-à-dire de la 1re transformation de l'orge qui permettra la fermentation alcoolique, à la mise en bouteille en passant par le brassage, la fermentation, la distillation, et le vieillissement dans des fûts faits de bois variés, qui leur donnera leur couleur et leur texture, ***on apprend tout du whisky.*** On apprécie aussi l'***attention aux problématiques environnementales*** de l'entreprise : tous les déchets de la production sont récupérés pour produire du gaz naturel (futur biocarburant) ; tous les fûts sont fabriqués avec du bois français ; les bouteilles d'alcool elles-mêmes sont fabriquées en France avec du verre français ! Et La Mine d'Or s'engage pour des projets de reforestation.

Le + : dégustation.

Maison d'Armorine : *1, rue des Confiseurs, 56170* **QUIBERON.** ☎ *02-97-50-24-25.* • *maison-armorine.com* • ♿ *Visite guidée : lun-ven à 11h et 15h ; juil-août, lun-ven à 10h, 11h, 14h30, 15h30. Visite de groupe sur rdv, pour 8-50 pers. GRATUIT. Durée de la visite : 30 mn.* ***Boutique :*** *juil-août, lun-ven 9h-12h30, 14h-18h, sam 10h-12h, 14h-17h ; le reste de l'année, lun-ven 9h30-12h30, 14h-18h.*

Cette ***confiserie familiale*** a près de 80 ans de savoir-faire. Les gourmands apprécieront ses spécialités : les ***niniches,*** fameuses sucettes allongées, spécialités de Quiberon (primées meilleur bonbon de France) déclinées en 50 parfums : le ***Salidou***® (l'original bonbon caramel tendre au beurre salé), la crème de Salidou® mais aussi une déclinaison de biscuits comme le ***Cœur de Beurre***® (un palet breton au cœur caramel) et le ***Florentin*** (spécialité au chocolat). La visite permet de voir les confiseurs en pleine action. Dans son cinéma d'autrefois, on découvre aussi l'histoire de l'entreprise tout en dégustant un caramel au beurre salé tout juste sorti des ateliers.

Maison Lucas – Atelier de fumaison : *quai des Saveurs, Pôle artisanal Plein Ouest, 56170* ***QUIBERON.*** *☎ 02-97-50-59-50. • maisonlucas.com • Visite libre. En saison, lun-ven (téléphoner pour avoir les horaires de visite, qui sont assez changeants).*
Presqu'île multifacette, péninsule reliée au continent par une étroite langue de sable, Quiberon offre à la fois la quasi-brutalité iodée de la bien nommée Côte sauvage à l'ouest, la douceur tranquille d'une jolie station balnéaire familiale (avec Saint-Pierre) dans sa partie est, et, en été, l'hystérie collective et grouillante d'une Côte d'Azur bretonne dans sa partie sud autour de la « ville », Quiberon. La pêche et ses activités dérivées – fumaison, conserverie – y restent bien vivantes. À la Maison Lucas, on peut observer les différentes étapes de transformation du poisson aux postes correspondants, à travers les vitres du hall : ***filetage, salage, fumage et tranchage.*** On fume ici une ***trentaine d'espèces,*** aussi bien locales – lieu, haddock, maquereau, sardine, thon... – qu'exotiques – marlin, espadon, flétan...
Et si l'impatience taraude votre estomac, vous pouvez aussi vous rendre à la ***poissonnerie Maison Lucas*** *(10, quai de l'Océan, Port-Maria) :* vous y trouverez une large gamme de plats cuisinés, du poisson frais en direct de la criée de Quiberon. Vous pourrez aussi craquer pour un plateau de fruits de mer ou un *fish and chips* préparé à la minute !

Maison Yves Rocher – Musée immersif : *Le Moulin, Le Bout du Pont, 56200* ***LA GACILLY.*** *☎ 02-99-08-37-36. • maisonyvesrocher.fr • Juin-sept, tlj 10h-19h ; oct-mai, mar-dim 10h-18h. Tarif : 8,50 € ; réduc ; gratuit moins de 4 ans. Durée de la visite : 45 mn. Départ ttes les 15 mn.* ***Boutique :*** *oct-mai, mar-dim 10h-18h ; juin-sept, tlj 10h-19h.*
La Gacilly, dont le nom viendrait de Gasselet (« marécage »), est le fief d'***Yves Rocher, ancien maire du village.*** La maison de cosmétiques qui porte son nom est ***le plus gros employeur du canton,*** avec plus d'un millier de salariés. Il y a développé une grande partie de son activité liée aux ***plantes*** et à la ***nature.*** C'est ici que tout a commencé pour lui dans les années 1950, et la Maison Yves Rocher retrace cette aventure. Elle regroupe ***3 entités : le restaurant*** (voir plus bas), ***l'espace boutique, l'institut*** conçu pour découvrir les bienfaits de la cosmétique végétale (soins flash, conseils, diagnostics de peau...), et ***une scénographie*** qui retrace, en 5 mises en scène étagées sur plusieurs niveaux, l'aventure d'Yves Rocher. Une immersion dans les coulisses de la cosmétique végétale ! De la vision d'Yves Rocher et sa volonté de créer des produits de beauté accessibles à toutes les femmes au grenier où tout a commencé, en passant par cette salle au décor si poétique mettant en scène, en musique, le pouvoir des végétaux, on se laisse embarquer dans ce ***parcours à la fois onirique et sensoriel,*** innovant.

LA BRETAGNE QUI GAGNE !

Yves Rocher était, à l'origine, un modeste chapelier... qui souffrait d'hémorroïdes. Une vieille paysanne le soignait grâce à une mixture composée de saindoux et d'une plante, la ficaire. Il lui racheta sa recette qui sera à l'origine d'un empire de la cosmétique, fondé sur les plantes.

– Pour couronner la visite, on se rend au ***Jardin Botanique de La Gacilly :*** *accès libre et visites guidées des ateliers de travail en été.* La visite se déroule au sein d'une bambouseraie et d'un joli jardin avec plus de 1 500 espèces de plantes utiles aux humains, classées par catégories (médicinales, aromatiques, comestibles...), dont certaines sont utilisées pour leurs propriétés cosmétiques dans les produits Yves Rocher. Le jardin est aussi un conservatoire pour les plantes en voie de disparition. Juste à côté, voir aussi l'arboretum avec un arbre par pays où la marque est implantée, soit environ 80 pays ! Et en cas de petit creux après toutes ces balades :

Restaurant Le Végétarium : *Le Bout du Pont ; dans la Maison Yves Rocher. ☎ 02-99-08-37-37. Tlj le midi, plus le soir ven-sam. Formules et menus 27-32 € ; carte env 30 €. Jeu soir en été, apéro-dîner-concert.* Une salle contemporaine et zen ouvrant sur un patio fleuri et une vaste terrasse, l'occasion de goûter à la délicieuse cuisine de produits de saison. Des animations musicales et culturelles y sont organisées toute l'année avec des conférences en rapport avec la philosophie et les valeurs de la maison (nature, beauté, bien-être et art).

La Grée des Landes – Éco Hôtel Spa Yves-Rocher : *Les Tablettes, 56200* ***Cournon.*** *☎ 02-99-08-50-50. • resa.hotel@lagreedeslandes.com • lagreedeslandes.com • ♿ Doubles à partir de 175 € ; cabane et suite familiale. Voir les différents forfaits sur leur site. Menu 55 € ; menu dégustation 75 €.* Les 10 ha de prairies fleuries, la réserve de papillons et le site-refuge de la LPO donnent la note colorée et bio de ce concept nature/écologie, bien dans l'esprit de la Maison Yves Rocher. Un exemple de développement durable et d'intégration dans un environnement naturel : les toitures des 29 chambres (étagées dans la pente de la colline) sont végétalisées, les eaux du spa sont recyclées... Spas, piscine à débordement (quelle vue sur la vallée...), soins (*Yves Rocher,* évidemment) complètent le plaisir de se poser ici. Potager bio, et lounge bar avec un whisky breton bio !

CENTRE-VAL DE LOIRE

• Carte *p. 26*

Dans cette région, l'artisanat est très présent, et de qualité ! Les *ateliers Loire* sont spécialisés dans la restauration et la création de vitraux, la *faïencerie de Gien* perpétue la tradition, l'*atelier d'Offard* réhabilite le papier peint à la planche...
Mais c'est aussi une région de bons produits, avec de nombreuses biscuiteries, chocolateries... parfait pour accompagner les visites de château, surtout en famille ! Dans la famille de l'agro-alimentaire, on a un coup de cœur pour les *vinaigres Martin Pouret,* riches des saveurs des célèbres vignobles ligériens.
Et si l'on veut tout savoir sur la production d'électricité nucléaire et les enjeux de la transition énergétique, les occasions ne manquent pas avec les visites des *centrales de Belleville-sur-Loire, Saint-Laurent, Chinon ou Dampierre-en-Burly.*

CHER (18)

EDF – Centrale nucléaire de Belleville-sur-Loire : *18240* ***BELLEVILLE-SUR-LOIRE.*** *☎ 02-72-58-77-00. • gesvisites-bel@edf.fr • edf.fr/centrale-nucleaire-belleville • Espace EDF Odyssélec : entrée libre, gratuite, mer-ven 13h30-17h30. Visite libre ou guidée de l'exposition. Durée de la visite : 1h. Animations et conférences gratuites tte l'année. Se renseigner par tél ou sur le site internet. GRATUIT. Pour les inscriptions, voir sur le site • edf.fr/visiteredf •*

Dans le département du Cher et à la limite des départements du Loiret, de la Nièvre et de l'Yonne, la centrale nucléaire de Belleville-sur-Loire comporte ***2 réacteurs de 1 300 MWe*** chacun, en service depuis 1987 et 1988, et 2 tours aéroréfrigérantes en forme de « diabolos » géants. Sa production représente près de 100 % des besoins en électricité de la région Centre-Val de Loire ; elle répond à environ 5 % des besoins annuels électriques de la France.
Dans l'***espace EDF Odyssélec,*** de nombreux modules ludiques et interactifs permettent de comprendre la production de l'électricité et le ***mix énergétique.***
Le + : durant les Samedis des Riverains, on parcourt la salle des machines et on découvre le simulateur de la salle des machines d'un réacteur.
Label : Tourisme et Handicap.

Les Sablés de Nançay : *chemin de Champ-d'Hyver, 18330* ***NANÇAY.*** *☎ 02-48-51-81-19. • lessablesdenançay.com • Visite libre aux horaires d'ouverture de la boutique. Visite guidée sur résa, 15 pers min, 50 pers max, lun-jeu à 10h. GRATUIT.* ***Boutique :*** *lun-ven 9h-12h, 13h30-19h (18h30 nov-mars), sam-dim 10h-12h30, 14h-19h (18h30 nov-mars).*

L'histoire de la cuisine, et en particulier des gâteaux à la cuisson si subtile, regorge d'erreurs bénéfiques – y compris des recettes désormais patrimoniales, comme la tarte Tatin ou le cannelé ! On souhaite un aussi bel avenir au ***sablé de Nançay,*** croquant et fondant à la fois. Aujourd'hui, ces douceurs pur beurre s'agrémentent de pépites de chocolat, de noisettes... Des douceurs élaborées sous les yeux

des gourmands : du pétrissage à l'ensachage en passant par le déplaquage, posté derrière une baie vitrée, on ne perd aucune étape. Et ***on déguste tout chaud à la sortie du four,*** un délice !
Le + : la dégustation.

EURE-ET-LOIR (28)

Ateliers Loire : *16, rue d'Ouarville, 28300* ***LÈVES.*** *☎ 02-37-21-20-71. • ateliers-loire.fr • À partir de 10 ans. Visite guidée seulement, ven à 14h30. GRATUIT. Visite de groupe sur résa, sauf en août et sem de Noël. Groupe de 4-15 pers, jusqu'à 2 groupes ensemble. Tarif : 150 €/groupe. Durée de la visite : 1h.*
À 2 km de Chartres, capitale du vitrail, les ***Ateliers Loire*** sont spécialisés dans la ***création et la restauration de vitraux,*** que ce soit pour des édifices religieux, des bâtiments publics ou même des particuliers. Aujourd'hui dirigés par 3 des descendants de Gabriel Loire, son créateur en 1946, les Ateliers perpétuent le savoir-faire acquis tout en poursuivant leurs recherches techniques et créatives. Fort d'une équipe d'une dizaine de compagnons, l'entreprise réalise de très importants chantiers en France et en Europe (Chartres, palais de l'Élysée...). L'atelier accueille aussi des artistes en résidence dans ses locaux. La visite est l'occasion de découvrir leur travail en parcourant ***la Vitrailleraie,*** un ***musée du vitrail en plein air*** où sont exposées leurs œuvres.
– À tout seigneur tout honneur : on en profitera pour aller visiter la ***cathédrale de Chartres*** et admirer ses fameux vitraux, en particulier pour leur célèbre bleu de Chartes, limpide et lumineux.
Label : Entreprise du Patrimoine Vivant.

INDRE (36)

EDF – Centrale et barrage hydraulique d'Éguzon : *36190* ***CUZION.*** *• edf.fr/vienne-creuse • Visite de la centrale seulement sur résa sur le site • visiteredf • GRATUIT. Durée de la visite : 1h30. Infos et inscriptions sur le site • edf.fr/visiteredf • Visite à partir de 12 ans. Le jour de la visite, présenter une* ***pièce d'identité*** *(carte nationale d'identité ou passeport) en cours de validité. Porter un pantalon, des vêtements à manches longues, ainsi que des chaussures plates et fermées.*
L'aménagement hydroélectrique d'Éguzon est situé ***sur la rivière Creuse,*** dans le département de l'Indre. Le ***barrage d'Éguzon,*** de type « poids voûte », commença d'être construit en 1917 et fut mis en eau en 1926. Son réservoir, le ***lac de Chambon,*** est long de 16 km et peut contenir jusqu'à 58 millions de m^3 d'eau (soit environ 19 000 piscines olympiques).
L'usine hydroélectrique au pied du barrage, inaugurée en 192 était la plus puissante installation d'Europe à l'époque. Chaque année, l'aménagement hydroélectrique d'Éguzon produit en électricité d'origine renouvelable l'équivalent de la consommation de plus de 40 000 personnes (une ville comme Châteauroux).
La ***visite guidée*** permet d'admirer le barrage lui-même et de découvrir la salle des machines, ainsi que les galeries du barrage avant d'accéder au sommet de ce mur de béton et de profiter d'une vue inédite sur le lac.

INDRE-ET-LOIRE (37)

Atelier d'Offard : *21, av. Maginot, 37000* ***TOURS.*** *☎ 02-47-67-93-22. • atelierdoffard.com • ♿ Visite de groupe seulement sur résa, pour 10-40 pers. Tarif : forfait groupe jusqu'à 20 pers 200 € ; forfait groupe jusqu'à 40 pers 280 €. Durée de la visite : 1h.* ***Boutique :*** *après la visite sur demande.*
L'***atelier d'Offard*** perpétue la fabrication du ***papier peint à la planche,*** tradition française héritée des grandes manufactures du XVIIe au XIXe s, tout en intégrant aux techniques anciennes l'apport des nouvelles technologies comme le numérique. L'atelier travaille sur des créations pour des décorateurs et des particuliers, mais effectue également des ***reproductions de papiers peints anciens*** à partir de vestiges du modèle d'époque ou de photographies, pour des monuments historiques, châteaux, musées. Chaque pièce est fabriquée sur mesure et nécessite donc un ***savoir-faire complexe et passionnant*** qui vous sera expliqué durant la visite. De la belle ouvrage comme vous en verrez rarement, car il n'existe que 3 ateliers dans le monde qui continuent à travailler selon cette méthode.
Labels : Entreprise du Patrimoine Vivant, France savoir-faire d'excellence.

EDF – Centrale nucléaire de Chinon : *37420* ***AVOINE.*** *☎ 02-47-98-77-77. • cip-chinon@edf.fr • edf.fr/chinon • ♿ Visite guidée sur résa. Infos par tél ou par mail à • cip-chinon@edf.fr • Ttes les visites des installations et animations gratuites sont consultables sur le site • edf.fr/visiteredf •*
C'est sur le site de Chinon que fut mise en service la 1re unité EDF 1, dite la « Boule ». Ce 1er réacteur de type Uranium Naturel Graphite Gaz a été connecté au réseau électrique en 1963. Situé dans une boule métallique de 55 m de diamètre, ce réacteur a été définitivement arrêté en 1973. En 1986, ***la « Boule »,*** de valeur historique et patrimoniale, a été transformée en un espace de visite, appelé le ***musée de l'Atome.***
4 réacteurs de 900 MW, filière à Réacteur à Eau Pressurisée, ont ensuite été construits et mis en service entre 1982 et 1987. Ils produisent aujourd'hui environ 6 % de l'électricité française d'origine nucléaire non émettrice de CO_2.
La centrale possède un ***espace EDF Odyssélec*** accessible à tous *(se munir d'une* ***pièce d'identité****)* où vous pouvez découvrir le monde de la production d'électricité et les métiers qui y concourent. Le parcours immersif, dans un univers associant réalité virtuelle et environnement industriel, facilite l'accès aux connaissances scientifiques et techniques.
Les + : animations et visites gratuites organisées régulièrement pour des groupes (le mercredi et en période estivale). *Rens par tél ou par mail à • cip-chinon@edf.fr • ou sur le site • edf.fr/visiteredf •*
Labels : Tourisme et Handicap, France savoir-faire d'excellence.

Verrerie d'art d'Amboise : *Les Caves, Levée de La Loire, D 751, 37530* ***CHARGÉ.*** *☎ 02-47-23-65-56. • verreriedartdamboise.com • ♿ Visites guidées mar-sam à 14h, 15h15 et 16h30. Tarif : 9 € ; 8-12 ans 6 € ; gratuit moins de 8 ans. Visite de groupe sur résa (max 50 pers) : 9 €/pers. Durée de la visite : 1h.* ***Boutique :*** *mar-sam 10h-12h, 14h-18h.*
La visite guidée permet d'admirer la dextérité des artisans de l'art du ***verre soufflé.*** Elle est accompagnée d'explications sur les techniques, les fours, le verre, le cristal, les couleurs, les outils utilisés. On assiste à une ***démonstration de verre soufflé,*** à la création d'une pièce de A à Z : cueillage du verre, travail des couleurs, des décors et mise en forme de la pièce unique et signée.
Le + : toute entrée payée de visite guidée donne droit à une réduction de 5 € sur les pièces de la Galerie.

LOIR-ET-CHER (41)

*Atelier Saint-Michel : 4, bd de l'Industrie, 41700 **CONTRES.** ☎ 02-54-79-79-39. • atelierstmichel.fr • Possibilité de voir la fabrique par une grande baie vitrée au fond de la boutique. Visite guidée, sur résa par tél : lun-ven à 14h (juil-août, visite supplémentaire à 10h30) ; sam à 15h30 (mais les pâtissiers ne sont pas présents dans les ateliers le samedi). Tarif : 4 € ; 6-12 ans 3 € ; gratuit moins de 6 ans. Visite de groupe sur résa, pour 20-60 pers. Résa par tél ou par mail à • latelier.stmichel@stmichel.fr • Tarif : 3,50 €/pers ; scolaires 4 €. Durée de la visite : 1h. **Boutique :** lun-sam 10h-19h ; mai, juil, août et déc, ouv également dim 10h-12h30.*

Au cœur de la Sologne, à 5 mn du château de Cheverny et 15 mn du zoo de Beauval, voici une des 8 usines du groupe Saint-Michel. Le site, spécialisé dans la ***madeleine,*** réalise à lui seul la moitié de la production de la marque. L'***histoire des célèbres biscuits*** et de la célèbre marque, créée à Saint-Michel dans le pays de Retz en Bretagne, vous est racontée dans un ***auditorium.*** Vous êtes ensuite invité à ***déambuler dans un couloir, au plus près de la production,*** pour voir les ouvriers travailler. La fin de la visite se passe autour d'une dégustation.

Le + : la dégustation.

Labels : France savoir-faire d'excellence, Tourisme & Handicap.

***Biscuiterie de Chambord :** 30 bis, route de Chambord, 41250 **MASLIVES.** ☎ 02-54-81-60-97. • biscuiteriedechambord.fr • Visite guidée 30 pers max. Résa par tél au 06-58-77-53-44 ou par mail à • reservations@biscuiteriedechambord.fr • Visites lun-sam à 10h, 11h, 14h30, 15h30 et 16h30 ; juil-août, dim également. Avec dégustation de biscuits et jus de fruit local : 5 €, réduc (4 €/pers pour groupe de 15 pers min) ; avec dégustation de biscuits et vin local : 6,50 € (5,50 € pour groupe de 15 pers min). Durée de la visite : 1h. **Boutique :** lun-sam 9h30-19h, dim 10h-18h30.*

Située à 3 km du château de Chambord, cette biscuiterie fondée en 1978 doit sa renommée à son ***palet solognot :*** un biscuit légèrement sablé et truffé de raisins secs macérés au rhum Negrita. Une figure de proue, mais certainement pas une production exclusive : la biscuiterie décline toute une gamme de gourmandises, sucrées et même salées ! Sensible aux enjeux sanitaires du moment, elle réussit à proposer des douceurs... sans sucre !, sans gluten, en bio... Une diversification et une qualité qui lui ont réussi, car on trouve ses produits dans bien des villes et villages du val de Loire. Mais c'est à Malives qu'on peut assister, depuis le « couloir des secrets », à l'élaboration de ces bonnes petites choses. Un excellent moyen d'appâter les plus petits pour les motiver à visiter les châteaux !

***EDF – Centrale nucléaire de Saint-Laurent :** route de la Centrale, 41220 **SAINT-LAURENT-NOUAN.** ☎ 02-54-45-84-11. • edf.fr/centrale-nucleaire-saint-laurent-des-eaux • Espace EDF Odyssélec : entrée libre et gratuite. Tte l'année. Visite guidée de l'espace d'exposition et rando sur résa par mail à • visites-saint-laurent@edf.fr • Visite en bus autour de la centrale. Visite guidée de groupe sur rdv par mail. GRATUIT. Pour les inscriptions, voir sur le site • edf.fr/visiteredf •*

La centrale nucléaire de Saint-Laurent, composée de ***2 réacteurs de 900 MWe,*** produit en moyenne 12,5 térawattheures par an, soit 3 % de la production nucléaire française. Un tour en bus à l'extérieur du site industriel, commenté par un guide-conférencier, permet de se familiariser avec la production d'électricité par l'énergie nucléaire.

Pour en savoir plus sur la production d'électricité, rendez-vous à l'***Espace EDF Odyssélec*** : expo sur l'électricité, son histoire, les moyens de la produire, son présent et son futur, mais aussi les mesures réalisées pour préserver l'environnement, etc. Une visite à prolonger par un tour à pied pour découvrir les liens entre la centrale et son environnement ! *(visite guidée sur résa).*

Les + :

– Animations et conférences toute l'année.

– La centrale de Saint-Laurent participe aux ***Journées de l'industrie électrique d'EDF,*** un de ces moments exceptionnels où l'on peut entrer dans la centrale et découvrir les coulisses de la production d'électricité.

Label : Tourisme et Handicap.

Max Vauché : *22, Les Jardins du Moulin, 41250* ***BRACIEUX.*** *☎ 02-54-46-07-96. • maxvauche-chocolatier.fr • ♿ Visite guidée seulement. Résa par tél ou sur le site internet. Lun-sam à 10h30, 15h30 et 16h30, dim à 15h30 et 16h30 (mais les chocolatiers ne sont pas à l'atelier le dimanche). Tarif : 4,95 € ; enfants 3,95 € ; gratuit moins de 5 ans. Visite de groupe sur résa, pour 15-60 pers. Tarif : 3,95 €/pers. Durée de la visite : 1h.* ***Boutique :*** *tlj 10h-19h.*

Situé entre Chambord et Cheverny, entouré de forêts domaniales, Bracieux est l'un des plus petits villages du Loir-et-Cher, mais pas l'un des moins célèbres. Les lecteurs d'Alexandre Dumas le connaissent bien : l'écrivain avait donné le titre de « baron de Bracieux » à son célèbre mousquetaire Porthos. C'est sa statue que vous découvrirez en allant visiter la ***fabrique de chocolat*** Max Vauché, orgueil de la ville – celle-ci n'avait plus connu de chocolatier célèbre depuis qu'un certain Victor Auguste Poulain choisit de se marier, en 1848, en la mairie de Bracieux ! Une boutique et une expo originales. Max Vauché est un passionné, qui a entrepris une ***démarche solidaire et responsable en faveur des producteurs de cacao*** de Sao Tomé. Il vous fera découvrir tout l'***univers du chocolat,*** ses origines, sa culture et les diverses phases de sa transformation. Dégustation découverte des différents « crus » et vente de chocolat comme il se doit.

Les + : dégustation, animations (scolaires), ateliers adultes-enfants.

Labels : Qualité Tourisme, Tourisme et Handicap, France savoir-faire d'excellence.

– Les gourmands pourront continuer leur visite en ville par la ***vieille halle,*** construite en 1623. Une des rares de ce genre conservées en bon état. Un lieu de rencontres et de manifestations culturelles, avec en été un marché d'artisanat d'art le samedi et de produits du terroir le dimanche.

LOIRET (45)

Cafés Jeanne d'Arc : *7, rue de la République, 45000* ***ORLÉANS.*** *☎ 02-38-53-33-50. • comptoirjeannedarc.fr • Ateliers : 25 €, sur résa en ligne.* ***Café :*** *lun 14h-19h, mar-sam 10h-19h.*

Dans ce bel établissement sis au cœur d'Orléans depuis 1899, sur la place du Martroi, rien que ça, on ne se contente pas d'avaler un p'tit noir au comptoir. Car ici, la torréfaction est intégrée à l'établissement ! Des grains soigneusement sélectionnés, fraîchement torréfiés, qui ont conservé tous leurs arômes du sac à la tasse : voilà la promesse tenue par les cafés Jeanne d'Arc, sur place ou dans les achats en vrac. Une promesse qui s'étend au royaume du thé, pour le plus grand bonheur des amateurs. Mais pour aller plus loin, les amoureux du café – ou plutôt des cafés – pourront ici participer à des ***ateliers, sur l'art de la dégustation, de la torréfaction, voire de l'élaboration*** du café... De quoi devenir un véritable barista ! *Ateliers et torréfacteur au 13 quater rue du Faubourg Saint-Jean, 45000* ***Orléans.*** *Lun-sam 10h-13h et 15h-19h. ☎ 02-38-53-20-83.*

Le + : la dégustation !

Chocolaterie Alex Olivier : *ZA, 4, rue de l'Ardoisière, 45170* ***NEUVILLE-AUX-BOIS.*** *☎ 02-38-75-54-00. • alexolivier.fr • Visites guidées avec dégustation*

+ atelier de fabrication de chocolats pdt les vac scol : voir planning sur Internet. Visites de groupe, tte l'année sur résa. ***Boutique :*** *lun-sam 10h-18h (juil-août, fermé lun) sauf j. fériés.*
Ici, on a des standards à respecter : on est maître chocolatier depuis 1927 ! La chocolaterie familiale qui naît alors à Paris connaît un succès tel qu'elle est contrainte de s'agrandir. Lorsqu'elle déménage en 1986, mutualisant ses équipements avec 2 autres chocolatiers, elle reçoit l'aide d'un glacier orléanais qui rebaptise la marque... du nom de ses jumeaux ! Sur place, après une présentation de l'histoire du cacao, on pénètre sous la conduite du guide dans l'usine, où l'on peut ***observer les chocolatiers au travail*** et ***interagir avec eux.*** On découvre les gestes et le savoir-faire des chocolatiers, tout en explorant une multitude de parfums et de saveurs aux différents stades de fabrication des chocolats. Clou de la visite : le ***« bean to barre »,*** la machine qui transforme le cacao en chocolat !
À partir de la fève de cacao brute, les participants apprennent les étapes de torréfaction et de broyage afin de confectionner leur propre chocolat ; ils décorent ensuite leurs tablettes, tels de véritables maîtres chocolatiers. De ***nombreux ateliers*** sont proposés aux petits et grands gourmands, comme la création de sucettes en chocolat en forme de nounours et autres, la fabrication de tablettes fourrées ou encore la création de chocolats fourrés praliné. Pour terminer, place à la dégustation.
Le + : la dégustation.

EDF – Centrale nucléaire de Dampierre-en-Burly : *D 953, 45570* **DAMPIERRE-EN-BURLY.** *☎ 02-30-18-77-04. • odysselec-dampierre@edf.fr • edf.fr/centrale-nucleaire-dampierre • Espace EDF Odyssélec : entrée libre et gratuite, mer-ven 14h-17h30. Visite guidée ts les 1ers sam du mois et en sem pendant les vac scol. GRATUIT. Durée : 2h. Inscription obligatoire, voir sur le site • edf.fr/visiteredf •* ***À savoir :*** *visite à partir de 12 ans ; les mineurs doivent être accompagnés par un adulte. Apporter une* ***pièce d'identité*** *en cours de validité. Porter un pantalon, des vêtements à manches longues, ainsi que des chaussures plates et fermées. Être en bonne condition physique. Ne pas avoir le vertige.*
À 50 km en amont d'Orléans et à 10 km de Gien, cette centrale nucléaire comporte ***4 réacteurs de 900 MW*** chacun, en service depuis 1980 et 1981. Avec une production annuelle de 25 térawattheures, elle répond à environ 5 % des besoins annuels en électricité de la France. L'eau de la Loire, amenée par un canal long d'un kilomètre, assure le refroidissement des réacteurs. Une partie de cette eau est utilisée pour chauffer les serres horticoles du domaine de la Noue ! Avant d'être rejetée dans le fleuve, cette eau est refroidie par 4 tours aéroréfrigérantes en forme de diabolos. Sur place, l'***espace EDF Odyssélec*** propose des informations portant sur les enjeux énergétiques, la production d'électricité, l'environnement, le développement durable, les métiers de l'électricité. Une découverte que vous pourrez compléter par une ***visite*** (sur inscription).
Les + : visites privées et conférences pour groupes d'au moins 8 pers. Rens et inscriptions obligatoires par mail.

Faïencerie de Gien : *78, pl. de la Victoire, 45500* **GIEN.** *☎ 02-38-05-21-06 (05 pour la boutique). • gien.com • Visite sur résa, jusqu'à 15 pers. Résa par tél plusieurs semaines à l'avance, selon dispo de la Manufacture. Tarif : 24 € (musée inclus). Durée de la visite : 1h30.* ***Boutique :*** *lun-sam 10h-18h. Pièces de 2d choix et fins de série, avec des réductions intéressantes par rapport aux prix du commerce.*
La faïencerie de Gien a été fondée en 1821 par l'Anglais Thomas Hall dans un couvent du XVe s. La visite de la manufacture *(1h30)* retrace les ***étapes de la fabrication des objets en faïence.*** Le ***musée*** *(oct-avr, tlj 13h30-17h30 – et sam 10-12h pdt vac scol ; mai-sept, lun-sam 10h-18h – plus dim juil-août)* expose, sur 3 niveaux selon les événements, des pièces anciennes, certaines monumentales comme l'horloge-candélabre, d'autres miniatures comme la jolie dînette d'enfant. Également un vase au paon, réalisé pour l'Exposition universelle

de 1889. Remarquez l'imposante cheminée de 1871. On y trouve même quelques objets inattendus – épis de faîtage, paratonnerre, et même les petits carreaux blancs qui recouvrent encore certaines stations du métro parisien ! –, preuve qu'il ne faut pas uniquement associer faïence et vaisselle. Et on termine par une ***intéressante vidéo.***
Label : Entreprise du Patrimoine Vivant.

ON Y DANSE, ON Y DANSE...

Les 2 rives du centre-ville de Gien sont reliées par un superbe pont de pierre datant du XIIIe s, qui fut bombardé mais reconstruit à l'identique. Stratégique, il enrichit très vite la ville, notamment au Moyen Âge, quand il n'y avait que 7 ponts entre Gien et Angers. C'est d'ailleurs certainement celui-ci qui, au XVIe s, inspira Pierre Certon, originaire de Gien. Il écrivit la ronde Sur le pont d'Avignon... sur lequel il ne serait d'ailleurs jamais allé !

Martin Pouret : *690, rue du Vieux Bourg, 45760* ***BOIGNY-SUR-BIONNE.*** *☎ 02-38-88-78-49. • martin-pouret.com • Visite guidée sur résa par tél. Tarif : 5 €. Durée de la visite : 1h.* ***Boutique :*** *mar-sam, 10h-19h. Également une boutique dans le centre-ville d'Orléans : 11, rue Jeanne-d'Arc ; ☎ 02-38-62-19-64 ; lun-sam, 9h-19h.*
C'est la dernière des 300 maisons de vinaigres d'Orléans ! Une digne résistante reprise par 2 entrepreneurs qui ont le souci de redonner jeunesse et noblesse à cet exhausteur de goût. Les ateliers Martin Pouret s'approvisionnent en ***matières premières françaises :*** vin blanc du Val de Loire, vin rouge de Bourgogne – le tout vieilli minimum 13 mois en fûts de chêne selon des procédés ancestraux. Quant aux ***graines de moutarde,*** elles sont 100 % locales et ***cultivées dans le Pithiverais.*** Au travers des 2 boutiques, sont présentés tous les produits de la marque : vinaigres, moutardes, cornichons et autres condiments.
Label : Entreprise du Patrimoine Vivant, Origine France Garantie.

DÉJÀ DU RECYCLAGE

Dès le Moyen Âge, le savoir-faire vinaigrier d'Orléans se fit une réputation... jusqu'aux Indes. Car il fallait bien trouver un usage aux vins d'Anjou et de Touraine qui arrivaient piqués au terme de leur voyage sur la Loire ! En effet, les cargaisons de vin, transportées par bateau vers Paris, tournaient souvent au vin... aigre à cause des obstacles sur la Loire, notamment les bancs de sable, qui immobilisaient les embarcations.

CORSE

• Carte *p. 32*

Entre mer et montagne, la nature corse apporte les éléments nécessaires aux activités de transformation qui font sa réputation. Plantes et fleurs donnent des huiles essentielles et des cosmétiques *(Corsica PAM, Realia Cosmetics),* en particulier l'immortelle, objet de tous les soins au *domaine Amuredda.* Les sangliers et les brebis gambadent dans les alpages, aux origines de charcuteries et de fromages corses à la réputation établie. Les sources apportent l'eau, mise ensuite en bouteilles *(Eaux de Zilia).*
À noter également, la *brasserie Pietra* qui ne cesse de développer sa gamme et ses marchés. Et pour le fun, on peut aller voir se distiller du... whisky corse !

HAUTE-CORSE

Brasserie Pietra : *route de La Marana, 20600* ***FURIANI.*** *☎ 04-95-30-14-70. • brasseriepietra.com • ♿ Visite guidée seulement : juil-août, sans rdv, lun-ven 9h30-12h, 14h-17h30. Le reste de l'année, visite de groupe à partir de 10 pers, sur résa par tél. GRATUIT. Durée de la visite : 30 mn.* ***Boutique :*** *juil-août, lun-ven 9h30-12h, 14h-17h30 ; fermé hors saison (sauf pdt les visites de groupe).*
Oui, nous parlons bien de ***bière,*** cette boisson traditionnellement nordique, flamande ou teutonne : sachez qu'il en est de la corse, et de la meilleure ! Travaillant dans le respect des méthodes traditionnelles de brassage, la ***brasserie Pietra*** pratique une sélection rigoureuse de ses matières premières et produit des bières de très haute qualité, inspirées par leur terroir. Elle produit de délicieuses ***bières à la farine de châtaigne.*** La ***Pietra,*** ambrée, est particulièrement traîtresse avec ses 6° qui descendent tout seuls. Depuis sa création, la recette est restée inchangée, le processus de fabrication également. En 1998, la ***Serena*** est lancée, une blonde pur malt, légère et rafraîchissante, suivie de près par la ***Colomba,*** une bière blanche qui évoque au nez et en bouche le maquis, par l'infusion d'un mélange de plantes aromatiques dans la cuve à houblonner. Aujourd'hui, le clan Pietra s'est agrandi : ***Pietra Bionda,*** une blonde à la farine de châtaigne, plus légère et moins amère que l'originale ; ***Pietra Rossa,*** à la cerise et griotte ; ***Pietra IPA,*** florale et intense ; ***Pietra Blanche,*** une white ale complexe et équilibrée ; ***Pietra Summer Session IPA,*** une bière vive qui dévoile ses arômes de fruits exotiques et une touche de noix de coco... On les trouve un peu partout sur l'île.
L'entreprise Pietra est une *success story* insulaire. C'est en 1992 qu'Armelle et Dominique, portés par la volonté de retour au pays, ont l'idée de créer une bière spécifiquement corse ; une bière à la châtaigne « l'arbre de vie », utilisée en Corse comme une céréale. Il leur a fallu 2 ans pour faire aboutir leurs recherches et peaufiner une recette, et 2 années supplémentaires pour finaliser le montage technique et financier du projet. Et c'est ainsi qu'en juin 1996, la 1re brasserie de l'histoire de la Corse ouvre ses portes à Furiani et prend le nom du petit village dont est originaire la famille Sialelli, Pietraserena.
Une brasserie attentive à la préservation de son territoire : devenir plus écoresponsable, c'est l'un des axes d'Hugo Sialelli, le fils d'Armelle et Dominique, maintenant directeur de l'entreprise. Récupération de chaleur, bouteilles allégées, traitement d'eau, récupération de CO_2 : autant d'actions qui permettent de

réduire significativement le bilan carbone et les consommations d'eau et d'énergie. En projet : une ligne de verres consignés.
On visite ici les ***installations high-tech*** en passant par toutes les ***étapes de fabrication.*** Le processus demande environ 1 mois, des céréales à la bière prête à déguster, en passant par le brassage, le filtrage, la fermentation, le conditionnement. On finit bien sûr par une ***dégustation.***
Et puis, visiter la brasserie Pietra, c'est un excellent prétexte pour découvrir un beau morceau de Corse authentique, avec ***Bastia,*** ses hautes façades austères sur son superbe site. Une ***Ville d'art et d'histoire*** à la fois pétulante et grave, grave comme ces maisons altières, gaie comme ces églises baroques... Un bel ensemble.
Le + : dégustation.

Châtaigneraie A Nebbiulinca : *20239* ***MURATO.*** *06-18-00-23-58. • anebbiulinca.fr • Visite guidée sur résa par tél. Tarif : 42 € ; 4-10 ans 30 € ; dégustation sans balade 30 € ; gratuit moins de 4 ans. Durée de la visite : env 2h.*
Dans ce ***joli village médiéval,*** doté de 3 ponts génois et d'une ancienne glacière, on prend rendez-vous devant l'église Saint-Michel. C'est là qu'Aurore récupère les visiteurs pour les mener jusqu'à la châtaigneraie. Découvrir l'exploitation, c'est ***profiter de la nature environnante*** avant de déguster un ***repas préparé sur place.*** Au menu, produits locaux et issus de l'agriculture biologique : *migliaccioli,* pancetta grillée, charcuteries corses, fromages et confitures... Au mois d'octobre, il est possible de goûter les châtaignes grillées, les *figatelli* et les *nicci* faites à base de la farine de châtaignes de la châtaigneraie ! Après la dégustation, visite du ***rataghju, un antique four,*** et petite leçon sur les différentes étapes de fabrication de la farine à base de châtaignes. Une belle balade gourmande.

Domaine Amuredda : *route de Poggio, 20243* ***PRUNELLI-DI-FIUMORBO.*** *06-25-61-32-49. • domaine-amuredda.fr • Visite guidée seulement : mai, juin et sept, mar à 10h ; juil-août, mar et jeu à 10h. GRATUIT. Durée de la visite : 1h.* ***Boutique :*** *juil-août, lun-sam 9h-19h ; mai, juin et sept 9h30-19h ; oct-avr sur rdv.*
Une découverte qui intéressera les moins jeunes comme les plus jeunes : la visite guidée des ateliers de distillation du ***Domaine Amuredda*** révèle les secrets des plantes aromatiques, en culture biologique, et de leur distillation. Immortelle, myrte, verveine parmi tant d'autres : on se promène dans le jardin, on profite de leur parfum, on en apprend long sur ces plantes utilisées depuis des siècles pour leurs bienfaits. Une véritable initiation à l'aromathérapie !
Le nom du domaine, « Amuredda », rend honneur à ***l'immortelle,*** qui colore de jaune le paysage insulaire chaque été, et qui est au cœur de la production de cosmétique et d'aromathérapie entreprise par Marina et Stephan, responsables de l'exploitation.

HIER ET DEMAIN

Les huiles essentielles remontent à la nuit des temps : on trouve des mentions écrites de solutions naturelles il y a plus de 4 000 ans, en Inde, dans la médecine traditionnelle, même si ces solutions étaient alcooliques. La distillation de résine de pistachier par les Égyptiens et les Perses donna sans doute lieu à la 1re huile essentielle, telle qu'on la connaît aujourd'hui. Les Grecs, puis les Romains par la suite, s'en servirent d'abord comme parfum, avant de découvrir leurs propriétés médicinales.

Marina est à la fabrication et à la production des produits : huiles essentielles, savons, eaux florales, et produits de soin. Stephan, lui, à la culture et à la distillation de 13 différentes plantes aromatiques. Dès les débuts du domaine en 2004, en lançant leur 1re plantation, ils ont remarqué l'importance de préserver l'environnement, notamment face à la cueillette irresponsable d'Immortelle, une plante qui se raréfie en milieu sauvage en Corse. Depuis, ils ont donc fait le choix de cultiver bio, et d'effectuer la distillation selon des méthodes ancestrales. Une visite enchanteresse, un moment bien-être, à articuler avec un de leurs nombreux ateliers pour petits et grands.

Les + :

- Atelier enfants *Fabrication de diffuseur d'huile essentielle,* pour apprendre à reconnaître les différentes huiles essentielles et leurs usages, avant de fabriquer un diffuseur avec des matériaux naturels. *À partir de 4 ans, min 6 enfants. Sur résa par tél au 06-25-61-32-49. Juil-août, mer à 15h. Tarif : 12 €/enfant. Durée de l'atelier : 1h.*
- Atelier *Fabrication de savon,* visite pour les enfants de la distillerie, avec explication des techniques de fabrication, avant de fabriquer un savon à la main, avec les huiles essentielles et eaux florales au choix. *À partir de 4 ans, min 6 enfants. Sur résa par tél au 06-25-61-32-49. Juil-août, mar à 15h. Tarif : 12 €/enfant. Durée de l'atelier : 1h.*
- Atelier *Création d'un terrarium à plantes.* Les enfants pourront créer leur petit paysage à l'intérieur d'un bocal en verre, avec des plantes et éléments naturels du maquis corse. *À partir de 8 ans, min 6 enfants. Sur inscription par SMS au 06-80-66-89-52. Juil-août, 15h. Tarif : 20 €/enfant. Durée de l'atelier : 1h.*
- Atelier *Bien-être,* pour bien respirer et se relaxer, entouré de nature. Initiation à l'EFT (technique de libération émotionnelle) au programme ! *À partir de 14 ans, min 4 pers. Sur inscription par SMS au 06-02-23-62-57. Mai-sept, lun à 10h. Tarif : 12 €. Durée de l'atelier : 1h30.*
- Atelier *Fabrication de produits cosmétiques naturels,* avec des ingrédients issus de l'agriculture biologique, vous pourrez rapporter chez vous les soins fabriqués sur mesure sur place, en fonction de votre type de peau. *À partir de 14 ans. Juil-août, mer à 10h30. Tarif : 20 €. Durée de l'atelier : 1h.*
- Atelier *Méditation,* pratique de 3 différentes techniques de relaxation (Braingym, étirements et automassage), le tout pour réduire l'anxiété, stimuler la confiance en soi, la coordination du corps et aider à la gestion du stress. *À partir de 10 ans. Sur inscription par SMS au 06-23-37-57-56. Mai-sept, lun à 17h. Tarif : 15 €. Durée de l'atelier : 1h.*
- *Massages* (corps ou visage), drainage lymphatique, soin du visage aux huiles essentielles conçues de A à Z sur place. *Sur résa par tél au 06-25-61-32-49. Tarif : 70 €. Durée des soins : 1h.*

Domaine Mavela – Distillerie L.N. Mattei : *Licettu, 20270* ***ALÉRIA.*** *04-95-56-60-30. • domaine-mavela.com • Fermé dim. Visite guidée seulement. Mai-fin sept, lun-ven à 10h30 et 16h ; horaires restreints en mi-saison. Juil-sept, visite possible de la distillerie sur résa par tél. Tarif : 7 €/pers.* ***Boutique :*** *04-95-56-63-15. De mai à fin sept, lun-sam 10h-12h30, 14h30-19h, hors saison sur demande.*

Une ***distillerie artisanale*** fondée et dirigée par la ***famille Venturini,*** bordée par les 600 ha de cultures du ***domaine de Casabianda.*** C'est à partir des ***fruits produits par le domaine*** ou ***apportés par les arboriculteurs locaux*** que sont élaborés les spiritueux. Ici, on ***travaille à la main*** à toutes les étapes précédant la distillation : cueillette des baies sauvages du maquis, récolte des fruits, épluchage, mise en macération et filtrage. La distillation s'effectue au rythme des saisons : de mai à juin pour les framboises, de juillet à août pour les poires et le raisin, en septembre pour les prunes, octobre pour les châtaignes, novembre pour le cédrat et décembre-janvier pour la myrte.

Original : Mavela s'est associée à la société Pietra pour produire le ***1er whisky 100 % corse, P&M.*** La démarche n'a pas été de reproduire les standards en vigueur en Écosse, en Irlande ou aux États-Unis, mais de créer un nouveau style de whisky, qui tire parti de toutes les essences aromatiques de l'île. Pour la maturation, seuls des fûts de chênes bicentenaires ayant contenu les plus grands vins de Corse sont utilisés. Après élevage, les whiskies sont exclusivement assemblés à l'eau du col Saint-Georges, qui prend sa source à plus de 1 000 m d'altitude sur les hauteurs de la Corse.

Après avoir observé les étapes de production, on ***déguste*** whisky, liqueurs (cédrat, framboise par exemple), eaux-de-vie et fruits à l'eau-de-vie – bien sûr sans colorants ni arômes ajoutés.
Le + : dégustation.

Eaux de Zilia : *route de Zilia, 20214* ***ZILIA.*** *☎ 04-95-65-90-70. • eauxdezilia.fr • Visite guidée seulement, sur résa, lun-ven 8h-16h (12h ven). Résa par tél ou par mail (• eaux-zilia@wanadoo.fr •), min 1 sem à l'avance. GRATUIT. Durée de la visite : 30 mn.*
L'eau minérale de Zilia jaillit en Haute-Corse sur le flanc du Monte Grosso (1 937 m), dans une nature sauvage et intacte. Elle est captée dans un forage à une profondeur de 100 m, dans un milieu exempt de toute pollution, doté d'un périmètre de protection. Elle a, à ce titre, obtenu en 2015 la dénomination d'***Eau Minérale.*** Les bouteilles sont produites et commercialisées en Corse et sur le continent.
Lors de votre visite, vous découvrirez ***l'ensemble des étapes de l'embouteillage de l'eau minérale de Zilia,*** soufflage et remplissage de ses propres bouteilles à partir d'une préforme spécifique à chacune d'elles. Ensuite, il ne reste plus qu'à la déguster – enfin une dégustation dont on peut abuser !
Le + : dégustation.

Fromagerie Xavier Baldovini : *Salastraco, 20242* ***PIETROSO.*** *☎ 04-95-56-63-32. • fromagerie.xavierbaldovini@orange.fr • fiore-di-muntagna.com • De mi-avr à mi-sept, lun-ven 8-13h. GRATUIT.* ***Boutique :*** *de mi-avr à mi-sept, lun-ven 8-13h.*
La ***fromagerie Xavier Baldovini*** peut être fière de son savoir-faire : elle a décroché la médaille d'or au Concours général agricole en 2018 ainsi que d'autres concours internationaux à Lyon en 2023-2024 ! Un savoir-faire qu'ont élaboré le temps et les traditions : 2 générations et 70 ans d'expérience passées en plein cœur des montagnes corses aboutissent à la production de ces délices : ***brocciu passu, corsentin, tomette corse, fiore di muntagna de brebis...*** tous vendus pendant la haute saison, entre mi-avril et mi-septembre, directement sur place. En effet, la vente des fromages n'a pas lieu constamment tout au long de l'année, car la production du lait par les brebis dépend des cycles de mise bas (d'octobre à mi-juillet).
Si vous décidez de venir rendre visite à Xavier et Martine, vous pourrez profiter d'une sympathique dégustation gratuite, ainsi que d'une vidéo documentaire sur la tradition de la fabrication traditionnelle du fromage.
Les + :
- Dégustation gratuite.
- Séjour dans une cabane dans les arbres dans un cadre naturel exceptionnel. *Rens sur • casettadiubanditu.com •*

Realia Cosmetic : *RT 10, 20230* ***SAN GIULIANO.*** *☎ 04-95-36-04-46. • realia-cosmetic.corsica • ♿ Visite libre. Tte l'année, lun-sam 10h-19h. Visite de groupe sur résa par tél, jusqu'à 50 pers. GRATUIT. Durée de la visite : 45 mn.* ***Boutique :*** *lun-sam 10h-19h.*
Muriel Crestey, productrice d'huile d'olive, invite à découvrir les ***cosmétiques*** qu'elle produit ***à base de plantes*** – immortelle, myrte et clémentine... – récoltées sur les terres de la Costa Verde. Lors de la visite de l'atelier artisanal de production, elle présente les plantes sauvages corses, leurs usages anciens et leurs nouvelles utilisations, leurs senteurs parfois surprenantes, et elle explique les techniques et matières premières utilisées pour fabriquer des crèmes et des gels aussi typiques qu'innovants. Son espace de soin propose des massages et des soins visites pour profiter de ces délices dermocosmétiques.

CORSE DU SUD

Corsica PAM : *Salvaduraghju, 20117* ***OCANA.*** *☎ 04-95-23-81-88. • corsicapam.com • ♿ Visite guidée seulement, sur résa par tél : janv-nov, lun-sam 9h-12h, 14h-18h. GRATUIT. Visite de groupe sur résa (sauf déc), pour 6-55 pers. Plusieurs formules de visite proposées. Tarif : sur demande. Durée de la visite : 1h.* ***Boutique :*** *janv-nov, lun-sam 9h-12h, 14h-18h.*

Corsica PAM, dirigée par Paul et Jean-Pierre Caux, producteurs d'huiles essentielles biologiques depuis 1996, est située en balcon sur l'une des collines qui accompagnent le Prunelli dans sa descente vers la mer, au cœur du maquis. Cette accueillante maison et sa terrasse panoramique sont le lieu idéal pour découvrir le ***secret des huiles essentielles*** dont la Corse est aujourd'hui l'une des ambassadrices dans le monde.

C'est en 1994 que les 2 frères décident de se lancer dans le secteur des plantes médicinales et dans la production d'huiles essentielles. L'entreprise est créée 2 ans plus tard dans leur village d'origine, un beau village haut perché dans l'arrière-pays d'Ajaccio. De la ***cueillette des plantes*** dans le maquis (le myrte vert, le romarin verbenone, l'immortelle, l'eucalyptus, la carotte sauvage, etc.), à la production des huiles essentielles, en passant par la ***distillation,*** tout vous sera expliqué et montré sur place. Vous pourrez aussi bénéficier des ***conseils personnalisés*** des frères Caux sur l'utilisation des huiles essentielles pour le corps et dans la vie quotidienne. Une visite conduite par des passionnés, et un moment d'échange chaleureux et authentique.

L'Usu Corsu : *20, Valdo, 20140* ***OLIVESE.*** *📱 06-07-68-68-44. • contact@charcuterie-lusucorsu.com • charcuterie-lusucorsu.com • Visite guidée seulement. Résa par tél obligatoire. Visite sans randonnée : tlj à 10h. Tarif : 48 €. Durée de la visite : 3h. Visite avec randonnée (groupe 12 pers) : tlj à 10h. Tarif : 88 €. Durée de la visite : 5h. Possibilité de dégustation sans visite « rendez-vous gastronomique », de la gamme de charcuterie, de vin, de fromage de brebis et de chèvre, au sein du séchoir naturel de l'exploitation. À partir de 11h30, sur résa. Tarif : 30 €.* ***Boutique :*** *lun-sam 9h-18h, dim 9h-17h.*

La passion anime Julie, et son mari Pierre-Antoine, qui tiennent cette exploitation héritée de génération en génération. Natifs de la région, ils se lancent dans l'aventure de l'***élevage porcin*** en 2017, avec l'envie de marcher dans les pas de leurs ancêtres en conservant les ***pratiques traditionnelles de la production de charcuterie corse.*** Les cochons – plus de 300 – sont élevés selon un parcours bien précis : ils naissent et grandissent dans le parc de naissance de la ferme, avant de partir en sevrage intensif, pour se muscler. Puis ils sont montés dans un autre parc, avant d'être nourris exclusivement de glands, de châtaignes et d'orge dans une châtaigneraie juste avant l'abattage, ce qui va parfumer la viande. La charcuterie est transformée de novembre à mars, et rien n'y est ajouté, si ce n'est du sel et du poivre.

On visite le parc de naissance, le parc de reproduction et le parc de finition AOP, tandis que Julie vous raconte l'histoire des traditions et vous explique le fonctionnement de l'exploitation (et que vous caressez les cochons les plus téméraires qui viendraient quémander quelques gratouilles !). On enchaîne sur le séchoir naturel... et la dégustation !

Si vous choisissez l'option ***randonnée,*** vous vous laissez guider en 4x4 jusqu'à l'estive, où les porcs paissent d'avril à août, avant de découvrir la châtaigneraie et d'y déguster les délicieux produits finis de l'élevage, labellisés AOP, accompagnés de vin et de fromage de chèvre et de brebis. Et si vous êtes chanceux, ce sera l'occasion de profiter davantage de ce superbe cadre, entre montagne et forêt, pour vous baigner dans le fleuve Taravo, qui passe dans le village d'Olivese...

Les + :
– Dégustation de la gamme de charcuterie, de vin, de fromage de brebis et de chèvre, inclus dans la visite.
– Baignade dans le fleuve (si la météo le permet).

U Porcu Ranger : *Lieu-dit, 20114* ***FIGARI.*** *06-14-02-56-48. • contact@uporcuranger.com • uporcuranger.com • Visite guidée seulement. Résa sur le site internet. Avr-oct, lun-ven à 11h30 et 15h30. Tarif : 49 €. Durée de la visite : 2h30.* ***Boutique :*** *lun-ven 10h-17h.* ***À savoir :*** *à partir de 4 ans. Prévoir de l'eau (particulièrement en saison estivale avec les hautes températures), tenue sportive et confortable, ainsi que des chaussures fermées. Chiens acceptés en laisse.* ***Permis B*** *obligatoire, 6 pers par buggy. Itinéraire disponible sur le site internet.*
Maxence, autre éleveur porcin passionné, vous accueillera dans sa ferme à 360 m d'altitude, ***U Porcu Ranger,*** qui compte aujourd'hui environ 200 porcs. La charcuterie qu'il produit est labellisée AOP, notamment pour son *prisuttu*, son *lonzu* et sa *coppa*. Ses porcs sont de l'espèce ***Nustrale*** (« le nôtre »), petits, rustiques, et de couleur plutôt sombre, seulement présente sur le territoire corse : ce sont eux qui font toute la réputation de la charcuterie corse. De la croissance à la finition (menu glands et châtaignes) en passant par l'engraissement à l'estive, l'élevage suit des étapes précises. Et les bêtes ne peuvent plus être plus de 5 par hectare : pas de mal-logement pour les futurs rois des jambons !
La visite se déroule à bord de ***buggys,*** des véhicules tout-terrain 6 places, qui vous transporteront à travers le maquis corse. On caresse les cochons, on en apprend plus sur leurs spécificités, grâce aux explications de Maxence. Puis on poursuit en direction des ***vignes Clos Finidori,*** qui appartiennent au frère de Maxence, sur les plateaux environnants, et qui offrent une vue panoramique sur le magnifique paysage corse. Et avant de repartir, entourés de chênes et au grand air, on profite d'une dégustation de la charcuterie AOP produite sur place, accompagnée de terrines, de pain de campagne, de fromage fermier, et d'un bon verre de vin rouge !
Le + : dégustation.

GRAND-EST

• Carte *p. 28*

On ne peut pas mourir de soif dans l'est de la France : y coulent à flots les bières – comme on peut le voir à la *brasserie Meteor,* et même des bières sur les terres du vin comme à la *brasserie du Vignoble* ! – et les eaux-de-vie de fruits de Lorraine, dont témoignent par exemple les *distilleries Lecomte-Blaise* (en activité depuis 1820), *Lehmann* (en activité depuis 1850), *Nusbaumer...*
Pour les accompagner : les *bretzels Boehli,* la *choucroute de la Maison le Pic* ; côté sucré, le *pain d'épices Fortwenger* (peut-être tartiné de *confitures du Climont*), les douceurs de la *confiserie Bressaude* ou celle des *Hautes Vosges,* les *dragées Braquier* (la plus ancienne confiserie de France), le biscuit rose de Reims de la maison Fossier...
Et pour rester dans le domaine des arts de la table, on découvrira avec bonheur la *cristallerie de Saint-Louis,* le *site verrier de Meisenthal,* ou encore *DeBuyer,* le fabriquant d'articles culinaires haut de gamme. Une tradition artisanale qui s'incarne également dans les *poteries de Soufflenheim,* les *émaux de Longwy...*
Par ailleurs, la filière textile est bien présente avec la 1re AOC industrielle de France (le *label « Vosges Terre Textile »*) et *Labonal,* le fabricant de chaussettes haut de gamme.
Enfin, le secteur de l'énergie présente dans la région toute une palette, avec des sites EDF nucléaires (actifs et en déconstruction), hydraulique, gaz et solaire.

ARDENNES (08)

EDF – Centrale nucléaire de Chooz : *site de Chooz, 08600* **CHOOZ.** *☎ 03-60-62-80-17. • edf.fr/centrale-nucleaire-chooz • Centre d'information Odyssélec : visite libre et gratuite. Mer 13h30-17h30 ou sur rdv. Visite guidée gratuite de la salle des machines, à partir de 12 ans, sur résa par tél ou sur • edf.fr/visiteredf • À savoir : présentation d'une* ***pièce d'identité*** *en cours de validité (carte nationale d'identité ou passeport). Visite non accessible aux personnes à mobilité réduite ou sujettes au vertige.*

Chooz, drôle d'endroit pour une rencontre ? Le télescopage entre ce joli petit village, la Meuse, ses rives harmonieuses et ses 2 gros culots de pipe en écume blanche est saisissant. ***Chooz A,*** installée en 1967, fut ***pionnière pour la technologie des réacteurs à eau sous pression*** et servit de modèle à maintes autres centrales. Arrêtée en 1991, elle est aujourd'hui en cours de démantèlement. ***Chooz B,*** qui lui a succédé en 1996, fournit avec sa copine de Nogent-sur-Seine (Palier 1450 MWe) près de 10 % de la production française d'électricité bas carbone.

L'Espace Odyssélec de la centrale de Chooz, rénové en 2024, offre une plongée dans l'univers fascinant de l'électricité grâce à une expérience ludique et interactive. Un bon moyen d'explorer l'histoire de l'énergie, de comprendre les enjeux actuels et de découvrir les différentes méthodes de production d'électricité ainsi que les métiers qui y sont liés. Grâce ***au parcours pédagogique immersif,*** on apprend tout sur le fonctionnement d'une centrale nucléaire à travers un parcours éducatif immersif. On peut aussi s'inscrire (au moins 3 semaines à l'avance) pour visiter les installations et découvrir ***la salle des machines et sa turbine.*** Les plus curieux iront tester le ***simulateur de conduite,*** une réplique exacte de la salle de commande, d'où les opérateurs pilotent le réacteur et la turbine !

Les + :

– Animations et conférences gratuites tout au long de l'année.

– La centrale de Chooz participe à des événements prestigieux comme les Journées européennes du patrimoine, la Fête de la Science et la Semaine de l'industrie. On peut alors pénétrer dans la partie nucléaire de la centrale et découvrir les coulisses de la production d'électricité, ou visiter le chantier de déconstruction du réacteur de Chooz A.

EDF – Centrale hydroélectrique STEP de Revin-Saint-Nicolas-Les Mazures : *Hameau de Saint-Nicolas - 08500 Revin. • edf.fr/hydraulique-revin • visites-hydroest@edf.fr • Visite guidée uniquement, gratuite. Date et inscription sur • edf.fr/visiteredf •. À partir de 12 ans. Pièce d'identité obligatoire. Tenue adaptée (pantalon et chaussures plates et fermées) requise. Visite déconseillée aux personnes à mobilité réduite.*

Cette centrale en fonctionnement depuis 1976 est l'une des plus puissantes STEP (station de transfert d'énergie par pompage) de France. En seulement deux minutes, cette centrale souterraine peut atteindre sa puissance maximale de 800 MWe ! Grâce à ses réservoirs d'eau et sa capacité de mise en œuvre rapide, la STEP de Revin-St-Nicolas agit comme ***une véritable batterie pour le réseau électrique.***

Ses turbines, de type réversible, assurent à la fois la production d'électricité et le pompage de l'eau pour fournir une énergie renouvelable notamment lors des pics de consommation. Un système avec 3 réservoirs : le ***bassin supérieur des Maquisardes*** avec un réservoir de 8 milliards de m^3 d'eau, le ***bassin inférieur de Whitaker*** situé 250 m plus bas, d'un volume proche de celui du premier et enfin un 3e réservoir, le ***lac des vieilles Forges,*** qui sert à réguler l'ensemble ! L'usine de production d'électricité est logée dans une caverne de 115 m de long, accessible par un tunnel de 170 m de long.

ÉLEC' EN STOCK

L'électricité se stocke très difficilement dans des batteries, dont le coût reste élevé pour des usages industriels, à commencer... par la régulation des réseaux de transport de cette électricité. Mais depuis plus d'un siècle a été développé le **stockage indirect**, *sous forme de réserves d'eau en altitude qui par gravité viendra actionner des turbines lors des pointes de demande. Eau qu'il faudra pomper pour l'envoyer en altitude, en utilisant... de l'électricité quand celle-ci est abondante et bon marché ! C'est le principe des STEP.*

AUBE (10)

Pôle des déchets nucléaires

Andra – Centre de stockage de l'Aube (CSA) : *10200* ***SOULAINES-DHUYS.*** *☎ 03-25-92-33-00. • aube.andra.fr • Visite libre ou guidée, lun-ven 9h-12h, 14h-17h. Visite de groupe sur rdv en sem, pour 5-45 pers. Résa 15 j. au moins avt la date de visite souhaitée au ☎ 08-00-31-41-51. Lun-ven (sauf j. fériés) 8h30-12h, 13h30-17h. GRATUIT. Durée de la visite : 2h30. À savoir : interdit aux moins de 12 ans. Photos interdites.* ***Pièce d'identité*** *en cours de validité obligatoire.*

LE TRI SÉLECTIF, ÇA MARCHE AUSSI POUR LES DÉCHETS NUCLÉAIRES !

En France, on procède au tri des déchets provenant de différents producteurs de déchets radioactifs. Les déchets peuvent pour la plupart être triés selon l'activité radioactive et leur durée de vie, c'est-à-dire la durée au bout de laquelle l'élément radioactif le plus persistant dans le temps aura perdu la moitié de sa radioactivité. Ils sont classés en 5 catégories :

– les déchets de très faible activité ;
– les déchets de faible et moyenne activité à vie courte ;
– les déchets de faible activité à vie longue ;
– les déchets de moyenne activité à vie longue ;
– les déchets de haute activité.

Implanté dans l'Aube sur les communes de Soulaines-Dhuys, Épothémont et Ville-aux-Bois, le Centre de stockage de l'Aube (CSA) accueille les ***déchets radioactifs de faible et moyenne activité principalement à vie courte*** (FMA-VC). Il est exploité depuis 1992 par l'Andra (Agence nationale pour la gestion des déchets radioactifs). Les déchets FMA-VC sont majoritairement des petits équipements (gants, tenues de protection, outils...) contaminés lors de la maintenance et l'exploitation d'installations nucléaires françaises. Ils proviennent également de laboratoires de recherche, d'hôpitaux, d'universités... ou d'opérations d'assainissement et de démantèlement. Les déchets sont conditionnés dans des colis en béton ou métalliques, avant d'être stockés au CSA dans des ouvrages en béton armé de 25 m de côté et de 8 m de haut. D'une capacité de stockage autorisée de 1 million de m^3, ce centre sera exploité pendant encore environ 45 à 50 ans. Il sera ensuite surveillé pendant 300 ans, le temps nécessaire pour que le niveau de la radioactivité des déchets décroisse et soit équivalent au niveau de la radioactivité naturelle.

La ***visite guidée du CSA*** commence par un exposé introductif sur les activités de l'Andra et du centre. Puis un guide vous accompagne sur le site pour découvrir les différentes installations dont les ouvrages de stockage. Selon l'heure, vous pouvez peut-être assister en direct au déchargement de colis de déchets radioactifs.

Pour préparer ou compléter votre visite, vous pouvez aussi découvrir ***l'espace d'information,*** situé à l'entrée du CSA, où une exposition permanente pédagogique et interactive vous permet d'appréhender le phénomène de la radioactivité, comprendre les activités de l'Andra et la gestion des déchets radioactifs. Il a l'avantage d'être ouvert à tous et en accès libre.

Le + : cette visite peut être couplée et associée, sur une journée, à une visite du Centre industriel de regroupement, d'entreposage et de stockage, le CIRES (voir ci-dessous).

Label : France savoir-faire d'excellence.

Andra CIRES – Centre industriel de regroupement, d'entreposage et de stockage : *RD 960, 10500* ***MORVILLIERS.*** *☎ 03-25-92-33-00. • aube.andra.fr • Visite libre ou guidée, lun-ven 9h-12h, 14h-17h. Visites de groupe sur résa, pour 5-45 pers. Résa 15 j. au moins avt la date de visite souhaitée au ☎ 08-00-31-41-51. Lun-ven (sauf j. fériés) 8h30-12h, 13h30-17h. GRATUIT. Durée de la visite : 1h30. À savoir : interdit aux moins de 12 ans. Photos interdites.* ***Pièce d'identité*** *en cours de validité obligatoire.*

Situé dans l'Aube sur les communes de Morvilliers et de La Chaise, le Centre industriel de regroupement, d'entreposage et de stockage (Cires), exploité par l'Andra (Agence nationale pour la gestion des déchets radioactifs), reçoit depuis 2003 les ***déchets radioactifs de très faible activité,*** produits sur le

territoire français. Ce sont essentiellement des gravats, des terres, des ferrailles..., provenant du démantèlement ou de l'exploitation d'installations nucléaires, mais aussi d'industries classiques (chimie, métallurgie...) qui utilisent des matériaux naturellement radioactifs. Les déchets TFA peuvent également provenir de l'assainissement et de la réhabilitation d'anciens sites pollués par la radioactivité. Ils sont stockés au Cires dans des alvéoles de 176 m de long et 26 m de large, creusées à 8,50 m de profondeur dans une couche argileuse.
Depuis 2012, le Cires assure également le regroupement de déchets radioactifs issus d'activités non électronucléaires, et l'entreposage de certains de ces déchets qui n'ont pas encore de solution de gestion définitive.
En 2017, une nouvelle activité de tri et de traitement, dédiée à ces déchets issus de filière hors électronucléaire, a été mise en service.
La visite guidée du Cires débute par un exposé introductif sur les activités de l'Andra et du centre. Puis un guide vous accompagne sur le site pour découvrir les alvéoles de stockage. Selon l'heure, vous pouvez assister en direct au déchargement de colis de déchets radioactifs. Selon la période, vous pouvez peut-être également découvrir le creusement d'une nouvelle alvéole.
Label : France savoir-faire d'excellence.

RECYCLAGE OU STOCKAGE ?

La plupart des pays européens, la Russie, la Chine, et le Japon ont opté pour le retraitement et le tri sélectif des déchets ; ils ont également fixé une limite en dessous de laquelle les déchets peuvent être recyclés en remblais ou utilisés dans la construction routière. La France, pays le plus exigeant, n'autorise pas un tel réemploi et oblige à stocker tous les déchets, même très faiblement radioactifs.

EDF Nogent – Centrale nucléaire de Nogent-sur-Seine : *Centre d'information du public, av. Henri-Becquerel, 10400* **NOGENT-SUR-SEINE.** *☎ 03-52-12-80-65. • edf.fr/centrale-nucleaire-nogent-sur-seine • Espace Odyssélec : visite libre mer 14h-17h ; visite guidée sur résa lun-sam. Résa par tél ou par mail à • visite-nogent@edf.fr • GRATUIT. Visite de centrale : sur résa ; dates (env 1 sam/mois) sur • edf.fr/visiteredf •*
Nogent-sur-Seine possède une longue tradition énergétique : des moulins y tournent depuis le IXᵉ s. Pour les agrandir, 2 canaux ont même été creusés... Aujourd'hui, on voit de loin les panaches blancs de la centrale nucléaire. Les 2 unités de production à eau pressurisée, de 1 300 MWe de puissance chacune, fournissent à elles seules 4 % de la production française d'électricité (ou l'équivalent de 9 années de fonctionnement du métro parisien).
L'***espace Odyssélec*** de la centrale de Nogent-sur-Seine offre l'occasion de découvrir de manière ludique et interactive les enjeux de l'énergie, les grandes inventions, les moyens de production d'électricité et les métiers qui y concourent. Cet espace propose un parcours pédagogique qui explique au travers de maquettes interactives, d'écrans tactiles et de films le fonctionnement d'une centrale nucléaire.
Les + :
– Animations et ateliers scientifiques *(gratuits, ts les mer ap-m des vac scol, à partir de 14h ; résa par tél ou par mail sur • visite-nogent@edf.fr •).*
– La centrale de Nogent-sur-Seine participe aux ***Journées de l'industrie électrique d'EDF,*** un des moments exceptionnels où le grand public peut entrer dans la centrale et découvrir les coulisses de la production.

GRAND-EST

BAS-RHIN (67)

Pôle distillerie

Distillerie Lehmann : *chemin des Peupliers, 67210* **OBERNAI.** *☎ 03-88-50-41-29. • contact@distillerielehmann.com • distillerielehmann.com • Lun-sam 9h-12h, 14h-18h. Visite guidée seulement, sur résa, avec dégustation : 10 €, + kouglof 12 €. Durée : 1h30.* ***Boutique à Obernai :*** *69, rue du Général-Gouraud. Mar-sam, 10h30-12h30, 14h-18h30.*

La jolie ville d'Obernai, enserrée dans ses remparts, se prête merveilleusement à la promenade. Promenade qui peut vous mener à la plus ancienne distillerie d'Alsace encore en activité – elle a été fondée en 1850 : la ***distillerie Lehnmann.*** On y transforme toujours les fruits en eaux-de-vie et liqueurs à base de fruits macérés, mais la production s'est aussi ouverte à des alcools moins traditionnels : gins, whiskys, vodkas *made in France*. Cuves de fermentation, salle des alambics, chais de vieillissement n'auront plus de secrets pour vous ! En pleine route des vins d'Alsace, une expérience originale.

Les + :
- Verre de bienvenue.
- Dégustation.
- Atelier d'assemblage de whisky (120 €).

Labels : Entreprise du Patrimoine vivant, France savoir-faire d'excellence.

Distillerie Nusbaumer : *23, Grande-Rue, 67220* **STEIGE.** *☎ 03-88-57-16-53. • visites@jos-nusbaumer.com • jos-nusbaumer.com • Visite guidée seulement, sur résa. Créneaux de visite : calendrier en ligne. Pour les visites : résa par tél. Tarif : 6 € ; réduc. Durée de la visite : 1h.* ***Boutique :*** *lun-sam 9h-12h, 14h-18h.*

Dans la vallée de Villé, riche en sapins, plantes et baies, aux beaux paysages ouverts, avec de nombreux petits villages aux solides fermes vosgiennes. C'est la patrie du kirsch : autant dire qu'on ne rigole pas avec la fabrication des alcools ! Pourtant, dans cet établissement qui a dépassé les 3 quarts de siècle, la modernité s'allie à la tradition. Au programme : préparation des fruits, visite de la salle des alambics rutilants, des cuves de stockage, suivi d'une dégustation dans le beau caveau-musée. Les eaux-de-vie d'exception sont réellement... d'exception ! Bien bonnes liqueurs également, et aquavit franchouillard pour les amateurs de curiosités.

Le + : Dégustation.

Label : Entreprise du Patrimoine vivant.

Villa Meteor : *rue du Général-Lebocq, 67270* **HOCHFELDEN.** *☎ 03-88-02-22-44. • brasserie-meteor.fr • Visite libre : juin-sept et déc, mar-dim 10h-18h ; hors saison, mer-ven 10h-12h30, 14h-17h, dim 10h-18h. Fermé janv. Tarif : 9 € ; étudiants de plus de 16 ans 6 € ; 12-16 ans 2 € ; gratuit moins de 12 ans. Groupe (à partir de 20 pers) sur résa. Tarif : 8 €. Durée de la visite + dégustation : 1h30.*

Une brasserie industrielle, mais à taille encore humaine. Tout commence en 1640, dans le village de Hochfelden, réputé pour la fabrication de ses bières, où naît l'entreprise. Aujourd'hui, sa production (près de 50 millions de litres, pour 15 recettes différentes) la place au ***1er rang des brasseries indépendantes de France,*** avec près de 200 salariés employés sur le site. Une grande attention est portée au choix du malt d'orge, du houblon, de l'eau et des levures, des secrets de brassage séculaire et de gros investissements de modernisation ont été effectués. La cave, certifiée ISO 9001, s'améliore chaque année grâce à des équipements à la pointe

de la technologie : chaînes d'embouteillage, cuves de fermentation à température régulée, hall climatisé destiné au stockage et au vieillissement, modernisation ont permis cette croissance. Projection d'un film sur l'entreprise, visite des installations et dégustation très attendue.
Label : France savoir-faire d'excellence.

Pôle poterie

*** Poterie Beck :*** *42, rue de Bischwiller, 67620* ***SOUFFLENHEIM.*** *☎ 03-88-05-74-74. ● poterie-beck.fr ● Visite guidée pour groupes, min 10 pers, max 60 pers, sur résa. GRATUIT. Durée de la visite : 1h.* ***Boutique :*** *lun-ven 9h-12h, 13h30-17h.*
La poterie Beck renouvelle le genre, avec des motifs traditionnels mais aussi d'inspiration exotique, adaptés à notre époque avec une légèreté et une simplicité toutes contemporaines. À découvrir dans un vaste espace d'exposition, mitoyen des ateliers où officient Richard Beck et ses 3 filles, qui reprennent brillamment le flambeau.

IGP POTERIE

C'est Frédéric Barberousse, empereur du Saint Empire au XIIe s, qui accorda aux habitants de Soufflenheim, au sud-est de la forêt de Haguenau, le droit perpétuel et transmissible aux héritiers mâles d'utiliser l'argile de Haguenau. Seules les céramiques colorées de Soufflenheim, plus poreuses qu'ailleurs, laissent passer doucement la chaleur et conviennent aux cuissons lentes : idéal pour le baeckeoffe, cette potée des familles faite de différentes viandes et de pommes de terre, dans une terrine qu'on glissait jadis dans le four (offe) du boulanger (baecke). Ces poteries bénéficient même d'une Indication géographique protégée (IGP) !

*** Poterie Ernewein-Haas :*** *55, Grande-Rue, 67620* ***SOUFFLENHEIM.*** *☎ 03-88-86-60-15. ● alsace-poterie.fr ● Visite libre, gratuite, lun-ven. Visites guidées pour groupes, 10 pers min, 60 pers max, lun-sam mat sur résa, y compris scolaires. Tarif : 2 €.* ***Boutique :*** *lun-ven 8h-12h, 14h-18h, sam-dim 10h-12h, 14h-18h.*
Une famille de maîtres potiers d'art... depuis 1750 ! Ici, on continue de tourner les pièces en majorité à la main, de génération en génération. Si la tradition se perpétue tant dans les techniques que dans les motifs alsaciens traditionnels, ceux-ci s'enrichissent de la collaboration avec Harmonie Begon, diplômée de l'École des Arts décoratifs de Strasbourg, qui propose une gamme aux couleurs vives. Une visite ludique, avec des espaces en extérieur et des créations adaptées, telles ces typiques cigognes d'Alsace à installer dans son jardin... et inspirante, au cœur d'une création à la fois artisanale et artistique. Cerise sur le tour, l'espace aménagé pour faire un selfie au tour !
Les + :
– Espace aménagé pour faire un selfie avec un tour !
– Stage pour étudiants ou autres.

*** Boehli – La Fabrique à Bretzels :*** *14, rue des Genêts, 67110* ***GUNDERSHOFFEN.*** *☎ 03-88-07-16-75. ● lafabriqueabretzels.fr ● Visite libre : vac scol, tlj 10h (14h dim)-18h ; le reste de l'année, tlj sauf lun et dim mat 10h-12h, 14h-18h (le w-e, l'usine est à l'arrêt, des vidéos filmées de la production avec ttes les explications permettent de suivre la fabrication des bretzels). Tarif : 5 €, réduc. Durée de la visite : 1h30. Visite guidée pour les groupes, pour 20-55 pers. Résa à ● info@lafabriqueabretzels.fr ● Tarif : 6,50 €/pers.* ***Boutique :*** *lun-sam 9h-12h, 13h30-18h, dim 14h-18h ; vac scol, lun-sam 9h-18h, dim 14h-18h.*
Qui ne connaît pas ces fameux gâteaux alsaciens salés en forme de nœud qui s'exportent dans le monde entier ? On ne les présente plus, mais ici, en Alsace du

Nord, vous pourrez découvrir le secret de leur fabrication en suivant un ***parcours ludique et interactif*** avec une dégustation à la clef. Miam, miam !

EDF – Centrale hydraulique de Strasbourg : *route du Rohrschollen, 67100* ***STRASBOURG.*** *• communicationupest@edf.fr • edf.fr • Visite libre des alentours de la centrale, de la réserve naturelle et de la passe à poissons, tlj. GRATUIT. Pour les visites guidées, voir sur le site • edf.fr/visiteredf •* ***Pièce d'identité*** *obligatoire. Tenue adaptée (pantalon et chaussures plates et fermées) requise. GRATUIT.*

L'idée d'équiper la région de Strasbourg d'une centrale hydro-électrique sur le Rhin remonte au lendemain de la Première Guerre mondiale (traité de Versailles en 1919). Mais c'est après la Seconde Guerre Mondiale que l'aménagement global du Rhin, tant au plan de la navigation que de l'équipement hydroélectrique, fut mis en œuvre. Au total, 10 grandes centrales entre Bâle et Strasbourg, toutes de type « au fil de l'eau », avec de faibles chutes du niveau de l'eau (12 à 15 m entre les 2 côtés des barrages) et des écluses permettant la navigation, furent construites. Les centrales ayant en moyenne des puissances de 150 MW, ce sont au total quelque ***1 500 MWe*** qui sont ***installés sur le Rhin,*** produisant en permanence (contrairement aux barrages avec retenues d'eau, qui fonctionnent en général à 15 ou 20 % du temps équivalent à leur puissance).

Construite entre 1967 et 1970, la centrale de Strasbourg est équipée de 6 turbines de type bulbe avec une puissance totale de 150 MWe et une chute d'eau de 13 m de hauteur. Elle constitue un site paradoxal mais fonctionnel, alliant production d'énergie, environnement et commerce. En effet, elle est installée au sein de la ***réserve naturelle de Rohrschollen,*** et est depuis 2016 dotée d'une importante passe à poissons. Parallèlement, la partie canalisée du Rhin voit passer dans ses écluses quelque 20 000 péniches et bateaux par an, soit en moyenne plus de 50 par jour !

Le circuit de visite permet de découvrir les écluses, les équipements de production hydroélectrique de la centrale et les installations de la passe à poissons. Les visiteurs peuvent observer le site à travers une baie vitrée panoramique, depuis un belvédère surplombant les écluses ! Clou du spectacle, pendant les périodes de migration, observez l'impressionnant ***passage des poissons.***

Labonal SAS : *13, route de Blienschwiller, 67650* ***DAMBACH-LA-VILLE.*** *☎ 03-88-92-41-13. • labonal.fr • Visite sur inscription obligatoire sur le site • my.weezevent.com/visite-labonal • Lun-ven, horaires sur le site internet. GRATUIT. Durée de la visite : env 1h.* ***Boutique :*** *lun-ven 10h-13h, 14h-18h, sam 10h-17h.*

Dans l'adorable petite cité fortifiée de Dambach-la-Ville, championne des récompenses pour les villages fleuris, se niche le spécialiste de la ***chaussette haut de gamme.*** C'est en 1924 qu'apparaît son ancêtre, la Bonneterie Alsacienne, fondée sur un concept aussi simple qu'attirant : fabriquer des chaussettes « bien taillées, qui ne tombent pas, ne font pas mal et s'usent lentement ».

La marque connaît son heure de gloire dans les années 1970, puis renaît dans les années 2000, privilégiant le confort, les matières premières nobles (fil d'Écosse, laine, soie, cachemire) et innovantes (« coolmax », qui réduit les risques d'ampoules...). Surtout, elle se spécialise sur un marché porteur, celui des ***textiles intelligents :*** la chaussette antitique à effet permanent, la chaussette antimoustique à effet permanent, c'est elle ! La visite permet d'assister à la ***fabrication de ces véritables doudounes à petons.*** Il y en a pour tout le monde (hommes, femmes, enfants), en vente à prix d'usine à la sortie de la visite.

Les Confitures du Climont : *14, route du Climont, La Salcée, 67420* ***RANRUPT.*** *☎ 03-88-97-72-01. • confituresduclimont.com • contact@confituresduclimont.com • Visite guidée pour les groupes. GRATUIT. Durée : 1h.* ***Boutique :*** *mar-sam 10h-12h, 14h-18h.*

C'est dans la ***vallée de La Bruche,*** plus précisément dans la clairière du Hang (traversée par le GR 532), que se sont installés au XVIIIe s des fermiers anabaptistes, connus sous le nom de ***mennonites.*** Durant tout le XVIIIe s et la 1re moitié

du XIXe s, ils ont excellé en tant que cultivateurs grâce à leurs techniques agricoles extrêmement poussées. Un savoir-faire agro-alimentaire dont ***Les Confitures du Climont*** constituent une superbe vitrine. Poète des confitures, Fabrice Krencker a transmis ses tours de main à sa fille Perrine qui tient aujourd'hui les rênes de la maison. Nos préférées : le confit de fleurs de pissenlit, l'églantine (appelée aussi cynorhodon, gratte-cul, gréki, rose des chiens, « chaupécu » en patois local...), la banane au schnaps, la poire au gingembre, le sureau, l'aubépine, etc. Sur le côté, l'atelier avec ses chaudrons de cuivre centenaires est visible en direct, pour qui souhaiterait en savoir plus... Et pour pousser plus loin l'exploration de cet univers sucré, on monte dans son ***muséobus*** dédié à 5 siècles d'aventure fruitière !
À partir de septembre 2025, cette belle expérience se fera sur un nouveau site, offrant un ***musée de la Confiture*** et un parcours de visite (toujours gratuit) : ***Les Confitures du Climont,*** *2 rue des Petites Fourmis, 67220* ***Maisonsgoutte.***
Les + :
– Dégustation.
– Fabrication d'étiquettes personnalisées, apposées sur des pots de 50 g, 220 g ou 350 g.

Les secrets du chocolat par Schaal – musée du Chocolat : *rue du Pont-du-Péage, 67118* ***GEISPOLSHEIM.*** *☎ 03-88-55-04-90. • musee-du-chocolat.com • Ateliers sur résa, à partir de 7 ans (enfants sous la responsabilité d'un adulte) : calendrier et billetterie en ligne. Tarif : à partir de 12,90 € (entrée au musée + atelier découverte) ; réduc.*
Aux portes de Strasbourg, cette fabrique de chocolats s'est équipée d'un petit musée pour expliquer les secrets de fabrication des gourmandises cacaotées. Une fabrication qu'elle maîtrise de bout en bout, puisqu'elle possède ***ses propres plantations de cacaoyers en Équateur*** – une maîtrise qui s'inscrit dans le souci d'un développement durable, puisque ces plantations sont ***labellisées UTZ.*** Elle possède même ses propres plantations de noisettes en Guyenne (Lot-et-Garonne) ! Et cette visite est le préambule à ***différents ateliers,*** à commencer par celui de la création d'une tablette de chocolat. Des ateliers qui peuvent s'articuler avec un déjeuner ou un goûter sur place. Et on passe au magasin d'usine pour rapporter de délicieux souvenirs à partager ! La promesse d'un bon moment en famille, à la fois ludique et instructif.

Maison de la Choucroute – Le Pic : *1, rue Lehen, 67210* ***MEISTRATZHEIM.*** *Suivre le fléchage le village. ☎ 03-88-69-54-95. Visite libre ou guidée sur résa par tél ou par mail sur • lamaisondelachoucroute@pic.fr • Tarif : 7 € ; 14-18 ans 5 € ; gratuit moins de 14 ans. Durée de la visite : 2h.* ***Boutique :*** *lun-ven 8h-12h, 13h30-17h.*
On marche ici sur les pas de la ***famille Muller,*** et on découvre une entreprise restée familiale depuis 5 générations, et une choucrouterie alsacienne garante de la tradition. Au cœur de l'Alsace, on pénètre les secrets du chou et de la choucroute au travers d'un film commenté, d'un parcours et d'une visite étonnante des ateliers de fabrication. C'est aussi un moment convivial clôturé par la dégustation de recettes maison, traditionnelles ou innovantes.
Au fait, c'est quoi exactement, la ***choucroute ?*** Du chou coupé en julienne et lactofermenté dans une saumure. L'origine du mot est à rapporter à l'alsacien *sürkrut* (*Sauerkraut* en allemand), littéralement « chou acide ». À ne pas confondre avec le plat, dit « choucroute garnie », constitué de choucroute cuite avec son accompagnement. La tradition prescrit les *knacks,* jambonneau, lard fumé, filet de porc *kassler,* jarret de veau ou quenelles de foie *(leberknepfle)...* Mais la choucroute au poisson ou celle au confit sont aussi entrées dans le paysage gourmand. Les Alsaciens ont tout exploré pour l'accommoder : crue avec du chou rouge et des crudités, ou même en quiche. En tout cas, prédigérée par la fermentation, elle serait ***le velours de l'estomac.*** La recette ? La ***fermentation au sel, sans eau ni additif autre que des aromates.*** En 2 à 8 semaines, les feuilles découpées, enfermées dans un baril de grès, se transforment dans la cave.

Jusque vers 1900, chaque Alsacien avait à cœur de confectionner sa choucroute – tout comme il salait lui-même les haricots, les navets, la viande. C'est cette tradition que perpétue la Maison de la choucroute, entreprise familiale qui propose de découvrir la cuisson et le conditionnement de ce légume traditionnel à travers une visite de sa choucrouterie. On y trouve tout ce qu'il faut pour composer un beau panier de produits locaux *Made in Alsace*.
Label : France savoir-faire d'excellence.

Palais du Pain d'épices – Fortwenger : *144, route de Strasbourg, 67140* ***GERTWILLER.*** *☎ 03-88-08-04-26. • palaisdupaindepices.com • ♿ Fermé 1er janv et 25 déc, et congés de janv à mi-fév. Tlj 9h (10h dim)-11h30, 14h-17h30. Visite libre du Palais du Pain d'Épices et de l'atelier de fabrication selon planning de production. Tarif : 4 € ; 5-13 ans 2 € ; gratuit moins de 5 ans. Visite de groupe sur rdv, à partir de 20 pers. Tarif : 2 €/pers ; scolaires 1,50 €/pers. Durée de la visite : 1h.* ***Boutique :*** *tlj 9h (10h dim)-12h, 14h-18h.*
Depuis 1768, date de sa fondation, cet établissement régale petits et grands. Découverte ludique, culturelle et forcément gourmande du pain d'épices d'Alsace, guidée par le fameux « ***Mannele*** ». Héros d'un conte anglo-saxon très populaire (« The Gingerbread Man »), il a fait son apparition dans *Shrek* ! Ce petit bonhomme est bien connu en Alsace, puisqu'on fait des brioches à son effigie le jour de la Saint-Nicolas. L'incontournable ***Noël alsacien*** est évoqué au cours de la visite. On rejoint les ateliers de fabrication où, pendant les horaires de production, ouvrières et ouvriers montrent leur savoir-faire. On termine bien sûr par une ***dégustation.*** La ***boutique*** propose une large variété de produits dans un décor soigné.
Le + : atelier de décoration de pain d'épices pour les enfants (sur réservation pour les groupes).
Label : Entreprise du Patrimoine Vivant.

HAUT-RHIN (68)

Brasserie du Vignoble : *15, rue de l'Industrie, 68150* ***RIBEAUVILLÉ.*** *☎ 03-89-73-60-97. • brasserie-vignoble.fr • contact@brasserie-vignoble.fr • ♿ Visite guidée seulement (en français uniquement), sur résa, le ven à 16h. Tarif : 8 € (« Découverte », dégustation 3 bières) ou 12 € (« l'Intégrale », dégustation 6 bières) ; réduc. Calendrier et résa en ligne.* ***Bar sur place :*** *lun 14h-18h, mar-sam 14h-22h (22h30 ven-sam).*
Ribeauvillé ? Une vieille ville à taille humaine, aux jolies maisons anciennes ornées de jardinières fleuries, aux ruelles pleines de charme. C'est au cœur de la Route des vins d'Alsace qu'est venue s'installer une microbrasserie : un sacré pari ! Et un défi relevé avec une palette d'une ***douzaine de bières*** très travaillées, dont une ***bière au crémant*** pour la note locale. Dans la brasserie, une visite bien menée, et un bar sympa et animé pour prolonger, le BaràBra'V, articulé à des foodtrucks pour absorber. Les fans poursuivront l'expérience à la belle saison au ***Biergarten*** de Riquewihr, où les produits locaux font écho aux multiples saveurs des cervoises de la Bra'V *(8, av. Jacques-Priess ; ☎ 03-89-49-46-72 ; lun et jeu-sam 10h-22h, dim 10h-18h).*

Distillerie Gilbert Miclo : *311, La Gayire, 68650* ***LAPOUTROIE.*** *☎ 03-89-47-50-16. • distillerie-miclo.com • ♿ Visite guidée seulement, avr-oct, lun-ven à 16h30. GRATUIT. Visite de groupe sur résa, pour 20-50 pers. Tarif : 3 €/pers, incluant dégustation et mignonnette, le w-e. Durée de la visite : 1h. Ateliers autour du whisky et animations enfants.* ***Boutique :*** *tlj 9h-12h, 14h-18h.*
Le val d'Orbey est une microrégion à part, formée par une succession de moyennes montagnes. Des paysages de chaumes, de pâturages, de forêts, à

l'habitat particulièrement dispersé, forment ce « canton vert » au parler d'origine romane et non germanique. Dans cette vallée où la tradition de la distillation est profondément ancrée, rendez-vous à Lapoutroie, à 5 km en contrebas du bourg du Bonhomme, en redescendant vers la plaine d'Alsace : un village typiquement montagnard avec ses hameaux satellites. On y découvre la ***distillerie Gilbert Miclo,*** une affaire familiale créée en 1962. Michel Miclo, fils de Gilbert, a hérité des ***méthodes de distillation artisanale,*** qui permettent l'élaboration d'***eaux-de-vie*** à la puissance aromatique exceptionnelle. En parallèle des gammes traditionnelles d'eaux-de-vie et de liqueurs, ils produisent également une gamme de whiskys single malt et de gins. La visite, accompagnée d'un guide, permet de ***tout apprendre sur les techniques de fabrication, des origines à aujourd'hui.*** On parcourt la salle des alambics, les chais de vieillissement, le petit jardin didactique où poussent un échantillonnage de fruits, baies et autres plantes distillées sur place, avant de finir en beauté avec la dégustation-vente.

EDF – Centrale hydroélectrique de Kembs : *68680* ***KEMBS-LOECHLE.*** *• visites-hydroest@edf.fr • edf.fr/alsace-vosges • Visite libre des alentours de la centrale et de la réserve naturelle, tlj. Visites guidées de groupe à partir de 10 pers (min 8 ans) sur résa par mail. GRATUIT. Durée de la visite : 1h30. Pour les visites grand public, voir sur le site • edf.fr/visiteredf • À savoir : le jour de la visite, présenter une* ***pièce d'identité*** *(carte nationale d'identité ou passeport) en cours de validité. Porter un pantalon, des vêtements à manches longues, ainsi que des chaussures plates et fermées.*

Construit sur le grand canal d'Alsace, parallèle au Rhin, l'aménagement hydroélectrique de Kembs est premier en tout : premier à être mis en service dès 1932, il ouvre également la chaîne des 10 grandes centrales EDF du Rhin franco-allemand. Dès sa conception, il visait à la fois à régulariser le débit du Rhin, aux crues autrefois dévastatrices, à produire de l'électricité et à permettre la navigation en continu sur le fleuve. Le site comprend ***3 ouvrages : un barrage, des écluses à double sas – les plus grandes du Rhin – et la centrale hydroélectrique.*** En bon chef de file, il intègre aussi le **Centre de conduite et de surveillance hydraulique (CCSH)** d'où est piloté à distance l'ensemble des centrales EDF du Rhin. La centrale de Kembs comporte 6 groupes turbines verticaux de 160 MW de puissance totale. C'est un équipement dit « au fil de l'eau » ou de « basse chute » qui produit de l'électricité régulièrement, par opposition aux barrages de « haute chute » qui permettent de stocker l'eau dans le lac de retenue pour faire face aux besoins en cas de pics de consommation d'électricité. La visite guidée du site de Kembs permet de découvrir l'imposante ***salle des machines*** de la centrale, ***le CCSH, la plage amont de l'usine*** (point d'entrée de l'eau dans les turbines) et ***les écluses.***

UN AMÉNAGEMENT COMPLET

Le Rhin, fleuve romantique et vagabond d'hier est devenu aujourd'hui une artère modernisée, l'axe essentiel de l'économie de l'Europe. Dès 1842, on corrige son cours naturel. Au début du XXe s, un chenal navigable permet aux bateaux de remonter sans difficulté jusqu'à Strasbourg en période de basses eaux. Puis, entre 1930 et 1950, on aménage le tronçon Strasbourg-Bâle. Dernière étape de ces grands travaux, la canalisation du Rhin est entreprise afin d'exploiter la force hydraulique du fleuve. La construction du grand canal d'Alsace, commencée en 1928, dure jusqu'au début des années 1960. Aujourd'hui, sur les 180 km de son cours alsacien, le Rhin est ponctué par 10 centrales hydroélectriques (de Kembs, près de Mulhouse, à Iffezheim, en aval de Strasbourg) et jusqu'en 2022 une centrale nucléaire (Fessenheim). Chaque centrale est automatiquement associée à une écluse qui assure la navigation sur le fleuve 24h/24, 7j/7, toute l'année.

On comprend alors l'histoire de l'aménagement du Rhin, on apprend comment s'organisent exploitation hydroélectrique et navigation, et on découvre l'ensemble des mesures environnementales qui protègent la biodiversité du fleuve.
Car aujourd'hui, dans le cadre de la prolongation de sa concession, EDF s'est engagée sur des mesures qui ont permis la ***restauration environnementale d'environ 100 ha de l'île du Rhin,*** dont la remise en eau d'un ancien bras du Rhin, baptisé « ***le Petit Rhin*** ». Un inventaire de la biodiversité a été réalisé, 380 000 m^3 de déblais ont été déplacés – dont certains sont venus enrichir les alluvions du fleuve –, et 150 000 végétaux ont été plantés dans la réserve naturelle de la ***Petite Camargue alsacienne.*** Et les petites bêtes n'ont pas été oubliées : 2 nouvelles passes à poissons et une passe à castors ont été ajoutées.
Label : France savoir-faire d'excellence.

EDF – Circuit bas carbone de Fessenheim – Centrale nucléaire et centrale hydroélectrique de Fessenheim : *site de Fessenheim, 68740* **FESSENHEIM.** *• visites-fessenheim@edf.fr • edf.fr/Fessenheim • edf.fr/alsace-vosges • Centrale nucléaire : visite guidée, tte l'année sur résa, généralement le 1er sam du mois et lors des journées européennes du patrimoine. GRATUIT. Centrale hydroélectrique : accès au belvédère (fermé temporairement pour travaux). GRATUIT. Pour les inscriptions, voir sur le site • edf.fr/visiteredf •*
– Installée en bordure du grand canal d'Alsace, la ***centrale nucléaire de Fessenheim*** compte 2 réacteurs à eau pressurisée de 900 MWe qui ont été définitivement mis à l'arrêt en 2020, au terme de 43 ans d'exploitation. Cette centrale nucléaire a répondu en moyenne chaque année de sa vie à plus de 75 % de la consommation d'une région telle que l'Alsace. Elle est actuellement dans une phase de préparation au démantèlement qui devrait démarrer en 2026 et durer 15 ans.
Le + : la centrale nucléaire de Fessenheim ouvre ses portes au public chaque 1er samedi du mois et lors d'événements tels que les « Journées européennes du patrimoine ». On peut alors entrer dans la centrale, découvrir les installations industrielles en pleine métamorphose. Pour plus d'informations : *• edf.fr/Fessenheim •*
– La ***centrale hydroélectrique de Fessenheim,*** « au fil de l'eau », également située sur le grand canal d'Alsace, a été mise en service en 1956. Ses 4 turbines, d'une puissance totale de 180 MWe, en font la centrale la plus puissante de la chaîne de production hydroélectrique du Rhin franco-allemand.
Sur sa façade, un demi-relief en béton signé Raymond Couvègnes et baptisé « Le Rhin », représente un personnage puissant tenant dans ses mains 2 symboles : ***l'éclair électrique et la houle fluviale.*** Les écluses attenantes, également exploitées par EDF, assurent la navigation sur le Rhin toute l'année, 24h/24.
Le + : les visiteurs peuvent accéder librement au ***belvédère*** de la centrale hydroélectrique de

FESSENHEIM ET LA POLITIQUE ÉNERGÉTIQUE FRANÇAISE

Après une phase de consensus favorable à l'énergie nucléaire en France, qui permit la réalisation d'un vaste programme de construction de près de 60 réacteurs lancé en 1973, les opinions publiques se mettent à diverger face à la perception des risques propres à ces centrales, illustrés à l'étranger par le terrible accident de la centrale de Tchernobyl en Ukraine en 1986 puis celui de Fukushima au Japon en 2011. C'est en 2015 qu'une loi dite de la « croissance verte », conséquence d'un engagement de François Hollande lors de sa campagne pour son élection à la présidence de la République, fixe pour objectif la réduction à l'horizon 2035 de la part de l'électricité nucléaire dans le mix énergétique français, de 75 % à 50 %. L'application de cette loi scelle le sort des 2 réacteurs de cette centrale, arrêtés depuis 2020.

Fessenheim. Ils y découvriront la salle des machines grâce à une baie vitrée panoramique. Ils pourront également se familiariser avec le mode de fonctionnement des aménagements hydrauliques du Rhin au travers de panneaux d'information. *Hors période de travaux, tlj, mai-sept 8h-19h, et oct-avr 8h-17h.*

EDF – Centrale solaire d'Ottmarsheim : *68490* ***OTTMARSHEIM.*** *● edf.fr ● Visite guidée seulement. Résa obligatoire, créneaux disponibles et inscriptions sur le site ● edf.fr/visiteredf ● GRATUIT. Durée de la visite : 2h30.*
Ottmarsheim, situé au bord du Rhin, à 14 km de Mulhouse, est fameux pour son port fluvial, son abbatiale romane, son ***barrage au fil de l'eau*** (10 m de chute, 160 MWe de puissance installée), son écluse, et désormais sa ***centrale solaire.*** Construite par EDF Renouvelables entre 2021 et 2023, celle-ci comporte environ 28 000 panneaux photovoltaïques installés sur une ancienne friche industrielle. Avec ses 15,5 MWe-crête de puissance, elle produit l'équivalent de la consommation annuelle d'environ 7 750 personnes. Son originalité tient surtout à son ***financement*** : EDF y a associé 142 ***investisseurs locaux,*** autorisés à y investir un maximum de 10 000 € chacun, avec un taux d'intérêt de 6,5 %, et la garantie par EDF de rachat de leurs actions s'ils désiraient s'en défaire. Un projet labellisé « financement participatif pour une croissance verte ».
Une envie de voir de près ce qui se trame dans ce grand centre électrique ? La centrale ouvre ses portes pour des visites guidées, au cours de laquelle vous pourrez visiter la centrale solaire, ainsi que la centrale hydroélectrique et ses écluses. Après une présentation de l'entreprise et la visite des installations, la visite se termine par un temps d'échanges avec les professionnels du secteur, afin d'en apprendre plus sur les métiers de la centrale.

Lisbeth – Les Sources de Soultzmatt : *5, av. Nessel, 68570* ***SOULTZMATT.*** *☎ 03-89-47-00-06. ● lisbeth.fr ● Visite guidée seulement, sur résa par tél (min 10 pers), mar et jeu à 14h30. Visite de groupe sur résa, pour 10-30 pers. GRATUIT. Durée de la visite : 1h.* ***Boutique :*** *au moment des visites à l'Espace des Sources. Possibilité d'acheter certains produits en pack à l'accueil.*
Non loin de la superbe ville de Rouffach, à 5 km à l'ouest, se trouve le village de Soultzmatt : « Sultz matte », le « pré de la source salée »... Car dès le XIIIe s, pâtres et bergers remarquent que leurs bêtes ont une prédilection pour ces eaux « aigrelettes ». L'exploitation des sources démarre dès le XVIe s : un établissement de bain est construit, et au XIXe s, les vertus thérapeutiques de l'eau minérale Nessel sont officiellement reconnues. En 1922, une eau de moindre minéralisation est mise au jour. Cette ***eau de source*** sera baptisée « Lisbeth ». À la veille du XXIe s, ce précieux atout naturel est valorisé de façon industrielle : la marque « Lisbeth » se décline en 3 versions (nature, légère et pétillante), les ***sodas, les limonades et les eaux aromatisées*** alsaciens sont lancés. En 2015, l'attribution officielle de la marque ***« Parc naturel des Ballons des Vosges »*** à l'eau de source des Sources de Soultzmatt renforce la crédibilité écologique de la marque. La visite permet de découvrir l'usine qui produit toutes ces boissons, et la projection d'un petit film complète la connaissance de l'entreprise.

HAUTE-MARNE (52)

ARTamin' – Moulin de la fleuristerie : *4, chemin de la Fleuristerie, 52120* ***ORGES.*** *06-22-10-89-48. ● artamin.fr ● Visite guidée seulement. Juil-août uniquement (et quelques autres dates dans l'année), tlj à 15h sur résa au 07-82-21-21-23 ou en ligne. Tarif : 10 €/pers ; réduc. Visite de groupe, à partir de 12 pers, sur résa, mai-oct. Tarif : 10 €/pers ; 14 €/pers avec réalisation d'une boutonnière en fleur.* ***Vente sur place :*** *souvenirs et produits terroir.*

Dans ce vieux moulin, composé de plusieurs bâtiments, on ne fait plus de farine depuis longtemps, mais on fabrique des ***éléments artisanaux et floraux pour la haute couture et la décoration*** : fruits, pistils, pétales, feuilles et fleurs de création. La société ARTamin', fondée par Annette et Emmanuel Geoffroy (ils ne sont que deux pour tout faire !), perpétue un savoir-faire unique en France. À l'origine installée à Paris, la société déménage et se fixe à Orges en 1903. Aujourd'hui labellisée Entreprise du Patrimoine Vivant et Esprit Parc National – elle est intégrée au Parc national des Forêts et en véhicule les valeurs –, elle compte parmi ses clients des créateurs de haute couture, de spectacles ou encore de chapeaux. Tout ici fonctionne comme au XIXe s, avec une machinerie traditionnelle et un ***remarquable savoir-faire.*** La vieille roue à aubes du moulin entraîne les courroies des machines de production et la dynamo fournit l'électricité à 110 V pour éclairer les ateliers. Une visite passionnante et instructive, qui prouve que la qualité d'un produit ne dépend pas toujours de la haute technologie, mais avant tout des ***ressources de la nature,*** l'eau et le bois, et du ***facteur humain*** – la passion d'un couple d'artisans d'art.

Label : Entreprise du Patrimoine Vivant.

MARNE (51)

Maison Fossier : *Zone Actipole la Neuvillette, 20, rue Maurice-Prevoteau, 51100* ***REIMS.*** *☎ 03-26-40-67-67. • fossier.fr • Visite guidée seulement. Lun-ven à 9h, 10h, 11h, 14h et 15h. Tarif : 5,50 € ; 7-17 ans 3,50 € ; gratuit moins de 7 ans. Visite de groupe sur résa, pour 10-50 pers. Résa par mail à • visite@fossier.fr • Tarif : 4,50 €/ pers. Durée de la visite : 1h.* ***Boutique :*** *lun-ven 9h30-18h30, sam 10h-18h30.*

Qui n'a jamais croqué un ***Biscuit Rose de Reims,*** qui accompagne divinement une coupe de champagne ? Rectangulaire, saupoudré de sucre glace avant cuisson, il est croquant à souhait, mais se trempe dignement (dans du porto ou du champagne) ou s'imbibe sans broncher (pour une charlotte aux biscuits roses, par exemple).

La légende veut que les rois de France aient eu pour coutume d'en déguster avant de s'endormir pour une nuit reposante, la veille de leur sacre. Cette élégante douceur semble donc, à l'image de sa ville natale de Reims, indissociable de la monarchie. Ce que confirme son histoire : une petite biscuiterie artisanale parmi tant d'autres apparaît à Reims en 1756, sous le règne de Louis XV. En 1775, ses biscuits sont présents lors du sacre de Louis XVI, et la biscuiterie devient ***fournisseur du roi.*** En 1825, elle reçoit un diplôme royal frappé du sceau de Charles X, reconnaissant la qualité de ses productions. C'est en 1845 qu'un certain Monsieur Fossier, boulanger Rémois, prend la succession

LE « BIS-CUIT » ROSE

Dès 1690, des boulangers champenois, en bons économistes avant la lettre, cherchèrent à rentabiliser au maximum leur investissement, en l'occurrence à profiter de la chaleur restante du four à pain après la cuisson. Ils créèrent une pâte qui, une fois cuite, gagnait à sécher dans le four encore chaud. Le « deux fois cuit » était né ! Et à quoi doit-il sa charmante teinte rose ? À une imperfection esthétique : à l'origine, le gâteau était blanc. On voulut aromatiser la pâte à la vanille. Pour ce faire, on devait écraser la gousse au mortier avec du sucre pour en extraire la substance aromatique sous forme de petites particules de couleur presque noire. Mélangées à la pâte d'un blanc éclatant, ces particules de vanille tachetaient le gâteau fini... On eut alors l'idée de masquer cette pigmentation avec un peu de colorant rouge, en réalité du carmin. Cette fois, le « biscuit rose » était né !

de cette biscuiterie qui se considère « Maison Mère des Biscuits de Reims ». Durant plus de 3 siècles, la biscuiterie est une activité prospère et fort bien implantée à Reims. Pendant les Années folles, la vogue des biscuits roses grandit, et les élégantes adorent les déguster avec un grand champagne. Dans les années 1950, on dénombre encore 15 biscuiteries, qui avaient pour spécialités de fabriquer « biscuits de Reims, pains d'épices et massepains ».
Mais aujourd'hui, la maison Fossier reste la seule à fabriquer le délicat rectangle. Le plus drôle de l'histoire, c'est qu'il s'agit, comme souvent en cuisine, d'une succession de recherches ou de hasards sans rapport apparent avec le résultat final, qui ont mené à la confection de ce délice. Tous ses ***secrets de fabrication*** sont dévoilés sur le site. Sur le site vous attendent ***film, parcours gourmand,*** et bien sûr ***dégustations*** et gourmandises à prix d'usine – essayez aussi les ***croquignoles*** (idéales pour le café) et les macarons... Un grand moment pour les becs sucrés.
Label : Entreprise du Patrimoine Vivant.

MEURTHE-ET-MOSELLE (54)

EDF – Barrage et retenue d'eau du Vieux-Pré : *54540* ***PIERRE-PERCÉE.*** *• visites-hydroest@edf.fr • edf.fr • Visite libre du belvédère du lac de Pierre-Percée avec panneaux d'informations tlj. Visite guidée, pour les groupes (8-30 pers), sur résa par mail ; pour le grand public à certaines dates voir sur • edr.fr/visiteredf • GRATUIT. Durée de la visite : 1h30. À savoir :* ***pièce d'identité*** *obligatoire. Tenue adaptée (pantalon et chaussures plates et fermées) requise. Site non accessible aux moins de 12 ans.*
Saviez-vous que c'est à la construction du barrage de Vieux-Pré que nous devons le célèbre « Lac de Pierre Percée » ? Cet aménagement permet aujourd'hui à la fois de compenser les débits de la Moselle évaporés par la centrale nucléaire de Cattenom en période d'étiage et de soutenir les débits de la Meurthe et de la Moselle. Pour assurer ces diverses fonctions, il a fallu façonner artificiellement ce lac en altitude en construisant un barrage-poids de 70 m de haut, épais de 8 m à la crête (longue de 330 m) et de 350 m à la base (vous avez bien lu) ! Ce lac de 300 hectares retient 60 millions de m^3 d'eau.
Ses groupes réversibles permettent, suivant les besoins, soit de turbiner l'eau qui s'écoule de la retenue supérieure (le Lac de Pierre Percée) vers le bassin inférieur (le Lac de la Plaine), soit de pomper l'eau du bassin inférieur lorsque les débits sont suffisants, pour reconstituer les réserves du lac supérieur. Outre ces usages, les abords des 2 lacs ont été aménagés pour les loisirs et la pratique de nombreuses activités sportives. Pendant la visite guidée, vous découvrirez les dessous de ce lac emblématique en pénétrant dans son barrage, sensation garantie ! Pensez à vous couvrir, la température y est assez fraîche… même en plein été.

LE « PETIT CANADA » VOSGIEN

Le lac de Pierre Percée est aussi surnommé le « Petit Canada ». Ce surnom est lié à sa forme en feuille d'érable lorsqu'on le voit du ciel. C'est un site touristique majeur de la région qui offre de nombreuses activités de loisirs : Aventure Parc, location de canoë, baignade, randonnées... Il existe une offre très variée pour y séjourner (hôtel, lodges, cabanes dans les arbres, camping...) qui incite à y faire escale à la belle saison !

EDF – Centrale thermique de Blénod – Cycle combiné gaz : *54700* ***BLÉNOD-LÈS-PONT-À-MOUSSON.*** *☎ 03-83-80-37-00. • edf.fr/blenod •*

Programme des animations gratuites sur le site internet. Visite de la centrale : visite guidée de groupe sur résa. Inscription par mail à • visite-blenod@edf.fr • GRATUIT. Durée de la visite : 2h. Pour les inscriptions, voir sur le site • edf.fr/visiteredf • À savoir : visite de la centrale à partir de 12 ans. Le jour de la visite, présenter une ***pièce d'identité*** *en cours de validité (carte nationale d'identité ou passeport). Porter un pantalon, des vêtements à manches longues, ainsi que des chaussures plates et fermées.*

Dès le XIXe s, Pont-à-Mousson occupe une place prépondérante dans le paysage économique lorrain : les tuyaux de fonte, fabriqués par Saint-Gobain, acheminent l'eau dans les sous-sols de Paris ou en Chine. Pas étonnant qu'il ait fallu alimenter tout ce monde en énergie... Une centrale thermique, fonctionnant alors au charbon, a donc été installée ici.

Dans le cadre du programme de modernisation de son parc thermique, EDF a arrêté l'exploitation de sa centrale à charbon et y a construit, en 2011, une nouvelle centrale fonctionnant au gaz naturel : ***son 1er Cycle combiné gaz (CCG) en France.*** D'une capacité de 430 MWe, étant à la fois plus économique et plus écologique, la centrale émet 2 fois moins de gaz à effet de serre que sa « grande sœur » au charbon par unité d'électricité produite.

Alors que les énergies renouvelables intermittentes se développent de plus en plus, EDF s'appuie sur son parc thermique flexible et réactif nécessaire à la sécurisation du réseau électrique. Par sa rapidité de démarrage et sa souplesse d'utilisation, le CCG a pour vocation de ***faire face aux pointes de consommation d'électricité,*** en complément du parc nucléaire et hydraulique, notamment ***en période de grand froid.***

Dans le ***Centre d'information du public*** de la centrale de Blénod, situé sur le site, vous découvrirez de manière ludique et interactive les enjeux de l'énergie, les moyens de production de l'électricité et les métiers qui y concourent. Cet espace propose un parcours pédagogique, accompagné d'un guide conférencier, qui explique, au travers de maquettes et de films, le rôle d'une centrale thermique.

Après une conférence sur l'histoire du site et son fonctionnement, la visite de la centrale vous permettra de découvrir le cœur des installations industrielles : la ***salle des machines*** (turbine à combustion et turbine à vapeur), le ***transformateur,*** la ***chaudière,*** jusqu'à la ***salle des commandes.*** Et pour la bonne bouche, on explore aussi la biodiversité et les ruches du site, ainsi que les immenses fresques de street art qui ornent les bâtiments... car Blénod combine performances industrielles et performances artistiques !

Émaux d'art de Longwy : *pl. Salvador-Allende. ☎ 03-82-25-71-46. • emauxdelongwy.com • Visite guidée, sur rdv seulement : 8 pers max ; lun-ven à 10h. Tarif : 5 €, réduc.* ***Boutique :*** *tlj sauf dim 9h-12h, 14h-18h.*

À son compte depuis 1988, Christian Leclercq, faïencier de grand talent (Meilleur Ouvrier de France et Maître Céramiste, plus de 60 ans de carrière !), s'inscrit dans la grande tradition. Au fait, quelle tradition ? C'est pour faire face à la sévère concurrence des faïences importées de Chine (déjà...) qu'en 1872 les faïenceries de Longwy adoptent les ***émaux cloisonnés.*** Le principe singulier et unique en France : on dépose au pinceau en épaisseur des gouttes d'émail entre les cernes noirs matérialisant le décor sur la pièce en faïence, afin de produire un effet de relief qui capte mieux la lumière. Ce savoir-faire devient ensuite LA spécialité de Longwy ; comme le fond bleu turquoise, le fameux ***bleu de Longwy.*** Et c'est cette technique, magnifiée par la maîtrise de Christian Leclercq, qu'on voit à l'œuvre dans cet atelier d'art de haut vol, à travers des vidéos et des mises en scène. En boutique, nombre de ses créations et une belle collection d'émaux anciens. Un incontournable pour les amoureux de la belle ouvrage.

Label : Entreprise du Patrimoine vivant, France savoir-faire d'excellence.

– Une visite à compléter avec celle du ***musée municipal des Émaux et Faïences de Longwy :*** *rue de la Manutention, à Longwy-Haut. ☎ 03-82-23-85-19.* Le parcours vous propose de découvrir l'histoire faïencière de Longwy, des origines (ou presque) à nos jours ainsi que les œuvres de 2 artistes longoniciens, Paul Aubé et Paul Klein. Au début – en 1798 –, une petite entreprise profite de la demande croissante de faïence utilitaire à un prix accessible. Et comme ça marche bien, l'entreprise se lance peu à peu dans la décoration. C'est comme cela qu'apparaissent sculptures, majoliques, barbotines, et surtout les fameux émaux ! Comme l'exotisme est à la mode, on produit d'abord des pièces exotiques. Puis des modèles classiques, Art nouveau, et bien sûr Art déco. Les années 1920-1930 sont une période de gloire pour la faïencerie qui, après la Seconde Guerre mondiale, connaît de plus en plus de difficultés. La production utilitaire cesse dans les années 1950, mais les émaux résistent, avec 2 types de motifs : les grands placés, et les plus petits décorés, dont fait partie le célèbre motif « fleur de pommier ».

Maison de la Mirabelle : *16, rue du Capitaine-Durand, 54290* ***ROZELIEURES.*** *☎ 03-83-72-32-26. • maisondelamirabelle.com • ♿ Visite libre tte l'année, lun-ven 9h-11h, 13h30-17h30, sam-dim et j. fériés sur résa. GRATUIT. Visite de groupe sur résa, pour 10-60 pers. Tarif : 5,40 € ou 8,20 €/pers (selon type de dégustation incluse). Scolaires : mêmes tarifs. Durée de la visite : 1h30. En été, « Rando dans les vergers » sur résa. Tarif : 14 €/ pers ; moins de 16 ans 9 €.* ***Boutique :*** *mêmes horaires.*

Dans une tranquille campagne, typiquement lorraine avec ses villages-rues et ses vergers de mirabelliers, on découvre cet espace contemporain tout à la gloire du fruit emblématique de la région (70 % de la production mondiale !). Conçu par une accueillante famille d'agriculteurs, les Grallet, qui cultive de la mirabelle sur ces collines depuis 1860 et 5 générations. Des ***panneaux didactiques*** pour comprendre pourquoi la mirabelle se plaît en Lorraine depuis l'Antiquité, un ***film instructif*** projeté dans une vraie petite salle de cinéma, un passage au long des ***cuves de la distillerie*** (avec une animation son et lumière)... qui produit un whisky de Lorraine original, « G. Rozelieures » (la vallée de Rozelieures), et une fraîche eau de parfum : « L'Or du verger ». Instructive, amusante, la visite se termine dans une sympathique salle à manger où sont proposées à la ***dégustation et à l'achat*** toutes sortes de ***produits à base de mirabelles.*** Et si vous voulez connaître votre poids en nombre de mirabelles, c'est ici ou jamais !

Label : Tourisme et Handicap.

MIROBOLANTE MIRABELLE

On a retrouvé des noyaux de mirabelles dans une jarre sur le site gallo-romain de Grand dans les Vosges. L'origine latine (mirabilis : « belle à voir ») peut donc se justifier et sonne, de surcroît, joliment à l'oreille. Dommage donc pour Mirabel, maître échevin de Metz qui, sûrement un peu mégalo, prétendit avoir donné son nom à ce fruit en 1430 !

Mine de sel de Varangéville : *17, rue Gabriel-Péri, 54110* ***VARANGÉVILLE.*** *☎ 03-83-18-73-32. • tourismemine@salins.com • visiteminedevarangeville.com • Visite guidée seulement, sur résa. Mars-oct, lun-jeu à 8h15, suivie du « repas insolite » et à 12h15. Durée de la visite : 3h30 sans repas. Tarif : 24 € ; réduc.*

Enfouie à 160 m, c'est la dernière mine de sel encore en activité en France ; elle produit 500 000 t de sel par an, extrait d'une couche de 90 m d'épaisseur. Les visiteurs, casque sur la tête et gilet fluo sur le dos, empruntent l'étroite cage de fer pour ce périple forcément plein de sel ! Une descente dans une profondeur géographique autant que temporelle, puisque la couche est âgée de 230 millions d'années. Les guides racontent dans les moindres détails l'histoire de ce site. Les gourmets amateurs de spéléo pourront aussi opter pour un ***repas gastronomique*** *(42 ou 65 € au choix).*

– Pour approfondir, c'est le cas de le dire, on peut visiter ***la Maison du sel*** : *rue des Écoles, 54110* ***Haraucourt.*** *☎ 03-83-30-15-15. • lamaisondusel.fr •* Installée dans un parallélépipède contemporain et vitré, la Maison du sel est un centre d'interprétation moderne autour d'une tradition industrielle locale remontant au XIXe s. À travers des panneaux et un film sur la mine voisine de Varangéville, vous apprendrez les différents modes d'exploitation de cet or blanc en Lorraine, mais aussi les différents usages du sel et de ses dérivés, présents aussi bien dans les lessives que le dentifrice !

– À l'orée du village, l'***Observatoire des effondrements salins*** complète la visite *(accès libre, avr-sept 9h-19h, oct-mars 9h-17h).* Les immenses étendues d'eau bordées de falaises résultent de l'exploitation intensive du sel, le forage finissant par s'effondrer puis se combler d'eau. Ces étangs artificiels font aujourd'hui le bonheur de colonies d'oiseaux !

VOYAGE AU CENTRE DE LA TERRE

Les vaches adorent lécher les blocs de sel extraits à Varangéville ! Même si ce sel gemme sert surtout au déneigement des routes l'hiver... La mine de Varangéville, en activité depuis 1855, s'étend à 160 m sous terre dans un labyrinthe de vastes galeries où circulent camionnettes et bulldozers. Incroyable : ces engins ont été descendus, pièce par pièce, par un puits d'accès large d'à peine plus de 1 m (leurs pneus ont même été compressés !).

MEUSE (55)

Andra – Centre de Meuse/Haute-Marne (CMHM) : *RD 960, 55290* **BURE.** *☎ 03-29-75-53-73. • meusehautemarne.andra.fr • Visite guidée avr-oct, le w-e à 14h30 et 16h15 ; juil-août, mer-dim. Visite de groupe sur résa, max 48 pers. GRATUIT. Durée de la visite : 2h.* ***Pièce d'identité*** *obligatoire.*

L'Agence nationale pour la gestion des déchets radioactifs (Andra) est chargée de concevoir et de préparer l'implantation de ***Cigéo,*** le projet de centre de stockage géologique des déchets français les plus radioactifs. Les études sont notamment conduites dans son Centre de Meuse/Haute-Marne qui comprend un ***Laboratoire de recherche souterrain,*** un ***Espace technologique*** et une ***Écothèque,*** implantés sur les communes de Bure (55) et Saudron (52). La visite guidée débute dans l'exposition-maquette « Cigéo, Dessus/Dessous » qui présente le ***parcours des déchets radioactifs*** depuis une centrale nucléaire jusque dans les galeries souterraines du stockage (abordable par tous, avec livrets de découverte pour les plus

LA RADIOACTIVITÉ A AUSSI SON MASQUE À L'ARGILE

Implanté entre la Meuse et la Haute-Marne, le laboratoire souterrain actuel est un réseau de 2,3 km de galeries, situé à 500 m de profondeur, dans une roche argileuse (étanche) âgée de 160 millions d'années, reconnue pour ses propriétés de confinement des éléments radioactifs à très long terme (plusieurs millions d'années). Depuis plus de 20 ans, il permet aux scientifiques d'étudier le milieu géologique tout en testant des solutions industrielles pour préparer Cigéo, le Centre industriel de stockage géologique. S'il est autorisé par la puissance publique, ce centre de stockage sera construit à proximité du laboratoire, au cœur de cette couche argileuse. Il sera destiné à stocker les déchets radioactifs les plus dangereux, à très haute activité, ou à haute activité et à vie longue.

jeunes). Puis, dans la ***halle technologique,*** des prototypes, grandeur réelle, de conteneurs et des robots de manutention permettent de comprendre la future exploitation du stockage. La visite peut se poursuivre à l'Écothèque où sont préparés et conservés sur le long terme des échantillons prélevés dans le cadre d'un programme d'observation de l'environnement. Des animations et des expositions scientifiques temporaires sont proposées à certaines périodes.
Les + :
– Pour les groupes, un programme personnalisé incluant la visite du Laboratoire souterrain peut être proposé.
– À l'extérieur, le parcours nature « Ça fourmille dans la prairie » invite à observer l'environnement local *(mai-sept).*
Label : France savoir-faire d'excellence.

Dragées Braquier : *50, rue du Fort-de-Vaux, 55100* ***VERDUN.*** *☎ 03-29-84-30-00. • dragees-braquier.fr • Visite libre et gratuite. Audioguide gratuit. Tlj 9h-11h, 14h-18h (mieux vaut venir le mat en sem, quand l'usine est en activité ; visites virtuelles le w-e). Visite de groupe sur résa, pour 20-60 pers. GRATUIT. Scolaires : à partir de 6 ans. Durée de la visite : 35 mn.* ***Boutique :*** *tlj 9h-12h, 13h30 (14h sam-dim)-19h. Magasin en ville également : 3, rue Pasteur ; ☎ 03-29-86-05-02 ; ouv lun 14h-19h, mar-sam 10h-12h, 14h-19h).*
C'est sans doute à Verdun que fut inventée la dragée, ce délice constitué d'une amande enrobée de sucre durci... Spécificité de cette maison fondée en 1783 : le choix d'utiliser des ***amandes du village d'Avola, au sud de la Sicile.*** Le savoir-faire très ancien de ce site industriel associe le travail manuel – irremplaçable main humaine ! – et la haute technologie, et cet établissement plus que bicentenaire a su s'adapter au marché et se moderniser. Considérées comme sans doute les meilleures du monde, les dragées Braquier sont élaborées dans cette usine, aménagée pour les visites. À travers les baies vitrées des ateliers, on suit les différentes étapes du processus de fabrication : le tri manuel des amandes, le gommage dans du sirop de gomme arabique, la dragéification dans des turbines en cuivre et le conditionnement.
Leur marque de fabrique ? Les ***obus Braquier,*** les plus pacifiques qui soient : d'insolites friandises en forme d'obus, enrobées de chocolat et contenant plein de dragées et des petites babioles amusantes...
Label : Entreprise du Patrimoine Vivant.

GRAND-EST

MOSELLE (57)

Pôle verrerie-cristallerie

Cristallerie-manufacture Saint-Louis – La Grande Place : *rue Coëtlosquet, 57620* ***SAINT-LOUIS-LÈS-BITCHE.*** *☎ 03-87-06-40-04. • saint-louis.com • Fermé 1er janv et 25 déc. Visite guidée de la manufacture (+ visite du musée), mar-ven à 9h30 et 11h. Tarif : 20 € ; réduc ; pass famille 45 € (2 adultes + enfants). Visite de groupe (5-60 pers ; tarif 15 €/pers) sur résa par tél au ☎ 03-87-06-64-70 ou par mail à • accueil.musee@saint-louis.com • Visite libre du musée tlj sauf lun 10h-13h, 14h-18h. Tarif : 8 € ; réduc ; 6-18 ans 4 € ; gratuit moins de 6 ans ; pass famille 18 € (2 adultes + enfants). Durée de la visite : 1h30.* ***Boutique :*** *tlj sauf lun 10h-18h.*
Dès qu'on arrive dans le ***village de Saint-Louis-lès-Bitche,*** on voit qu'il s'est ***constitué autour de la cristallerie.*** Un peu à l'étroit dans sa vallée, il semble encore plus pelotonné autour de son usine. Et rien n'est venu modifier sa physionomie : quasiment pas de nouvelles constructions, une homogénéité

architecturale exemplaire centrée sur l'usine et ses cheminées, entourées de ses rues ouvrières, longues successions de demeures identiques. Le tout dans des tons ocre de toutes nuances, des rouges, rose saumon et des bruns qui virent au doré dans les derniers feux du soleil couchant...
Mais le plus impressionnant, c'est la visite de la ***manufacture,*** qui fonctionne toujours. Casque sur les oreilles, on emprunte d'abord une ***passerelle qui surplombe un vaste atelier*** où l'on observe le ballet des cueilleurs et des verriers qui façonnent des objets à partir du cristal en fusion. Fascinant ! Puis la visite se poursuit parmi les tailleurs, graveurs et décorateurs qui apportent la touche finale. En passant par l'***atelier presse-papiers,*** vous découvrez ces objets si chers à Colette qui en fut une collectionneuse passionnée. On découvre ensuite les ***collections contemporaines*** qui écrivent aujourd'hui la créativité et l'innovation de Saint-Louis, portées par le regard de designers internes et externes. Enfin, découverte de la ***lustrerie.*** Tout au long de cette passionnante visite guidée, on est au plus près des gestes d'artisans, pour beaucoup nommés parmi les Meilleurs Ouvriers de France.
Ces merveilles arborent des tarifs à la hauteur de leurs prouesses techniques, mais vous pouvez aussi vous faire plaisir au ***Comptoir de la Manufacture :*** l'occasion d'acheter à bon prix du magnifique 2d choix (en réalité du 1er choix avec un défaut indiscernable, sauf par un expert !).
– L'immense savoir-faire séculaire des verriers et tailleurs de Saint-Louis – c'est à Saint-Louis, par exemple, qu'est inventé le cristal en 1781, en introduisant un tiers de plomb dans la pâte de verre – est aussi présenté dans un ***musée fascinant : la Grande Place, musée du Cristal Saint-Louis.*** Installée au sein même de la manufacture, autour de l'ancien four à pot, âme de la cristallerie, la structure présente une architecture audacieuse : sous un toit de tôles ondulées, 953 m de coursives de bois brut et de métal, bordées de vitrines. Vaste espace éclairé par un imposant lustre (de cristal, évidemment !). Sur les étagères reposent les trésors de la manufacture. La collection de plus de 2 000 pièces illustre successivement 20 thématiques et fait revivre plus de 4 siècles d'histoire de la plus ancienne cristallerie de France.
Label : Entreprise du Patrimoine Vivant, France savoir-faire d'excellence.

Site verrier de Meisenthal : *pl. Robert-Schuman, 57960* ***MEISENTHAL.*** *☎ 03-87-96-81-22. • ciav-meisenthal.fr • Avr-oct et pdt période de Noël, tlj sauf lun 13h30-18h (vente du dernier billet à 17h). Visite libre possible ou visite guidée. Tarif : 9 € ; 6-17 ans 4 €. Visite de groupe sur résa, pour 15-50 pers. Tarif : 7€/pers ; scolaires sur demande. Durée de la visite : 1h45.* ***Boutique :*** *tlj sauf lun 13h30-18h.*
Blottie au cœur d'une bucolique vallée du Bitcherland (Moselle), entourée de vertes collines, se dessine l'***ancienne petite capitale du verre.*** Le village s'est développé grâce à la présence sur place des matériaux nécessaires à la fabrication du verre, notamment le sable siliceux, la fougère (à partir de laquelle on fabrique de la potasse), l'eau et le bois en abondance dans la région.
Les 1ers verriers, venus de Bohême, arrivent en Lorraine au XVe s. Au XVIIe s, la verrerie de Meinsenthal connaît un développement important. Elle fabrique essentiellement de la gobeleterie (verres à boire) et des verres de montre avant de s'enrichir de la production de verres de pendule, de lampes et de lustres. Parallèlement, dans la dernière partie du XIXe s, Meisenthal se lance dans la ***verrerie d'art*** et inscrit sa production dans le courant de l'Art nouveau. C'est ici qu'Émile Gallé fait son apprentissage de jeune verrier à partir de 1867. Une belle aventure industrielle dont le village a su conserver la mémoire grâce au ***site verrier,*** qui abrite un ***intéressant musée*** sur la friche industrielle de l'ancienne verrerie de Meisenthal (1704 – 1969), et au ***Centre international d'art verrier.***
C'est à une de ces heureuses rencontres entre tradition et invention qu'invite cette visite. Elle offre l'occasion de voir se croiser des héritages techniques, artistiques et architecturaux avec des expressions créatives contemporaines. Des croisements qu'on découvre, au fil du ***parcours de visite,*** sous forme de rencontres

avec des chefs-d'œuvre, des artistes, des verriers, des paysages... Concrètement, on démarre au ***musée du Verre.*** Et là, on commence par la base : dans la salle des techniques on comprend la chimie qui sous-tend l'art du verre, et on découvre les savoir-faire nécessaires à son façonnage et à sa décoration. Puis on descend vers la ***salle des verreries régionales,*** où se révèle la variété du travail du verre et du cristal dans le temps et l'espace. Plus spécifiquement, la salle consacrée à la verrerie artistique révèle la symbiose qui peut s'opérer entre artistes et maestros du verre, de l'époque d'Émile Gallé à nos jours. On pénètre ensuite dans l'antre des magiciens de la lumière : le ***Centre international d'art verrier*** englobe l'atelier où les souffleurs de verre parlent de leur travail, hier, aujourd'hui et demain. C'est ici que se fabriquent à nouveau des pièces, en collaboration avec de jeunes designers, en particulier, chaque mois de décembre, une très attendue (et gardée secrète jusqu'à sa mise en vente !) collection de boules de Noël. En guise de bouquet final, on accède à la ***Halle verrière,*** véritable cathédrale industrielle transformée en salle de spectacle à la programmation dynamique !

Les + :

– ***Démonstration commentée*** des souffleurs de verre au Centre international d'art verrier.

– ***Réduction :*** le billet d'entrée du site verrier de Meisenthal permet d'obtenir une réduction tarifaire au *musée du Cristal Saint-Louis « La Grande Place »* (voir plus haut) et au *musée Lalique* à Wingen-sur-Moder (dans le Bas-Rhin en Alsace).

Label : France savoir-faire d'excellence.

DU VERRE DANS LA POMME

Autrefois, on attachait des fruits aux sapins de Noël, notamment des pommes. En 1858, après une très mauvaise récolte, les verriers de Meisenthal imitèrent les fruits en fabriquant des sphères en verre argenté. La boule de Noël était née !

EDF – Centrale nucléaire de Cattenom : *57570* ***CATTENOM.*** *☎ 03-82-51-70-41. • cattenom-visites@edf.fr • edf.fr/Cattenom • ♿ Dates de visite sur le site, 9h-12h et 14h-17h. Pour les inscriptions, voir sur le site • edf.fr/visiteredf • GRATUIT. Durée de la visite : 3h.*

Aux environs de Rodemack, classé parmi les Plus Beaux Villages de France, Cattenom est célèbre pour sa centrale nucléaire, dont les 4 hautes tours de refroidissement contrastent dans le paysage, surtout quand les colzas sont en fleur. Implantée à 8 km de Thionville (Moselle), non loin des frontières du Luxembourg et de l'Allemagne, la centrale de Cattenom s'étend sur 415 ha – ce qui en fait ***le plus grand site français de production d'électricité en termes de superficie.*** Avec ses 4 réacteurs de 1 300 MW chacun, Cattenom fournit chaque année 75 % des besoins en consommation du Grand Est et 8 % de la production électrique française. C'est la 2e plus grande centrale électrique en France, avec une capacité de 5 200 MWe, presque autant que celle de Gravelines (près de Dunkerque) avec 5 500 MWe. La centrale peut se visiter sur inscription à différents moments de l'année : accompagné par les chargés de visite, vous découvrirez les coulisses de la production nucléaire permettant de délivrer une électricité sûre et bas carbone.

Les + :

– La centrale de Cattenom accueille tout au long de l'année des stagiaires de 2de et 3e pour faire découvrir ses métiers.

– La centrale de Cattenom participe régulièrement à des événements grand public comme les Journées européennes du patrimoine ou la Semaine de l'industrie, des moments exceptionnels où l'on peut entrer dans la centrale et découvrir les coulisses de la production d'électricité. *Pour plus d'infos : • edf.fr/Cattenom •*

Label : Tourisme et Handicap.

VOSGES (88)

Pôle confiserie

Confiserie Bressaude : *3, route de Cornimont, 88250* **LA BRESSE.** *☎ 03-29-25-47-89. • la-confiserie-bressaude.com • ♿ Visite guidée. Lun-sam 10h-11h45, 14h-17h15. Visite de groupe jusqu'à 100 pers. Prévenir par tél. Accès libre. GRATUIT. Durée de la visite : 45 mn.* **Boutique :** *lun-sam 9h-12h, 14h-18h30.*
La Bresse, c'est le paradis des vacances en famille sur le thème des sports de plein air. On est ici dans l'une des plus grandes communes des Vosges par sa superficie, au pied des montagnes, le long de 2 vallées qui se rejoignent dans le centre-ville, formant ainsi un Y. Elle dispose du plus grand domaine skiable du nord-est de la France, et en été, elle offre plus de 300 km de sentiers balisés et une foultitude de loisirs. On pourra compléter ces activités par la visite de la ***Confiserie Bressaude.*** On fabrique ici des ***bonbons traditionnels vosgiens et lorrains*** et autres douceurs, comme les nougats, les fameux « flocons de neige » ou les gommes (spécifiques à cette confiserie). La visite commentée révèle les secrets des confiseurs d'antan, de la cuisson dans les chaudrons en cuivre jusqu'au conditionnement. On assiste ainsi à la fabrication des ***bonbons durs, à base de sucre cuit,*** dans le droit fil de la tradition locale. La visite se termine avec la dégustation des bonbons… encore chauds. Mention spéciale pour les ***confitures aux fruits régionaux*** (myrtille, framboise, mirabelle) auxquels sont venues s'ajouter beaucoup d'autres saveurs : quetsche, églantine, fraise, abricot, orange, griotte, groseille, airelle, mûre…
Label : Tourisme et Handicap.

Confiserie des Hautes Vosges : *3074, rte de Gérardmer, lieu-dit Habaurupt, 88230* **PLAINFAING.** *☎ 03-29-50-44-56. • cdhv.fr • ♿ Fermé dim et j. fériés. Visite guidée seulement, tte l'année sans résa. Visite de groupe de plus de 20 pers par tél ou par mail à • contact@cdhv.fr • Lun-ven 9h30-11h30, 14h-17h30 ; les sam et vac scol 9h30-17h30. GRATUIT. Durée de la visite : 1h.* **Boutique :** *lun-sam 9h-18h30 ; dim et j. fériés 10h-18h.*
Cette confiserie est nichée au cœur du massif des Hautes-Vosges, entre Gérardmer et Saint-Dié-des-Vosges et aux portes de l'Alsace. Cette entreprise artisanale et familiale, qui existe depuis 1986, porte haut la tradition du bonbon des Vosges. Les bonbons y sont fabriqués comme autrefois, en sucre cuit à feu nu dans des chaudrons en cuivre, avec des matières premières de proximité et avec des huiles essentielles et arômes naturels. Le sucre cuit se décline dans toute une ***gamme de 45 parfums végétaux et floraux,*** comme la violette, le coquelicot ou la bergamote de Nancy, en passant par les plus accessibles, comme les parfums de fruits – fruits rouges ou mirabelle – ou le traditionnel bourgeon de sapin des Vosges pour la fragrance de l'altitude. Depuis l'origine, cette confiserie invite à découvrir les secrets de fabrication, en proposant des visites guidées de ses ateliers agrémentés de dégustations. En 2023, elle a accueilli plus de 300 000 visiteurs, ce qui en fait ***l'entreprise agroalimentaire la plus visitée de France !***
Label : France savoir-faire d'excellence.

De Buyer : *25, Faymont, 88340* **LE VAL D'AJOL.** *☎ 03-29-30-56-12. • debuyer.com • Visite guidée pour particuliers, uniquement au printemps et en été. Visite de groupe, jusqu'à 20 pers par visite. Dates et heures sur le site internet. Tarif : compter 5 €/pers. Durée de la visite : 1h15. À savoir : à partir de 10 ans. Chaussures fermées et épaules couvertes obligatoires.* ***Pièce d'identité*** *obligatoire.*

Marmitons, à vos poêlons ! Car ici, on ne vient pas voir cuisiner, mais voir ***comment se fabriquent les outils destinés à cuisiner.*** Pour les particuliers comme pour les professionnels, voici le royaume de la cuisson et de la pâtisserie, des casseroles et des moules, du cuivre, de l'acier et de l'inox... Toute une tradition industrielle qui remonte à plus de 190 ans. Cette société fondée en 1830, est fière de s'inscrire dans la lignée du *Made in France.* On est épaté par la puissance des machines et la précision des savoir-faire, et pas étonné que la crème de la gastronomie française et internationale recoure à de tels outils. Des pros pour les pros, et pour l'émerveillement des curieux amateurs.
Labels : France savoir-faire d'excellence, Entreprise du Patrimoine Vivant, Origine France Garantie.

Distillerie Lecomte-Blaise : *10, rue de la Distillerie, Nol 88120* ***LE SYNDICAT.*** *☎ 03-29-24-71-04. ● lecomte-blaise.com ● Visite libre, lun-sam 9h-12h, 14h-18h. Groupe (plus de 25 pers) : visite guidée sur résa. GRATUIT.* ***Boutique :*** *lun-sam 9h-12h, 14h-18h.*
Une de ces ***distilleries ancestrales typiques des Vosges :*** elle a été fondée en 1820 ! Et elle joue à fond la carte du terroir, utilisant des images d'Épinal pour ses étiquettes, dont celles des Fables de la Fontaine... Il faut dire que ce terroir le lui rend bien, tant il abonde en variété de fruits et plantes traitées en eaux-de-vie, et liqueurs. À commencer par l'incontournable mirabelle, et plus spécifique, les bourgeons de sapin. On apprend tout sur ces délicieuses fabrications soit à son rythme en individuel, soit en visite guidée en groupe. Après le visionnage d'un film explicatif, on découvre l'impressionnante cuverie de fruits de 1903, on observe un alambic de démonstration, et la préparation des commandes, et on finit bien sûr avec une dégustation !
Les + :
- Dégustation.
- Visite guidée de la cave à vieillissement de whiskys *(juil-août, mer à 16h).*

Pôle textile

Garnier Thiebaut : *bd de Granges, 88400* ***GÉRARDMER.*** *● garnier-thiebaut.fr ● ♿ Visite guidée seulement. Résa au ☎ 03-29-27-27-27 (office de tourisme de Gérardmer). Seulement pdt les vac scol (ttes zones). Visite de groupe sur résa, à partir de 10 pers (sauf en août, et entre Noël et le Jour de l'an). GRATUIT. Résa au ☎ 03-29-60-30-59. Durée de la visite : 1h.* ***Boutique :*** *lun-sam 10h-12h, 14h-19h, dim 14h30-18h30.*
La « perle des Vosges », au superbe lac déposé dans son écrin de sapins, ne se contente pas d'être une station de ski à l'épicentre de la vallée des Lacs et la reine de la Vologne : c'est aussi un haut lieu du textile. Ses ***fabriques de lin, de toile, de jacquard et autres tissages*** contribuent à sa renommée. La ***maison Garnier Thiebaut,*** née du mariage entre 2 tisseurs de toile, est installée à Gérardmer depuis 1833. Elle maîtrise ***l'intégralité de sa fabrication :*** teinture des fils, tissage, ennoblissement et confection. De la sélection des fils aux motifs et dessins exclusifs par des designers de la marque, en passant par la réalisation des couleurs par les maîtres teinturiers, elle ne cesse d'innover, en créant par exemple le traitement antitache « Greensweet ». Ses damassés de coton ont conquis le monde de l'hôtellerie et de la restauration haut de gamme.
Une visite qui allie l'utile à l'agréable : ce peut être l'occasion de refaire son trousseau à prix d'usine, tant pour la table et la cuisine que la chambre et le bain !
Label : Entreprise du Patrimoine Vivant.

Tricotage des Vosges : *2, rue du Jumelage, 88120* ***VAGNEY.*** *☎ 03-29-23-45-45. Visite guidée seulement, les mar et jeu, sur résa par tél. Visite de groupe, sur résa par tél. Tarif : 5 € ; gratuit moins de 12 ans. Durée de la visite : 1h30.* ***Boutique :*** *lun-ven 9h-12h, 14h-17h30.*

Derrière ce nom se cachent 2 marques bien connues de nos pieds : ***Bleuforêt*** et ***Olympia.*** C'est ici, au sud-est de Remiremont, que sont fabriquées ***5 à 6 millions de paires de chaussettes et de collants par an,*** dont 30 % partent à l'exportation. L'usine est équipée de 230 métiers à tricoter circulaires fonctionnant 24h/24 sous le contrôle de 3 équipes. La moitié de la consommation électrique est autoproduite par une turbine hydroélectrique privée, fonctionnant grâce à la force motrice obtenue par captation d'un bras de la rivière longeant l'usine. Au début du XXe s, l'ancienne usine de filature fonctionnait ainsi, comme en témoignent les anciennes machines à vapeur conservées sur place. Cette production d'électricité fonctionne ***sans rejets de*** CO_2, ni déchets. Une partie est même revendue à EDF ! La production de vapeur nécessaire au formage des chaussettes et collants est obtenue à partir du gaz naturel, également sans rejets d'imbrûlés et de résidus de combustibles. Par ailleurs, les nouvelles machines de formage, plus économiques en vapeur, ont réduit de 30 % la consommation d'énergie. Ces choix énergétiques ont valu à Tricotage des Vosges de se voir décerner par l'ADEME le ***label européen « Motor Challenge ».*** Tous ces aspects sont également abordés lors de la visite.

– Des visites à compléter avec celle du ***musée du Textile des Vosges*** : *88310* ***Ventron.*** *☎ 03-29-24-23-06. • musee.ventron.fr • Compter min 1h de visite, avec des passionnés.* Présentation claire de l'histoire du textile, dans un grand bâtiment typique des toutes 1res usines de la région, où l'on a fabriqué des tissus de 1855 à 1952. Sur 4 niveaux, les différentes étapes permettant de passer d'une simple fibre végétale à un bout de tissu : les forces motrices de l'industrie (impressionnante machine à vapeur, chaufferie et turbine hydraulique en sous-sol), la fabrication du fil (outils traditionnels), la filature (diverses machines) et le tissage (évolution des techniques depuis le XVIIIe s, pour comprendre comment sont fabriqués les tissus à carreaux, le tissu-éponge...). Le tout complété par des expos temporaires en relation avec le sujet.

Plusieurs machines sont toujours en état de marche, notamment des métiers à tisser à fouet, dont le bruit assourdissant donne une idée des conditions de travail de l'époque... À chaque visite, un animateur les remet en route et reproduit les gestes ancestraux. Certains métiers sont si compliqués, qu'ils ne sont actionnés que par des spécialistes et de façon plus exceptionnelle. C'est le cas du fameux métier Jacquard. Ateliers de tissage (se renseigner).

Saboterie de la Bresse : *60, route de Vologne, 88250* ***LA BRESSE.*** *☎ 03-29-25-64-49. • saboterie.com • Démonstration : 45 mn. Jusqu'à 50 pers. Tarif en sem : 4 € ; réduc. Tarif week-end pour groupe 20 pers min : 6 € ; réduc.*

Dans cette ***station de montagne,*** on ne se chauffe pas seulement au bois, on s'y chausse ! C'est merveille que de ***voir sculpter dans une bûche une paire de sabots.*** Outre la part d'imaginaire – on se prend vraiment pour un lutin de Noël en y glissant le pied –, on apprécie ses avantages pratiques ; le bois du « sabot-botte » maintient le pied à température constante en l'isolant – idéal pour faire un tour dehors quand on a la flemme de serrer et nouer des lacets... Et puis le sabotier décline ses créations en ***variant les matériaux*** – collection cuir variée – ***et surtout les usages,*** de la lampe aux arts de la table ! Une belle ***réinvention de cet objet ancestral.***

Le + : joli chalet à louer à proximité.

HAUTS-DE-FRANCE

• Carte *p. 28*

De nombreuses entreprises y perpétuent des traditions bien ancrées dans le Nord de la France : les brasseries, le sucre avec les confiseries (1 bonbon sur 4 en France y est produit, dont les fameuses *bêtises de Cambrai),* les nougats, les gaufres, les chocolateries (celle de *Beussent-Lachelle* possède ses propres plantations de cacao !).
Dans le domaine des manufactures, la tradition est également bien présente dans le secteur du textile : *Manufacture nationale de Beauvais, Dentelles Jean Bracq* à Calais, et *Lemahieu* qui travaille entre autres avec *Le Slip français ;* ainsi que dans la verrerie : *Arc International,* leader mondial des arts de la table, installé dans la ville d'Arques depuis 1825... On compte aussi de très anciennes entreprises telles que les *Fonderies de Sougland,* créées en 1543, ou la *Clouterie Rivierre,* dernier fabricant de ce type en France.
À l'échelle des grandes entreprises, on découvre ici des structures emblématiques telles que le *port de Dunkerque* et les *centrales EDF de Gravelines* et *Bouchain,* cette dernière constituant une figure de proue du groupe par son efficacité énergétique.

AISNE (02)

Les Fonderies de Sougland : *02830* ***SAINT-MICHEL.*** *☎ 03-23-99-36-36. • fonderiesdesougland.fr • Visite de groupe seulement, pour 12-20 pers, sur résa. À effectuer le mat 8h30-12h (pas de coulée l'ap-m). Tarif : 9 € ; tarif réduit 6 €. Durée de la visite : 1h30.*

Une institution historique ! La fondation de ces fonderies remonte à 1543. En 1900, elles sont primées à l'Exposition universelle pour l'invention de la machine à émailler. Ce concurrent direct de Godin fabriquait des ***poêles et cuisinières,*** qu'on peut admirer aujourd'hui dans une salle de réunion-exposition. Aujourd'hui, le site fabrique des ***pièces techniques pour l'industrie,*** tout client sauf les secteurs du pétrole et de l'armement, suivant les choix courageux de sa présidente, Florence Lang (associée à son directeur général Yves Noirot). Une grande variété d'alliages en fusion coule dans une encore plus grande variété de moules pour façonner des pièces dont la destination est connue de tous, donnant un sens à l'effort de chacun. Une belle histoire, qu'un beau projet de musée devrait rendre encore plus visible à l'avenir, consacrant ce site labellisé à la fois Entreprise du Patrimoine Vivant et Vitrine industrie du futur ! Les Fonderies de Sougland développent le triptyque « Fabriquer français, Innover, Protéger la planète ».
Label : Entreprise du Patrimoine Vivant, Origine France Garantie.

Champagne Pannier : *23, rue Roger-Catillon, 02400* ***CHÂTEAU-THIERRY.*** *☎ 03-23-69-51-30. • champagnepannier.com • ♿ Visite guidée seulement. Janv-mars : lun-ven à 11h et 14h (anglais) ; avr-déc, lun-sam à 11h, 15h30 et à 14h (anglais). Tarif : 16 € ; 12-16 ans 8 € ; gratuit moins de 12 ans. Visite de groupe sur résa. Tarif sur demande ; gratuit pour chauffeur et guide. Durée de la visite : 45 mn-1h.* ***Boutique :*** *lun-sam 9h30-12h30, 14h-18h. Visite en cave : prévoir de quoi se couvrir.*

Pas moins de 10 % du champagne français est produit dans l'Aisne, dans les vallées de la Marne, du Dolloir et du Surmelin. Cela représente plus de

800 viticulteurs, exploitant environ 3 400 ha de vignes (75 % en pinot meunier, le reste en pinot noir et chardonnay). C'est la 3e production française dans ce domaine. Les vignobles sont situés surtout rive droite de la Marne. Une belle balade de 120 km à travers des villages de charme permet de découvrir ce monde du champagne. De nombreuses caves sont ouvertes pour visite et dégustation.
La ***maison Pannier,*** fondée à Dizy en 1899, a été reprise en 1974 par des viticulteurs qui y travaillaient depuis longtemps. La ***coopérative, nommée Covama,*** regroupe près de 400 viticulteurs. Elle élabore sa propre gamme sous le nom de Pannier. Située au cœur du vignoble de la vallée de la Marne, la ***maison Pannier*** abrite de magnifiques caves médiévales, creusées au XIIe s. La visite est un véritable ***parcours initiatique à la découverte de l'élaboration du champagne*** depuis les vendanges jusqu'à l'habillage des bouteilles. L'histoire du champagne, les différentes étapes de l'élaboration (pressurage, fermentation, assemblage, tirage, maturation, remuage puis dégorgement) sont expliquées de façon pédagogique et illustrées par la projection de films.
Les + :
- Dégustation (plusieurs formules possibles, sur demande).
- Animation : jeu œnologique basé sur les 5 sens (réservé aux petits groupes et sur réservation).

LE CHAMPAGNE DANS LA BATAILLE

Le vignoble champenois souffrit beaucoup durant la Première Guerre mondiale : obus, tranchées, manque de sucre et de produits phytosanitaires, réquisition de la main-d'œuvre masculine et des chevaux, sans compter le phylloxéra... Alors que ce précieux vin pétillant était servi aux troupes pour maintenir leur moral, la production chuta de 2 tiers. Malgré cela, 1914 et 1915 resteront de grands millésimes !

NORD (59)

Pôle sucré

Bêtises de Cambrai Despinoy : *1519, route Nationale, 59400* ***FONTAINE-NOTRE-DAME.*** *☎ 03-27-83-57-57. • betises-cambrai-despinoy.fr • ♿ Visite guidée seulement : lun-ven 9h-12h. Visite de groupe sur résa (sauf déc et août), pour 5-60 pers. GRATUIT. Scolaires : 2,50 €/pers. Durée de la visite : 1h.* ***Boutique :*** *lun-ven 8h-12h, 14h-18h.*
La maison Despinoy fabrique des bonbons mondialement connus, les bêtises de Cambrai : petits bonbons blancs de forme rectangulaire, ornés d'une bande jaune. La ***confiserie Despinoy,*** née au début des années 1800, a trouvé un nouvel essor sous la houlette de René Campion lors de sa reprise en 1972. Dès qu'on pénètre dans l'atelier de fabrication, on est plongé dans une atmosphère chaleureuse et envoûtante. C'est d'abord l'odeur de menthe qui séduit, puis les superbes cuiseurs en cuivre et enfin le geste des artisans qui n'a pas varié depuis l'époque des toutes premières bêtises... La visite fait découvrir les ***différentes étapes de fabrication du***

UNE BÊTISE QUI FINIT BIEN

On doute que le marmiton qui fit une erreur de cuisson à l'origine de cette délicieuse friandise ait touché quelque royaltie que ce soit. Cela s'est passé vers 1850 dans une fabrique de bonbons, et il a dû se faire passablement gronder ! Reste ce gros bonbon ventru avec sa bande jaune caractéristique et son délicat goût mentholé qui est devenu l'une des images de marque de la ville.

bonbon, du choix du sucre au conditionnement en passant par l'élaboration de la pâte et sa cuisson. Miam !
Label : Entreprise du Patrimoine Vivant.

Confiserie Afchain – Les bêtises de Cambrai : *Zone Industrielle de Cantimpré, rue du Champ-de-Tir, 59400* ***CAMBRAI.*** *☎ 03-27-81-25-49. • confiserieafchain.fr • Visites guidées : lun-jeu 9h-11h30. Visite de groupe sur résa (sauf 3 sem en août et vac scol Noël), pour 20-100 pers (individuels en ajout). Visites de groupe (20 pers max ; scolaires à partir de 7 ans) : lun-jeu 9h30-12h. Tarif : 3-5 €. Durée de la visite : 45 mn.* ***Boutique :*** *lun-sam 9h30-12h30, 14h-18h.*
Ces confiseries, qui doivent leur nom à une erreur de fabrication commise en 1830 par le jeune Émile Afchain, sont aujourd'hui inscrites à l'Inventaire du patrimoine national culinaire de France. La ***confiserie Afchain,*** à l'origine de ces fameux bonbons, propose d'en découvrir les secrets de fabrication en visitant ses ateliers.
Les ***bêtises*** étant composées de sucre et de glucose, on assiste dans la 1er partie des ateliers à la ***cuisson du sucre,*** 1re étape du travail. Une fois cuit, le sucre est dirigé vers la table de refroidissement pour pouvoir être travaillé. Les bras de l'***étireuse*** s'agitent ensuite devant vous pour transformer le sucre en une belle pâte blanche, à laquelle sont ajoutés les différents arômes qui déterminent le goût final du bonbon. Puis place à la ***rouleuse,*** qui étire la pâte en un long ruban, et enfin à la ***fileuse,*** qui colle un long liseré de caramel sur le ruban de pâte. À ce stade, les bêtises sont presque prêtes : la ***papilloteuse*** fait alors son œuvre en découpant ce ruban en une multitude de petits bonbons, qui sont emballés individuellement puis éjectés à environ 600 coups à la minute ! Les passages par le tapis de refroidissement puis par les ensacheuses constituent les dernières étapes de ***fabrication de ces bêtises.*** Plus de 500 000 bêtises sont ainsi fabriquées quotidiennement dans la confiserie, soit l'équivalent de 1 t de bonbons !
Le + : dégustation.

Biscuiterie Eugène Blond : *175, rue de Verlinghem PA Les Conquérants, 59130* ***LAMBERSART.*** *☎ 03-20-92-13-13. • comptoirdesflandres.com • Visite commentée le matin sur résa par mail • boutique@comptoirdesflandres.com • ; groupe de 15 pers max. Lun-ven ; inclut musée + production + dégustation + 1 cadeau + découverte du magasin d'usine. Tarif : 6 €.* ***Boutique :*** *lun 14h-18h, mar-jeu 9h30-12h, 14h-18h, ven-sam 9h30-18h.*
La biscuiterie est installée dans une commune limitrophe de Lille, dont la frontière est marquée par la Deûle. « Banlieue » résidentielle un peu chic, qui vaut le détour pour ses nombreuses villas à la folle architecture, édifiées de la 2de moitié du XIXe s à 1930, dans le quartier de l'Hippodrome, mais aussi pour la visite de cette biscuiterie.
L'histoire commence en 1894, quand Eugène met au point la recette d'une petite gaufrette qu'il appelle la ***« blondinette ».*** Son fils, Pierre, qui lui succède, a l'idée géniale d'ajouter aux planches de « Blondinettes », des planches d'une nouvelle gaufrette estampillée d'une sentence fantaisie... La ***gaufrette amusante*** est née. C'est lui qui, tous les matins, vient fabriquer la pâte. Il ne laisse ce soin à personne ! Même pas à ses fils et petits-fils qui interviennent brièvement dans l'entreprise. Le jour où, largement octogénaire, il ne parvient plus à soulever les grandes cuves contenant la recette secrète, il transmet le flambeau à une de ses fidèles

LA GAUFRE DANS TOUS SES ÉTATS

Il en existe des quantités – la gaufre fourrée (au beurre et à la cassonade), la gaufre « de ducasse » ou gaufre « à gros trous ». On met ce que l'on veut dans les trous : vergeoise (cassonade), beurre, confiture, gelée de groseilles... Et puis la gaufre dure. Pas si dure que cela, et, comme elle n'est pas fourrée, elle fait moins grossir !

ouvrières, Josette. Aujourd'hui, même si la recette est toujours rigoureusement respectée, à l'arôme vanille s'ajoutent celui du chocolat, de la framboise, de la noisette et du café... ***Il y en a pour tous les goûts*** (y compris pour les gourmands qui préfèrent manger bio) ! Avec un double fourrage, pour encore plus de douceur en bouche. Miam, miam ! Et les petites phrases amusantes sont toujours là ! Pour ajouter au plaisir, Eugène Blond développe ensuite la gaufre fourrée, déclinée en nombreux parfums (vergeoise, rhum, caramel...). Les gaufrettes sont fabriquées selon les recettes d'origine dans des pétrins, des moules et des fours anciens authentiques, comme vous pourrez le constater. Une visite qui fera ressortir des souvenirs d'enfance à tous.
Les + : la dégustation et le cadeau.

La Maison du Nougat - Confiserie du Pré Catelan : *148, rue du Pré-Catelan, 59110* ***LA MADELEINE.*** *06-75-05-36-67. Visite guidée seulement. Résa par tél ou par mail à • contact@lamaisondunougat.fr • Visite : lun-jeu 9h-14h (13h30 jeu). Tarif : 6 € ; moins de 14 ans 5 €. Visite gourmande (avec un sachet de 170 g au choix dans la boutique) : 9 € ; moins de 14 ans 8 €. Visite de groupe sur résa, pour 12-50 pers (à partir de 6 ans). Tarif : 6-9 €/pers ; réduc. Durée de la visite : 1h15.* ***Boutique :*** *lun-ven 9h-16h.*
Créée en 1925 et installée rue du Pré-Catelan depuis 1935, la confiserie du Pré Catelan est à l'origine une entreprise familiale rachetée en 2011 par le groupe Comptoir des Flandres. La visite de l'usine ravira les gourmands avides de comprendre la ***fabrication du nougat*** auquel les 2 maîtres nougatiers de la maison apportent tous leurs soins. Tous les produits sont locaux : le sucre vient de Thumeries, le sirop de glucose de Lestrem, les œufs d'Arras – sauf les amandes, qui sont importées de Californie.
Le ***nougat*** est une préparation toute simple avec du sucre blanc, du sirop de glucose (à base de betteraves), des blancs d'œufs battus en neige avec de l'eau. La fabrication du nougat dépend essentiellement de la température précise à laquelle le sirop doit être versé, et qui n'est pas la même selon la météo... Pendant ce temps, une machine bat les blancs en neige. Au moment adéquat, le maître nougatier mélange les sucres et les blancs lentement. Lorsque pâte est prête, il faut l'étaler sur des cadres posés sur des tables refroidissantes. Les plaques sont ensuite découpées en bandes, puis en cubes. Un passage par l'étuve et le nougat, dur ou tendre, peut être emballé. Durant la visite, on assiste à la cuisson traditionnelle en chaudrons de cuivre, à l'impressionnante coulée du nougat, à la coupe et à la mise en sachets. Et puis cette confiserie-là propose entre autres 2 parfums originaux : ***caramel beurre salé*** et ***coquelicot,*** en mémoire de la Première Guerre mondiale.
Le + : animation avec dégustation à l'aveugle du nougat pour reconnaître son goût, son arôme ; et dégustation du nougat chaud.

NORD CONTRE SUD

Qu'est-ce qui différencie les friandises madeleinoises de leurs cousines de Montélimar ? Traditionnellement, le nougat du Nord contient des amandes au naturel, celui de la Drôme, des amandes torréfiées.

Atelier Dentelles Jean Bracq : *5, rue de l'Europe, 59540* ***CAUDRY.*** *☎ 03-27-85-31-54. • atelierdentelles.com • Visite guidée seulement, pour groupes (8-60 pers). Lun mat-ven midi, sur résa par tél ou par mail sur • atelierdentelles@jeanbracq.com • Tarif : 7,50 €/pers ; réduc.* ***Boutique :*** *mar-jeu 14h30-18h.*
La confection de dentelles est certes une activité traditionnelle de la région, mais on pouvait la croire en train de péricliter... Ici, que nenni ! L'entreprise fondée en 1889 s'est positionnée sur le ***secteur du luxe,*** et elle fournit tout le gotha de la création textile, de Chanel à Valentino (aux extrémités alphabétiques) en passant par Chantal Thomass, Dior, Tom Ford... Et une foule de créateurs un peu moins iconiques, mais qui œuvrent dans le haut de gamme du prêt-à-porter, en

France comme à l'international. Comme on ne change pas une équipe qui gagne, on utilise encore ici des ***métiers Leavers*** – un système piqué aux Anglais au XIXe s – âgés de 60 à 100 ans ! Des performances désormais démultipliées par une mécanique électronique Jacquard. Le parfait mariage de l'ancien et du moderne, l'alliance du luxe et de la féminité... Une visite de rêve.
Labels : Entreprise du Patrimoine Vivant, Indication Géographique Protégée Dentelles de Calais-Caudry.
– Pour élargir le champ, faites un tour au ***musée caudrésien des Dentelles et des Broderies :*** *pl. des Mantilles, 59540* ***Caudry.*** *☎ 03-27-76-29-77. ● musee-dentelle.caudry.fr ● Jeu de piste pour les enfants.* Installé dans une ancienne fabrique de dentelles (1898) située au cœur de la ville, le musée a su préserver l'atmosphère d'un véritable atelier du XIXe s en fonctionnement. C'est d'ailleurs ce qui rend la visite captivante ! Intéressante vidéo d'introduction. Les expositions détaillent pas à pas le parcours de fabrication de la dentelle et montrent bien les différences entre broderie et guipure. Ainsi, une collection technique illustre la chaîne de fabrication de la dentelle sur métier Leavers grande largeur, spécifique à Caudry.
Mais ce sont les ***démonstrations orchestrées par des tullistes*** qui permettent de comprendre l'alchimie toujours un peu mystérieuse entre savoir-faire et technique. Génial ! Possédant toute une collection de pièces de dentelle ancienne ou contemporaine, le musée présente également des ***expositions temporaires de prestige, du XIXe s à nos jours,*** traitant en détail d'un thème unissant mode, dentelle et broderie. En effet, les plus grands, d'Yves Saint Laurent à Chanel en passant par Christian Lacroix, Karl Lagerfeld ou Lolita Lempicka, ont utilisé la fameuse dentelle. Autre exemple, c'est ici que la robe de Kate Middleton a été ornementée pour son mariage avec le prince William en 2011.

Brasserie 3 Monts : *121, route de la Chapelle, 59114* ***SAINT-SYLVESTRE-CAPPEL.*** *☎ 03-28-40-15-49. ● 3monts.fr ● Visite mer et jeu à 10h30 et ven à 17h. Tarif : 8 €/pers ; 6-18 ans 4 €. Durée de la visite : env 1h. Résa obligatoire sur la billetterie en ligne ● reservation.coeurdeflandre.fr ● ou dans les bureaux d'information touristique de Bailleul, Cassel et Hazebrouck, jusqu'à la veille.* ***Boutique :*** *lun 13h30-18h30, mar-ven 9h-12h30, 13h30-18h30, sam 8h30-12h30.*
Nichée en Flandre intérieure, à Saint-Sylvestre-Cappel, la ***brasserie 3 Monts*** créée en 1920 par Rémy Ricour, est une brasserie familiale et indépendante depuis son origine. Elle tire son nom des monts qui l'entourent : le mont des Récollets, le mont Cassel et le mont des Cats. Transmise de père en fils, elle produit aujourd'hui des bières qui évoquent la richesse de la terre et la convivialité légendaire flamandes. Alors qu'en 1900, la Flandre française comptait plus de 220 brasseries, celle-ci est aujourd'hui la ***dernière brasserie historique toujours active et d'origine de la région.*** Avec 45 employés, elle produit 100 000 hectolitres de bière et s'approvisionne auprès de producteurs locaux. Et en 2019, elle a planté sa propre houblonnière ! La visite permet d'accéder à l'atelier de fermentation puis à celui de filtration, à la salle de brassage et enfin à la chaîne de conditionnement, avant de se terminer par une dégustation.
Le + : dégustation de 3 verres de 12 cl à la fin de la visite.

Dunkerque Port Center : *9, quai de la Citadelle (2e étage du Musée maritime et portuaire), 59140* ***DUNKERQUE.*** *☎ 03-28-63-33-44. ● dunkerqueportcenter.fr ● Visite libre de l'espace d'exposition. Hors vac scol, lun-ven (sauf mar) et ts les 1ers w-e du mois 10h-12h30, 13h30-18h ; vac scol zone B, mer-dim 10h-12h30, 13h30-18h. GRATUIT. Visite guidée du port en bus ts les 1ers sam du mois 14h-16h30. Tarif : 12 € ; moins de 18 ans 6 €. Résa obligatoire 1 sem avt la visite. Visite de groupe sur résa, tarif sur demande. Durée de la visite : 2h30. Une* ***pièce d'identité*** *en cours de validité sera demandée lors de l'inscription.*
Le port de Dunkerque est le ***3e port de France.*** Quelques chiffres éloquents : il occupe 17 km de rivage et une vingtaine de kilomètres de quais, il accueille

7 500 escales par an. Plus de 55 millions de tonnes y transitent chaque année, chiffre en constante augmentation... ***Véritable lieu de connaissances et d'informations sur le port, Dunkerque Port Center*** vous fait découvrir les facettes cachées de ce monde portuaire : navires en escale, marchandises en provenance ou à destination du port, activités et métiers portuaires, projets de développement et enjeux de demain... une exposition ancrée dans l'actualité et un film immersif de 9 mn révèlent des lieux inaccessibles du port de Dunkerque, et ses activités parfois méconnues. Cerise sur la hune, une visite du port en réalité virtuelle !
La ***visite guidée en bus*** reste cependant le meilleur moyen de découvrir *in situ* les gigantesques installations du port, les bateaux (pétroliers, vraquiers et autres porte-conteneurs) longs de 200 m, les chantiers de réparation navale, les dantesques usines sidérurgiques... Une visite animée par d'anciens portuaires. On pénètre au cœur des activités du port de Dunkerque !
– Pour compléter votre visite, prévoyez aussi de vous rendre au ***Musée maritime et portuaire.*** C'est un endroit unique où l'on fait connaissance avec l'univers du port dans sa dimension historique comme contemporaine. La visite de ses bateaux, patrimoine flottant exceptionnel, complète celle de la collection permanente. Le musée propose régulièrement des expositions temporaires, des ateliers juniors et de nombreuses autres activités culturelles.

Musée maritime et portuaire : *9, quai de la Citadelle. 59140* ***DUNKERQUE.*** *☎ 03-28-63-33-39. • museemaritimeportuaire.com •*
Ce musée pas comme les autres, installé dans un ancien entrepôt de tabac typique du XIXe s, est né en 1992 à l'initiative d'anciens dockers. Aujourd'hui, les collections présentées de façon ludique et soignée réunissent peintures, superbes maquettes de bateaux, objets rares (sabre d'abordage notamment !) ou du quotidien, qui content l'histoire de Dunkerque à travers son lien vital à la mer. Corsaires (autour du héros Jean Bart), négriers, pêcheurs de hareng et de morue « à Islande », cap-horniers, ouvriers sur les chantiers navals, dockers... les Dunkerquois ont exercé tous les métiers, ou presque. Les dernières salles se focalisent sur les ateliers et les chantiers navals.
– ***Les bateaux :*** *dans le bassin du Commerce, face au musée. Visites w-e et pdt vac scol. Entrée : 9,50 € ; forfait famille 25 €.* Après l'histoire, la pratique. Juste en face de l'entrée du musée, le trois-mâts *Duchesse Anne,* le plus grand voilier du pays, permet de découvrir les conditions de vie et d'apprentissage des 200 cadets et matelots qui naviguaient à bord pendant de longues campagnes. La péniche Guilde, construite en 1929, parcourait les canaux du nord de la France et de la Belgique (expo sur la batellerie et la vie des mariniers). Le rouge flamboyant du bateau-feu Sandettié ne passe quant à lui pas inaperçu dans le bassin, et pour cause ! Ce navire, utilisé jusqu'en 1989, signalait les bancs de sable, à l'entrée du port ; son phare embarqué portait à 25 milles.
– Les mordus ajouteront une ***visite en bateau :*** *embarquement pl. du Minck. • le-texel.fr • En été, 2 départs/j. ; en basse saison, les individuels peuvent se greffer aux groupes ; calendrier des départs sur le site. Durée : 1h. Tarif : à partir de 9,90 € ; forfait famille (2 adultes + 2 enfants) env 31 €.* Un bon moyen aussi de découvrir le port.

EDF – Centrale nucléaire de Gravelines : *rue de la Digue-Level, 59820* ***GRAVELINES.*** *• edf.fr/gravelines • centrale-gravelines@edf.fr • Espace EDF Odyssélec Gravelines, entrée libre. Mer 9h-17h. Visite guidée des installations possibles toute l'année (à partir de 12 ans). Durée (conférence + tour en bus) : 3h.*
La centrale nucléaire de Gravelines, située sur la commune du même nom, à mi-chemin entre Dunkerque et Calais, est composée de ***6 réacteurs d'une puissance nominale de 900 MWe***, mis en service entre 1980 et 1985. Avec une capacité de production totale de 5 400 MWe, Gravelines est la ***première centrale de France en termes de puissance installée***. L'électricité bas carbone qu'elle produit permet de couvrir environ 60 % de la consommation électrique annuelle de la région Hauts-de-France. Le plan de relance du nucléaire en France annoncé en 2022 prévoit la construction supplémentaire d'une paire de nouveaux réacteurs

EPR2 : ce site de production est un vrai navire-amiral !
Visiter la centrale vous permettra de découvrir les ***coulisses de la production d'électricité bas carbone*** et de comprendre les enjeux de la transition énergétique. Au programme : une conférence sur le thème de la production d'électricité suivie d'une visite guidée en bus avec vue panoramique et, cerise sur le réacteur, la découverte de la salle des machines et du groupe turbo-alternateur, pièce maîtresse de la centrale !

UNE SYMBIOSE ÉCONOMIQUE

Une partie de l'eau, légèrement réchauffée par la centrale nucléaire, permet d'élever des bars et des daurades royales, dans une ferme aquacole à proximité. Une autre partie de cette eau est également acheminée par voie sous-marine jusqu'au terminal méthanier de Dunkerque LNG et permet de gazéifier le gaz naturel liquéfié. Une économie de 400 000 tonnes de CO_2 est ainsi réalisée !

Le + : À l'Espace EDF Odyssélec, visionnage de vidéos en réalité virtuelle.

EDF – Centrale à cycle combiné gaz de Bouchain : *208, allée de la Vigilance, 59111* **BOUCHAIN.** *☎ 03-27-22-77-00. Visite guidée des installations, en groupe seulement ; à partir de 12 ans. Résa par mail sur • visites.edf.bouchain@exirys.fr • GRATUIT. Durée de la visite : 2h. Espace découverte gratuit : ouv lun-ven 9h-18h.* ***Pièce d'identité*** *en cours de validité obligatoire (carte nationale d'identité ou passeport). Chaussures à talons plats et manches longues obligatoires.*
Situé au nord de Cambrai et à l'ouest de Douai, à proximité de l'Escaut et du parc naturel régional Scarpe-Escaut, au cœur de l'ancienne région des mines de charbon du Nord-Pas-de-Calais, le site de Bouchain accueille une centrale thermique moderne, un ***Cycle Combiné Gaz (CCG)***, qui allie performance technique et performance environnementale. Sa tour aéroréfrigérante haute de 125 m le rend visible de très loin dans ce « plat pays ». Le CCG, d'une puissance de 605 MW, fonctionne seulement durant les périodes de pointe (c'est-à-dire de très forte demande).
Le Cycle Combiné Gaz de Bouchain est, depuis 2016, l'un des sites les plus performants au monde. Il fut le 1er à être équipé de la turbine à combustion 9HA conçue par General Electric. ***Inscrit au* Guiness Book of Records *pour son rendement énergétique de 62,2 %,*** il joue un rôle déterminant pour la sécurité d'approvisionnement de la France. Son secret : la technologie des cycles combinés à gaz (CCG), qui est très flexible. Capable d'atteindre sa puissance maximale en 30 mn, elle peut répondre rapidement et efficacement aux variations de la consommation.
Le + : tout au long de l'année, et pour les grands événements, la ***tour aéroréfrigérante est mise en lumière.***
– Pour compléter cette visite (la centrale de Bouchain fut d'abord une centrale à charbon) et remonter dans le temps, poussez jusqu'au passionnant ***Centre historique minier de Lewarde*** *(rue d'Erchin, 59287* ***Lewarde*** *; ☎ 03-27-95-82-82 ; • chm-lewarde.com •).* Une page d'histoire se tournait lorsque, le 24 juin 1734, Jacques Desandrouin découvrit à Anzin la 1re veine de charbon vraiment exploitable. Le bassin minier devait par la suite couvrir 1/12 de la surface des 2 départements ! Cependant, en 1971, le gisement s'épuisa et l'exploitation fut arrêtée. Quant à la dernière mine du Nord-Pas-de-Calais, elle cessa de fonctionner en 1990.
Lorsqu'on chercha un lieu pour implanter un centre historique minier, Lewarde fut choisi pour sa position centrale dans le bassin minier, la proximité du réseau autoroutier, le charme de l'environnement et son côté bien représentatif de la production de l'entre-deux-guerres. C'est aujourd'hui le plus grand musée de la mine en France, classé Monument historique, qui constitue l'un des sites remarquables du bassin minier, inscrit au Patrimoine mondial de l'humanité en 2012.

Ferme Brasserie Beck : *rue Eeckelstraete, 59270* **BAILLEUL.** *☎ 03-28-49-03-90. • fermebeck.com • ♿ Visite guidée seulement. Du 1er w-e d'avr au dernier w-e d'oct : sam à 19h et dim à 17h. GRATUIT. Visites de groupe sur résa (sauf nov-fév), pour 20-50 pers. Tarif : 8 €/pers (avec dégustation) ; scolaires, tarif sur demande. Durée de la visite : 1h.* ***Boutique :*** *tlj, appeler avt d'y aller.*
Dans l'une des plus jolies villes de Flandres, la famille Beck produit l'***Hommelpap, une bière ambrée*** devenue sa spécialité, et fait visiter sa brasserie pour comprendre tous les secrets de production : découverte de la houblonnière, puis des étapes du brassage et bien sûr dégustation pour finir. La ***ferme Beck*** prépare aussi la ***bière de printemps l'Alezane,*** qui contient 2 fois plus de houblon que la moyenne des bières françaises ! D'un roux clair, couronnée d'une mousse dense, elle est un peu trouble. En bouche, l'amertume du houblon se conjugue avec une pointe de sucre. Pour célébrer en beauté ces ors liquides, tous les 2 ans (année paire), le 1er dimanche du mois de septembre, il y a ***fête du Houblon*** à la ferme Beck !
Les + :
– Estaminet pour déguster une carbonnade à la bière *(ouv avr-oct).*
– Également 2 gîtes de groupe (86 couchages) labellisés Gîtes de France. Si vous n'arrivez pas à repartir...

Laiterie Danone de Bailleul : *300, allée de l'Europe, 59270* **BAILLEUL.** *☎ 03-28-42-62-28. • danone.com • Visite mer et jeu à 14h. Résa obligatoire en ligne sur • reservation.coeurdeflandre.fr • Tarif : 8 €/pers ; 10-18 ans 6,50 €. Durée de la visite : 1h30. La visite ne convient pas aux enfants de moins de 10 ans ni aux personnes à mobilité réduite.*
Avant votre visite, *vous devez effectuer le* ***test de sécurité*** *en ligne via le lien, que vous retrouverez sur le billet d'entrée / bon d'échange (ce test doit impérativement être effectué par chaque participant). Au départ de la visite, vous devrez présenter obligatoirement une* ***pièce d'identité*** *et le certificat visiteur obtenu à la fin du test sécurité (format papier ou capture d'écran sur smartphone).*
Le jour de la visite : *pas de bijoux (ces derniers pourront être déposés dans un coffre, alliances tolérées, un pansement de sécurité vous sera imposé si retrait impossible dans le cas d'un piercing), pas de bracelets en tissu, pas d'écharpe, pas de jupes, robes et shorts, pas de boisson ni nourriture. Chaussures plates et fermées. Téléphone et photos interdits dans l'enceinte de production.*
À un jet de pierre de la Belgique, Bailleul – qui veut dire « Belle » en flamand – se révèle aujourd'hui l'une des plus séduisantes petites villes de Flandre. Le site né en 1925 est devenu ***le plus important site producteur de France de Danone :*** Il en sort désormais 1,2 milliard de yaourts par an ! Unique en France, la visite vous plonge dans le ***circuit du lait*** depuis sa collecte dans les fermes des environs jusqu'à son expédition.
Si on connaît la marque et ses produits, on connaît moins son ***histoire.*** À la fin de la Première Guerre mondiale, en Espagne, les gens souffrent de troubles intestinaux dus notamment à la malnutrition. Isaac Carasso se lance alors dans la production d'un nouveau laitage, déjà connu dans les Balkans : le ***yaourt.*** S'intéressant aux recherches d'Elie Metchnikoff, chercheur à l'Institut Pasteur Français (prix Nobel en 1908), il ajoute au yaourt des ferments lactiques dont les bienfaits sur la santé ont été démontrés. Nommé d'après le ***surnom catalan de son fils, « Danon »,*** Isaac Carasso commercialise le yaourt « Danone » d'abord dans les pharmacies. En 1929, Daniel Carasso rejoint l'entreprise familiale et s'installe en France, lançant la marque sous le nom : Société parisienne du yoghourt Danone. Au cours de la Seconde Guerre mondiale, Daniel exporte l'entreprise outre-Atlantique. En 1942, il s'établit à New York et transforme « Day-no-nee » en « Dannon », un nom qui sera rapidement connu pour la fabrication d'un yaourt naturel avec une couche de confiture de fraises. En 1972, Daniel Carasso devenu P.D.-G. de Gervais-Danone depuis la fusion de 2 marques en 1967, rencontre Antoine Riboud alors président de BSN (Boussois-Souchon-Neuvesel). Dès décembre 1973, la fusion des 2 sociétés est annoncée. Dans les années 1990,

c'est avec Franck Riboud, fils d'Antoine, que Danone va connaître une dynamique internationale, et après l'Europe de l'Est, c'est vers l'Asie et l'Amérique latine que regarde le groupe rebaptisé alors Danone.
Le + : le kit dégustation à la fin de la visite.

Lemahieu : *480, av. du Maréchal-de-Lattre-de-Tassigny, 59350* ***SAINT-ANDRÉ-LEZ-LILLE.*** *☎ 03-20-51-62-42. • Lemahieu.com • Visite sur résa 1 fois/mois à 14h ; 20 pers max. Tarif : 7 € ; réduc ; gratuit moins de 10 ans. Visite remboursable dès 50 € d'achat (billets non cumulables) dans la boutique ou l'e-shop • lemahieu.com •* ***Boutique :*** *mer 14h-17h30, ven 14h-17h30, sam 10h-13h.*
La maison Lemahieu, fondée en 1947 et basée à Saint-André-lez-Lille, est la ***dernière bonneterie des Hauts-de-France en « tout intégré ».*** C'est en 1947 que Henry Lemahieu crée son entreprise dans le sous-sol de la maison familiale. Au lendemain de la Seconde Guerre mondiale, Il faut rhabiller les Français. À 25 ans, il achète ses 1ers métiers à tricoter et lance ses 1ers sous-vêtements, 100 % *made in France* : c'est le début de l'aventure ***Lemahieu.*** La manufacture familiale Lemahieu se spécialise dans la bonneterie, le tricot en maille, et développe des gammes de sous-vêtements chauds. En 1969, Henry Lemahieu achète un terrain agricole à Saint-André-lez-Lille, afin de bâtir son usine sur 14 000 m² : l'entreprise peut ainsi poursuivre son développement. En 1995, la manufacture Lemahieu obtient la licence Pierre Cardin pour fabriquer une large gamme de sous-vêtements et de vêtements de nuit. Et un vent de renouveau arrive en 2013, grâce au partenariat avec *Le Slip français.* Ensemble, ils créent un « slip qui sent bon » grâce à la cosmétotextile.
En 2018, Loïc Baert et Martin Breuvart reprennent la société ***Lemahieu*** dans la continuité de la famille éponyme : l'entreprise connaît alors une croissance exponentielle en s'ouvrant à de nouveaux marchés tels que la lingerie menstruelle et, en développant la vente en ligne sous sa marque propre *Maison Lemahieu*. Et en 2024, Martin Breuvart réunit autour de lui 5 entrepreneurs régionaux engagés dans la ***défense de l'industrie française,*** aux savoir-faire complémentaires. Il entend partager compétences et ressources pour répondre aux attentes contemporaines, par une offre de proximité toujours plus performante. Cette équipe s'ouvre au prêt-à-porter premium : consécration, des pièces sont exposées à l'Élysée à l'occasion de l'Exposition du « Fabriqué en France » !
Comme on le constate lors de la visite, ***toute la fabrication est réalisée sur un seul et unique lieu : Saint-André-lez-Lille.*** Un circuit très court, qui minimise l'impact environnemental et assure la pleine maîtrise de la qualité. Résultat des courses : la fabrication d'un vêtement Lemahieu émet au minimum 2 fois moins de CO2 que le même fabriqué en Asie ! La visite s'attarde sur toutes les étapes au travers de 7 ateliers intégrés : le tricotage circulaire, la coupe, la broderie, la confection, le contrôle qualité, le packaging et enfin l'expédition des produits. Cette entreprise militante vise à ***fabriquer le vêtement le plus propre au monde.***
Label : Entreprise du Patrimoine Vivant, Origine France Garantie.

OISE (60)

Bioseptyl – La Brosserie Française : *66, rue du Pont-d'Arcole, 60000* ***BEAUVAIS.*** *☎ 03-75-15-01-10. • bioseptyl.fr • Visite guidée de groupe seulement, jusqu'à 25 pers (ou groupe de 50 pers réparti en 2 demi-groupes). Infos à l'office de tourisme de Beauvais : ☎ 03-44-15-67-21. • visitbeauvais.fr • Résa par tél : ☎ 03-44-15-30-34 ou mail à • groupes.beauvaisis@visitbeauvais.fr • Tarif : 16 € (individuels) ; pour un groupe de 25 pers, 180 € + 8 €/pers. Pas de vente de billets sur place, uniquement sur résa auprès de l'office de tourisme* *de Beauvais. Durée de la visite : 1h30.* ***Vente sur place*** *(attention, boutique ouverte uniquement pdt les visites de groupe).*

Un bel exemple de métamorphose. La brosserie La Brosse et Dupont, créée dans la vallée du Thérain en 1845, participe à la spécialisation économique locale dans ce secteur. À son apogée, elle emploie 450 personnes... Mais les mutations du XXe s l'amènent au bord de la fermeture. Pourtant, en 2012, à l'initiative d'un employé, le site est repris et change de nom : ***« La Brosserie Française ».*** Elle affiche clairement son ambition : du *made in France* orienté vers l'avenir, c'est-à-dire écolo ! Son savoir-faire l'amène à se spécialiser dans la ***brosse à dents*** et aboutit à la création de Bioseptyl. Aujourd'hui, un système d'abonnement fournit à domicile un soin aux quenottes toujours performant, en matière plastique d'origine végétale, fabriquée dans le Perche, quasi sans emballage. Pour un sourire militant !

Label : Entreprise du Patrimoine Vivant, Origine France Garantie.

Clouterie Rivierre : *6, rue des Usines, 60100* ***CREIL.*** *07-69-85-69-60. • clous-rivierre.com • Visite guidée, mer à 14h. Tarif : 12 € ; réduc. Visite de groupes sur résa lun-ven. Tarif groupe : moins de 10 pers, forfait 120 € ; 10-20 pers, forfait 180 € ; plus de 20 pers, 9 €/pers ; scolaires, forfait de 150 €/classe. Durée de la visite : 1h30-2h.* ***Boutique :*** *ventes à l'issue de la visite.*

La maison Rivierre, la ***dernière clouterie de France,*** est un endroit extraordinaire, aux ***machines en cours de classement aux Monuments historiques,*** et toujours en activité ! Installée à Creil depuis 1888, elle emploie aujourd'hui 18 personnes que l'on voit s'activer aux machines, avec tout le bruit et toutes les odeurs que cela implique. À l'époque, son fondateur Théodore Rivierre utilisait une technique nouvelle pour fabriquer des semences – petits clous pour la cordonnerie et la tapisserie – à partir de ***fils de métal.*** Depuis, la production s'est diversifiée, mais les procédés de fabrication n'ont pas changé. Les ouvriers utilisent toujours les machines et les techniques du XIXe s pour produire plus de ***2 800 modèles différents de clous,*** qui sont ensuite utilisés partout dans le monde, dans l'industrie, l'artisanat et le luxe. Fascinant (et salissant) ! En optant pour une production de qualité et un secteur de niche, la clouterie fournit les professionnels en quête d'excellence (clous fabriqués pour beaucoup à la demande) : de la fine semence pour les tapissiers (voire plus petit encore pour le modélisme) jusqu'aux énormes clous forgés pour les grands chantiers de restauration d'églises, de châteaux, de bateaux, etc. La visite débute par l'histoire de la clouterie Rivierre et la présentation des clous les plus originaux, et se termine à l'***empaquetage,*** en passant par l'étape du ***bleuissage*** des clous au charbon (certains artisans, faute de 3e main, les mettent dans la bouche ; ils doivent donc être exempts de toute saleté). Le « clou » de la visite reste, malgré tout, la salle des machines, avec 325 engins, datant pour la plupart de 1895 a 1925. Les fans de tourisme industriel seront comblés.

« METTRE AU CLOU »

Cette expression renvoie à l'image d'un objet déposé en gage au Mont-de-Piété et que l'on suspendait à un clou, en attendant que le débiteur vienne rembourser sa dette et récupérer son bien. Il arrivait aussi que le créancier refuse le prêt, estimant que l'objet ne valait (même) pas un clou !

Les + :
- Animations.
- Enfants et famille : visites et ateliers spécifiques pendant les vacances scolaires.

Labels : Entreprise du Patrimoine Vivant, France savoir-faire d'excellence.

Manufacture nationale de la tapisserie de Beauvais – Manufactures nationales- Sèvres & Mobilier national : *24, rue Henri-Brispot, 60000* ***BEAUVAIS.*** *Visite guidée pour les individuels avr-sept sur résa. Tarif : 7 € ; réduc. Visite de groupe, jusqu'à 20 pers par groupe. Résa au ☎ 03-44-15-30-34* *(office de tourisme de Beauvais) ou par mail à • groupes.beauvaisis@visitbeauvais.fr • Mar, mer et jeu 14h-16h. Prestation d'un guide-conférencier (obligatoire, pour 20 pers max) : 180 € + 4,40 €/pers. Durée de la visite : 1h30.*

Manufacture royale fondée en 1664 par Colbert, la manufacture de ***tapisserie de Beauvais*** est installée depuis 1989 dans les anciens abattoirs municipaux, entièrement réaménagés à cet effet. On peut y admirer le ***travail des lissiers*** (ils ne sont plus que 150 aujourd'hui en France, et une dizaine seulement à Beauvais). En vous guidant de loge en loge, le lissier vous expliquera les techniques de la ***basse lisse*** et toutes les étapes de fabrication d'une tapisserie. Vous pourrez ainsi admirer des œuvres uniques, exclusivement réalisées sur commande d'État. Ainsi, la manufacture de Beauvais (et celle des Gobelins) ont réalisé 11 tapisseries qui ont été livrées en l'an 2000 à la reine Marguerite II du Danemark pour son jubilé et ses 60 printemps (220 m² et plus de 6 ans de travail !). Plus récentes, d'autres commandes prestigieuses ont été réalisées par la Manufacture, à l'instar de celles pour la Cour des Comptes, pour la CNIL ou la dernière tenture pour la reine du Danemark. Et si, à une certaine période, on pouvait considérer les tapisseries comme des reproductions d'œuvres de grands maîtres, aujourd'hui, l'art contemporain leur permet de donner libre cours à leur interprétation (en accord avec l'artiste !) en fonction de leur sensibilité. En tout cas, dépaysement assuré dans cet univers feutré hors du temps, où ***il faut compter le plus souvent 3 à 5 ans pour la réalisation d'une tapisserie.***

Label : France savoir-faire d'excellence.

PAS-DE-CALAIS (62)

Pôle brassicole

Brasserie artisanale des Deux-Caps : *à la ferme de Belle Dalle, 1413, route d'Ausques, 62179* ***TARDINGHEN.*** *☎ 03-21-10-56-53. • 2caps.fr • Visites guidées possibles sur résa. Fermé 2 sem fin déc-début janv. Tarif : env 6,50 €. Durée : 1h30.* ***Boutique :*** *mar-jeu 10h-12h, 14h-17h, ven-sam et j. fériés 10h-19h.*

Des orges cultivés sur la ferme même jusqu'à l'embouteillage, vous saurez tout si vous tombez un jour de visite ! Téléphonez pour réserver, car Christophe Noyon, sous des allures de gentleman-farmer, cache un vrai tempérament de bosseur et il est souvent aux champs. Sa femme, Alexia, s'occupe de l'accueil et de la vente.

Petit tuyau : Au centre de Tardinghen, un parking permet de se garer pour profiter du ***point de vue panoramique sur la baie des Deux-Caps,*** situé juste derrière l'église et son cimetière.

RECETTE DE BIÈRE

Depuis les 1ers brasseurs qui tournaient le **fourquet** *(fourche non pointue qui servait à mélanger l'eau et le grain) dans la cervoise, jusqu'aux derniers artisans maîtres brasseurs d'aujourd'hui, en passant par les moines brasseurs du haut Moyen Âge et par Jean sans Peur, le Bourguignon qui imposa le* **houblon,** *les hommes de l'art ont toujours défendu qu'il faut 5 éléments pour que la bière se différencie de la cervoise. De la bonne orge (l'utilisation d'autres céréales frôle, selon les puristes, l'hérésie), des cônes de houblon choisis et dosés au goût du brasseur, de l'eau pure, et une levure sélectionnée, génération après génération, comme un jardinier sélectionne une rose. Et enfin, peut-être le point le plus important, des gosiers qui sachent compter les goûts.*

Brasserie la Goudale : *365, av. Isaac-Newton, 62510* ***ARQUES.*** *☎ 03-66-10-01-60. • brasserie-goudale.com • Visite guidée seulement pour groupe 10-90 pers. Lun-ven 9h-12h, 14h-18h. Résa par tél, en ligne ou par mail sur • contact@visitez-goudale.com • Tarif : 10 €/pers ; gratuit moins de 12 ans. Durée de la visite : 1h30.* ***Boutique :*** *lun-ven 9h-12h, 14h-18h.*

Un établissement centenaire ! Qui a démarré en 1919 avec une spécificité : la brasserie livrait à domicile. Au tournant du siècle, elle s'est offert une cure de rajeunissement en emménageant à Arques dans une usine à la pointe de la technologie. Ses productions sont à la fois massives – 2 millions d'hectolitres par an ! – et variées – 30 recettes de brassage différentes, dont une bière bio. Des productions dont on peut tout apprendre au cours de la visite. Celle-ci démarre par un film, qui expose secrets techniques et progrès environnementaux dans les process. Puis elle se poursuit dans les salles de brassage et de filtration, impressionnante forêt de cuves inox étincelantes, et dans une salle d'embouteillage ultramoderne. Elle finit en apothéose par une dégustation dans l'espace bar. Un moment instructif et savoureux.

Le + : dégustation.

Brasserie Saint-Germain – Page 24 : *26, route d'Arras, 62160* ***AIX-NOULETTE.*** *☎ 03-21-72-24-24. • page24.fr • Visite de la brasserie sam à 10h, 14h30 et 16h, sur résa. Tarif : 6 €.* ***Boutique :*** *mer-ven 10h-12h, 14h-19h, sam 9h-12h30, 14h-18h (bar ven-sam) ; fermé dim-mar.*

Créée par ***3 jeunes entrepreneurs dynamiques,*** cette brasserie artisanale connaît un franc succès avec sa blonde Hildegarde, sa blanche, son ambrée, sa brune, sa triple, ses IPA, sa bière à la rhubarbe et ses nombreuses éphémères, toutes non filtrées et non pasteurisées. La visite, passionnée et passionnante, permet de passer en revue tout le processus de fabrication.

Et si vous vous demandez d'où vient le nom *Page 24,* sachez qu'il n'a rien à voir avec la fabrication, même si ce chiffre revient souvent – 24 kg de malt étant nécessaires pour réaliser 100 l de bière, la fermentation et la refermentation s'effectuant à 24 °C, avec un passage intermédiaire en chambre de garde durant 24 jours... Non, le nom fait allusion à la page 24, disparue, d'un mystérieux grimoire attribué à sainte ***Hildegarde de Bingen*** (1098-1179), abbesse de Rupertsberg, en Allemagne, et herboriste de renom qui, la 1re, découvrit les bienfaits sur la santé de l'utilisation du houblon dans la confection de la bière !

LA BIÈRE DANS L'ASSIETTE

La bière se fait sauce dans de grands classiques régionaux, comme la **carbonade flamande** *– des morceaux de bœuf braisés avec des oignons, puis mijotés lentement dans de la bière de garde, le plus souvent avec de la cassonade et du pain d'épices –, ou le* **coq à la bière** *– flambé au genièvre et cuit dans la bière, avec échalotes, petits oignons et champignons... Des délices qui tiennent au corps !*

Arc : *zone industrielle, 132, av. du Général-de-Gaulle, 62510* ***ARQUES.*** *☎ 03-21-12-74-74. • visiteverrerie arc.com • ♿ Visite guidée lun-sam sur résa uniquement. À partir de 8 ans. Tarif : 10,90 € ; réduc. Visite de groupe sur résa, pour 20-100 pers, du lun ap-m au sam. Tarif : 8,50 €/pers ; réduc. Durée de la visite : 1h30.* ***Boutique :*** *lun-ven 10h-18h30, sam 10h-19h.*

Petite cité entre le marais audomarois et la forêt de Rihoult, Arques est mondialement réputée pour sa ***verrerie-cristallerie.*** La cristallerie, qui reste une affaire familiale (fondée en 1815 par les Des Lyons de Noircame, propriété de la famille Durand depuis 1916), est une vraie ville dans la ville. Impossible d'y échapper, du joli ***château néogothique*** habité par la famille Durand (ne se visite pas) à la ***rue d'usines.***

En 1h30, on ne visite bien entendu qu'une toute petite partie des bâtiments de cette gigantesque entreprise qui couvre 204 ha. Mais cette visite permet de comprendre toutes les ***étapes de la fabrication et l'histoire de la verrerie-cristallerie,*** ou comment un petit atelier artisanal est devenu le ***leader mondial*** des arts de la table. Dans un 1er temps, le guide explique comment la verrerie s'est développée pour devenir un groupe international. L'espace scénarisé permet d'appréhender la longue évolution de l'objet. Un film met en lumière les différents procédés de fabrication et introduit ainsi l'étape suivante : la ***visite du site de production.*** Une passerelle surplombant un atelier en activité vous permet d'observer en toute sécurité les machines de fabrication, le contrôle et l'emballage automatique ou manuel des articles. À ce moment, le verre en fusion est partout. Les gouttes fusent, se métamorphosent en gobelets ou verres délicats, puis les articles rougeoyants se durcissent et poursuivent leur chemin jusqu'à l'étape finale de l'emballage.
Le + : si vous passez par ici entre mi-octobre et mi-novembre, Arc International organise sous chapiteau son Déstockage XXL, attirant des milliers d'amateurs de bonnes affaires ! Vous y trouverez également toute l'année des prix outlet, des prix déstockage, allant de -30 % à -70 % de remise sur les prix de vente conseillés par les marques de l'usine.
Labels : Tourisme et Handicap, France savoir-faire d'excellence.

Chocolaterie de Beussent Lachelle : *66, route de Desvres, 62170* **BEUSSENT.** ☎ *03-21-86-17-62.* • *beussentlachelle.com* • *Visite guidée seulement, pdt les vac scol, lun-sam à 15h et 16h. Résa par tél. Tarif : 3,50 €/pers ; gratuit moins de 10 ans. Visite de groupe sur résa par tél, pour 10-25 pers (à partir de 6 ans). Tarif : jusqu'à 27 pers, forfait 75 € ; à partir de 27 pers, 3 €/pers. Durée de la visite : 45 mn.* ***Boutique :*** *lun-sam 9h-12h45, 14h-18h.*
Dans le petit village de Beussent, au cœur de la vallée de la Course dans l'arrière-pays boulonnais, ***est née la chocolaterie Beussent Lachelle,*** qui a pour spécificité de cultiver ses ***propres fèves de cacao dans sa propre plantation en Équateur,*** de les torréfier et de les transformer en chocolat. Connue dans toute la région et même au-delà, elle compte avec un 2e atelier de fabrication à Lachelle (60) et 27 boutiques, principalement dans les Hauts-de-France, Paris, La Baule et Deauville.
Dans une ***atmosphère saturée de bonnes odeurs de cacao,*** on a ici l'occasion d'observer les ***différentes phases de transformation*** de ce succulent produit, de la torréfaction au conchage, en passant par le concassage. Dans le couloir surplombant les ateliers, on vous explique la fabrication du chocolat, pendant que coulent sous vos yeux gourmands de nombreuses fontaines de chocolat. Difficile de se concentrer, il faut bien l'avouer ! On assiste également à des ***démonstrations de moulage et d'enrobage.*** Également une exposition photo sur les plantations de cacao Beussent Lachelle en Équateur. Gourmand et intelligent.
Le + : dégustation.

Commonwealth War Graves Commission (CWGC) Visitor Centre : *5-7, rue Angèle-Richard, 62217* **BEAURAINS.** ☎ *03-21-21-52-75.* • *cwgc.org* • *Ouv lun-ven 9h-16h. Fermé j. fériés, et déc-mars. Visite libre audioguidée. GRATUIT.*
Cet organisme indépendant est chargé du dénombrement et de l'identification, mais aussi de l'entretien des tombes des ***soldats du Commonwealth tombés lors des 2 guerres mondiales.*** L'organisme fondé en 1917 est aussi responsable de la construction de mémoriaux pour les soldats non identifiés. Il fut ainsi décidé que les corps ne devaient pas être rapatriés, et que les cimetières ne devaient présenter aucune distinction de classe entre les soldats. Trois des plus grands architectes anglais du moment, Herbert Baker, Reginald Blomfield et Edwin Lutyens, reçurent la mission d'imaginer les cimetières et les mémoriaux. Un modèle fut retenu avec les pierres tombales uniformes, la croix du Sacrifice de Blomfield et la pierre du Souvenir de Lutyens.

Actuellement en France, le CWGC entretient ***1 000 cimetières construits, 23 mémoriaux et 10 000 stèles isolées,*** en grande partie situés dans les zones de combat de la Première Guerre mondiale, dans le nord-est de la France. En effet, la culture britannique préfère que les sépultures se trouvent sur un lieu proche des décès, alors que les États-Unis choisissent de regrouper les corps dans de grands mémoriaux, comme c'est le cas en Normandie. De nos jours, 3 officiers d'exhumation, archéologues et anthropologues, sont habilités par le CWGC dans l'Hexagone. Ils ***parcourent le pays lorsque des restes sont mis au jour*** lors de travaux ou de cultures agricoles. Les corps sont déplacés à Beaurains, dans le siège français qui emploie plus de 400 salariés (dont environ 12 % d'anglophones) pour les ***identifier,*** si c'est possible, avant qu'un rapport ne soit envoyé au ministère des Anciens Combattants du pays étranger concerné. Le soldat est alors inhumé dans un des cimetières de la Commission.
C'est également à Beaurains que sont fabriquées les stèles, envoyées dans les 153 pays comptant des cimetières du CWGC. Les tombes des soldats non identifiés portent le peu de renseignements que l'on a pu trouver alors sur le champ de bataille, « *A Soldier of the Great War* » ou « *A Soldier of the Second World War* » et « *Known unto God* » (seulement connu de Dieu), une formule de l'écrivain anglais Rudyard Kipling. Si le cimetière contient au moins 1 000 tombes, une « pierre du Souvenir » est érigée. Dessinée par Edwin Lutyens, l'architecte de New Delhi, elle porte une inscription tirée de l'Ecclésiaste : ***« Leur nom vivra à jamais »*** **(Their Name Liveth For Evermore).**
Aujourd'hui, on peut découvrir les coulisses de tout le travail nécessaire à la mémoire des 1,7 million de victimes issues du Commonwealth tombées lors des 2 guerres mondiales. La visite permet de découvrir ***les ateliers de gravure, menuiserie et ferronnerie,*** d'apprendre comment sont entretenus les cimetières et mémoriaux, mais aussi de ***comprendre le travail d'exhumation et de réinhumation*** de corps de soldats tombés sur les champs de bataille. Une visite véritablement unique en son genre, qui va passionner les historiens en herbe.
Label : France savoir-faire d'excellence.

Chemins de mémoire

La guerre de 1914-1918 a laissé de nombreuses traces dans la région Nord-Pas-de-Calais, qui a décidé, dans le cadre d'un vaste travail de mémoire visant à honorer les sacrifices des générations disparues, de mettre en place 4 « chemins de mémoire » • *cheminsdememoire-nordpasdecalais.fr* •. Chacun de ces ***itinéraires*** permet de découvrir ***cimetières militaires, monuments, mémoriaux, vestiges et éléments d'architecture remarquables...*** De Lille la résistante à la libération de Cambrai, en passant par le pays des Weppes et sa crête d'Aubers, les batailles d'Artois et la dévastation d'Arras, une découverte des lieux les plus marquants de ces périodes dramatiques.

Distillerie Persyn : *19, route de Watten (face à l'église de Houlle), 62910* ***HOULLE.*** *☎ 03-21-93-01-71. • genievredehoulle.com • Visite guidée seulement. Juil-août, lun-sam à 16h ; le reste de l'année, sur résa. Tarif : 7,50 € ; tarif réduit 6,50 € ; 12-17 ans 3 € ; gratuit moins de 12 ans. Visite de groupe sur résa, pour 20-120 pers. Tarif : 6,50 €/pers. Durée de la visite : 1h30.* ***Boutique :*** *lun-sam 9h-12h, 14h-18h.*
Plus ancienne distillerie de grains en France, créée en 1812, elle fabrique du whisky, et cette eau-de-vie emblématique du nord de la France qu'est le ***genièvre.*** La visite guidée, précédée de la projection d'un film et d'une dégustation, permet de découvrir le ***processus de distillation dans de beaux alambics en cuivre,*** et

les chais où genièvre et whisky vieillissent en fûts de chêne. Le commentaire du film existe même en ch'ti, on le signale aux amateurs !
En sortant, on peut aussi s'offrir une petite ***balade digestive sur le chemin de halage,*** le long de la Houlle.
Les + : dégustation et mignonnette (sauf pour les mineurs).
Label : Entreprise du Patrimoine Vivant.

Les Faiseurs de Bateaux : *43, rte de Clairmarais, 62500* ***SAINT-OMER.*** *06-08-09-94-88. • lesfaiseursdebateaux.fr • Avr-oct, tlj 10h-18h. Visite de l'atelier et du marais en bacôve (env 1h45) : 12 € ; réduc. Loc de barques à moteur électrique 49 € pour 1h30 ; loc de barques à rames canoë à partir de 15 € pour 1h.*
Au cœur des faubourgs de Saint-Omer et du marais de Lyzel, voici les derniers ***constructeurs de bateaux en bois traditionnels, escutes et bacôves,*** embarcations en chêne utilisées durant des siècles par les maraîchers de jadis. Non seulement la visite permet de mieux comprendre les techniques de fabrication de ces bateaux à fond plat, d'appréhender leur histoire, mais elle offre l'opportunité de ***naviguer sur ces embarcations*** pour ***découvrir les secrets du marais.*** C'est donc une visite complète menée par des passionnés, amoureux de leur métier et de leur environnement.
Selon l'heure de la visite, le marais montre des visages différents. Les balades matinales révèlent l'activité maraîchère et la richesse de la faune locale, tandis qu'au beau milieu de l'après-midi, le marais audomarois dévoile toutes ses couleurs. À vous de choisir votre moment ; dans tous les cas, la visite de l'atelier est comprise.
Les + : nombreuses propositions originales pour visiter le marais, visites guidées avec repas.
Label : Entreprise du Patrimoine Vivant.

Le marais audomarois

Dessinant une longue écharpe immédiatement au nord de Saint-Omer, il s'étend sur un peu plus de 3 700 ha. Cette vaste zone humide, la plus importante du Nord-Pas-de-Calais, s'est formée au fond d'une cuvette argileuse, entre plaine maritime flamande et collines de l'Artois. Classé « Ramsar » (zones humides d'intérêt international) et « Réserve de biosphère » par l'Unesco, le marais audomarois fait en outre partie du parc naturel régional des Caps et Marais d'Opale. C'est le seul de France encore cultivé en maraîchage. Pour en avoir un bel aperçu, rien ne vaut de s'embarquer sur un bacôve ou de se lancer dans une randonnée verte sur le sentier du Lansbergue, qui dessine une belle boucle de 5,9 km (environ 2h).

SOMME (80)

Conserverie Saint Christophe : *Petit Chemin, 80120* ***ARGOULES.*** *☎ 03-22-23-91-60. • conserverie-st-christophe.com • Visite : avr-fin oct, mar, jeu et sam à 11h. Tarif : 1,50 €.* ***Boutique :*** *lun-ven 8h-19h, sam 9h-12h, 14h-19h.*
Nichée à 20 km à l'est de la baie de Somme, c'est à Argoules que la conserverie Saint Christophe a vu le jour en 1990. Cette entreprise familiale, qui a démarré comme traiteur sur les marchés, propose une large gamme de pâtés, terrines, plats préparés, soupes, dont les spécialités du Nord : le ***potjevleesch*** (nettement

plus facile à manger qu'à prononcer, il cumule 3 ou 4 viandes blanches – lapin, porc, veau, poulet – cuites et servies froides en gelée) le ***waterzoï*** de poulet (mijoté lentement avec des petits légumes bien frais, sans matière grasse : poireaux, céleri, carottes, pommes de terre ; pas de cholestérol avec un waterzoï !), et des spécialités de la baie de Somme : terrines d'agneau et de mouton de pré salé, terrine de bulot, salicorne.
Lors de la visite de l'atelier, on découvrira bien sûr la fabrication des terrines et des plats cuisinés, avec d'intéressantes explications sur les techniques de stérilisation et les différentes normes agroalimentaires. Mais c'est aussi l'occasion d'une ***chouette balade au milieu d'arbres fruitiers*** (pommiers, poiriers, abricotiers, noyers...) ***voire dans le Petit Marquenterre,*** où l'on s'entraînera à distinguer les différentes espèces de canards. Dedans-dehors, dégustation à la clé, le pied ! De quoi vous mettre en appétit avant de passer à la boutique pour vous ravitailler.
Et en sortant, si c'est la saison, faites un crochet par ***l'abbaye de Valloires*** et ses magnifiques jardins *(• abbaye-valloires.com •),* histoire de vous faire pardonner votre péché de gourmandise tout en vous dégourdissant les jambes !

ÎLE-DE-FRANCE

• Carte *p. 26*

La 1re région économique française a une forte tradition industrielle. Ses multiples PME font preuve d'innovation dans l'ensemble des secteurs d'activité. Les départements de la Seine-Saint-Denis et du Val-de-Marne proposent ainsi, à l'année, de nombreuses visites pour découvrir cette réalité. Inattendu, cette activité est aussi forte dans le domaine... agricole, comme le montre la *Cité maraîchère de Romainville, l'élevage d'ânesses Téliane* ou le *domaine d'entraînement équestre de Grosbois !* La transformation agroalimentaire n'est pas en reste : la *distillerie du Noyau de Poissy,* la *confiserie Kubli* et surtout le *marché de Rungis* sont les plus fréquentés, et le brie de Meaux est l'un des fleurons gustatifs du territoire.
Autre caractéristique, la présence d'un artisanat haut de gamme et des métiers d'art : la *verrerie de Soisy* rencontre un grand succès, ainsi que les institutions prestigieuses que sont la *Monnaie de Paris,* les *ateliers de moulage et de chalcographie de la Réunion des Musées Nationaux,* les *Manufactures nationales – Sèvres et Mobilier national* tous représentant l'excellence française.
À noter, enfin, de nombreuses visites dans les coulisses du secteur sportif *(Stade de France, Roland-Garros)* et dans celui des transports, avec les *2 aéroports internationaux Paris-Orly et Roissy-Charles-de-Gaulle.*

ESSONE (91)

AJ l'Atelier des Cuivres : *61, rue Alfred-Leblanc, 91220* **BRÉTIGNY-SUR-ORGE.** *☎ 09-81-09-63-31. Visite guidée seulement. Résa obligatoire. Tte l'année sauf 15 juin-15 sept. Visites groupes : 2-30 pers. GRATUIT.* ***Boutique :*** *lun-ven 9h30-18h, sam 9h30-17h.*
Tenu par des artistes et artisans passionnés de musique, ***AJ l'Atelier des Cuivres*** est l'un des derniers ateliers en France spécialisé dans la restauration et la fabrication d'instruments à cuivre. Il est notamment réputé pour son modèle de trompette inspiré de celles des années 1950. Cette entreprise, historiquement spécialisée dans la réparation et la vente d'instruments résiste à la concurrence américaine, et tient à préserver un ***savoir-faire français et un son français.*** Elle accompagne tout au long de leur parcours des artistes reconnus, mais aussi... l'orchestre de la garde républicaine en 2023 !
La visite permet d'en apprendre plus sur l'histoire de l'entreprise, lancée en 2013, mais aussi sur ***l'histoire de l'industrie des instruments à cuivre.*** C'est l'occasion de découvrir les différentes étapes de fabrication des instruments, en discutant avec de véritables pros des cuivres.
Label : Entreprise du Patrimoine Vivant.
– Pour aller plus loin, venez découvrir le ***musée de la Musique de la Cité de la musique – Philharmonie de Paris*** : *221, av. Jean-Jaurès, 75019* **Paris.** *☎ 01-44-84-45-84. • philharmoniedeparis.fr •* Célèbre salle de concert et carrefour d'artistes, la Cité de la musique abrite un musée dont La collection permanente raconte l'histoire et l'évolution de la musique du Moyen Âge à nos jours, avec une superbe collection d'instruments et d'objets exposés.

Confiserie Kubli : *17, rue Gustave-Eiffel, 91420* ***MORANGIS.*** *☎ 01-69-09-69-35. • kubli.fr • Visite guidée lors des journées portes ouvertes (dates sur le site internet). Visite de groupe de 20 pers, sur résa. Dates sur le site internet.* ***Boutique :*** *lun-ven, 9h-17h.*

C'est en 1900 que l'entreprise est fondée à Paris dans le 13e arrondissement, par un jeune entrepreneur suisse, Jacques Kubli. Elle fabrique, depuis, près de 80 formes de bonbons, berlingots, caramels, pastilles, bonbons fourrés, sucettes, sucres d'orge, etc. Bref, une offre très diversifiée, avec toute une palette de goûts différents, selon une méthode de fabrication traditionnelle à base de sucre de betteraves et de sirop de glucose. En 1974, l'entreprise s'installe à Morangis, et en 2009, Gilles Duault la reprend et la modernise, sans pour autant perdre son savoir-faire traditionnel. Elle produit aujourd'hui 450 t de bonbons par an, dont les fameuses ***cacahuètes de Morangis,*** un bonbon feuilleté à base d'arachide. C'est toute cette histoire qui vous est contée lors de la visite, qui fait découvrir aussi le ***métier de confiseur*** et l'élaboration de sucreries traditionnelles dans les ateliers de fabrication. Une visite familiale et gourmande par excellence, qui se termine bien sûr par une ***dégustation.***

Label : Entreprise du Patrimoine Vivant.

La Fabrique à Alcools : *ferme de Fromenteau, 91470* ***PECQUEUSE.*** *☎ 09-63-58-81-73. • contact@lafabriqueaalcools.com • lafabriqueaalcools.com • Visite guidée seulement. Sur résa, limité à 20 places. 1 ven/mois à 15h et 1 sam/mois à 14h30. Tarif : 10 €. Durée de la visite : 2h.* ***Boutique :*** *lun-ven 9h-18h, sam 9h-17h.*

La Fabrique à Alcools, qui disitlle whisky, gin, vodka, eau-de-vie de bière et prépare des rhums arrangés depuis 2017, voit le jour suite à l'initiative de 2 passionnés de spiritueux, qui décident de s'associer pour mutualiser leur savoir-faire. La fabrique, idéalement située à Pecqueuse en Essonne, se fournit auprès de producteurs responsables et de proximité dès que cela est possible. Leur spécialité ? ***Esprit de bière,*** différent à chaque cuvée, puisque élaboré à partir de bières chaque fois différentes ! Évoluant entre les alambics et le chai où les futurs whiskies se préparent, on en apprend un peu plus sur l'art de la distillerie. Et à la fin, dégustation de différents spiritueux.

Les + :

- Dégustation.
- Atelier création de Gin. *Groupe de 3-4 pers. Min 18 ans. Résa obligatoire sur • wecandoo.fr •. Tarif : 95 €/pers. Durée de l'atelier : 3h30.*

Verrerie de Soisy : *12, rue du Moulin-des-Noues, 91840* ***SOISY-SUR-ÉCOLE.*** *☎ 01-64-98-00-03. • verrerie-soisy.fr • ♿ Fermé 1er janv et 25 déc. Visite libre mer-sam 10h-12h30, 14h-18h, dim et j. fériés 14h-18h. GRATUIT. Visite de groupe sur résa, pour 15-100 pers. Tarif : 4 €/pers. Durée de la visite : 1h30.* ***Boutique :*** *mer-sam, 10h-12h, 13h30 (14h sam)-18h (18h30 sam) ; dim 14h30-18h30.*

La ***verrerie d'art*** de Soisy-sur-École, créée en 1978, est une entreprise familiale qui fait découvrir ***l'art du verre soufflé à la canne.*** Frédéric Alary et son équipe accueillent les visiteurs au cœur d'un joli parc bordant la rivière École, enrichi de fleurs et d'œuvres en verre. La visite de l'atelier révèle la magie du verre soufflé qui prend forme et couleur sous vos yeux. Vous pourrez assister à toutes les ***étapes de fabrication d'une pièce :*** cueillage, coloration du verre, maillochage, soufflage, tranchage, détachage, ouverture au feu. Toute une technique et tout un art qui demandent un savoir-faire acquis après plusieurs années d'apprentissage. À l'entrée, pour élargir la perspective, une ***expo sur le travail du verre et son histoire.***

Au ***magasin,*** grande variété de créations exposées : de la verrerie utilitaire à l'artistique, il y en a pour tous les gouts et toutes les bourses !

Le + : travail sur mesure.

HAUTS-DE-SEINE (92)

Manufactures nationales – Sèvres & Mobilier national : *2, pl. de la Manufacture, 92310* ***SÈVRES.*** *☎ 01-46-29-22-00. • sevresciteceramique.fr • Tlj, sauf mar, 10h-13h, 14h-18h. Tarif : 7 €/pers (8 € lors des expos temporaires) ; réduc. Visite des ateliers, jeu à 14h30, sur résa seulement. Individuels et familles (dates en ligne) : 3 ateliers. Tarif : 18 €/pers (billet d'entrée pour le musée non inclus), réduc. Durée de la visite : 1h30. Visite de groupe (20 pers max) : lun ap-m, jeu et ven mat. Durée de la visite : 2h. Tarif : 500 €. Résa par mail à • visite@sevresciteceramique.fr • ou au ☎ 01-46-29-22-05.* ***Librairie-boutique.***

C'est à Mme de Pompadour, la favorite de Louis XV, que l'on doit la création de la manufacture, conçue pour être le ***lieu d'excellence de la production de porcelaine en Europe*** au XVIIIe s. Depuis 1740, la ***Manufacture de Sèvres*** affirme sa vocation à la fois patrimoniale et expérimentale. C'est un laboratoire vivant, et un acteur important de la scène artistique, du design et des arts décoratifs. Elle puise sa force dans l'excellence des 120 céramistes qui y exercent et maîtrisent une trentaine de métiers ; mais aussi dans celle de ses matériaux (pâtes, couleurs, émaux...) fabriqués in situ selon des techniques anciennes préservées, et qui sont aujourd'hui des outils privilégiés de l'expression artistique contemporaine. À la fois garante de la sauvegarde de ses savoir-faire et de la diffusion la plus large des connaissances sur l'art céramique, et laboratoire de création de haute facture à travers sa capacité à innover dans sa production de porcelaine depuis près de 3 siècles, c'est une institution publique atypique qui préserve tradition et modernité dans un juste équilibre.

La manufacture a conservé ses archives, mais aussi ses fours en brique du XIXe siècle et ses quelque 100 000 moules en plâtre. Impressionnant ! La visite permet d'***assister à quelques étapes de la fabrication,*** de la confection de la pâte à la décoration, en passant par le tournage, la cuisson... En tout, ***27 métiers*** représentatifs de l'excellence du savoir-faire français dans le domaine des arts de la table. Aujourd'hui, quelques milliers de pièces sont produites chaque année, attribuées pour une part aux grands corps de l'État (Palais de l'Élysée, Hôtel Matignon...), pour l'autre, commercialisées dans ses galeries à Sèvres et à Paris ou à l'occasion de salons d'art.

Labels : Entreprise du Patrimoine Vivant, France savoir-faire d'excellence.

PARIS (75)

Les coulisses de Roland-Garros : *2, av. Gordon-Benett, porte 36, 75016* ***PARIS.*** *• rolandgarros.com • Visite guidée seulement. Résa obligatoire sur le site internet. Tarif : 19 €, tarif réduit (possesseurs d'une licence FFT) 14 €, moins de 18 ans 12 €. Durée de la visite : 1h30.* ***Boutique :*** *mar-dim 10h-19h, pdt vac scol lun-dim 10h-19h.*

Véritable institution du tennis français et international, étape du grand Chelem, le stade de ***Roland Garros,*** qui porte le nom d'un aviateur chevronné, sera bientôt centenaire : il a été construit en 1928. C'est la victoire de Jacques Brugnon, Jean Borotra, Henri Cochet et René Lacoste (surnommés les « quatre mousquetaires ») à la coupe Davis à Philadelphie en 1927 qui poussera à la construction du stade, pour remettre en jeu leur trophée dans un stade qui soit à la hauteur de l'événement. On découvre ici l'envers du décor, les couloirs foulés par les plus grands champions, et on en enrichit sa connaissance de ce lieu mythique :

salles de presse, vestiaires, couloir menant au court, des zones d'ordinaire inaccessibles au public. On passe par le court Philippe-Chatrier, bijou technologique... On se laisse émerveiller par la vue panoramique du haut des tribunes, et on se rappelle comment certains matchs joués dans cette enceinte sont entrés dans la légende !
Label : Explore Paris.

MAIS D'OÙ VIENT LE TENNIS ?

Le nom « tennis » vient d'une déformation de « tenez », que l'on disait pour annoncer un service, en France comme en Angleterre ! Hérité du jeu de paume, et même avant de jeux médiévaux qui consistaient à se passer une balle par-dessus un filet, le tennis n'apparaît en tant que tel qu'au XIVe s. Avant, il est pratiqué à la main – jeu de paume voire de « courte paume » –, puis avec un gant de cuir, et enfin avec une sorte de raquette en bois, puis les Anglais fixent les règles que l'on connaît aujourd'hui en 1874. En France, la 1re compétition se déroule en 1891.

Monnaie de Paris – 11 Conti : *11, quai de Conti, 75006* ***PARIS.*** *☎ 01-40-46-56-66. • monnaiedeparis.fr • Fermé 1er janv, 1er mai, 25 déc. Mar-dim 11h-18h (21h mer). Tarif musée : 12 € ; réduc. Démonstrations de savoir-faire, visites et ateliers d'initiation toute l'année.*
Commandée par ***Louis XV*** à l'architecte Jacques-Denis Antoine pour ***doter la fabrication des monnaies et médailles du royaume d'un prestigieux écrin,*** la construction de ce palais, aujourd'hui superbement réhabilité, fut l'un des chantiers majeurs de la ville au XVIIIe s. Le bâtiment néoclassique s'élève en face du Palais-Royal, avec un voisinage tout aussi prestigieux : l'Académie française d'un côté, Notre-Dame de l'autre... Que de symboles !
L'ancien coffre-fort de la Couronne offre maintenant un vaste ensemble culturel constitué d'espaces d'expositions temporaires dans les prestigieux salons XVIIIe et d'un musée dédié aux arts du métal et aux savoir-faire, avec des vues sur les ateliers de la dernière usine en activité de la capitale. Les 6 cours intérieures à l'abri des bruissements de la ville complètent l'ensemble, et notamment la cour dite « Mansart » qui permet de découvrir la magnifique façade restaurée du petit hôtel de Conti, première réalisation du célèbre architecte Jules-Hardouin Mansart.
L'***esprit du musée,*** transversal, se situe ***à la croisée de différentes disciplines :*** histoire, histoire de l'art, sciences, techniques, sociologie ou encore économie. Le parcours est servi par une muséographie réussie, à la fois interactive et sensorielle, et par la présentation de riches collections. Surtout, il est ***ponctué par des baies vitrées permettant de voir à l'œuvre les quelque 150 artisans qui officient dans les ateliers de ciselure, patine, fonderie, gravure*** *(sauf le w-e).* Un intéressant film de 12 mn retrace le processus complet de fabrication des monnaies courantes dans l'usine de Pessac, dans la banlieue bordelaise.

TOUCHER LE PACTOLE

Qui n'a jamais souhaité être « riche comme Crésus » ? Ou de « toucher le pactole » ? C'est dans ce musée que l'on comprend l'origine de toutes ces expressions liées à l'argent. À commencer par Crésus, 1er roi qui fit frapper monnaie, vers 550 av. J.-C. en Lydie (en actuelle Turquie). Par un coup de pouce de la nature, il se servit de la rivière Pactole non loin de son palais, qui charriait des sables aurifères. La 1re « ruée vers l'or » !

Le musée offre une vision complète du ***rôle*** et des ***enjeux liés à la monnaie dans les différentes civilisations,*** et un ***panorama des procédés de fabrication des monnaies à travers les âges.***
Et bien sûr, le cheminement vers la sortie mène à la bien belle boutique, aménagée dans l'ancienne fonderie, qui met à l'honneur les collections de la Monnaie

de Paris (Notre-Dame, Lacoste, Walt Disney...), à travers des médailles et des pièces de monnaie, mais pas seulement.
Cerise sur la pièce, le ***Café Frappé*** *(• frappe.bloom-restaurant.fr • ; mar-dim 11h-19h ; fermé lun ; brunch-buffet sam-dim),* sobre et cosy, offre une escale bien sympa, avec une terrasse ensoleillée et au calme, dans la cour de la Méridienne.
Labels : Entreprise du Patrimoine Vivant, France savoir-faire d'excellence, Tourisme et Handicap.

Manufacture des Gobelins – Manufactures nationales – Sèvres & Mobilier national : *42, av. des Gobelins, 75013* ***PARIS.*** *☎ 01-44-08-53-49. • mobiliernational.culture.gouv.fr • Fermé 1er janv, 1er mai et 25 déc. Lors des expos temporaires, galerie ouv mar-dim, 11h-18h. Fermeture de la billetterie à 17h30. Tarif : 8 € ; réduc ; gratuit le dernier dim du mois. Visite guidée de l'expo sam à 15h sur résa : 12 € ; réduc. Durée de la visite : 1h. Visite guidée des ateliers de la Manufacture sur résa seulement : mer à 13h et à 15h (individuels) ; mar et jeu à 13h et 15h. Rens et résa ☎ 08-25-05-44-05 (0,15 €/mn) ou • visites@cultival.fr • cultival.fr • Tarif : 15,50 € ; réduc. Durée de la visite : 1h30.* ***Vente sur place*** *à l'issue des visites guidées.*
Toute la vie du quartier des Gobelins, aux frontières de Mouffetard et du Quartier latin, a tourné autour de la Bièvre jusqu'au début du XXe s. Celle-ci a coulé longtemps à découvert, et nombre de tanneries, mégisseries, teintureries et autres fabriques – dont celles des tapisseries – se sont installées sur ses bords (une rue des Tanneries en témoigne encore). Par la suite, de nombreuses rénovations transformèrent le visage du quartier.
À la ***Manufacture royale des Gobelins*** (du nom d'une famille de « taincturiers en escarlate », teinte extraite de la cochenille), ***créée par Colbert en 1662,*** sont venues s'ajouter celle de la ***Savonnerie*** en 1825, puis celle de ***Beauvais*** (voir plus haut la « Manufacture nationale de Beauvais » dans « Hauts-de-France ; Oise »). ***3 ateliers d'excellence*** qui, à travers les péripéties de l'histoire, n'ont jamais cessé de produire de magnifiques tapisseries et tapis, servant tour à tour la royauté, la Révolution, l'Empire et aujourd'hui la République. Ces ateliers étaient implantés le long de la Bièvre, aujourd'hui recouverte.
La visite, assez technique, est consacrée à 2 des 3 ateliers. Vous visiterez donc, au choix, la « savonnerie », la ***basse lice*** (métiers à tisser horizontaux) ou la ***haute lice*** (métiers à tisser verticaux). Mais, quel que soit le programme du jour, vous apprendrez tout sur les ***étapes de confection :*** échantillonnage, kilotage, ourdissage, encrage et, bien sûr, tissage. Une tapisserie prend en général plusieurs années pour être achevée. Les ***artistes cartonniers*** (créateurs des motifs) sont toujours contemporains, ce qui finit par constituer une exceptionnelle mémoire de l'art moderne.
La ***galerie des Gobelins*** est d'une architecture caractéristique du début du XXe s. Dès sa construction, elle fut destinée à l'exposition des collections du Mobilier national et des créations des manufactures. Elle présente aujourd'hui des ***expos temporaires*** d'art ancien et contemporain en rapport avec le Mobilier national, les manufactures et les métiers d'art.
Label : France savoir-faire d'excellence.

LA POLLUTION AU FIL DU TEMPS, AU FIL DE L'EAU

Déjà au XVIe s, des « écologistes » se plaignaient de la pollution de la Bièvre ! De 1671 à 1906, il n'y eut pas moins de 35 ordonnances et décrets visant à la réduire. En 1910, tous les tanneurs, teinturiers, fabricants de papier furent expropriés, et la Bièvre définitivement couverte.

SEINE-ET-MARNE (77)

Brasserie Rabourdin : *22, rue Lafayette, 77540* ***COURPALAY.*** *☎ 01-64-25-76-05. • brasserierabourdin.com • Visite guidée de groupe pour 15-50 pers, sur résa sur le site. Lun-sam. Tarif : 7 €/pers (avec dégustation), 7,50 €/pers (avec dégustation et brie). Durée de la visite : 2h.* ***Boutique :*** *mar-sam 10h-19h.*

Au cœur de la Brie, grenier à grains de l'Île-de-France, la visite est l'occasion de découvrir les étapes par lesquelles l'orge devient bière. Ici, on produit de la ***bière de Brie non filtrée et non pasteurisée,*** à partir de ***l'orge de l'exploitation*** ! Les fans de circuit court et de produits bruts apprécieront !

Le + : dégustation des 3 bières produites à la brasserie.

EDF – Centrale thermique de Vaires-sur-Marne : *16, allée Marcel-Paul, 77360* ***VAIRES-SUR-MARNE.*** *☎ 03-83-80-38-80. À partir de 12 ans. Visite guidée de groupe, jusqu'à 30 pers, sur résa. Résa par tél ou par mail à • visites-tac@edf.fr • GRATUIT.* ***Pièce d'identité*** *(carte d'identité ou passeport) obligatoire. Pour les inscriptions, voir sur le site • edf.fr/visiteredf •*

La ***centrale EDF de Vaires-sur-Marne*** est constituée de 3 turbines à combustion (TAC) d'une puissance unitaire de 185 MWe, soit 555 MW au total. Mises en service en 2008 (unités 1 et 2) et 2009 (unité 3), elles produisent l'équivalent de la consommation électrique d'une ville de 500 000 habitants... mais pendant des durées très courtes.

Les TAC fonctionnent en moyenne une centaine d'heures par an et peuvent être démarrées très vite avec une grande fiabilité. Elles contribuent à la ***sécurité de l'alimentation électrique*** de la région Île-de-France, notamment lors des pics de consommation journaliers les plus extrêmes.

Depuis avril 2015, l'ensemble des TAC d'Île-de-France (Vaires, Gennevilliers, Vitry-Arrighi, Montereau) et de Bretagne (Brennilis et Dirinon) sont pilotées depuis le centre de téléconduite.

La visite guidée par un guide conférencier permet d'explorer la ***salle des machines de la centrale*** et le ***centre de téléconduite,*** et de comprendre son fonctionnement et le rôle de l'énergie thermique dans le mix de la production électrique française.

LES CENTRALES DE POINTE

Vaires-sur-Marne, commune de la région d'Île-de-France près de Chelles, accueille le Centre d'exploitation des turbines à combustion, qui assure l'exploitation des « centrales de pointe » en France. Ces centrales sont utilisées un petit nombre d'heures dans l'année et constituent l'ultime ressource pour répondre aux pics de la demande en électricité. Les 6 centrales françaises dépendant du CETAC sont celles de Brennilis et Dirinon en Bretagne, de Vitry-Arrighi, Gennevilliers, Montereau et Vaires-sur-Marne en Île-de-France.

Fromagerie de Meaux Saint-Faron : *rue Jehan-de-Brie, 77100* ***MEAUX.*** *☎ 01-64-36-69-44. ♿ Visite libre ou visite guidée (résa par tél), mer-sam à 9h et 14h30. Tarif : 4 € ; 12-18 ans 2 € ; gratuit moins de 12 ans. Visite de groupe sur résa, pour 15-50 pers. Durée de la visite : 1h.* ***Boutique :*** *mer-sam 10h-12h30, 14h30-17h.*

Cette fromagerie perpétue la longue tradition de fabrication fromagère dans l'abbaye Saint-Faron. Vers 670, saint Faron, évêque de Meaux, accueillit saint Fiacre, fils d'une famille de nobles irlandais, qui commença à fabriquer du fromage pour les miséreux. Aujourd'hui, la fromagerie de Meaux travaille avec une vingtaine de producteurs de lait de la région pour fabriquer les ***principales appellations***

franciliennes (brie de Melun, brie de Meaux...) mais aussi des produits uniques comme le ***saint-faron.*** La visite, c'est découvrir les ***secrets de fabrication et d'affinage des bries de Meaux et de Melun.*** On assiste aux différentes étapes de la transformation du lait jusqu'au fromage prêt à être consommé. L'***étape du moulage*** est décisive : la délicatesse qu'on y apporte conditionne la qualité du fromage. Il doit se faire à la main, par fines couches successives à l'aide de la traditionnelle « pelle à brie ». Après égouttage et salage au sel sec, les fromages sont entreposés dans les caves de l'affineur pendant 4 à 9 semaines.
Le + : dégustation.

SEINE-SAINT-DENIS (93)

Alaric Chagnard, sculpteur de masques : *23, rue Pasteur, 93500* **PANTIN.** *• achagnard@hotmail.com • achagnard.blogspot.com • Visite guidée et ateliers sur résa en ligne sur • exploreparis.com • Durée de la visite : 1h15.*
Alaric Chagnard, facteur de masque et artiste passionné, partage son savoir-faire de ***sculpture sur bois, en tissu, en papier, et en cuir,*** selon ses projets, qu'il agrémente d'autres matières, comme des coquillages, du fil, ou encore différentes terres qu'il ramène de ses voyages. Ce goût lui est venu lorsqu'il a découvert les ***masques rituels de différents pays du monde,*** en Asie, en Afrique ou encore l'Amérique du Sud. Aujourd'hui il réalise surtout des commandes pour des metteurs en scène de théâtre. Il établit un projet et fait des croquis en fonction du personnage qui doit être représenté, avant de préparer un moulage du visage de l'acteur qui va jouer le rôle, et donc porter le masque. Ce moulage va lui permettre de sculpter un masque à la fois pratique et confortable. Il le décore ensuite... mais il lui arrive, notamment lorsqu'il sculpte du bois, de ***laisser apparents les beaux motifs dessinés par la matière !***
Les + :
– Atelier Prise d'empreinte du visage : repartez avec un double de votre visage.
– Atelier Masque : création d'un masque de théâtre pour la scène.
Label : Explore Paris.

Ateliers de moulage et de chalcographie du Grand Palais RMN : *1, impasse du Pilier (bâtiment avec des membrures rouges en face d'un jardinet, à env 100 m de l'av. Wilson), 93217* **LA PLAINE-SAINT-DENIS.** *☎ 01-49-46-25-60. • ateliersartmuseesnationaux.fr • Visite guidée de groupe seulement, résa obligatoire sur • explore-paris.com • Résa pour les groupes : groupes@tourisme93.com. Tarif : 15 €/pers. Durée de la visite des 2 ateliers : 2h (1h par atelier).*
Depuis 1895, la ***Réunion des musées nationaux*** conserve la collection du musée du Louvre de plus de 13 000 planches gravées sur cuivre, ainsi qu'un fonds de 6 000 moules, véritable répertoire de la sculpture mondiale, des origines aux temps modernes. C'est à partir de ces 2 fonds que sont reproduits les ***chefs-d'œuvre gravés et sculptés des musées français.*** La visite permet d'appréhender les procédés traditionnels de ***l'impression en taille douce, les techniques de moulage et de la patine.*** Les réserves avec les différents moules et modèles sont très impressionnantes et la visite passionnante et très vivante grâce aux échanges avec les artisans d'art soucieux d'expliquer leur métier et leur savoir-faire. Ainsi, en 2022, le titre de ***« Maître d'art » a récompensé Bertrand Dupré,*** imprimeur taille-doucier, chef de l'atelier de chalcographie du Grand Palais RMN.
Labels : France savoir-faire d'excellence, Entreprise du Patrimoine Vivant.

Brasserie Gallia : *35, rue Méhul, 93500* **PANTIN.** *☎ 01-57-14-56-72. • gal liaparis.com • Visite guidée, jusqu'à 15 pers, mer à 18h et sam à 15h et 17h. Tarif : 15 €/pers. Durée de la visite : 1h15, suivie d'une dégustation de 4 bières* *de la marque. Résa en ligne. Visite de groupe, résa par tél ou par mail à • visite@galliaparis.com • ou résa en ligne sur • exploreparis.com •* ***Boutique :*** *lun-ven 17h-22h, sam 12h-22h.*

Née en 1890 à Paris dans le 14e arrondissement, la bière Gallia est reconnue en 1900 avec une médaille d'or à l'Exposition universelle de Paris. Au début des années 1960, face à la concurrence, la production diminue et la brasserie originale est détruite. Mais l'histoire ne s'arrête pas là, heureusement ! Fin 2009, 2 copains, Guillaume Roy et Jacques Ferté, après s'être formés au lycée agricole de Douai, relancent la marque et s'installent à Pantin en 2015. Aujourd'hui, l'entreprise emploie plus d'une quinzaine de jeunes salariés. L'occasion de se faire raconter une belle histoire et de rencontrer une ***équipe motivée et dynamique.***

Label : Explore Paris.

Cité Maraîchère de Romainville : *6, rue Albert-Giry, 93230* ***ROMAINVILLE.*** *• contact@lacitemaraichere.com • lacitemaraichere.com • Visite guidée seulement : 1 mer/mois à 16h. Tarif : 8 €. Résa en ligne sur • exploreparis.com •. Visite de groupe sur résa à • groupes@tourisme93.com • Durée de la visite : 1h.* ***Boutique :*** *mer 17h-19h.*

Non loin du centre-ville, la **Cité Maraîchère** sortie littéralement de terre en février 2021 – c'est une ***serre verticale*** – répond à différents objectifs : la sensibilisation aux questions environnementales, avec l'idée d'une production durable, ainsi que l'accès pour tous à des aliments de qualité. Avec ses 700 m^2, ses différents jardins, sa serre, son composteur ainsi que son jardin Casse-Dalle, elle produit ses propres produits maraîchers, favorise le circuit court, et organise également des ***ateliers de formation et de sensibilisation,*** auprès des grands et des plus petits. Au rez-de-chaussée, la ***cantine des Cheffes*** propose des repas avec des produits locaux et bio, créant un lieu d'échanges. À la clé, on repart avec son sachet de fruits et légumes de saison !

Le + : sac de légumes de saison offert avec la visite.

Label : Explore Paris.

Placoplatre : *288, rue de Meaux, 93410* ***VAUJOURS.*** *• exploreparis.com • Visite guidée seulement. Résa sur le site internet. Tarif : 6 €. Durée de la visite : 2h. À partir de 16 ans. Photos interdites. La visite se fait à pied sur 2 km : il faut donc une condition physique correcte, et prévoir des chaussures adaptées.*

Le site de Vaujours est exploité depuis 1922 pour sa proximité avec des ***carrières de gypse.*** L'usine, dont la production a démarré en 1949, occupe 50 ha et emploie 400 salariés. Placoplatre, filiale de Saint-Gobain, est le ***numéro 1 mondial du plâtre,*** l'usine de Vaujours fabrique 40 % de la production nationale de Placoplatre et assure 25 % de l'activité plâtrière nationale. C'est le 1er site de transformation de gypse dans le monde et la plus importante usine de plâtre en Europe. Elle est dotée de 2 chaînes de fabrication de plaques de « placo » et se veut exemplaire en matière de ***respect de l'environnement et d'économie d'énergie*** puisque les sites naturels sont ensuite restaurés.

Au cours de la présentation, après vous avoir équipé d'un casque audio, le guide vous emmènera voir l'***immense chaîne de fabrication automatisée*** où le plâtre liquide s'écoule entre 2 feuilles de carton pour devenir une plaque géante : très spectaculaire ! Une fois solidifiée, elle sera découpée, séchée et stockée au rythme de 150 m à la minute, sous l'œil du contrôle-qualité. Ensuite,

QUI DIT QUOI ?

En France, « Placoplatre » et « placo » sont devenus une antonomase (une figure de style consistant à remplacer un nom commun par un nom propre et inversement). Ces 2 termes sont en effet déposés dans la gamme de plaques de plâtre propriété du groupe Saint-Gobain. Le nom est déposé tel quel à l'INPI, sans accent circonflexe, bien que venant de plâtre.

le « placo » rejoindra les magasins de bricolage pour être utilisé dans des travaux de rénovation ou d'isolation où il a fait ses preuves depuis de nombreuses années. La visite se terminera par la présentation des différents produits du Groupe Saint-Gobain (Gyproc, Isover, Weber).
Le site accueille également un ***centre de formation aux techniques du plâtre et de l'isolation.*** Une visite qui intéressera surtout les spécialistes, compte tenu de la spécificité du matériau et du site.
Label : Explore Paris.

Les coulisses du Stade de France : *ZAC du Cornillon Nord, 93200* ***SAINT-DENIS.*** *☎ 08-25-05-44-05. • stadefrance.com • (en partie). Les jours d'événements et la veille, horaires aménagés. Pour les visites, résa obligatoire, achat des billets sur • cultival.fr • ou par tél. Visite guidée à heures fixes. Tarif : 16 € ; moins de 18 ans 11 € ; gratuit moins de 5 ans ; forfait famille : 44 €. Horaires sur le site. Visite de groupe, résa par mail à • groupes@tourisme93.com •*
Une chose est sûre : il ne manque pas d'allure ! Cette ellipse illuminée, gigantesque et couronnée de hauts mâts haubanés, semble léviter sur ses larges volées d'escaliers. Édifié en un temps record (31 mois, de mai 1995 à fin 1997), il aura demandé 1 million d'heures de travail en gros œuvre, 37 km de gradins, 32 000 t d'acier. La bête dispose de ***80 000 places assises couvertes (configuration football-rugby)*** ; ses tribunes basses, rétractables, permettent d'élargir le terrain pour dégager les pistes (configuration, 75 000 places) ; enfin, la pelouse peut accueillir 20 000 personnes supplémentaires pour les méga-concerts (configuration spectacle, 90 000 places) et autres ***shows gigantesques et magnifiques.*** On y trouve aussi un espace polyvalent de 2 000 places, le Chorum, ouvert aux meetings, salons et autres manifestations, et des commerces et restaurants – dont un panoramique –, ouverts à l'année.
Et puis c'est ici qu'on a remporté la ***Coupe du monde de football en 1998,*** et la ***demi-finale de 2018.*** Alors, on peut saluer la prouesse et le résultat. Puis s'en féliciter pour Saint-Denis, pour qui le stade est ***une aubaine en termes d'image et de dynamisme.***
Label : Explore Paris.

VAL-DE-MARNE (94)

Aéroport Paris-Orly : *94390* ***ORLY.*** *• exploreparis.com • À partir de 8 ans. Résa sur le site internet ou par tél (Maison de l'environnement): ☎ 01-49-75-90-70. • mdeorly@adp.fr • Pour les individuels, visite guidée « Au cœur de l'aéroport d'Orly » (circuit de 4 km à pied), sur résa, mar-mer à 14h. GRATUIT. Durée de la visite : 2h30. Pour les groupes, visite guidée, « Visite découverte professionnelle », 10-20 pers, sur résa par mail (min 2 sem avt). GRATUIT. Durée de la visite : 2h30.*
Le ***circuit*** permet de visiter l'***aéroport international de Paris-Orly*** et de comprendre l'organisation et le fonctionnement d'une telle entreprise, un petit monde en soi, fonctionnant presque 24h/24 et soumis à des règles de sécurité et de ponctualité très strictes. La Maison de l'environnement de l'aéroport Paris-Orly propose des visites guidées de l'aéroport pour les individuels et pour les groupes. La visite guidée ***« Au cœur de l'aéroport d'Orly »***, conduira les visiteurs dans le terminal 1-2-3-4 de l'aéroport, à travers un circuit piéton de 4 km ! Point de départ de la visite, la passerelle reliant Cœur d'Orly à Orly 4 où vous retrouverez votre guide. À bord de l'Orlyval, votre visite commencera par un passage dans Orly 1 et 2. Pour se rendre du côté des pistes, en zone réservée, vous passerez par les contrôles de sécurité comme tous les voyageurs qui embarquent sur un vol. Vous découvrirez ensuite Orly 3, le bâtiment de jonction aux standards

des meilleurs aéroports internationaux. Puis rejoindrez Orly 4 au Sud de la plateforme, pionnier des aéroports parisiens, où se côtoient histoire et modernité. Au cours de la visite, les différentes procédures de préparation d'un avion entre 2 vols sont détaillées. En ce qui concerne le carburant, vous apprendrez qu'un ***important réseau d'oléoducs souterrains*** permet d'approvisionner directement les aéroports franciliens depuis... Le Havre !
Au cours du trajet, on passe devant la tour de contrôle, dont le rôle est primordial dans la gestion de la circulation aérienne. La visite se termine sur une terrasse offrant un magnifique panorama. Au loin, n'oubliez pas de saluer respectueusement le *Concorde* qui a pris sa retraite aux abords de la N 7.

LES GRANDS OISEAUX N'AIMENT PAS LES PETITS

De nombreux animaux vivent sur le site de Paris-Orly. Il n'est pas rare d'y apercevoir des lapins, et il y a de nombreux rongeurs dans les sous-sols. Ceux-là sont tolérés. Ce n'est pas le cas des oiseaux dont la présence peut se révéler dangereuse lors du décollage ou de l'atterrissage. De nombreuses espèces sont présentes : oies, pigeons, corneilles, buses ainsi que des vanneaux. Une brigade d'agents dédiée à la vie sauvage a donc pour mission de limiter la présence des oiseaux pour éviter les risques de collision.

Pour les groupes professionnels ou scolaires, la visite permet de découvrir les différents métiers aéroportuaires : les missions de l'agent d'information ou de sûreté, de l'agent de sécurité ou d'assistance aux personnes, du bagagiste, de l'avitailleur, etc.

Ateliers Bobin Tradition : *3, av. des Orangers, 94380* ***BONNEUIL-SUR-MARNE.*** *• bobin-tradition.com • Visites guidées seulement. Résa et dates sur • exploreparis.com • Tarif : 8 €. Durée de la visite : 1h.*
Spécialiste de la restauration de textiles, les ***Ateliers Bobin Tradition,*** créés en 1906 par Léon Bobin, préservent ce savoir-faire ancestral. Depuis plusieurs décennies, l'entreprise a acquis ses marques de noblesse en restaurant les tapis, tapisseries et textiles de nombreux lieux prestigieux, comme le musée du Louvre, le musée de Cluny, le château de Versailles, L'Élysée, l'Hôtel Matignon ou encore le château de Fontainebleau et collections privées et particuliers. Avant de restaurer un textile, il faut le nettoyer délicatement. Chacune de ces étapes requiert un grand nombre de techniques et d'outils différents : toute une technique au service du patrimoine culturel !
Label : Explore Paris.
– Pour aller plus loin, possibilité de visiter le ***château de Fontainebleau*** : *pl. Charles-de-Gaulle, 77300* ***Fontainebleau.*** *☎ 01-60-71-50-70. • châteaudefontainebleau.fr • Résa sur le site internet.* Pour voir de belles tapisseries anciennes !

Domaine de Grosbois : *94470* ***BOISSY-SAINT-LÉGER.*** *☎ 01-49-77-15-24. • regiegrosbois@letrot.com • domainedegrosbois.com • Visites guidées seulement, sur résa par mail pour les groupes, et pour les particuliers, sur le site • exploreparis.com • Visite du centre d'entraînement : pour les particuliers, sam à 10h ; pour les groupes véhiculés, lun-sam. Visite du château de Grosbois : pour les particuliers, sam à 14h ; pour les groupes, lun-sam. Visite libre du musée du Trot, lun-sam, pour les groupes sur résa. Tarifs pour particuliers : visite guidée du centre d'entraînement 15 € ; visite guidée du château 18,50 €. Tarifs groupes : visite guidée du centre d'entraînement 160 € + 10 €/pers ; visite guidée du château 180 € + 10 €/pers ; pour billet combiné château + musée + centre d'entraînement) : 160 € + 180 € + 18 €/pers.*
Situé ***à une demi-heure environ de l'hippodrome de Paris-Vincennes,*** temple des courses de trot (avec notamment le prix d'Amérique, qui se court le dernier dimanche de janvier), le ***domaine de Grosbois*** est ***le plus grand centre d'entraînement de trotteurs au monde.*** En pleine saison hivernale, ce sont près

de 1 500 chevaux qui arpentent les pistes d'entraînement et les allées cavalières de ce magnifique domaine de plus de 400 ha. C'est ainsi l'occasion de découvrir qu'au-delà des paris hippiques, ***les courses sont un secteur d'activité à part entière,*** une filière comptant plusieurs milliers de salariés passionnés qui œuvrent chaque jour au bien-être des athlètes équins qui foulent les pistes des hippodromes aux 4 coins de l'Hexagone. Son élégant ***château du XVIIe s*** abrite maintenant, au rez-de-chaussée, un passionnant musée de l'histoire des courses de trot ainsi que les appartements historiques des princes de Wagram demeurés intacts. Accompagnés d'un guide professionnel du trot, la ***visite du centre d'entraînement*** permet de plonger au cœur de l'activité hippique en parcourant le domaine en bus. Après un passage par les pistes d'entraînement des chevaux, vous découvrirez les différentes infrastructures d'entraînement telles que le manège et la piste couverte, ainsi que quelques écuries.
Pour la ***visite du château :*** on pénètre dans cette demeure historique abritant plus de 4 siècles de l'histoire de France ; le parcours commence par la salle à manger avec ses peintures murales d'époque Louis XIII et se poursuit par le salon de l'Empereur, la galerie des Batailles et enfin par la fameuse bibliothèque. Et on poursuit la visite par le ***musée des Courses au trot,*** où l'on explore librement l'histoire de cette discipline et de ses champions à 4 jambes !
Les + :
– Concerts de musique classique souvent tenus au château.
– Une visite spécialement conçue pour les enfants, avec spectacle de marionnettes et costumes, sur la vie des enfants au château à l'époque napoléonienne. *Enfants de 3 à 7 ans accompagnés. Tarif : 15 €/enfant, 10 €/accompagnant. Durée : 45 mn à 1h.*
Label : Explore Paris.

Marché international de Rungis : *1, rue de la Tour, 94150* ***RUNGIS.*** *☎ 01-55-09-30-73. À partir de 13 ans. Visite guidée en groupe seulement. Résa par tél ou sur le site internet. Jusqu'à 15 pers par guide. Résa par tél ou par mail à • resa@tourisme-valdemarne.com • Tarif : 1 182 € par groupe de 15 pers (visite guidée en autocar) ; scolaires sur demande. Brunch à l'issue de la visite (tarif : 34,80 €) ou petit déj (22,80 €). Durée de la visite : 4h.* ***À savoir :*** *munissez-vous de chaussures adaptées à la marche et de vêtements chauds (on traverse des pavillons réfrigérés).*
À quelques dizaines de kilomètres de Paris, Rungis est le ***plus grand marché de produits frais du monde*** et un des sites professionnels les plus visités de France. C'est parti pour une immersion dans ses 232 ha, soit la taille de la principauté de Monaco ! Cette ville dans la ville ne rassemble pas moins de 12 000 emplois, dans plus de 1 400 sociétés. Chaque année y transitent 1,7 million de tonnes de produits alimentaires, 18,5 millions d'unités de plantes en pot et 34,2 millions de bottes de fleurs coupées. Chaque jour, ce sont 26 000 véhicules, dont 3 000 gros porteurs, qui accèdent à ce marché aussi démesuré qu'époustouflant.
Poisson, viande, fruits et légumes, mais aussi fleurs coupées, produits laitiers, ou encore produits traiteurs, tout est acheminé puis réexpédié à partir de Rungis... Rungis peut se vanter d'être le fournisseur privilégié des principaux artisans de la gastronomie française. Non content de valoriser les produits des régions françaises, il propose aussi des ***produits en provenance du monde entier.*** Aujourd'hui, il fait également la part belle aux offres labellisées responsables, et notamment l'offre bio.
Sur place, vous êtes équipé de la tenue d'hygiène obligatoire avant de commencer la visite par le ***pavillon de la Marée,*** la plus grande halle d'Europe, puis les ***produits carnés*** (impressionnants), les ***produits laitiers*** (le plus grand plateau de fromages du monde), les ***fruits et légumes*** (le secteur le plus important) et enfin dans un carnaval de couleurs et de senteurs, les ***fleurs coupées.*** Durant la visite, on vous explique comment s'organise et fonctionne ce gigantesque garde-manger

dans lequel viennent se fournir ***tous les commerces de bouche de l'Île-de-France et des régions limitrophes.*** Une visite tout en odeurs et en saveurs, mais attention, il faut être noctambule ou matinal, puisque c'est entre 3h et 6h du matin que le marché bat son plein !
Label : France savoir-faire d'excellence, Explore Paris.

Roseraie du Val-de-Marne à l'Haÿ-les-Roses : *rue Albert-Watel, 94240* ***L'HAŸ-LES-ROSES.*** *☎ 01-47-40-04-04. • roseraie-valdemarne.fr • Visite libre. Tlj 10h-19h. Visite guidée : thématique horticole 1er mai-14 juil, sam et dim à 14h, thématique historique du 15 juil à la fermeture hivernale dim à 14h. Visite groupe : 25 pers mar à 10h30 et 14h30 ; 50 pers ven à 14h30. Résa sur • exploreparis.com • ou pour les groupes par mail à • resa@tourisme-valdemarne.com • Visite scolaire : mer uniquement, infos par tél. Tarif : période floraison 4 €, ½ tarif (moins de 26 ans, plus de 65 ans, militaires, groupes de plus de 15 pers) 2 €, visite guidée + 1 € ; hors période de floraison uniquement visite guidée payante 1 €. Gratuit pour différentes catégories. Recommandé en juin pour une floraison à son apogée. Chiens interdits.*
Cette roseraie compte aujourd'hui ***plus de 11 000 rosiers*** et ***environ 2 900 variétés de roses !*** Et si aujourd'hui, elle abrite l'une des plus anciennes et des plus diverses collections de variétés de roses, c'est parce qu'elle a été ***commencée il y a plus d'un siècle,*** à la fin du XIXe s, par Jules Gravereaux et Édouard André. Le premier a l'idée de consacrer le jardin exclusivement à la rose, et le second, architecte-paysagiste déjà renommé à l'époque, met en œuvre cette idée en suivant les codes du jardin à la française. ***Le jardin devient laboratoire*** et on y hybride différentes variétés. Ainsi, la roseraie du Val-de-Marne devient la ***1re véritable « roseraie »,*** terme qui n'existait pas avant sa création. En 1910, il abrite toutes les espèces de roses connues alors ! Le jardin regorge de secrets à percer, et en période de floraison, la visite baigne dans le parfum de la reine des fleurs. Hors de la période de floraison, on admire l'intelligent agencement des buissons. Il y a toujours une plante en train de s'épanouir pour éveiller les sens !
Label : Explore Paris.

UN « JARDIN À LA FRANÇAISE », QU'EST-CE QUE C'EST ?

L'idée et les préceptes du « Jardin à la Française » apparaissent environ au début du XVIe s, siècle de la Renaissance, où ordre, harmonie, perspective et maîtrise étaient les valeurs recherchées dans tous les domaines. Objectifs : maîtriser la nature et atteindre une perfection visuelle. Moyens : la perspective, les figures sculpturales et géométriques, la symétrie.

Téliane – élevage d'ânesses laitières : *86, rue des Bordes, 94430* ***CHENNEVRIÈRES-SUR-MARNE.*** *☎ 01-55-09-16-20. Visites pour individuels et groupes (15-30 pers) : mar-sam, sur résa par tél ou par mail à • resa@tourisme-valdemarne.com • Tarif : 6,50 €/pers ; 130 €/groupe. Durée de la visite : 1h30. Résa des visites guidées sur • exploreparis.com •*
Une vraie panacée, le lait d'ânesse ! Il favorise le renouvellement cellulaire, il contient plein de bonnes choses telles que des vitamines (A, B1, B2, B6, C, D, E), des sels minéraux (potassium, phosphore, sodium, calcium, magnésium), des oligo-éléments (fer, zinc, iode), et des acides gras polyinsaturés (Oméga 3 et Oméga 6). On en a longtemps nourri les bébés, et la pratique est en train d'être réhabilitée. Voici un étonnant élevage d'ânesses laitières en mode biologique, dans le plus grand respect de l'animal, qui fabrique des produits de beauté bio au lait d'ânesse sous la marque Téliane. Au cœur du parc départemental des Bordes à Chennevières-sur-Marne, on explore l'exploitation artisanale et on ***échange avec l'éleveuse Émilie Artus,*** qui a mis le ***bien-être de l'animal*** au centre de ses préoccupations. On aborde les techniques,

les pratiques, les principes et les valeurs de ***l'élevage biologique.*** Une visite idéale pour petits et grands enfants amoureux de la nature.
Label : Explore Paris.

VAL-D'OISE (95)

Aéroport international de Roissy-Charles-de-Gaulle : *95700* ***ROISSY-EN-FRANCE.*** *Visite guidée sur résa, circuit en bus ou circuit piéton (quelques dates seulement dans l'année) sur • exploreparis.com • Infos au : ☎ 01-49-15-98-98 (Seine-Saint-Denis Tourisme). Tarif : 2 €/pers. Durée de la visite : 3h.*
Situé à 25 km au nord de Paris, l'aéroport Paris-Charles-de-Gaulle, implanté sur 3 257 ha, constitue, avec un peu plus de 76 millions de passagers, ***le 1er aéroport de France, le 2e d'Europe*** (après Londres-Heathrow) pour les passagers. L'aéroport, ses aérogares et ses 4 pistes s'étendent sur 32 km², à cheval sur 3 départements (Val-d'Oise, Seine-Saint-Denis et Seine-et-Marne). L'ensemble est géré par « ***Aéroport de Paris*** » (ou ADP), tout comme les 2 autres aéroports parisiens (Le Bourget et Orly) mais aussi 10 aérodromes (et pas moins de 25 aéroports à travers le monde !). ***ADP est tout à la fois bâtisseur, constructeur et exploitant,*** ce qui en fait l'un des fleurons des entreprises françaises (cocorico !). L'entreprise, à Roissy-CDG, est propriétaire de tout le foncier (sauf la gare SNCF qui appartient à la SNCF) ; elle a donc accompagné toute l'aventure depuis le 1er chantier jusqu'aux dernières extensions.
Depuis son inauguration en 1974, le 1er terminal T1 a été complété par une 2de génération des terminaux A, B, C et D, conçus, toujours par ***le même architecte Paul Andreu,*** comme des modules permettant d'optimiser les postes avions. Une révolution ! Une 2de révolution s'opère avec l'intermodularité, autrement dit par la connexion désormais facilitée avec le réseau routier et ferroviaire. En 1998, la création du grand hub du Terminal F permit d'atteindre les 22 000 connexions par semaine essentiellement vers l'Europe.
Contrairement à Orly, ***Roissy fonctionne 24h/24,*** assurant aussi bien le transport de passagers que le fret (ou transport de marchandises). Véritable ruche ou fourmilière, comme on voudra : ce sont près de 90 000 personnes qui travaillent sur la plateforme (120 000, si l'on compte les emplois indirects et les emplois induits). Une ville dans la ville !

YVELINES (78)

Distillerie du Noyau de Poissy : *105, rue du Général-de-Gaulle, 78300* ***POISSY.*** *☎ 01-39-65-20-59. • noyaudepoissy.com • Visite guidée seulement, 1 visite/mois avec l'office de tourisme de Poissy. Résa au ☎ 01-30-74-60-65. Tarif : 7 € ; 6-16 ans 6,50 € ; gratuit moins de 6 ans. Visite de groupe sur résa, 15-25 pers. Tarif : 7 €/pers ; réduc (sauf espace musée). Durée de la visite : 1h30.* ***Boutique :*** *mar-sam 10h-12h30, 14h30-19h.*
Le ***Noyau de Poissy*** date de la fin du XVIIe s, quand une aubergiste eut l'idée de faire macérer des noyaux d'abricots dans de l'eau de vie de Gascogne. En 1846, il y avait une vingtaine de distillateurs à Poissy. La ville, alors très fréquentée, comptait de nombreuses auberges en raison de son immense marché aux bestiaux qui alimentait Paris en viande.
À la fois patrimoine historique et gastronomique, la ***Distillerie du Noyau de Poissy,*** qui produit la dite liqueur, ouvre ses portes lors des visites organisées avec l'office de tourisme de Poissy. C'est l'occasion de voir fonctionner la dernière

distillerie de type artisanal d'Île-de-France et la doyenne des liqueurs nationales. Au menu : visites commentées sur l'histoire de cette institution, découverte des modes d'élaboration traditionnels des ***2 liqueurs de la distillerie : le Gobelet d'Argent,*** de couleur ambrée, obtenu à partir d'amandons de noyaux d'abricots macérés, et le ***Sceau de Saint-Louis,*** élaboré à partir d'amandons de noyaux d'abricots distillés, au goût plus puissant.
Dans un espace d'exposition, anciens flacons, photos et affiches. Bouquet final : dégustation de gourmandises élaborées à base de Noyau de Poissy (confiture, pâtes de fruits, chocolats...). Côté cuisine, vous repartirez avec des idées et des recettes de plats et desserts délicieusement parfumés et originaux, à savourer et faire découvrir à vos amis.
Les + :
– Dégustation animée par notre conférencière à la « manière française ».
– Dégustation de sirops pour les enfants.
– Animation : différents cours de cuisine à base de Noyau de Poissy *(sur résa).*
Label : Entreprise du Patrimoine Vivant.

La Bouche du Roi : *12, rue Saint-Jacques, 78810* ***DAVRON.*** *☎ 01-82-30-35-75. • la-bouche-du-roi.com • Visite guidée uniquement. Résa en ligne. Visite du domaine et dégustation sam à 10h30, 14h et 16h30. Tarif : 29 €. Visite accord mets-vins certains sam à 10h. Tarif : 49 €. Visite assemblage du vin certains sam à 10h. Tarif : 75 €. Visite et atelier travaux de la vigne certains sam à 10h. Tarif : 99 €. Durée de la visite : entre 1h et 3h30, selon la visite choisie.*
Aux XVII et XVIIIe s, le vignoble d'Île-de-France était le plus grand du royaume, 42 000 hectares. ***Aujourd'hui, le vin de qualité revit en plaine de Versailles,*** sur un domaine de 27 hectares au remarquable sous-sol argilo-calcaire, grâce à un groupe de vignerons passionnés qui fait revivre ce patrimoine agricole, préservant sa tradition œnologique et son histoire. Les plantations ont débuté en 2017, et les vinifications de qualité en 2022. Un soin particulier a toujours été accordé à la qualité de la production : vendanges manuelles, chai à barriques, jarres en grès... – ***La Bouche du Roi*** a été en charge de la gastronomie et de l'œnologie au château de Versailles ! L'exploitation est ***certifiée en agriculture biologique*** : raisin cultivé sans engrais et sans pesticides, vignes entourées de haies, biodiversité environnante préservée... Les vins sont appréciés dans des tables étoilées (Alain Ducasse, Thierry Marx...) et sélectionnés par des cavistes exigeants.
Durant la visite, ***on marche dans les allées des vignes*** (chardonnay, chenin, sauvignon blanc, pinot noir, merlot, cabernet franc, malbec...), on glane des anecdotes sur l'histoire du lieu et sa fonction à l'époque royale du château de Versailles – qu'on peut apercevoir par beau temps. On s'initie aux techniques de dégustation, on approfondit les associations mets-vins, on aborde le métier de vigneron et le travail du raisin.... Quelle que soit la visite choisie, on partage un moment agréable et convivial tout en s'instruisant sur la viticulture biologique, dans un lieu d'exception !

DES CAVES ROYALES INTERNATIONALES

Le Grand Maître de France était responsable de l'approvisionnement du vin du roi. Il s'agissait de l'une des plus prestigieuses positions qu'un noble pouvait occuper. Elle était traditionnellement accordée à la lignée des Bourbon-Condé. La commande du vin était officielle et se faisait chez le notaire ! La cour buvait majoritairement des vins français, mais aussi allemands, portugais, hongrois ou encore espagnols...

Le + : dégustation.
– Pour aller plus loin, possibilité de visiter le ***château de Versailles*** lui-même : *pl. d'Armes, 78000* ***Versailles.*** *☎ 01-30-83-78-00. • chateauversailles.fr • Visite sur résa obligatoire en ligne.*

NORMANDIE

• Carte *p. 26*

La Normandie a fait de la visite d'entreprise un secteur dynamique et présente une grande diversité d'activités.
Produits régionaux s'il en est, le lait et la pomme y sont transformés pour le plaisir des papilles : les *caramels d'Isigny,* la *fromagerie Graindorge* qui produit les fameux Livarot et Pont-L'Évêque, la *fromagerie de Beaumoncel* pour le camembert, fromages emblématiques de la Normandie, les cidreries et distilleries du Calvados (*Château du Breuil, Christian Drouin, Huet, Busnel...)*
Certaines entreprises présentent des savoir-faire d'exception : la *fonderie de cloches Cornille-Havard,* l'équipement culinaire haut de gamme à l'*Atelier du Cuivre* et chez *Mauviel 1830,* les *Parapluies de Cherbourg,* les *Ateliers Bohin,* le *Palais Bénédictine,* l'art du fil chez *Filt 1860,* ou encore les *Tricots SAINT-JAMES* (ou comment un pull marin passe entre 18 mains avant d'être fini !).
Le secteur industriel compte quelques grandes entreprises comme le *port du Havre,* les *centrales nucléaires EDF de Penly, Paluel et Flamanville,* aux pieds des falaises, ou encore *Terre de Lin,* la plus grande coopérative de lin textile d'Europe.

CALVADOS (14)

Pôle calvados

Calvados Christian Drouin – Domaine Cœur de Lion : *le Lieu Saint-Pierre, 1895, route de Trouville, 14130* ***COUDRAY-RABUT.*** *☎ 02-31-64-30-05. • calvados-drouin.com • Visite guidée seulement : lun-sam 9h-12h, 14h-18h. GRATUIT. Visite de groupe sur résa, pour 20-50 pers. Tarif : à partir de 3,90 €/pers ; scolaires 1,80 €/pers. Durée de la visite: 45 mn.* ***Boutique :*** *lun-sam 9h-12h, 14h-18h. Vente des produits au chai.*

Dans cette région enchanteresse de Normandie, voici un arrière-pays normand conforme à l'image idéalisée de la campagne française : toits de chaume, vaches grasses, pommiers en fleur, vert profond des doux pâturages, adorables fermettes à pans de bois, villages propres, cuisine à la crème et bonnes bouteilles d'eau-de-vie de derrière les fagots... Le cadre parfait pour cette ***distillerie artisanale et familiale*** à l'architecture augeronne typique du XVIIᵉ s. On a plaisir

UN ALCOOL FOUDROYANT

Inventée en 1553 par un gentilhomme gastronome, l'eau-de-vie fabriquée à partir du cidre (et souvent aussi de poires à poiré) attendit la fin du XIXᵉ s pour s'appeler calvados. Héros des tranchées de 1914, puis du café-calva prolétaire, le calvados a recyclé l'expérience du cognac et de l'armagnac pour accéder au statut d'alcool noble. Il se décline 3 AOC: « Calvados », « Calvados pays d'Auge » et « Calvados domfrontais ». Les puristes ne boivent rien de moins de 15 ans, mais tout le monde n'est pas richissime. 3 étoiles ou 3 pommes indiquent un calva d'au moins 2 ans d'âge. Vieux ou réserve : 3 ans. Après 6 ans, c'est Napoléon, hors d'âge, etc., l'âge indiqué étant celui du plus jeune des composants.

à voir cet alambic à roulettes datant de 1946, qui servait à la distillation dans les fermes, ou bien ces fûts de chêne, aux formes peu conventionnelles dans les chais : une forme ovoïde qui permettait aux producteurs de tricher quelque peu sur la contenance exacte de leurs tonneaux ! Dégustation gratuite de ***cidre, pommeau et calvados*** et une gamme unique de vieux millésimes qui remonte jusqu'en 1939.
Les + :
- Dégustation.
- Animations (au choix, infos sur demande).

Label : Tourisme et Handicap.

Calvados Huet : *manoir La Brière des Fontaines, 5, av. des Tilleuls, 14340* ***CAMBREMER.*** *☎ 02-31-63-01-09. • calvados-huet.com • (accès partiel). Visite guidée seulement. Avr-sept : tlj à 11h, 14h30, 15h30 et 16h30 (sauf dim à 14h30). Oct-mars : lun-ven à 11h et 15h. Tarif : 3,50 € ; gratuit moins de 15 ans. Visite de groupe sur résa, jusqu'à 60 pers ; tarifs selon formule. Durée de la visite : 1h15.* ***Boutique :*** *avr-sept, lun-sam 9h-12h30, 14h-18h, dim et j. fériés 10h-13h, 15h-18h ; oct-mars, fermé dim et j. fériés.*
La ***famille Huet, productrice depuis 5 générations,*** a acquis une grande notoriété par la commercialisation de son précieux breuvage : le calvados. Depuis 1921, de nombreuses médailles ont récompensé son savoir-faire. Au cours de la visite guidée, on découvre la lente transformation de la pomme en calvados, et on pénètre ainsi dans un univers où tradition et qualité restent les préoccupations fondamentales de la famille. Le pressoir et l'alambic, unique en Normandie, peuvent étonner. Mais c'est dans les chais qui abritent des fûts centenaires qu'on est envahi par des parfums aussi subtils qu'agréables... Enfin, une dégustation de ***cidres, de pommeau et de calvados*** conclut la visite.
Le + : dégustation.

Château du Breuil : *les Jourdains, 14130* ***LE BREUIL-EN-AUGE.*** *☎ 02-31-65-60-09. • spiriterie.com • Visite guidée seulement. Tlj à 10h, 11h, 14h, 15h, 16h et 17h. Tarif : 9 € ; réduc. Visite de groupe sur résa, pour 20-120 pers. Tarif groupe : jusqu'à 19 pers, 9 €/pers ; à partir de 20 pers, 5,50 €/pers. Durée de la visite : 1h.* ***Boutique :*** *tlj 9h-12h et 14h-18h (juin-sept, jusqu'à 18h30).*
Dans un château classé Monument historique, l'entreprise distille des ***spiritueux*** depuis 3 générations. Lors de votre visite, vous découvrirez les mystères de la double distillation du ***cidre.*** La visite se poursuit par le chai. Vous y apprendrez que chaque ***calvados*** est différent, que chaque maître de chai a son secret qu'il garde jalousement : le goût délicat et raffiné des calvados dépend moins de leur âge que de la ***qualité de leurs assemblages,*** créés par le maître de chai.
Le + : dégustation de pommeau et de calvados 15 ans d'âge.

LE CALVADOS, UNE TRÈS ANCIENNE BOISSON

Popularisé véritablement en France aux alentours de 1860, et devenant petit à petit plus noble et réputé (notamment grâce à sa mention dans des romans et nouvelles de Flaubert, Maupassant, et Zola), cette eau-de-vie de cidre a en fait une histoire bien plus ancienne : elle a été confectionnée au départ pour compenser la forte perte des pommes dans les vergers. La 1re mention dans un écrit remonte à 1553, par Gilles de Gouberville, à qui on attribue souvent l'invention du calvados.

Vergers de Ducy – Domaine de la Flaguerie : *rue du Lieu-Moussard, 14250* ***DUCY-SAINTE-MARGUERITE.*** *☎ 02-31-80-28-65. • lesvergersdeducy.fr • Visite libre gratuite : avr-sept, tlj 9h-12h, 14h-18h30 ; oct-mars, lun-sam 14h-18h. Visite guidée gratuite : avr-sept, lun-sam à 10h30 et 15h30 ; oct-mars, lun-sam*

NORMANDIE

à 15h30. Tarifs différents pour visite guidée sur demande horaires différents. Visite groupe sur résa, pour 3-100 pers. Durée de la visite : 1h30. ***Boutique :*** *avr-sept, tlj 9h-12h30, 14h-18h30 ; oct-mars, lun-sam 14h-18h30.*
Entreprise familiale et ancestrale, fondée il y a de cela presque 2 siècles, en 1835, la ferme qui abrite les vergers reste attachée aux techniques traditionnelles de fabrication du cidre. On se promène dans les vergers tout en écoutant leur histoire, on découvre l'ancien pressoir et les différentes variétés de pommes utilisées dans la fabrication des produits cidricoles, et on fait un tour par le chai à calvados pour découvrir l'importance du vieillissement. Y sont entreposés cidre, pommeau et calvados, qu'on déguste ensuite (jus de pomme pour les plus jeunes) ! Les pommes sont cultivées en bio ***certifié Agriculture biologique,*** un gage de qualité. On profite également des jardins, ouverts à la visite. Une visite pour fins palais, et pour petits et grands.
Le + : dégustation.

Pôle laitier

Caramels d'Isigny : *ZA Isypole, rue du 19-Mars-1962, 14230* ***ISIGNY-SUR-MER.*** *☎ 02-31-51-66-57. • caramels-isigny.com • ♿ Fermé 1er janv, 1er mai, et 25 déc. Halles ouv tte l'année, tlj (sauf dim janv-mars) 9h-19h. Visites : juil-août, tlj 9h-18h ; avr-juin et sept, lun-sam 9h-18h ; oct-mars, lun-ven et j. fériés 9h-13h, 14h-17h. Tarif : 4 €/pers, réduc. Visite de groupe sur rdv pour 20-55 pers. Tarif : 4 €/pers, réduc, gratuit pour le chauffeur et le responsable de groupe ; scolaires 2,50 €/pers, gratuit pour les accompagnateurs. Durée de la visite : 45 mn.* ***Boutique :*** *ouv tte l'année, tlj (sauf dim janv-mars) 9h-19h.*
Ici, on fabrique le vrai ***Caramel d'Isigny*** au lait entier et au beurre d'Isigny AOP. D'un côté, vous avez le magasin de vente. De l'autre, sur 300 m², l'***espace pédagogique*** dédié à la coopérative Isigny-Sainte-Mère, mais surtout aux délicieux produits maison, avec la ***découverte des ateliers de fabrication*** à travers une baie vitrée et grâce à des vidéos, du mélange des matières premières aux bonbons emballés. Dans les années 1930 et jusque dans les années 1990, 2 entreprises se partageaient le marché du caramel à Isigny : les Galliot et la société Dupont-d'Isigny. Quand, en 1994, cette dernière partit s'installer à Carentan, la chambre de commerce et la coopérative laitière œuvrèrent pour que la production de caramel ne cesse pas. C'est ainsi que naquit l'entreprise ***Caramels d'Isigny*** qui, aujourd'hui encore, travaille main dans la main avec la laiterie, pour une fabrication de 300 t de caramels par an (dont 15 millions de bonbons !)
Le + : dégustation.

MICKEY AIME LE FROMAGE (COMME TOUTES LES SOURIS)

Isigny peut se prévaloir d'être le berceau de la famille Disney, le célèbre créateur de Donald et Mickey. En effet, à l'époque de Guillaume le Conquérant, 2 frères Deisigni figurent parmi les compagnons du roi. Et c'est de cette lointaine branche, devenue américaine, que naîtra le célèbre Walt.

Fromagerie Graindorge – Le Village fromager : *42, rue du Général-Leclerc, 14140* ***LIVAROT.*** *☎ 02-31-48-20-10. • graindorge.fr • ♿ Avr-juin et sept-oct, lun-sam 9h30-12h30, 14h-17h ; juil-août, tlj 9h30 (10h30 dim)-17h ; nov-mars, lun-ven 10h-12h, 14h30-17h, sam 10h-12h30, j. fériés sur rdv. GRATUIT. Visite de groupe sur résa, pour 20-100 pers. GRATUIT (inclut une dégustation gratuite et collective), y compris scolaires. Dégustation spéciale : 4 €/pers. Durée de la visite : 1h30.* ***Boutique :*** *avr-juin et sept-oct, lun-sam 9h30-13h, 14h-17h ; juil-août, tlj 9h30 (10h30 dim)-17h30 ; nov-mars, lun-ven 10h-12h30, 14h30- 17h30, sam 10h-13h.*

DES FROMAGES ODORANTS

En plus du camembert, le pays d'Auge a engendré 3 autres gâteries. Le livarot – un vieux de la vieille celui-là, il n'y a qu'à sentir –, surnommé « le colonel » pour les 5 galons qui l'entourent. C'est un fromage artisanal, guère gras, mais corsé... Quant au pont-l'évêque, sa croûte orangée cache une pâte souple, très odorante elle aussi. Enfin, le pavé d'Auge, de forme carrée, plus doux et plus crémeux.

Au cœur du pays d'Auge, la ***fromagerie Graindorge***, créée en 1910 par Eugène Graindorge, fabricant et affineur de livarot... en la bonne ville de Livarot, en produit à elle seule près de 80 000 par jour ! Un fromage qui nécessite 5 l de lait – qui ne doit venir que des 4 dernières traites de vaches exclusivement normandes ayant pâturé 6 mois de l'année dans le bocage normand, si si, tout et seulement ça –, une technique des plus complexe, et 2 mois d'affinage...
Le ***Village Fromager*** propose une visite instructive de la fromagerie pour tout apprendre de la fabrication des ***4 AOP régionales : livarot,*** bien sûr, mais aussi ***pont-l'évêque, neufchâtel et camembert de Normandie.*** On passe au-dessus des lignes de production, de l'arrivée du lait (95 producteurs) au conditionnement, tout en suivant un parcours audiovisuel. Cette entreprise travaille avec du lait cru et a pris depuis quelques années un virage vers le développement durable. Tout cela est habilement mis en scène avant d'arriver... à la boutique du terroir où vous pourrez déguster ces 4 délicieux fromages normands.
Les + :
– Bar à fromages en juillet-août.
– Dégustation gratuite et collective.
– Ateliers pédagogiques pour les groupes scolaires avec fabrication d'un fromage *(2,50 € par élève).*
Label : France savoir-faire d'excellence.

Biscuiterie Jeannette : *23, av. du Pays-de-Caen, 14460* ***COLOMBELLES.*** *☎ 02-31-70-81-00. • jeannette1850.com • Visite guidée de groupe (20-50 pers) sur résa les mar et jeu à 10h. Tarif : 2,50 €. Visites gratuites ouvertes au public sur résa en juil-août, les mar et jeu à 10h. Résa par tél. Durée de la visite : 45 mn.* ***Boutique :*** *lun-sam 10h-19h.*
Cette biscuiterie normande naît en 1850 à Caen, puis se développe tandis que la gamme des produits s'agrandit. Durant la Seconde Guerre mondiale, les ***biscuits Jeannette*** sont distribués aux réfugiés de la région. En 1951, la biscuiterie change de mains et les frères Vinchon, les nouveaux propriétaires, se lancent dans la production industrielle de madeleines. En 1985, l'usine occupe 240 salariés, et produit 7 000 t de pâtisseries par an sur 7 lignes de production. L'année suivante, la société Gringoire-Brossard rachète la biscuiterie afin de consolider sa position de leader sur le marché de la pâtisserie. Les années suivantes sont difficiles, tant et si bien que l'entreprise est mise en liquidation judiciaire en 2013. Mais grâce à l'obstination des salariés, un projet de ***financement participatif*** est mis en place, qui permet à la biscuiterie Jeannette de repartir sur de nouvelles bases. Et c'est aujourd'hui plus d'une tonne de madeleines qui est produite par jour dans ses ateliers ! Une belle histoire que l'on vous racontera en détail au cours de la visite des ateliers.
Label : Entreprise du Patrimoine Vivant.

Degrenne : *rue Guy-Degrenne, 14500* ***VIRE.*** *☎ 02-31-66-44-44. • degrenne.fr • Visite guidée uniquement, pdt les vac scol et les Journées du patrimoine. Rens par mail à • visite@degrenne.fr • Tarif : 4 € ; enfants 1,50 €. Durée de la visite : 1h30.* ***Boutique :*** *lun-sam 10h-12h30, 14h-18h30. Magasin qui propose un espace boutique avec les dernières collections de la marque, et un espace magasin d'usine avec des fins de série et des articles 2d choix à des prix intéressants.*
Qui n'a pas souri en voyant la célèbre publicité mettant en scène un proviseur prédisant à un jeune Degrenne en culottes courtes, surpris en train de dessiner des

fourchettes et des couteaux dans les marges de ses cahiers d'écolier : « Ce n'est pas comme cela que vous réussirez dans la vie. » Pourtant son fondateur Guy Degrenne n'a rien d'un cancre puisqu'il est diplômé de l'ESSEC... Mais son histoire est exemplaire. À l'origine, la forge Degrenne est située à Sourdeval, terroir historiquement attaché au ***travail du métal et à la coutellerie.*** En 1948, dans la France d'après-guerre, Guy Degrenne révolutionne les arts de la table, porté par une vision, celle de ***rendre l'orfèvrerie accessible à tous.*** Le jeune entrepreneur normand comprend le potentiel de l'acier inoxydable pour fabriquer des couverts. Disposant de peu de moyens et obligé de se procurer le précieux alliage à un prix élevé, il a l'idée de... recycler le blindage des chars abandonnés sur les plages de Normandie ! L'entretien facile, la modernité et le prix abordable des couverts en inox séduisent les familles françaises comme les professionnels de l'hôtellerie et de la restauration. Au cœur de la dynamique des 30 Glorieuses, Guy Degrenne s'entoure d'architectes, d'ingénieurs et de designers pour ***réinventer l'usine nouvelle avec l'usine Degrenne de Vire (Calvados).*** La Maison partage son patrimoine en proposant aux visiteurs de découvrir des savoir-faire industriels uniques, mais aussi son architecture et son design intérieur, restés intacts depuis sa création en 1967. La visite dure environ 1h30 et propose un itinéraire autour des lignes de production de la manufacture : emboutissage profond, polissage, découpes laser, laminage... Et elle se poursuit dans des espaces rarement dévoilés au grand public. De l'histoire architecturale de l'usine à la salle du conseil, on expérimente un voyage au cœur des 30 Glorieuses. La visite prend fin dans l'espace boutique.
Label : Entreprise du Patrimoine Vivant.

Ferme Saint-Vaast : *9, rue Saint-Gerbold, 14540* **LE CASTELET.** *06-68-97-07-32. • fermesaintvaast.fr • Visite guidée tte l'année sur résa et pdt vac scol : lun-ven à 14h30 (français). Tarif : 8 € ; rédux ; et 7,50 €/pers à partir de 20 pers. Groupes 60 pers max. Durée de la visite : env 2h.* ***Boutique :*** *ouv pdt les visites et sur demande par tél.*

Le lin est une fibre rare et le seul textile naturel cultivé en Europe. Il est majoritairement cultivé en France, et plus précisément en ***Normandie, 1re région productrice de lin au monde !*** Il est utilisé pour fabriquer du textile et des matériaux composites. Vous aurez l'occasion de découvrir toutes les ***étapes de la transformation du lin*** et d'en apprendre plus sur toutes ses utilisations. La visite commence avec des films documentaires, se poursuit avec la visite de l'atelier mécanique et du stockage du lin, la présentation du matériel spécifique pour le lin. Vous utiliserez vos sens pour découvrir les différentes parties de la plante. La boutique enfin propose une large gamme de produits en lin (vêtements, déco, linge de maison...)

LE LIN, MATÉRIAU D'AVENIR

Il est employé depuis le néolithique pour les vêtements, et pourtant, la fibre textile à l'intérieur de la tige n'est pas la seule partie exploitable. Les étoupes permettent de fabriquer des tissus plus grossiers ; la paille broyée (aussi appelée anas) est intégrée à des matériaux de construction ; la graine nourrit le bétail ; l'huile fait partie du matériel des artistes. Il nécessite peu d'irrigation, et en culture alternée, il permet aussi de préserver la biodiversité. Une véritable super-plante !

– Une remarquable toile de lin, la ***Tapisserie de Bayeux*** : *13 bis, rue de Nesmond. ☎ 02-31-51-25-50. • bayeuxmuseum.com •* Longue de 70 m, large de 50 cm, elle raconte, telle une véritable bande dessinée médiévale, l'histoire normande de la fin du règne du souverain anglais Édouard le Confesseur jusqu'à l'entièreté du déroulement de la bataille de Hastings, où Normands et Anglais se battirent pour le trône d'Angleterre. Elle a été brodée entre 1066 et 1083 avec du fil de laine... sur une toile en lin !

Filt 1860 : *2, rue Ada-Lovelace, 14120* **MONDEVILLE.** *☎ 02-31-74-72-53. • filt@filt.fr • filt1860.fr • Visite guidée seulement. Résa (obligatoire) et dates disponibles* *sur le site internet. Tarif : 8 €/pers avec réduc de 3 € dans la boutique ; gratuit moins de 8 ans. Durée de la visite : 1h30.* ***Boutique :*** *lun-ven 9h-17h.*

Cette entreprise qui ***décline le textile dans toutes sortes de contenants,*** du porte-bébé au filet de volière en passant littéralement par le sac à patates, a démarré comme une coopérative de paysans normands en 1860. Elle se renouvelle avec l'arrivée de Catherine et Jean-Philippe Cousin dans les années 2000, diversifiant sa production, de la mèche à bougie au filet de sport en passant par le hamac. Tout en conservant sa rigueur et sa capacité d'innovation, elle s'engage aussi socialement, en favorisant l'***insertion des personnes en situation de handicap.*** En faisant le tour de l'usine, on découvre l'histoire de l'entreprise (un succès avec des exportations dans plus de 50 pays dont la Corée, le Japon, les USA) et toutes les étapes de fabrication, et on devient incollable sur cet objet iconique qu'est le filet à provisions ! Passionnant pour qui aime faire parler le quotidien.

Label : Entreprise du Patrimoine Vivant.

Parapluies H2O : *7, route de Creully, 14480* **CRÉPON.** *☎ 02-31-92-89-61. • h2oparapluies.com • ♿ Visite libre, mar-sam 10h30-18h. Visite guidée, juil-août ts les ven à 11h. GRATUIT. Visite de groupe payante sur résa (sauf été), pour 20-35 pers. Durée de la visite : 1h20.* ***Boutique :*** *juil-août, lun-sam 9h-19h ; le reste de l'année, mar-sam 9h-18h. Plus de 300 modèles.*

Vous êtes ici chez un ***fabriquant artisanal de parapluies,*** dans l'atelier de fabrication H2O Parapluies, où vous découvrirez les différentes étapes de la réalisation d'un parapluie – dont celles des 2 créations maison : le ***passvent*** et la ***canapluie*** :
- *La coupe du tissu :* un parapluie classique est composé de 8 pointes de tissu. Pour certains des modèles, le nombre peut même aller jusqu'à 40 !
- *L'assemblage des pointes* sur une machine à coudre de type surjeteuse.
- *La pose du biais :* opération qui consiste à border le parapluie, afin de lui assurer une plus grande solidité.
- *La pose des aiguillettes :* ces pièces métalliques, cousues à l'extrémité des 8 coutures, permettent de fixer la toile sur les baleines.
- *La machine à arrêtures :* elle permet de coudre le tissu sur chaque baleine.
- Et enfin *l'assemblage du parapluie,* avant sa dernière vérification technique et son repassage.

Label : Entreprise du Patrimoine Vivant.

Les Sablés d'Asnelles : *2, pl. Sir-Alexander-Stanier, 14960* **ASNELLES.** *☎ 02-31-22-32-09. • sables.asnelles@sfr.fr • sables-asnelles.fr • Visite guidée pdt vac scol ts les mer et ven, hors juil-août. Groupes 20 pers max. Résa obligatoire. Tarif : à partir de 2,60 €. Durée de la visite : 20-30 mn.* ***Boutique :*** *juil-août, lun-sam 9h30-12h30, 14h-19h, dim 9h30-12h30, 14h-18h ; sept-juin, mar-sam 9h30-12h30, 14h-18h.*

Curieux quant à la confection des fameux sablés normands ? En visitant les ***laboratoires de pâtisserie des Sablés d'Asnelles,*** vous pourrez en apprendre plus sur le processus de fabrication des sablés ainsi que sur l'histoire de la biscuiterie, qui existe depuis 1904. La recette de la maison des sablés est tenue secrète, et uniquement transmise de propriétaire en propriétaire, mais qui sait, peut-être arriverez-vous à en percer les secrets en fin de visite, lorsque vous confectionnerez votre propre sablé à l'emporte-pièce, avant de le cuire, et de le déguster.
Les recettes sont élaborées ***en fonction des fruits de saison disponible,*** comme par exemple les recettes estivales de tartes aux fraises ou framboises, en collaboration avec les ***vergers locaux.*** La biscuiterie favorise le circuit court et les producteurs locaux, en récupérant ses ingrédients au plus près : le beurre est un beurre AOP d'Isigny, et les œufs proviennent de poules élevées en plein air, à Bonnemaison. Malgré le grand nombre de sablés produits par jour, les méthodes de production sont restées artisanales, les œufs sont cassés à la main, tout comme le conditionnement !

Le + : dégustation sur place.

Les Savons d'Orély : *ZA du Cadran, 14170,* **SAINT-PIERRE-EN-AUGE.** *📱 06-78-34-14-73. • contact@savons-orely.net • savons-orely.net • Visite guidée* *sur résa, fabrication du savon commentée : jeu à 14h. Tarif : 6 €, moins de 12 ans 3 €. Durée de la visite : 1h.* ***Boutique :*** *lun-ven 9h-12h30, 14h-17h.*

Cette agréable visite guidée met en lumière un objet que nous utilisons tous au quotidien sans vraiment savoir comment il est confectionné : le savon. La savonnerie d'Orély n'utilise que la méthode de ***saponification à froid,*** sans cuisson, ce qui permet de conserver la qualité des matières premières, des ingrédients bio. Les savons sont tous soigneusement ***découpés à la main,*** et proposés également ***sans emballage,*** dans un souci de réduction des déchets. L'entreprise s'engage ainsi pour une consommation locale et raisonnée. Un jeu olfactif est inclus dans la visite : vous serez invité à essayer de deviner le parfum de différents savons. Idéal pour une visite en famille !

EURE (27)

Chocolatrium Cluizel : *av. de Conches, 27240* ***MESNILS-SUR-ITON.*** *☎ 02-32-35-20-75. ● cluizel.com ● Mar-sam 10h-12h, 14h-16h45 (dernière entrée). Tarif : 7,50 €, réduc. Visite de groupe sur résa, pour 20-160 pers. Résa par tél ou par mail à ● chocolatrium@cluizel.com ● Tarif : 5 €/pers ; scolaires 4 €/pers. Durée de la visite : 1h15.* ***Boutique :*** *lun-sam 10h-18h.*

Cet espace entièrement dédié au chocolat est installé dans un bâtiment moderne, en bord de route, au cœur de la manufacture Cluizel, chocolaterie où le savoir-faire se transmet de génération en génération. Grâce à une bande dessinée et une exposition d'objets insolites, l'aventure passionnante du chocolat vous est retracée, de la fève de cacao au chocolat d'exception. Un film vous dévoile les ***métiers*** – cacaofévier, confiseur et chocolatier – et la ***fabrication de ces bonbons au chocolat.*** Depuis un observatoire, vous pourrez aussi observer les chocolatiers à l'œuvre. Propose également des ateliers de dégustation ou des ateliers de pâtisserie.

Les + : dégustation, animation.

Labels : Entreprise du Patrimoine Vivant, France savoir-faire d'excellence.

Distillerie Busnel SAS : *route de Lisieux, 27260* ***CORMEILLES.*** *☎ 02-32-57-38-80. ● distillerie-busnel.fr ● Fermé janv. Visite guidée seulement sur résa : fév-fin déc, tlj 10h-12h30, 14h30-18h30. Tarif : 5 € (avec dégustation) ; gratuit moins de 18 ans. Visite de groupe sur rdv, jusqu'à 200 pers. Tarif : sur demande. Durée de la visite : 1h15.* ***Boutique :*** *fév-fin déc, tlj 10h-12h30, 14h30-18h30.*

Il faut toute la passion des hommes et le secret d'un terroir pour élaborer un produit d'exception. On découvre ici chaque étape du lent processus qui transforme la pomme en nectar ambré : le ***calvados.*** La Maison du pays d'Auge et des Calvados vous accueille dans un cadre

LESQUELLES CHOISIR ?

Le cidre normand est plus épais, plus « fileux » que son copain breton. Tout l'art est de choisir entre les 30 espèces de pommes, baie d'Auge ou pied court, rougette ou coqueret, etc. « Hochées » (gaulées) après la Toussaint, abandonnées 15 jours sous la paille, elles sont à point. Âpres ou douces, toutes se donnent la main pour composer la compote idéale d'où sera extrait le moût, qui fermente ensuite 1 mois en cuve. Puis on le soutire (en lune descendante, s'il vous plaît) et on le filtre. Parmi les cidres fermiers, on peut choisir le sec (il a au moins 1 an), « pur jus » (pas d'eau ajoutée), « mousseux » (le gaz est naturel), voire « bouché » (la fermentation se poursuit dans la bouteille, comme pour le champagne).

chaleureux et typiquement normand pour vous raconter l'authentique histoire du calvados au travers de la salle de distillation, d'embouteillage et des 2 chais de vieillissement. À l'issue de ce parcours, initiation aux différents arômes des calvados Busnel et Anée.
Les + : animation, dégustation.

MANCHE (50)

Le pôle des... caramels au beurre salé !

Ferme des Cara'Meuh ! : *Les Viviers, 11, route de Saint- Léonard, 50300* ***VAINS.*** *☎ 02-33-70-82-40. Fermé 1er-2 janv et 25 déc. Visite libre. Tte l'année : oct-mars, lun-ven 9h-19h, sam-dim 10h-12h30, 13h30-18h30 ; avr-sept, tlj 9h-19h. Visite guidée de la fabrique : mer à 10h30 pdt les vac scol ; juil-août, mar-jeu à 10h. Tarif : 6-10 € selon formule ; réduc. Durée de la visite : 1h15-2h. Visite de groupes scolaires sur résa. Tarif : 4-5 €/pers. Durée de la visite : 1h30-2h. Visite tte l'année de groupes privés ou pro : 1h15-2h. Tarif : 6-10 € ; réduc.* ***Boutique :*** *oct-mars, lun-ven 9h-18h30, sam-dim 10h30-12h30, 13h30-18h30 ; avr-sept, tlj 9h-19h.*
C'est à Vains, petit village paisible de la Manche, avec ses demeures modestes aux murs de schiste, qu'est située la ferme des Cara'Meuh ! C'est pour faire face à la crise du lait qu'en 2011 Sylvie et André ont eu l'idée de fabriquer des ***caramels.*** Ils valorisent ainsi eux-mêmes le lait de leurs ***vaches normandes nourries en bio.*** Depuis, le succès est au rendez-vous. On peut observer les ***étapes de la fabrication*** lors de la visite guidée. La visite libre est très intéressante aussi : le ***musée du lait*** expose des machines anciennes et une vidéo sur la ferme et ses activités. Une ferme qui ravira tous les gourmands !

Maison Pèlerin : *1 bis, route du Mont-Saint-Michel, 50170* ***BEAUVOIR.*** *☎ 09-81-05-82-91. • contact@maison-pelerin.com • maison-pelerin.com • Fermé 25 déc et 1er janv. Visite libre seulement, tlj 9h30-19h. GRATUIT. Groupes 70 pers max, tarif sur demande. Durée de la visite : 40 mn. À partir de 8 ans.* ***Boutique :*** *tlj 9h30-19h.*
En chemin vers le Mont Saint-Michel, dans un beau bâtiment à l'architecture bois, on découvre une confiserie artisanale qui confectionne caramels, chocolats et autres spécialités régionales, ainsi que divers produits monastiques (huiles, pâtés, fruits confits, chocolats, sirops, savons...) du fait de sa proximité avec la fameuse abbaye. Évidemment, la star de l'atelier reste le fameux ***caramel au beurre salé*** ! Il est confectionné avec un véritable attachement au respect de la recette originale, avec une cuisson du sucre précise et contrôlée, pour obtenir la bonne texture (selon les températures de cuisson du sucre, il deviendrait un produit fini... très différent). Le caramel est ***roulé à la main,*** jusqu'à obtenir un long bâton compact, avant d'être placé dans une machine appelée ***fileuse,*** qui calibre des caramels de taille égale. Le tout, avant d'être emballés dans de jolies papillotes... grâce à une autre machine, qui peut emballer jusqu'à 600 caramels par minute ! Toutes les étapes et machines sont visibles. Les ingrédients sont sélectionnés auprès de fournisseurs locaux, afin de favoriser le circuit court et de mettre en valeur des produits français de qualité. Que ce soit pour les spécialités sucrées ou salées, la ***Maison Pèlerin*** entre en collaboration avec des abbayes, des entreprises familiales, des éleveurs et agriculteurs, des fermes et vergers, des biscuiteries et confiseries, des brasseries et distilleries ***locales...*** Une belle valorisation des terroirs normand et breton.
Le + : dégustation.

Pôle équipement culinaire

L'Atelier du Cuivre : *54, rue du Général-Huard, 50800* ***VILLEDIEU-LES-POÊLES-ROUFFIGNY.*** *☎ 02-33-51-31-85. • contact@atelierducuivre.fr • atelierducuivre-shop.com • Visite guidée seulement, horaires fixes à variation saisonnière : voir en ligne. Tarif : 9,20 € ; réduc. Visite groupe plus de 10 pers sur résa par mail. Tarif : moins de 20 pers, 8,70 €/pers ; plus de 20 pers, 8,60 €/pers ; réduc. Durée : 45 mn.* ***Boutique :*** *juil-août, lun-sam 9h-12h, 13h30-17h30 ; sept-juin, lun-ven 9h-12h, 13h30-17h30.*

Un des derniers ***ateliers de dinanderie*** artisanale en France encore actif, ***l'Atelier du Cuivre*** est reconnu dans le monde entier pour sa connaissance du cuivre, de la chaudronnerie et dinanderie. Mais au fait, qu'est-ce exactement que la ***dinanderie*** ? C'est l'art de la fabrication d'objets en métal par ***martelage,*** c'est-à-dire en frappant une feuille de métal répétitivement pour lui faire prendre la forme désirée. À l'atelier, c'est un savoir ancestral datant du Moyen Âge que les artisans s'efforcent de perpétuer, avec une exigence et une rigueur qui leur assurent l'attention aussi bien des ***grands chefs de la gastronomie française,*** à travers les marques Gaillard, Jacquotot et Lefèvre, que des particuliers cherchant un objet d'exception ainsi que des ***artistes et designers*** pour des pièces d'art ou des vasques, étriers et baignoires, à travers la marque Jandelle.

« TAPER COMME UN SOURD »

Villedieu, une des villes les plus anciennes de Normandie, est spécialisée depuis le XIIIe s dans l'industrie du cuivre, de l'étain et dans la fonderie de cloches (voir plus bas « Fonderie de cloches Cornille-Havard »). C'est le martelage dû à leur activité qui a valu à ses habitants d'être appelés... les Sourdins !

Ici, on suit toutes les étapes de fabrication d'équipement en aluminium, en cuivre, en étain, en laiton et en zinc, en passant d'ustensiles formatés à des pièces sur mesure. On admire la grande diversité des outils nécessaires à l'exécution des techniques artisanales, les différentes machines utilisées dans chaque processus, ainsi que les artisans en action, au cours de démonstrations. Étamage, repoussage, polissage... on devient expert de la chaudronnerie !

Et si vous passez à la ***boutique,*** vous savez que vous recevrez ici les conseils sur la meilleure manière de prendre soin de vos ustensiles de cuisine. À votre tablier !

Label : Entreprise du Patrimoine Vivant.

Mauviel 1830 : *47, route de Caen, 50800* ***VILLEDIEU-LES-POÊLES-ROUFFIGNY.*** *☎ 02-33-61-00-31. • insitu1830@mauviel.com • mauviel.com • Visite guidée seulement. Tte l'année sauf 3 premières sem d'août et fêtes de fin d'année, lun-jeu à 10h ou 14h. Résa 1 sem à l'avance par tél ou mail. Groupes 2-10 pers. Tarif : 8 €/pers. Durée de la visite : 1h30.* ***Boutique :*** *lun-ven 9h-12h30, 13h30-18h (17h ven).* ***Magasin d'usine :*** *visite remboursée pour plus de 50 € d'achat. Prévoir chaussures fermées et pantalon.*

En 1830, c'était un modeste atelier artisanal où l'on travaillait le cuivre... Mais en 7 générations, l'entreprise est devenue une référence dans le monde culinaire, appréciée des plus grands chefs, en France comme à l'international. Sa gamme de matières premières s'est étendue à l'acier, à la fonte, à l'aluminium, et désormais à l'inox multicouches, excellent vecteur de chaleur. Elle emploie tant d'artisans – environ 70 à l'heure actuelle – qu'elle a créé sa propre école de formation ! Découpe, martelage, polissage, emboutissage, ces gestes précis et maîtrisés se révèlent lors de la visite. Une leçon in vivo sur l'intelligence de la main. Et pour les toques blanches du dimanche, l'occasion de s'équiper en matériel haut de gamme.

Label : Entreprise du Patrimoine Vivant

Andra – Centre de stockage de la Manche : *ZI de Digulleville, BP 807, Digulleville, 50440* **LA HAGUE.** *☎ 08-10-12-01-72. • andra.fr • (accès partiel). Visite libre de l'Espace d'accueil et d'information. Lun-ven 9h-18h. Visite de groupe sur résa (sauf j. fériés et entre Noël et le Jour de l'an), pour 4-30 pers. GRATUIT. Durée de la visite : 2h.* **Pièce d'identité** *obligatoire pour pers majeures.*

Le **Centre de stockage de la Manche (CSM)** est le 1er centre français de stockage en surface de déchets radioactifs de faible et moyenne activité. En phase de fermeture, ce centre ne réceptionne plus de colis de déchets depuis 1994. Mais le bâtiment d'accueil permet de se familiariser avec les missions de l'***Andra (Agence nationale pour la gestion des déchets radioactifs),*** l'histoire et l'actualité du centre. Des expositions temporaires y sont désormais présentées sur des thématiques en lien avec la transmission de la mémoire et la sauvegarde du patrimoine.

Sur réservation, il est également possible de découvrir les ***installations de contrôle du centre et de son environnement :*** la couverture et ses repères topographiques, les chambres de mesure des eaux, les appareils de contrôle de l'air et de la pluie situés à la station météo...

Le + : animation.

UN PENDANT MÉRIDIONAL À LA HAGUE

Les passionnés du sujet descendront dans le Gard pour visiter le Visiatome, près du **centre d'études nucléaire de Marcoule :** *30207* **Marcoule.** *☎ 04-66-39-78-78. • visiatome.fr • Vac scol, tlj 10h (14h le w-e)-18h; sinon, lun-ven 10h-17h. Fermé 1er janv et 25 déc. Entrée : 4 € ; réduc. « Ateliers vacances» pdt vac scol, résa obligatoire. La visite commence par un mur de déchets où chacun reconnaît son quotidien. Des caddies de supermarchés interactifs présentent le traitement des déchets domestiques, industriels et chimiques plus ou moins nocifs. Puis on se plonge dans des explications bien faites sur les différents centres de stockage. Un passage amusant rappelle que tout est radioactif (poisson, pomme de terre, lait, nous...). À noter, l'excellente initiative des « Ateliers vacances », qui retiennent l'attention des enfants pendant une visite assez technique.*

Domaine du Coquerel : *24, route du Coquerel-Milly, 50600* **GRANDPARIGNY.** *☎ 02-33-79-02-20. • visites@calvados-coquerel.com •calvados-coquerel.com • Visite guidée sur résa par tél, lun-ven à 10h30, 14h et 16h. GRATUIT. Visite groupes sur résa, pour 2-50 pers. Tarif : 4 €/pers (dégustation incluse), gratuit moins de 18 ans. Durée : 1h.* **Boutique :** *lun-ven 9h-12h, 14h-17h.*

Situé à un peu moins d'une heure du Mont Saint-Michel, cette entreprise familiale a pris soin de conserver ses ***techniques de productions traditionnelles de production du cidre,*** tout en veillant à se moderniser. Aujourd'hui, il s'agit de produire des cidres de qualité tout en respectant l'environnement, en s'inspirant des pratiques des paysans et artisans distillateurs d'antan. Une ***quarantaine de variétés de pommes différentes,*** toutes certifiées AOC Calvados, poussent dans les vergers, qui sont habités par des vaches et des moutons et pollinisés par des abeilles : un écosystème qui fertilise les sols et encourage la floraison. Les fruits ne sont récoltés qu'une fois tombés des arbres, pour s'assurer de leur maturité.

La grande diversité de pommes et de poires récoltées permet de créer une ***très large palette de cidres,*** amers, doux, acidulés, ou entre-deux, et le savoir-faire lors du processus de fabrication assure une boisson de qualité une fois la fermentation et la distillation terminée. Car à l'instar de Rome qui ne s'est pas faite en un jour, faire un bon cidre prend du temps !

On retrouve le guide devant le manoir du domaine, un bâtiment du XVIIIe s, et on découvre les grandes étapes de la confection d'un bon calvados. On se laisse guider vers la salle de distillation, puis on va au chai de vieillissement, le tout dans une délicieuse odeur de pommes. Et on devient incollable sur les ***différents paramètres*** qui différencient un calvados d'un autre !

Les + :

– Accès vélo.

– Dégustation.

– Atelier assemblage de calvados : *groupe de 1-4 pers, min 15 ans. Tarif : 110 €/pers. Durée : 2h.* Participez à 2h de découverte de la distillerie, à un moment dégustation, ainsi qu'à un cours sur l'assemblage du calvados avec mise en pratique, et repartez avec votre propre bouteille à la clé !

Label : Entreprise du Patrimoine Vivant.

EDF – Centrale nucléaire de Flamanville : *50340* ***FLAMANVILLE.*** *☎ 02-33-78-70-17. • visiteredf-flamanville@edf.fr • edf.fr/Flamanville • ♿ Espace EDF Odyssélec : visite libre ou guidée, ouv de mi-juin à mi-sept, mar-ven 9h-12h30, 14h-18h ; et pdt vac scol de la zone B, mar-ven 13h30-17h30. Visite de la centrale : de mi-juin à mi-sept, mar, jeu et ven mat, sur résa par mail (au moins 1 mois avt). GRATUIT. Infos sur • edf.fr/visiteredf •*

La centrale nucléaire de Flamanville située sur la côte ouest du Cotentin, se trouve au pied d'une falaise de granite haute de 70 m, à 30 km de Cherbourg et à 20 km de la Hague. Elle est composée de 2 réacteurs de 1 300 MWe chacun (soit 2 600 MWe de puissance électrique totale), mis en service en 1985 et 1986 ; et d'un 3e réacteur : le ***premier EPR du parc nucléaire français,*** d'une puissance de 1 600 MW.

Au travers d'animations, de films et de schémas, ***l'Espace Odyssélec*** présente les différents modes de production d'électricité que l'on trouve sur le territoire français, le fonctionnement de la centrale nucléaire de Flamanville et les métiers de l'énergie. Cette visite libre ou accompagnée d'un guide, est gratuite et sans inscription. Cet espace interactif, destiné à toute la famille, offre également un ***très beau point de vue*** sur la centrale et sur la Manche. Pendant la période estivale, la centrale nucléaire ouvre ses portes au grand public les mardi, jeudi et vendredi matin !

Fonderie de cloches Cornille-Havard : *11, rue du Pont-Chignon, 50800* ***VILLEDIEU-LES-POÊLES-ROUFFIGNY.*** *☎ 02-33-61-00-56. • cornille-havard.com • ♿ À 2 pas de l'église (bien indiqué). Ouv mar-sam 10h-12h30, 14h-17h30 ; de mi-juil à août, tlj 9h30-18h30. Fermé 12 nov-vac scol de fév. Visite guidée uniquement (1h). Tarif : 9,80 €, réduc. Visite de groupes sur résa. Tarif : groupe 9-19 pers 9,30 €/pers ; groupe plus de 20 pers 8,80 €/pers. Scolaires : groupe 9-19 élèves 8 €/pers ; groupe plus de 20 élèves 7,80 €/pers ; gratuit pour un accompagnant pour 10 élèves et chauffeur. Durée de la visite : 1h.* ***Boutique :*** *de mi-fév à mi-juil et de sept à mi-nov, mar-sam 10h-12h30, 14h-17h30 ; de mi-juil à fin août, tlj 9h30-18h.*

Visite à ne pas manquer, pour tous ceux qui apprécient la noblesse des vieux métiers, et pour tous les amateurs d'artisanat en général ! Visite en outre exceptionnelle (il ne reste ***plus que 2 fonderies de cloches en France***). Celle-ci peut se vanter d'avoir à son palmarès récent la création de fort belles cloches : pour ***Notre-Dame de Paris,*** la ***cathédrale de Bayeux*** pour le 70e anniversaire du Débarquement, ***l'abbaye de Fontevraud***... D'autres sont parties à Mossoul en Irak, quand d'autres encore, ont été commandées pour la frégate l'*Hermione* ou le *Queen Mary 2.*

DING-DONG !

Villedieu, une des villes les plus anciennes de Normandie, est spécialisée depuis le XIIIe s dans l'industrie du cuivre, de l'étain et la fonderie de cloches. C'est le martelage dû à leur activité qui valut d'ailleurs à ses habitants d'être appelés les Sourdins. Rabelais rapporte que les poêliers de Villedieu participèrent à la fabrication d'un réchauffoir à bouillie pour Pantagruel.

En tout cas, la maison Cornille-Havard a le goût des traditions artisanales. Cet atelier, construit en 1865, a conservé son ***aspect d'origine.*** Ce qui donne un cachet, un certain charme même à la visite (sol en terre battue, pavés de bois de bout, outils traditionnels en cuivre). La fonderie fêtera les 160 ans de son atelier historique en 2025, mais c'est en fait ***plus de 9 siècles de tradition*** que l'on découvre au cours de la ***visite.*** Essayez d'effectuer celle-ci ***en semaine*** pour admirer le travail des compagnons fondeurs et les voir « mouler au trousseau » d'énormes cloches à partir d'argile et de crottin de cheval. Imposant four-réverbère à double voûte de 13 t. Également pittoresques : les fosses à mouler, les bois sculptés pour les décors en cire. Aujourd'hui, ***une centaine de cloches sont fabriquées chaque année,*** ainsi que d'autres produits : paratonnerres, coqs de clocher, plaques commémoratives en bronze, médaillons en bas-relief, etc. Boutique à « prix d'atelier ».
Avant de repartir, les enfants (ainsi que les grands !) pourront jouer *Frère Jacques* ou *Le Bon Roi Dagobert* sur de petites cloches à l'aide d'un maillet ou s'effrayer gentiment en sonnant une cloche de plus de 1 t dans la cour.
Labels : Entreprise du Patrimoine Vivant, Tourisme et Handicap.

Manufacture de Parapluies de Cherbourg : *22, quai Alexandre III, 50100* ***CHERBOURG.*** *☎ 02-33-93-66-60. • parapluiedecherbourg.com • ♿ Visite libre : lun-sam 10h-19h. Tarif : 5 € ; réduc. Visite guidée sur résa. Tarif : 8 € ; réduc. Visite de groupe sur résa, info et résa par tél. Durée de la visite : 1h.* ***Boutique :*** *lun-sam 10h-19h.* ***Une autre boutique dans le centre de Cherbourg*** *(30, rue des Portes) : lun-sam 10h-12h, 14h-19h.*

LES PARAPLUIES DE CHERBOURG

On se souvient du film de Jacques Demy, mais la fabrique de parapluies est née... après le film. L'usine est aujourd'hui célèbre pour son **Parapactum***: ce parapluie avec sa toile en Kevlar protège les personnalités, notamment le locataire de l'Élysée.*

Jean-Pierre Yvon, natif de Cherbourg, décide de créer en 1986 sa propre marque de parapluies. ***Le véritable Cherbourg*** est devenu en quelques décennies une référence incontournable en matière de ***parapluie*** sur le marché du luxe, une marque exportée dans le monde entier, qui démontre l'excellence du savoir-faire français. Visite guidée en direct et découverte en temps réel de la fabrication d'un véritable Cherbourg. Également, sur place, une boutique, une salle de projection et un ***musée*** racontant l'histoire du parapluie et l'évolution de la marque « Le véritable Cherbourg ».
Labels : Entreprise du Patrimoine Vivant, France savoir-faire d'excellence, Origine France Garantie.

Tricots SAINT JAMES : *1, rue de Beaufour, BP 1, 50240* ***SAINT-JAMES.*** *☎ 02-33-89-15-55. • saint-james.fr • ♿ Visite guidée seulement, lun-ven à 10h30, 14h et 15h30 sur résa. Juil-août, lun-ven à 10h, 11h, 13h30, 14h30 et 15h30. • visite@saint-james.fr • Tarif : 5 € (remboursé à partir de 50 € d'achat en boutique) ; gratuit moins de 12 ans. Visite de groupe sur résa, lun-ven, pour 15-25 pers. Tarif : 5 €/pers. Durée de la visite : 1h.* ***Boutique :*** *lun-ven 10h-19h, sam 10h-18h.*
Les ***Tricots SAINT JAMES*** vous invitent à découvrir leur savoir-faire traditionnel de la fabrication du véritable ***pull marin*** et de la ***marinière,*** en vous ouvrant les portes de leurs ateliers, à 2 pas du mont Saint-Michel. Depuis 1889, SAINT JAMES, labellisé Entreprise du Patrimoine Vivant, perpétue la tradition artisanale française dans la confection textile.
En 1850, SAINT JAMES est une ***filature :*** on y teint, peigne et file la laine des moutons de la baie du mont Saint-Michel. Puis, dès la fin du XIXe s, sous l'impulsion de Léon Legallais, l'entreprise se met à fabriquer des chemises de laine de pays

pour les marins pêcheurs, sur lesquelles l'aspect gras de la laine est encore présent pour mieux assurer isolation et chaleur. Ainsi naît l'***ancêtre du fameux pull marin.*** Enfin, au début du XXe s, apparaît la ***marinière en coton,*** tricot rayé porté dans la Marine. En 1913, ***Coco Chanel*** lance le « style marin ». La vogue du pull à boutons sur l'épaule et des rayures ne se démentira pas, comme en témoignent les photos de vedettes au début de la visite, succès amplifié plus récemment par ***Jean-Paul Gaultier.***

LES GÉANTS ONT AUSSI LEUR PULL MARIN

Les 26 et 27 septembre 2015, Times Square, la place emblématique de New York, s'est parée d'un immense pull marin : 7,60 m de haut, 4,45 m de large, 49 kg, 994 km de fil de laine ! Une pièce inscrite au Guinness Book des Records*. Il a fallu pas moins de 20 Normands – dûment vêtus de la marinière SAINT JAMES – pour la déployer. L'occasion : la participation de SAINT JAMES à la 3e édition du « Best of France », une exposition de la crème des productions françaises aux États-Unis.*

La visite commence par la ***salle des machines à tricoter*** où sont réalisés les panneaux qui feront les pulls et les gilets. Ils sont ensuite contrôlés manuellement dans la ***salle de raccoutrage*** avant de passer à l'***assemblage*** après moult opérations. Un pull passe entre 18 mains avant d'être fini et, aujourd'hui, certains produits sont devenus des classiques. Avec 2 collections par an, la marque est aussi présente aux 4 coins du monde et principalement en Asie.
Le + : tarif de la visite remboursé à partir de 50 € d'achat en boutique.
Label : Entreprise du Patrimoine Vivant, France savoir-faire d'excellence.

ORNE (61)

Biscuiterie de l'Abbaye : *route du Val, 61700* ***LONLAY-L'ABBAYE.*** *☎ 02-33-30-64-74. • biscuiterie-abbaye.com • Visite guidée seulement, sur résa, lun-ven. Visite de groupe sur résa (sauf j. fériés). Tarif : 5 € ; gratuit moins de 12 ans. Durée de la visite : 1h.* ***Boutique :*** *lun-sam 10h-13h, 14h-19h.*

Connu depuis le XVIIIe s en Normandie, le ***sablé*** est remis à l'honneur pendant la Seconde Guerre mondiale par le boulanger de Lonlay-l'Abbaye, Georges Lautour. Le succès est au rendez-vous, si bien que son fils et son gendre s'associent pour créer la **Biscuiterie de l'Abbaye** et développer la production. Depuis 1964, elle produit ces petits biscuits, devenus l'une des ***spécialités de la région.*** La maison emploie plus de 200 personnes et produit tous les jours sablés, galettes et cookies vendus sous son nom (on les trouve dans tous les magasins de Normandie), mais aussi sous celui des marques de la grande distribution. Les guides vous font ainsi pénétrer dans les ateliers, pour vous montrer les techniques de fabrication. 1re étape, le ***pétrissage*** de la pâte, étape clé garantissant la saveur du biscuit. Les boulangers-pâtissiers y apportent

UN JOLI SITE EN PLEINE CAMPAGNE

Lonlay-l'Abbaye est un petit village dont l'abbaye bénédictine a été fondée au XIe s. L'abbaye connut un rayonnement important, jusqu'en Angleterre, où elle possédait 3 prieurés. Suite à des mésaventures historiques (incendies, pillages, Révolution...), elle tomba dans l'oubli. Elle est aujourd'hui restaurée. Chœur gothique à 3 étages, transept roman avec chapiteaux du XIe s et superbes stalles du XVIIe s.

tout le soin nécessaire, avant d'introduire la pâte dans la rotative, qui va donner leur forme ronde aux petits biscuits. Direction ensuite le ***tunnel de cuisson,*** où les fours dorent les sablés, avant que ceux-ci partent à l'***empaquetage.***
Le + : dégustation offerte après la visite de l'usine.
Label : Entreprise du Patrimoine Vivant.

🏛🏛🏛 ***Haras national du Pin : LE PIN-AU-HARAS.*** *☎ 02-33-36-68-68. • haras-national-du-pin.com • Avr-sept, tlj 10h-18h ; fév-mars et d'oct à mi-nov, pdt petites vac scol seulement, tlj 10h30-12h, 14h-17h. Durée de la visite : 1h30. Tarifs : 11 € la visite guidée du haras (1 fois/jour) ; visite en autonomie avec plan : 9 €. En été, visites possibles en plus (ticket séparé) de la maréchalerie, de l'atelier de sellerie, du château et promenade en attelage. Baptême de poney pour enfants (jour de spectacle). Spectacles équestres : ts les w-e et j. fériés avr-sept, et petites vac scol, plus mer et ven juil-août à 16h (en général). Tarif : 13 € ; réduc. Les artistes vous dévoilent leurs méthodes de dressage lors des « coups de projecteur » (tlj à 15h avr-sept – sauf jour de spectacle).*

Une sorte de palais royal, entièrement voué à « la plus noble conquête de l'homme », dont le parc présente une merveilleuse alternance d'allées forestières et de tapis d'herbe grasse. On est ici au cœur du pays du Merlerault, dont l'herbe, considérée comme l'une des meilleures de France (sinon d'Europe), sert de pâture à des milliers de chevaux.

Jusqu'en 2014, les haras nationaux avaient pour principales missions l'étalonnage public (vente de saillies d'étalons), l'aide à la conservation des races de chevaux de trait et l'accueil de manifestations hippiques (épreuves des Jeux équestres mondiaux en 2014). Depuis 2016, ce domaine de 1 112 ha (dont 250 ha de forêt et 680 ha de pâturages) développe l'organisation d'événements, de concours, et l'offre touristique et culturelle. On trouve également sur le domaine un centre de formation aux métiers du cheval et aux techniques de reproduction.

LE COUP DE MAÎTRE, MAIS PAS LE COUP D'ESSAI

Pour éviter la fuite des capitaux à l'étranger et l'achat de chevaux allemands pour les besoins de ses guerres, Louis XIV demanda à Colbert de prendre une mesure urgente en faveur des chevaux français. C'est ainsi qu'en 1665 fut fondé un 1er haras à Saint-Léger-en-Yvelines, mais ce fut un fiasco. En 1715, le roi, à qui on avait vanté la qualité des herbages ornais, décida l'achat des terres de la seigneurie du Pin. La construction du haras ne sera achevée qu'en 1730 !

Dans les bâtiments du XVIIIe s, le cœur historique du haras, on peut voir :
– ***Les écuries :*** accès à plusieurs ensembles d'écuries où l'on peut observer plusieurs types de chevaux et poneys. Si vous avez choisi la visite guidée du haras, accès aux écuries secondaires. Construites dans la 2de moitié du XVIIIe s, elles sont très belles, particulièrement rétro. Les bâtiments jouent joyeusement du contraste brique rouge-calcaire blanc. Et les chevaux ont l'air ravis d'être là.
– ***La sellerie d'honneur :*** une toute petite pièce présente une série de beaux harnais et superbes selles.
– ***Le musée :*** l'écurie no 1, qui date de 1715, autrefois dédiée aux percherons, abrite un vaste espace muséographique. On apprend tout sur ces équidés, mais également sur les différents métiers qui en découlent. À l'étage, historique intéressant sur les haras. Importance des chevaux durant la guerre, l'émergence des courses, les nouvelles races... Abrite également des expos temporaires l'été.
– ***La collection de calèches :*** voici bel et bien les ancêtres de nos voitures actuelles : milord, phaéton, grand break, road coach... D'ailleurs, au XIXe s, on les appelait déjà des voitures (hippomobiles). Il n'y en a que 5, mais elles sont superbes.

– Cerise sur le pommeau, ***le château*** : *1 visite guidée/j. ; tlj avr-sept (appeler pour infos sur les horaires ; tarif : château + haras 15 € ; château seul 9 €).* Tapisseries, mobilier, objets d'art, tableaux...

Kiplay : *5, route de Flers, 61800* ***SAINT-PIERRE-D'ENTREMONT.*** *☎ 02-33-98-42-42. • kiplay.com • Visite guidée : le 1er jeu du mois à 9h30 ; pas de visite en août et décembre. Tarif : 5 € ; réduc. Visite groupes 30 pers max, résa par tél.* ***Boutiques à Flers :*** *pl. Paulette-Duhalde, 61100 ; ☎ 02-33-64-90-13.* ***Boutique à Vire :*** *av. de Bishwiller, 14500 ; ☎ 02-31-67-84-73. Ouv mar-sam 10h-12h, 14h30-19h.* ***Magasin d'usine*** *ouvert uniquement après les visites.*
Vous préférez le ***bleu de travail*** et les chaussures à coques au costard-mocassin ? Cette visite vous permettra de vous équiper, et de comprendre tout ce que vous gagnez en sécurité ! En effet, ***Kiplay*** propose des vêtements de travail destinés à agir en toute sécurité. Cette entreprise fondée en 1921, attachée à son savoir-faire français, ne prémunit pas seulement contre les risques d'accident : elle veille aussi à ne pas ***nuire à la santé du client,*** en certifiant que ses tissus ne contiennent aucune substance nocive pour la santé et pour l'environnement. Depuis 2017 la production a été réorganisée à l'***atelier de Saint-Pierre-d'Entremont,*** qui abrite les ***réalisations made in France.*** Une nouvelle branche de la marque, « Kiplay Vintage » ! En allant d'une machine à une autre, on observe comment les couturières assemblent, brodent et marquent les vêtements, et comment fonctionne toute la chaîne de production d'un vêtement Kiplay. Le ***musée de l'atelier*** retrace l'histoire de l'entreprise et son parcours, un préalable au crochet par l'intéressant magasin d'usine.
Label : Entreprise du Patrimoine Vivant.

Maison du Camembert – Fromagerie de Beaumoncel : *Le Bourg, 61120* ***CAMEMBERT.*** *☎ 02-33-12-10-37. • maisonducamembert.com • Visite libre. Mars-avr et oct, mer-dim 10h-11h30, 14h-16h45 ; mai-juin et sept, tlj 10h-11h45, 14h-16h45 ; juil-août, tlj 10h-11h45, 14h-17h15. Tarif : 4,50 € ; réduc. Visite groupe plus de 15 pers : 3,50 €/pers. Durée de la visite : 1h15.* ***Boutique :*** *mars-avr et oct, mer-dim 10h-12h30, 14h-17h30 ; mai-juin et sept, lun-mar 10h-12h30, 14h-17h30, mer-dim 10h-17h30 ; juil-août, tlj 9h30-18h. La visite de la fromagerie de Beaumoncel est une extension de la Maison du Camembert.*
La Maison du Camembert – le musée : *au village. ☎ 02-33-36-06-60. • maisonducamembert.com • Dégustation incluse dans la visite (3 types de camembert).* Un musée pédagogique bien conçu, expliquant la fabrication et l'histoire du fameux fromage de façon vivante et originale en 9 salles. On découvre les anciennes techniques, les outils d'autrefois et toutes les étapes nécessaires en amont de la production (la traite, la collecte, etc.). Vidéos intéressantes.
Sur une surface de 900 m², à la ***fromagerie du clos de Beaumoncel,*** ce sont environ 1 000 camemberts par jour qui sont produits ! Dans la ville historique de la création du fromage, cette fromagerie s'attache depuis 2021 à conserver le savoir-faire de la fabrication du camembert AOP, en perpétuant ***une tradition du versement du lait dans les moules à fromages à la louche,*** un par un, manuellement, et en utilisant du lait local,

SAINT CAMEMBERT, PRIEZ POUR NOUS !

On attribue la création du fromage camembert en 1791 à une fermière de la région, Marie Harel, qui aurait aidé un prêtre briard réfractaire. En effet, de la Brie provient un autre fromage à pâte molle, le brie, dont le prêtre aurait délivré les secrets à Marie Harel en remerciement. Une recette qu'elle adapte à celle de l'ancien camembert – car déjà au XVIIe s on mentionne cet odorant délice...

provenant de vaches nourries à l'herbe. Une vraie fierté que de proposer ces fromages ***dans la ville de Camembert*** elle-même ! En s'approchant des vitres, on découvre en détail le processus de la fabrication du camembert de Normandie AOP. À la fin du parcours, sympathique dégustation qui ravira les amateurs de fromages à pâte molle, avec 4 différents camemberts (cru, pasteurisé, thermisé...).
Le + : dégustation + formules pour approfondir la dégustation incluse dans la visite *(9-10 €).*

Les Ateliers Bohin : *le Bourg, 61300* ***SAINT-SULPICE-SUR-RISLE.*** *☎ 02-33-24-89-38. • bohin.com • ♿ À 3,5 km au nord-est de L'Aigle, en direction d'Évreux. Avr-oct, mar et jeu-ven 10h-13h, 14h-18h. Visite atelier + musée + expo temporaire : 12 € ; 6-17 ans 7 €, gratuit moins de 6 ans. Certaines semaines, sur réservation, visite avec commentaire introductif le ven à 14h (infos sur le site). Visite de groupe à partir de 20 pers, sur résa. Tarif : 10 €/pers ; scolaires 6 €/pers. Durée de la visite : 2h.* ***Boutique :*** *en saison, mêmes horaires que la visite ; hors saison, sur demande par tél.*

BENJAMIN BOHIN, UN PERSONNAGE HORS NORME

À l'âge de 11 ans, Benjamin demande à diriger l'atelier de fabrication de boîtes de son père. Après plusieurs tentatives de fugue, dont la destination projetée n'était pas moins que les États-Unis, Benjamin obtient à 17 ans la direction des ateliers de fabrication. Il modernise la fabrication, invente des machines pour augmenter la production et achète l'usine des Haies à Saint-Sulpice-sur-Risle en 1866, siège actuel de l'entreprise, où l'on fabrique déjà des aiguilles à coudre. Il transmet l'entreprise à son fils unique Paul en 1877. Il écrit des aphorismes poétiques et philosophiques, continue à inventer des machines et part seul faire un tour du monde qui lui inspire une langue universelle, le Patoiglob.

Bohin est le dernier fabricant d'aiguilles et d'épingles en France. Tout simplement. Un vrai patrimoine industriel ! D'autant que le musée créé autour de la manufacture elle-même est superbe.
Dans un 1er temps, ***une galerie pédagogique*** explique, grâce à des panneaux intéressants, tout le processus de fabrication des aiguilles (imaginez, une simple aiguille nécessite 27 opérations successives, échelonnées sur 2 mois). On découvre avec surprise que certaines étapes n'ont pas changé depuis le XIXe s, comme la technique pour ranger les aiguilles à l'horizontale ! Idem pour les machines. On pénètre ensuite ***au cœur de l'entreprise*** en empruntant une allée centrale où de part et d'autre, machines et ouvriers sont en action. Des écrans vidéo complètent les excellentes explications. Et chacun peut communiquer avec les ouvriers, qui seront ravis de répondre à vos questions.
Cette passionnante section est magnifiquement complétée par ***le musée*** lui-même, qui vous entraîne encore plus loin dans le monde de l'aiguille, mais aussi de la Risle et de toutes les industries que cette rivière a fait naître. Sans parler de l'espace consacré au fondateur de cette usine, ***Benjamin Bohin,*** un personnage à l'étonnant destin, croyant en l'industrie, mais mettant l'humain au cœur de celle-ci ! Vraiment, chapeau pour cette belle entreprise où explications didactiques, poésie, bel ouvrage, technique et art se mêlent avec élégance !
En sortant, laissez-vous épingler par ***la belle boutique !***
Les + :
- Des expositions temporaires différentes chaque année autour de l'art du textile.
- Visite-jeu en réalité augmentée sur tablette pour les 7-12 ans.
- Audioguide possible sur votre smartphone avec l'application *Izi travel* dans le parcours de visite.

Labels : France savoir-faire d'excellence, Entreprise du Patrimoine Vivant.

SEINE-MARITIME (76)

Camembert 5 Frères : *100, rue de la Cayenne, 76640* **TERRES-DE-CAUX.** *06-08-95-91-97. • breantcharles@gmail.com • Visite guidée seulement, sur résa, mars-oct. Tarif sur demande ; à partir de 10 €, réduc. Durée de la visite : 1h-1h30.* **Boutique :** *ouv après la visite.*

Produit sur une exploitation familiale par... 5 frères, le camembert de la ***fromagerie Camembert 5 Frères*** est le seul à être élaboré en Seine-Maritime. ***Chaque frère s'occupe d'une partie différente de la ferme :*** Côme s'occupe des volailles, Martin gère la boucherie, Pierre est responsable de la production laitière, Victor s'occupe de la production des fourrages. Charles, qui est chargé de la fabrication des camemberts, mène la visite de l'exploitation. Les fromages sont ***moulés à la louche manuellement*** en 5 passages pour respecter la tradition ancestrale de fabrication du camembert. Les vaches normandes pâturent au moins 8 mois de l'année, de début mars à fin octobre.

Une fois équipés afin de respecter les règles d'hygiène dans la salle de fabrication, on écoute Charles raconter l'histoire de la ferme familiale, tout en expliquant le ***fonctionnement des cuves,*** la coagulation du lait. Puis on peut voir par la fenêtre comment les employés s'appliquent à verser le lait caillé dans les moules pour le laisser s'égoutter et se transformer en fromage : une tâche effectuée à la main, avec un dosage précis et maîtrisé, à la louche. Ensuite, ces fromages sont démoulés, salés et laissés à mâturer. Puis la visite se poursuit avec un petit ***détour par la salle de traite,*** où les vaches et les veaux dorment, et par les ***pâturages.*** Et la visite se termine par une dégustation du produit fini !

Le + : dégustation.

MOULÉ À LA LOUCHE

D'après les critères Appellation d'origine protégée du camembert de Normandie, *il faut 5 louches de lait, soit 2,2 litres de lait par moule pour faire 1 camembert.*

EDF – Centrale nucléaire de Paluel : *76450* **PALUEL.** *02-78-38-80-93. • paluel-cip-visites@edf.fr • edf.fr/paluel • Espace découverte, visites sur inscription, mer 10h-12h, 13h30-17h30 ; pdt vac scol des zones B et C, lun-ven mêmes horaires. GRATUIT. Pour les inscriptions, voir sur le site • edf.fr/visiteredf •* ***Pièce d'identité*** *en cours de validité obligatoire et tenue adaptée (pantalon, vêtements à manches longues et chaussures plates et fermées) pour les visites au sein des installations.*

Implantée sur un espace de 160 ha, la centrale nucléaire de Paluel est située au ***bord du littoral cauchois*** entre Dieppe et Fécamp, à 6 km de Saint-Valéry-en-Caux. Une partie de la falaise a été creusée afin d'accueillir ses ***4 réacteurs d'une puissance de 1 300 MWe*** chacun, soit au total une puissance d'environ 5 200 MWe. Ceci représente presque 10 % de la puissance totale de la capacité nucléaire en France, soit environ 8 % de la totalité de l'électricité produite en France (toutes sources confondues).

Surplombant la centrale, le ***belvédère de l'Espace découverte*** vous propose des animations variées (maquettes, jeux de plateau, immersion via des casques de réalité virtuelle, expériences) et des visites pédagogiques pour en apprendre plus sur le fonctionnement d'une centrale. Les visites sont commentées par un guide-conférencier spécialisé en médiation scientifique : l'occasion de poser vos questions !

Les + :

– Animations et conférences adaptées à tous types de publics, gratuites tout au long de l'année. Programme sur le site internet.

– Visites possibles tout au long de l'année pour les scolaires et associations. Pour le grand public, rendez-vous pour des visites thématiques lors des Journées européennes du patrimoine, de la Semaine de l'industrie, de la Fête de la science, de la Semaine du développement durable et lors des grands événements nationaux, sans oublier nos grands temps forts de l'été ! Informations à retrouver sur le site internet ou par téléphone.

EDF – Parc éolien de Veulettes-sur-Mer : *76450* **CANY-BARVILLE.** *• visites. edfrenouvelables@manatour.fr • edf.fr • Visite guidée de groupe (15-20 pers) sur demande, résa sur le site internet ou par mail (min 15 j. avt). GRATUIT. Durée de la visite : 1h. À savoir : les mineurs doivent être accompagnés d'un adulte.* ***Pièce d'identité*** *obligatoire. Tenue adaptée (pantalon, vêtements à manches longues et chaussures plates et fermées).*
Pour ceux qui auraient envie de verdure dans un site protégé, la commune limitrophe de Paluel, Veulette-sur-Mer, abrite un parc éolien de ***4 éoliennes*** pour une ***puissance installée de 8 MW.*** Comme sa grande voisine Paluel, elle est exploitée par EDF. Le point commun de ces 2 types de centrales est de produire de l'***électricité décarbonnée...*** Accompagnés d'un guide-conférencier, vous découvrirez les grands enjeux de la transition énergétique. Puis votre guide présentera les étapes de développement et de construction, ainsi que les principes de fonctionnement du parc éolien.

EDF – Centrale nucléaire de Penly : *76207* **PENLY.** *☎ 02-14-92-80-30. • espaceinfo-penly@edf.fr • edf.fr/centrale-nucleaire-penly • ♿ Espace Odyssélec de Penly, entrée libre, mer 13h-17h. GRATUIT. Pour vous informer sur l'actualité de l'Espace Odyssélec et des possibilités de visites, voir sur le site • edf.fr/visiteredf • Visite de la centrale sur résa, à partir de 12 ans. Inscription obligatoire, 1 mois avt, sur le site • edf.fr/visiteredf •*
La centrale nucléaire de Penly est située entre Dieppe et Le Tréport, en bordure de la Manche. Ses 2 réacteurs, d'une puissance de 1 300 MW chacun, ont été mis en service en 1990 et 1992. La centrale de Penly représente environ 4 % de la capacité de production d'électricité en France.
En haut de la falaise, à proximité de la centrale, l'***Espace Odyssélec de Penly surplombe la mer.*** Il offre à tous l'occasion de découvrir, de manière ludique, les enjeux de l'énergie, les grandes inventions, les moyens de production d'électricité et les métiers qui y concourent. Cet espace pédagogique raconte l'épopée de l'électricité, de sa production à sa consommation et explique le fonctionnement d'une centrale nucléaire.
Le + : la centrale de Penly participe à la Fête de la nature, aux Journées européennes du patrimoine, à la Semaine de l'industrie et à la Fête de la science. Des moments exceptionnels où l'on peut entrer dans la centrale et découvrir les coulisses de la production d'électricité. *Pour plus d'infos : • edf.fr/Penly •*

Embrin : *impasse du Château, 76550* **AMBRUMESNIL.** *☎ 02-35-85-27-74. • embrin.fr • Visite libre, lun-ven 8h30-12h30, 13h30-17h (et sam 10h-13h sur résa). Visite guidée, lun-sam, sur résa uniquement. Tarif : 8 € ; réduc.* ***Vente sur place :*** *à l'issue de la visite ou sur rdv.*
Savez-vous que le lin est la seule fibre textile végétale originaire d'Europe ? Et que 85 % du lin mondial est cultivé sur la bande côtière de Caen à Amsterdam? Ici, les ***produits sont fabriqués à partir de lin de 1er choix*** cultivé par la famille depuis 4 générations. Mais c'est Camille et Alexis qui ont décidé de créer la marque ***Embrin*** dans une perspective résolument locale et écoresponsable. Après une étape de teillage dans la ***coopérative normande Terre de Lin*** (15 % de la production mondiale), la collection Embrin est confectionnée dans un ***atelier traditionnel*** installé dans les anciennes granges de la ferme. La gamme 100 % lin se compose de linge de lit, linge de table, rideaux, accessoires de décoration... dont vous pourrez découvrir les coulisses de fabrication.

Grand Port maritime du Havre : *terre-plein de la Barre, 76600* **LE HAVRE.** *• lehavreportcenter.com • haropaport.com • Programmation de visites du port pour les individuels à des dates spécifiques. Rens et inscriptions sur • lehavreport center.com • Tarif : 7-10 € (selon saison) ; réduc. Visites guidées pour les groupes (à partir de 15 pers) en sem sur résa. Tarif sur demande. ☎ 02-79-15-01-60. Durée de la visite : 2-3h.*

Le port du Havre, c'est un *Guiness Book* à lui tout seul :
- ***1er port à conteneurs du commerce extérieur français*** ;
- 1re plateforme française pour l'import/export de véhicules ;
- 1er port mondial pour les vins et spiritueux (avec plus d'un milliard de bouteilles, quand même) ;
- un port de 27 km de long (plus que Paris intramuros !) ;
- 36 km de quais, 150 km de routes et 200 km de rails ;
- une écluse de 67 m de long, 2 fois plus grande que celle du Panama ;
- 32 000 emplois directs et indirects ;
- plus de 6 000 escales ;
- des porte-conteneurs géants de plus de 18 000 unités (soit plus de 100 km de longueur de conteneurs mis bout à bout !) ;
- un conteneur déchargé toutes les 75 s par un portique.

C'est aussi le point de départ de la célèbre transat Jacques-Vabre, course transatlantique entre Le Havre et Salvador de Bahia au Brésil.

La visite du ***Havre Port Center*** commence par un ***espace d'interprétation*** qui permet de découvrir l'univers industrialo-portuaire. On est d'abord immergé dans l'axe de la Seine et les spécificités des ports qui le constituent. Ensuite, avec le ***Forum*** et la ***salle panoramique,*** on est plongé dans le territoire havrais, ses activités et ses nombreux métiers. Approche ludique à travers des applications numériques, des manipulations et les cartes satellites géantes qui ornent les sols. Enfin, ***les visites de terrain*** emmènent le visiteur en balade pédestre dans le port du Havre pour découvrir les différents terminaux, dont le célèbre Port 2000, mais aussi pour y rencontrer les professionnels qui donnent vie à ces espaces. Ateliers et conférences sont également au programme.

Des visites du port en ***autobus*** sont également organisées par ***Le Havre Port Center*** *(• lehavreportcenter.com •)* ou en ***bateau*** par ***Vedette Baie de Seine*** *(• vedettesbaiedeseine.fr • ; tarif : 16 €, réduc ; durée : 1h30).*

NORMANDIE

Palais-musée et distillerie Bénédictine : *110, rue Alexandre-le-Grand. 76400* **FÉCAMP.** *☎ 02-35-10-26-10. • benedictinedom.com • ♿ (en partie). Fermé 1er janv, 1er mai et 25 déc. Visite guidée, tlj 10h-12h, 14h-18h (17h hors saison). Tarif : 20-80 € selon formule ; réduc. Durée de la visite : 1h30-2h.* ***Boutique :*** *juil-août, 10h30-20h ; le reste de l'année, horaires sur le site internet.*

C'est Alexandre Le Grand – à ne pas confondre avec le célèbre conquérant de l'Antiquité – qui fait ériger le Palais Bénédictine en l'honneur de sa liqueur : une ***architecture emblématique de la fin du XIXe s,*** éclectique, monumentale et raffinée, conjuguant flamboyance et sobriété. Mais qui était donc le créateur de la Bénédictine ?

Né en 1830 à Fécamp, Alexandre Le Grand établit son négoce de vins et spiritueux vers l'âge de 22 ans. Peu après, il met la main sur un grimoire datant du XVIe s et provenant de l'abbaye de Fécamp, qui contient la recette d'un élixir employé comme remède à l'usage des moines malades. En 1863, il recrée et adapte cette recette en ***liqueur digestive,*** qu'il nomme Bénédictine. Dès lors, il délaisse son précédent négoce pour s'y consacrer entièrement, jusqu'à sa mort en 1898. Ce visionnaire dépose la marque en 1864, et passe de la publicité dans les journaux dans la foulée ! Enrichi, il fait construire ce vaste palais « romantique » mâtiné de néogothique et de néo-Renaissance, destiné à accueillir à la fois ses unités de production et son musée personnel – car c'était aussi un collectionneur averti, en plus d'un porteur de moustache très pointue.

Composée au total de 27 plantes et épices, la Bénédictine est bien connue des amateurs de digestifs ainsi que des chefs cuisiniers et barmans. Grâce à sa douceur, elle devient ***un essentiel de la mixologie*** en 2023. Aujourd'hui, plus de 90 % de la production est exportée, notamment vers les États-Unis et l'Asie.
Les visites se déroulent en 2 parties.
– ***Le musée :*** on pénètre d'abord dans la *salle gothique* à l'étonnante charpente, véritable coque de navire renversée, réalisée par les charpentiers du port. Parmi les petites merveilles, on vous signale la ***salle du Dôme*** pour son amusant vitrail représentant le fondateur confiant sa bouteille de Bénédictine à La Renommée, la main posée sur le globe afin de développer ses exportations ! Plus insolite, la ***salle Renaissance,*** qui renforce les liens du Palais et l'abbaye de Fécamp. Dans ***l'oratoire,*** vestiges du jubé de l'église abbatiale de Fécamp, d'un gothique absolument flamboyant. On finit par ***la salle des Abbés,*** dont les 16 principaux sont représentés. Parmi eux, le cardinal puis archevêque Jean Balue que Louis XI fit emprisonner pour soupçon de trahison. On notera aussi le vitrail illustrant l'accueil réservé par les abbés à François Ier en 1534.
– La 2de partie de la visite est consacrée au ***savoir-faire de l'élaboration de la Bénédictine.*** On pénètre alors au cœur de la maison : on découvre la seule distillerie de Bénédictine au monde, aux alambics de cuivre martelé, et une partie des vastes caves à foudres de chêne centenaire où vieillissent les alcoolats. La visite s'achève par une dégustation des 3 différentes expressions : Bénédictine original, Single Cask et 1888 dans sa sublime salle de dégustation.
Les + :
– ***La Verrière, bar à cocktail*** avec une proposition de cocktails signature et ses crêpes iconiques.
– ***Atelier Cocktail*** *(tlj à 17h, 35 €/pers).*
– ***Escape game*** *(tlj à 16h45, à partir de 25 €/pers).*
– ***Visite découverte*** *(tlj, 20 €/pers).*
– ***Visite connaisseur*** *(sur résa, 30 €/pers).*
Label : France savoir-faire d'excellence.

Terre de Lin : *605, route de la Vallée, 76740* ***SAINT-PIERRE-LE-VIGER.*** *☎ 02-35-97-41-33. • terredelin.com • Visite guidée de groupe seulement, pour 10-50 pers. Résa par tél. Tarifs : 3 € ; - 18 ans : 1 €. ♿ Durée de la visite : 1h30.*
La France est le 1er producteur mondial de lin textile, et la Normandie regroupe à elle seule 50 % des surfaces de production du lin français. ***Terre de Lin*** est ***la plus grande coopérative de lin textile en Europe.*** Au cours de la visite, vous découvrirez l'ensemble de ses activités : la création de variété, la culture du lin (du semis à la floraison, l'arrachage, la récolte des graines, le rouissage et la récolte des pailles) puis viennent le teillage et le peignage, étapes nécessaires pour extraire la fibre de lin avant de l'expédier en filature. La visite se déroule en 3 temps : une projection vidéo sur la plante, une visite des ateliers de teillage et de peignage et une présentation de la filière lin et de ses débouchés. En effet, si le textile (habillement et tissus) reste le premier utilisateur du lin, le lin sert aussi pour le paillage, l'isolation et dans la papeterie. On l'utilise aussi pour fabriquer des matériaux composites.

NOUVELLE-AQUITAINE

• Carte *p. 30*

La Nouvelle-Aquitaine est une terre riche de patrimoine artisanal autant que d'innovation. Les visites de ses entreprises constituent l'occasion de découvrir une *multitude de métiers :* porcelainier, gantier, ostréiculteur, paludier, distillateur, papetier, tapissier... mais aussi fabricant de surf avec *Shapers Club* et de cosmétiques bio avec *Body Nature* !
Elles vous racontent l'aventure du cognac, emblème des Charentes ; du piment d'Espelette, utilisé depuis 5 siècles dans la cuisine basque ; du chocolat et du jambon qui font la réputation de Bayonne ; celles de la *distillerie Denoix* à Brive-la-Gaillarde ou des *caves de Gan-Jurançon ;* de la noix du Périgord, protégée par une AOC. Mais aussi, pour des produits à la durée de vie un peu plus étendue, la saga *Bernardaud* à Limoges, qui allie depuis tant d'années la tradition et l'innovation dans le domaine de la porcelaine ; les générations de papetiers du *Moulin de Got ;* les 5 siècles de tradition de la manufacture de *tapisserie d'Aubusson ;* le textile basque, qui a son IGP. Vous l'aurez compris à cette énumération, chaque parcelle du territoire – la 1re région de France par la taille ! – vous entraîne à la découverte des savoir-faire les plus divers.

CHARENTE (16)

Pôle cognac

Château de Cognac – Maison des cognacs BARON OTARD & D'USSÉ : *127, bd Denfert-Rochereau, 16100* ***COGNAC.*** *☎ 05-45-36-88-86. • chateaudecognac.com • ♿ (accueil et boutique seulement). Fermé dim, 1er janv, 1er mai et 25 déc. Tlj 10h30-12h30, 13h30-18h30. Prévoir 1h15 de visite (guidée) ; résa en ligne conseillée sur le site internet. Visite « Au Cœur du Château », 24 €, durée 1h15 ; « Sunset », 20 €, durée 40 mn (seulement en période estivale) ; « Secret des Chais », 75 €, durée 1h30 ; réduc (12-18 ans) ; gratuit moins de 12 ans.*

Cette prestigieuse marque de cognac fut créée en 1795 par le baron Otard, un Écossais né en Charente et devenu maire de la ville. Pour installer son négoce, il acheta carrément le château royal de Cognac en 1795, profitant à point nommé de la Révolution (la municipalité le vendait alors pièce par pièce, toutes raflées par le baron). Ce château n'était autre que la ***maison natale d'un roi de France : François Ier !*** Tout l'intérêt de la visite est là puisque l'on peut profiter de cette très belle demeure des XIIe-XVIe s, pleine de souvenirs historiques, tout en s'instruisant sur les méthodes de fabrication et de vieillissement du cognac... Les chais du château sont d'ailleurs les plus vieux de Charente et, paraît-il, les meilleurs (grâce à leur humidité, puisqu'ils sont juste au niveau du fleuve). Si la chambre du roi, transformée en espace de réception, n'est accessible que lors de visites privées, on découvre tout de même la plus vieille pièce des lieux, appelée ***salle au Casque*** (XIIe s), qui doit son nom à l'ornementation de sa cheminée. Richard Cœur de Lion y célébra le mariage de son fils avec Amélie de Cognac. Suivent une sellerie et le bel ensemble formé par la salle des États et la salle des Gardes. Notez les voûtes en X et en Y, les médaillons tous différents, et les graffitis dessinés par les marins irlandais qui furent faits prisonniers pendant la guerre de Sept Ans (XVIIIe s).
Mais l'endroit le plus étonnant, outre les sombres caves voûtées envahies de barriques de chêne, reste le « ***paradis*** », un ancien cachot où sont entreposées

les eaux-de-vie les plus exceptionnelles dans des dames-jeannes d'un autre âge (certaines datent de 1820 !). Elles seront assemblées pour donner les cognacs de prestige... On passe ensuite à la ***salle de l'Alambic*** (très beau, du XIXe s), où l'on apprend tout sur la distillation, le travail du maître de chai et la tonnellerie, avant de découvrir le chai à proprement parler, bâti sur le site de la chapelle où François Ier fut baptisé. Mazette !
Un ***petit musée*** retrace aussi l'histoire du baron Otard et de la marque à travers les siècles (collection d'affiches publicitaires, de bouteilles, de documents originaux d'expédition...). Pour terminer, une dégustation est organisée dans l'espace moderne attenant à la boutique.
Le château est également le siège de la marque ***D'USSÉ,*** créée il y a 10 ans par le groupe Baccardi et la rappeur Jay-Z. Certaines visites et expériences sont dédiées à cette marque, comme « Au cœur de D'Ussé » *(35 €, 1h15),* durant laquelle on déguste le cognac les yeux bandés pour détailler ses différents arômes.
Le + : dégustation.
– L'été, ***Le Lys,*** bar à cocktail du château de Cognac, ouvre ses portes sur son rooftop avec vue sur la Charente *(jeu-sam, 18h-23h).* Un des meilleurs spots pour le coucher de soleil !
Label : France savoir-faire d'excellence.

Cognac Braastad (établissement Tiffon) : *29, quai Île-Madame, 16200* ***MAINXE-GONDEVILLE.*** *☎ 05-45-36-87-00. • braastad.com • Lun-ven 8h30-17h30 tte l'année (sam sur résa) ; sam 9h-17h également en juil-août. Fermé dim. Visite découverte : 15 €. Visite « Privilège » : 35 € (inclut le décor Art déco).*
Si Braastad est aujourd'hui une marque célèbre en Scandinavie, la maison a d'abord été fondée par ***Médéric Tiffon,*** en 1875. C'est en 1899 que Sverre Braastad, un Norvégien venu à Jarnac pour commercer des spiritueux, épouse la petite-fille de la famille Tiffon, Édith Rousseau, avant de reprendre la tête de la maison. Aujourd'hui, c'est la ***6e génération*** de Braastad qui est aux commandes. On visite ici le ***site historique,*** qui permet de suivre les étapes de fabrication de l'eau-de-vie charentaise : vinification, distillation, assemblage dans le bureau du maître de chai, embouteillage (dans un chai Eiffel !), etc. La visite « Privilège » permet d'accéder au cœur de l'entreprise, dont le bureau de Sverre Braastad, au décor Art déco inchangé ! On termine par la dégustation de 3 cognacs Braastad (également du pineau et une liqueur, au choix). Parmi les fiertés de la maison, les cognacs distillés à partir des 40 ha de vignes du domaine, plantées dans les crus de la Grande Champagne et des Fins Bois.

Du cognac au pineau

Au XVIe s, paraît-il, un vigneron verse par hasard du moût de raisin dans un tonneau de cognac. Pensant avoir perdu toute la précieuse eau-de-vie, il laisse le tonneau dormir dans un coin. Ayant besoin quelques années plus tard du contenant, il goûte quand même le contenu avant de le jeter... Et, ô miracle, il gagne le gros lot : le pineau des Charentes ! Voilà pour la petite histoire. Maintenant, les explications techniques. On sait que tout vin découle d'une fermentation, qui transforme en alcool les sucres du moût (le jus). Pour produire du pineau, le viticulteur attend que le degré d'alcool du moût monte à 10°. Il y ajoute alors du cognac « rassis » (c'est-à-dire issu d'une distillation antérieure) qui doit titrer au minimum 60° et provenir du même domaine. D'un côté, cet alcool arrête la fermentation (l'alcool est un tueur de champignons et de levure), gardant ainsi au moût ses réserves de sucre. D'un autre côté, il élève à quelque 17° la teneur alcoolique du vin. Bu après avoir vieilli de 18 mois à 3 ans, le pineau se révèle à la fois fort et sucré, doux et capiteux. Il existe 2 sortes de pineau : un blanc et un rosé. Plus il est vieux, meilleur il est. À boire frais, en apéritif ou comme vin de dessert.

Cognac Camus : *siège au 29, rue Marguerite-de-Navarre ; visites au 21, rue de Cagouillet, 16100* ***COGNAC.*** *☎ 05-45-32-70-14. • camus.fr • Mai-sept, circuit de visite et boutique tlj sauf dim-lun et mer ap-m, 10h-12h30, 14h-18h. Visite « Fine Island », 25 €, durée 1h30 (avec dégustation du cognac de l'île de Ré) ; « Intense Classique », 35 €, durée 1h30 (avec dégustation de 3 cognacs, VS, VSOP et XO) ; « Borderies Signature », 45 €, durée 1h30 (avec dégustation de 3 cognacs mono-crus) ; et enfin « Master Blender » 190 €, durée 2h30 (avec création de son propre cognac XO en 70 cl) ; gratuit moins de 18 ans (sans dégustation, évidemment). Possibilité également de dégustation commentée sans visite.*

Camus est l'une des dernières grandes maisons de cognac ***100 % familiale et indépendante*** depuis sa fondation, en 1863. Avec 190 ha nichés au cœur des Borderies, le cru le plus rare de l'appellation, la Maison s'emploie à créer des cognacs des plus aromatiques. Forte de son indépendance, elle ***n'hésite pas à innover*** en proposant des cognacs issus uniquement des Borderies, comme le délicieux Borderies XO, ou élaborés avec des raisins récoltés, distillés et vieillis sur l'île de Ré... Sans pour autant tourner le dos à la tradition et aux cognacs plus classiques qui ont fait sa réputation !

HIPS !

Savez-vous que l'évaporation du cognac représente chaque année l'équivalent de 32 millions de bouteilles ? C'est ce qu'on appelle joliment « la part des anges ». De quoi être quasi soûl rien qu'en respirant l'air du coin ! C'est d'ailleurs le cas des araignées vivant dans les chais, dont les toiles ne sont, paraît-il, jamais parfaitement géométriques...

Cette prise de position atypique donne tout son sel à la visite, qui privilégie la convivialité des petits groupes. Elle commence par une présentation historique du site et des vignes, avec leurs différents cépages et terroirs, avant de revenir sur l'histoire de la maison familiale. À travers un parcours olfactif, elle aborde ensuite les différentes phases de distillation puis de vieillissement du cognac, et se termine dans un chai avec la dégustation de plusieurs cognacs.
Pour les passionnés, Camus propose aussi un ***atelier de maître assembleur, le Master Blender*** : on crée son propre assemblage et on emporte son cognac XO unique et personnalisé *(mai-sept ; 190 € ; durée 2h30).*
Le + : dégustation.
Label : Entreprise du Patrimoine Vivant.

Cognac Courvoisier : *2, pl. du Château, 16200* ***JARNAC.*** *☎ 05-45-35-56-16. • courvoisier.com • ♿ Au bord de la Charente. Mai-sept, tlj sauf dim-lun 10h45-13h, 14h-18h30 ; visites à 10h30, 11h15, 14h15, 15h30 et 16h30. Le reste de l'année, se renseigner (les 1ers choisissent la langue de la visite !). Visite guidée (compter 1h30) : 20 € ; réduc ; gratuit moins de 12 ans. Également des visites privées (appeler au préalable).*
La célèbre marque n'a pas pris n'importe qui pour assurer sa promotion : son cognac, depuis 1811, est « officiellement » ***celui de Napoléon !*** Tout cela depuis que l'Empereur visita les entrepôts du négociant Emmanuel Courvoisier. Mais c'est véritablement en 1869 que Napoléon III décida formellement d'en faire son fournisseur exclusif (un titre officiel exposé ici en atteste). L'histoire de la marque et ses origines sont brièvement retracées avant d'enchaîner avec les ***explications sur l'élaboration du cognac,*** la fabrication des barriques (sans clous ni produits chimiques, attention !), les différents crus, les arômes (avec d'intéressantes barriques à parfum qui permettent de comprendre comment l'eau-de-vie s'imprègne de l'odeur du bois), les millésimes, etc. La visite traverse ensuite un ***1er chai :*** impressionnant amoncellement de fûts (à la verticale !) dans une semi-pénombre... L'odeur omniprésente d'alcool est due à l'évaporation. On appelle ça « la part des anges ». Poétique, non ? Puis, direction le ***chai Renard,*** dont le nom évoque un célèbre maître assembleur de la maison. Très proche de l'eau (et

donc extrêmement humide), ce chai s'ouvre directement sur la Charente, offrant une vue unique sur le fleuve. Une belle façon de rappeler le lien entre le cognac et le cours d'eau. En fin de parcours, on découvre un petit ***film*** très réussi qui met en scène tous les acteurs participant à l'élaboration du cognac. Place ensuite à la dégustation !
Le + : dégustation.

Cognac Frapin : *6, rue Pierre-Frapin, 16130* ***SEGONZAC.*** *☎ 05-45-83-40-03. ● cognac-frapin.com ● Visite guidée, lun-ven 9h-18h, sur résa. Circuit « Découverte », 15 €, durée 1h (dégustation de 4 cognacs comprise) ; circuit « Savoir-faire », 60 €, durée 1h30 (visite du vignoble et de la distillerie en plus) ; circuit « VIP », 250 €, 2h30 (visite vignoble, distillerie, château, dégustation des cuvées d'exception).*
Établi dans le village de Segonzac, Frapin a la particularité d'être l'une des dernières grandes ***maisons indépendantes.*** À la tête de 240 ha de vignes d'un seul tenant et localisées uniquement dans le cru de la Grande Champagne, ils maîtrisent leur production de A à Z. Ils peuvent ainsi pousser leur niveau d'exigence vers des sommets inégalés. Il faut dire que la famille Frapin sait y faire : ***elle cultive la vigne depuis des siècles.*** Des documents attestent même de leur présence dans la région dès 1270. Difficile de faire plus traditionnel ! Les eaux-de-vie de Frapin se signalent par leur finesse et leur puissance, grâce à une utilisation savante de la distillation sur lies. Une fois dans les barriques de chêne, le cognac est mis à vieillir dans des chais humides ou secs selon le style recherché.
Le circuit *« Découverte »,* qui passe par le ***petit musée Frapin,*** le chai d'assemblage conçu par Gustave Eiffel et ceux de vieillissement, vous permettra d'avoir un bel aperçu du savoir-faire unique de la maison. Après la dégustation, peut-être vous laisserez-vous tenter par l'un des différents cognacs : Frapin 1270 (idéal pour les cocktails), VSOP, 15 ans, Cigar Blend XO, XO, VIP, Extra... Très réputé, le Château Fontpinot porte le nom d'une belle demeure appartenant à Frapin, cachée au cœur de leur vignoble.

Cognac Hennessy : *quai Maurice-Hennessy, 16100* ***COGNAC.*** *☎ 05-45-35-06-44. ● hennessy.com ● ♿ Juil-août, tlj 9h15-20h ; avr-juin et sept-oct, tlj sauf dim 10h-19h (départ de la dernière visite) ; hors saison, mer-sam 9h45-13h, 13h45-18h30. Visite « Initiation Immersive » : 29 €, durée 2h (avec expérience de réalité virtuelle incluse et dégustation de 2 cognacs) ; réduc ; gratuit moins de 12 ans. Également la visite « Hennessy XO » pour goûter des cognacs plus âgés (50 €, 2h) ou l'« Atelier Découverte Mixologie » (15 €, 30 mn), pour préparer un cocktail au cognac. Catalogue de visites privées qui zooment sur un savoir-faire de la maison (Destination Tonnellerie / Destination Distillerie / Destination Vignoble) et de visites privées exclusives (comme les visites « Exception Paradis » et « Exception Richard », qui explorent le fabuleux Chai du Fondateur, avec dégustation des cognacs les plus rares de la maison).*
En se lançant dans le négoce en 1765, le capitaine irlandais Richard Hennessy n'imaginait sans doute pas que sa maison deviendrait un jour la 1re marque internationale de cognac. Elle est aujourd'hui dirigée par le groupe de luxe ***LVMH,*** qui n'a pas lésiné sur les moyens pour proposer des visites œnotouristiques qui convoquent toutes (ou presque) les technologies modernes, notamment la réalité virtuelle.

HENNESSY ET FILLIOUX, C'EST POUR LA VIE !

La maison Hennessy travaille main dans la main avec la famille Fillioux depuis... 1806 ! C'est James Hennessy, fils du fondateur de la plus célèbre maison de cognac, qui engagea le 1er un membre de la famille comme maître assembleur, Jean Fillioux. Renaud Fillioux de Gironde, l'actuel maître assembleur d'Hennessy, constitue ainsi la 8e génération. En somme, il s'agit de changer pour que rien ne change... Une belle image de l'histoire du cognac !

Même si, vous le constaterez vite, ici, la tradition n'est pas un vain mot : les maîtres de chai sont, par exemple, issus de la même famille depuis 8 générations !
L'autre originalité d'Hennessy, c'est que la visite débute par une ***courte balade en bateau électrique sur la Charente,*** avant de débarquer sur l'autre rive, où sont situés les chais : une quarantaine au total – mais la visite n'en parcourt que 2 principaux. Le 1er (le chai des Pavillons) a été transformé en un vaste ***espace muséographique*** résolument contemporain, où est projeté un joli film sur la saga Hennessy. Ensuite, rapides explications sur les différents crus, les méthodes de vinification, la technique de la distillation et la tonnellerie. On enchaîne avec la formidable ***expérience de réalité virtuelle Mobilis,*** inspirée par les dessins de Richard Hennessy et réalisée par les artistes Olivier Kuntzel et Florence Deygas. Un voyage époustouflant, à la fois poétique et onirique dans l'univers du cognac, qui vous transportera du feu des alambics à l'océan Atlantique.
Après ces sensations fortes, on pénètre dans un univers bien plus paisible : un immense ***chai traditionnel*** de vieillissement. Superbes alignements de barriques (depuis des siècles, joliment calligraphiées, une par une, à la craie !) et de dames-jeannes cerclées d'osier où sont conservées les eaux-de-vie séculaires du « paradis ».
On traverse à nouveau la Charente pour passer à la séance dégustation, dans un agréable espace design, avant la clinquante boutique, riche en curiosités (c'est d'ailleurs la seule boutique de la marque au monde à vendre toute la gamme Hennessy !).
Les + :
– Tour en bateau.
– Dégustation.

Cognac Martell : *16, av. Paul-Firino-Martell, 16100* **COGNAC.** *☎ 05-45-36-34-98. • martell.com • Avr-oct, visite tlj 10h-19h ; le reste de l'année, mar-sam 10h-12h, 14h-18h. Visite « Découverte », 25-35 € selon les cognacs dégustés, durée 1h30 ; « Savoir-faire », 75 € (flacon de cognac, dégustation et cocktail au bar Indigo compris), durée 2h. Autres visites 60-290 €.*
La plus ancienne des grandes maisons de cognac, qui occupe un vaste périmètre au cœur de la ville, propose jusqu'à 4 visites thématiques différentes. La visite *Découverte* retrace l'histoire de la maison Martell et de son site de production historique de Gâtebourse. Le circuit commence devant la demeure du fondateur Jean Martell, natif de l'île de Jersey et débarqué à Cognac en 1715. Mais le plus intéressant se trouve dans les chais. Rangs de vignes, alambics, tonnellerie et chai de vieillissement sont présentés à tour de rôle à travers une ***mise en scène très réussie.*** La salle des assemblages est particulièrement impressionnante avec son laboratoire high-tech où l'on aperçoit parfois le *master blender* en pleine action. On termine la balade par la découverte d'une collection de photographies anciennes, prélude à la dégustation organisée au cœur de la boutique.
Plus longue (2h), la ***visite Savoir-faire*** permet de repartir avec, à la clé, une « montre » de cognac (bouteille miniature) que l'on aura embouteillée soi-même, puis de déguster un cocktail sur le toit de l'*Indigo by Martell* (en fonction des périodes d'ouverture). Quant à la ***visite nocturne,*** organisée à quelques dates durant l'été, elle offre un sublime moment d'intimité dans le silence des chais, avant, là aussi, de déguster un cocktail sur le *rooftop*. Les plus aventureux se lanceront dans la visite ***Vitiscoot*** : en trottinette électrique tout terrain, on parcourt le cru des Borderies, au départ de la distillerie de Gallienne (propriété Martell), et on termine par une dégustation à l'Atelier Martell à Cognac.
– ***Fondation Martell :*** *☎ 05-45-36-33-51. • fondationdentreprisemartell.com • Dans les mêmes locaux que le chai Martell (voir aussi « Visites de chais » plus bas). Mer-dim 14h-19h (plus mer mat 10h-12h, en hiver, sam mat 10h-12h en été). GRATUIT.* Un espace dédié à l'art contemporain et au mobilier d'artistes (le luminaire monumental zoomorphe dans le hall d'accueil donne le ton !), proposant des expos temporaires immersives occupant près de 800 m².

L'endroit est aussi une résidence d'artistes, avec une poignée d'ateliers. Au dernier étage, en terrasse, le génial bar *Indigo by Martell.*

Frères Moine : 1, rue de la Boucle, Villeneuve, 16200 ***CHASSORS.*** *☎ 05-45-80-98-91. • moinefreres.fr • À 3,5 km de Jarnac. Tlj, sauf sam ap-m et dim, 9h-12h, 14h30-17h30. Visites (à partir de 10 pers et sur résa) : « La Distillation du cognac », 12 € ; « Les Secrets du pineau et du cognac », 17 €. Pour le Circuit du Chêne : juil-août, mar-jeu, rdv à 14h à l'office de tourisme de Jarnac ; le reste de l'année, sur résa. Tarif : 24 € (dégustation comprise) ; réduc et forfait famille. Durée de la visite : 2h30.*

Les frères Moine ne font rien comme les autres et c'est tant mieux ! D'abord, leurs fameux cognacs (du VS au XO), pineaux (jeunes et vieux) et vins (charentais IGP ou vins de France) sortent du lot grâce à des choix audacieux sur la vinification, la distillation, les assemblages ou le vieillissement. Ils s'amusent aussi à faire diverses liqueurs, élaborent un délicieux jus de raisin et produisent même... du **safran.** Leurs vignobles sont plantés de cépages extrêmement variés : ugni blanc (pour le cognac), chenin, merlot, cabernet, syrah, viognier, chardonnay, vidoc et même du tempranillo espagnol. Leurs chais ? Ils ont longtemps abrité des expos de *street art...* Certaines créations sont restées, pour le plus grand bonheur des visiteurs.
En plus des ***visites déjà peu classiques*** de leur domaine, ils proposent une passionnante balade intitulée ***Circuit du Chêne.*** Un parcours qui rappelle que le cognac est bien le fruit d'une savante alchimie entre le bois, l'air et l'alcool. Car la qualité des barriques (où l'eau-de-vie se chargera de tanins et gagnera sa profonde couleur ambrée) influe aussi sur la qualité d'un cognac. Le circuit commence donc chez le ***fendeur de merrains.*** C'est lui qui choisit, sur pied, au cœur des forêts limousines, de superbes chênes centenaires. Du cœur du tronc, il va tirer de belles pièces (dans le droit fil du bois, sinon la barrique fuit !) qui sèchent pendant au moins 3 ans. Pourquoi du chêne et pas une autre essence ? Le petit morceau de bois qu'on vous donne à mâchonner pendant la visite devrait vous apporter la réponse ! La découverte se poursuit chez le ***tonnelier*** pour assister à la fabrication d'une barrique, technique qui a peu évolué au fil des siècles. Les douelles (pièces de bois qui, assemblées, formeront la barrique) sont toujours cintrées sur un brasero. Et le temps qu'elles passent sur la flamme a son importance : les tanins seront différents suivant le degré de brûlure du bois (que l'on appelle le « ***bousinage*** »). Le circuit se termine dans la distillerie, au coin de l'alambic, où l'on apprend tout sur la fameuse double distillation et sur « la part des anges » avant une dégustation de pineau !

Maison Rémy Martin : à Cognac (au 20, rue de la Société-Vinicole) ou sur le site d'élaboration (à Merpins, à 4 km au sud-ouest de Cognac en direction de Pons, avenue de Gimeux), 16100 ***COGNAC.*** *☎ 05-45-35-76-66. • visitesremymartin.com • Sur le site d'élaboration à Merpins, visite sur résa de mi-avr à fin sept, mar-sam ; durée 1h30. À la Maison à Cognac, visite tte l'année sur résa ; durée 2h-4h. Tarif : à partir de 35 € à la Maison, 25 € sur le site d'élaboration. Également d'autres visites thématiques sur résa, notamment « Balade à vélo dans le vignoble » (90 €, voir site internet).*

La visite au cœur de l'immense site d'élaboration de Merpins, s'effectue à bord d'un ***petit train électrique*** pour rallier différents chais d'assemblage et de vieillissement (il y en a 32 sur le site !). Tous les aspects techniques sont passés en revue (de la fabrication du cognac, bien sûr, à la tonnellerie), émaillés d'anecdotes historiques sur cette maison fondée en 1724. D'ailleurs, ***un petit tour dans le chai*** prestigieux où sont conservés les plus vieux fûts permet de se faire une idée de l'ancienneté de la maison et de la pérennité de son style. Dans le dernier siècle, il n'y eut que 4 maîtres de chai ! À l'issue de la visite, les amateurs pourront déguster un verre de VSOP (servi en cocktail) et un autre de 1738 Accord Royal (un cognac distillé sur lie

dans de petits alambics et vieilli en fûts de chêne de type Limousin), le tout accompagné d'une bouchée gourmande.
Intéressant, mais les connaisseurs exigeants préféreront peut-être les ***visites thématiques organisées à la maison, à Cognac.*** On commence par visiter la maison historique tout juste rénovée qui revient sur l'histoire de la marque, son patrimoine et son savoir-faire, avant de passer en revue les différentes étapes de l'élaboration du cognac au cours d'une expérience immersive. La visite se termine par une dégustation des emblèmes de la marque, à savoir le VSOP et le XO, accompagnés de 2 bouchées salées ou sucrées.
Les + :
- Ouverture à l'année à Cognac.
- Tour en petit train.
- Dégustation avec bouchées gourmandes.

Labels : Entreprise du Patrimoine Vivant, France savoir-faire d'excellence.

Moulin du Verger : *chemin du Moulin-du-Verger, 16400* ***PUYMOYEN.*** *☎ 05-45-61-10-38. • moulinduverger.com • Visite de groupe sur résa seulement. Tarif : 60 € pour 1 à 10 pers, puis compter 6 €/pers supplémentaire. Durée de la visite : 2h. Galerie d'exposition en visite libre : lun-ven 10h-12h, 15h-18h ; le w-e 16h-18h.*
Installé dans la charmante vallée des Eaux-Claires, le dernier bastion de la papeterie artisanale est un tout petit moulin adorable dont l'origine remonte au XVIe s. Mais ce que l'on a conservé ici, outre un séchoir du XVIIIe s et des cuves en cuivre du XIXe s, est plus important que le décor : un ***secret de fabrication ancestral,*** hérité des Chinois (inventeurs du papier il y a 2 000 ans) et des Italiens (qui mirent au point la technique moderne au XIIIe s). Antithèse d'une usine, le Moulin du Verger évoque plutôt l'atmosphère d'un laboratoire d'alchimistes !
En 1972, alors que l'on croyait le moulin perdu, arrive le gérant actuel, un soixante-huitard érudit et volubile : Jacques Brejoux. Ce passionné continue à jouer les irréductibles Gaulois de la papeterie et, militant anti-uniformisation, s'entête à fabriquer à la main du papier comme aux XVIIe et XVIIIe s ! C'est d'ailleurs aujourd'hui le seul moulin au monde à utiliser encore des chiffons de lin et de chanvre battus dans une pile à maillets. Seule concession à la modernité : le moulin utilise désormais l'eau du robinet, à la place de celle de la rivière... La visite est une ***démonstration passionnante, dans l'unique atelier, de la fabrication du papier.***
- Cette visite peut être complétée par une incursion au ***musée du Papier d'Angoulême :*** *134, rue de Bordeaux, à* ***Angoulême,*** *en face de la Cité internationale de la B.D. ☎ 05-45-92-73-43. • maam.angouleme.fr • ♿ Tlj sauf lun et certains j. fériés 14h (13h ven)-18h. Tarif : 3 € ; réduc ; gratuit moins de 18 ans et le 1er dim du mois.* Installé sur la Charente, ce bâtiment-pont permettait d'utiliser l'énergie hydraulique. Moulin à papier en 1792, papeterie industrielle en 1835, manufacture de papier à cigarettes de 1918 a 1970, il accueille finalement le musée du Papier à partir de 1988. Une visite intéressante, notamment pour le bâtiment lui-même, plein de charme avec, en « rez-de-Charente », ses vieilles passerelles et ses salles traversées par le fleuve. Derniers témoignages d'un passé révolu, une roue à aubes et des cuviers où l'on fabriquait la pâte à papier... L'***exposition « Charentes Confluence »*** y raconte le fleuve et les différentes industries liées à son histoire, et présente l'évolution des lieux, depuis l'artisanat préindustriel et l'abbaye Saint-Cybard jusqu'à l'actuel Pôle Image. Évocation historique et technique de l'industrie papetière également et, à l'étage, des expos temporaires consacrées au papier et à l'image qu'il véhicule, publicitaire comme artistique.

CHARENTE-MARITIME (17)

Pôle distillerie

Cognac Grosperrin : *1, rue de Courbiac, Port La Rousselle, 17100* ***SAINTES.*** *☎ 05-46-90-48-16. ● cognac-grosperrin.com ● Visite guidée, mar-sam, 10h-18h30. Visite « Les Secrets du cognac » 7 € ; « Initiation à la dégustation » 45 € ; « Atelier Maître de Chai » 150 €.*

Créée par Jean Grosperrin dans les années 1990, cette maison de cognac s'est spécialisée dans le vieillissement et la mise en bouteilles de cognacs rares et de vieux millésimes, qu'ils chinent comme de véritables antiquités. Le tout est mis à vieillir dans les chais de 1851, situés sur les quais de la Charente, au cœur de Saintes. La visite ***Les Secrets du cognac*** permet de découvrir le travail de la maison, au cœur des chais de vieillissement, avant de déguster 2 cognacs et 1 pineau des Charentes ; l'***Initiation à la dégustation*** offre en plus un passage dans le laboratoire du maître de chai, suivi par un cours de dégustation portant sur 4 vieux cognacs. Enfin, l'***Atelier Maître de Chai*** *(min 4 pers)* est une visite guidée qui s'effectue en compagnie du maître de chai – avec dégustation directement au fût ! – qui permet d'assembler son propre cognac.

– ***La Cale,*** cognathèque et cave à vins de la maison, s'avère d'une richesse incomparable : on y trouve plus de 300 cognacs et pineaux des Charentes, des vins bio ou nature(ls) de tous les vignobles français (dont quelques charentais, quand même !) ainsi que 800 spiritueux, souvent de la région mais pas uniquement. Petite curiosité à essayer, ***l'Orange d'Or,*** une liqueur d'orange au cognac et à l'armagnac.

Distillerie de Fontagard : *1, route de la Voie Romaine, 17520* ***NEUILLAC.*** *06-85-66-41-21. ● fontagard.com ● Visite guidée sur résa uniquement. Tte l'année mar-sam 10h-12h, 14h-17h30. Tarif : 15 € ; 10 €/pers pour groupe de 5 pers ou plus ; gratuit moins de 18 ans. Durée de la visite : 1h.*

La ***distillerie de Fontagard,*** c'est avant tout 150 ans de savoir-faire dans la confection des spiritueux. Depuis 1878, avec la succession de 4 générations de distillateurs, se transmettent les valeurs de la maison : tradition et compétence. Adrien, Dominique et Richard ont aussi conscience de la richesse des ressources de leur territoire. Circuit court et produits régionaux sont favorisés : l'orge utilisé pour la fabrication des whiskys pousse dans un champ à proximité ; et les dirigeants actuels souhaitent à terme centraliser et abriter sur leur exploitation toute la chaîne de fabrication, de la culture de céréales à la mise en bouteille.

Le respect de l'environnement est aussi l'une des préoccupations du trio. Ils recyclent l'entièreté de leurs effluents (résidus liquides du processus de distillation), et utilisent la géothermie pour réduire leur consommation énergétique.

On découvre à la fois une longue tradition de fabrication du cognac, et la capacité d'innovation dans la fabrication de whisky. On visite la ***meunerie,*** où l'orge est moulue, la ***brasserie,*** la ***distillerie***, les ***chais de vieillissement,*** tout en profitant d'explications expertes sur l'histoire de l'exploitation et sur les différentes étapes de fabrication. Et on finit, pour les personnes majeures, par une dégustation de whisky maison.

Le + : dégustation (seulement pour les plus de 18 ans).

Distillerie Paul Bossuet : *Logis de Folle Blanche, 2, chemin des Terrières, 17610* ***CHANIERS.*** *☎ 05-46-91-51-90. ● logisdefolleblanche.fr ● Visite guidée sur résa. GRATUIT. Durée de la visite : 1h.* ***Boutique :*** *tlj sauf dim 9h-12h30, 14h-19h.*

Au milieu des vignes, dans une demeure charentaise de 1600, un producteur-récoltant de cognac et pineaux. Belle gamme, du cognac pour cuisiner à l'extra vieux Cordon d'Or (composé d'eaux-de-vie de 25 ans minimum). Visite qui passe par l'alambic et les chais de vieillissement et se conclut par... une dégustation.

Le ***Logis de Folle Blanche :*** un château médiéval hanté par quelque fantôme féminin désespéré ? Non point, mais la réalité est presque à la hauteur du fantasme suscité : il s'agit d'un ***cépage*** produisant un vin acide et très pâle, ***particulièrement apte à la distillation.*** Sans doute originaire des Charentes, connu pour donner les eaux-de-vie les plus fines, il participa grandement à la célébrité du cognac et de l'armagnac avant de disparaître presque en totalité suite à l'épidémie de phylloxera au XIXe s. C'est donc en ugni blanc que sont plantées les vignes enserrées d'arbres chenus sur ce beau domaine, au centre duquel s'élève une jolie et typique demeure charentaise, datée de 1600. À tout seigneur tout honneur, le domaine (labellisé Vigneron Indépendant) porte toujours le nom du cépage qui fit la célébrité de son cognac.
Devant le superbe alambic en cuivre puis au milieu des fûts, dans le chai de garde, le vigneron vous explique lui-même l'élaboration de ses produits : des cognacs, bien sûr, des pineaux – résultat de l'assemblage de jus de raisin fraîchement pressé et de jeune cognac vieilli en fût de chêne –, mais aussi des cocktails comme le punch aux fruits de la passion, des crèmes aux fruits et liqueurs au cognac de la propriété.

Atelier Quillet : *village artisanal, 7, chemin du Corps-de-Garde, 17111* ***LOIX.*** *☎ 05-46-29-04-25. • quillet.fr • Visite guidée et atelier, les mar et jeu sur résa. Tarif : 5 €/pers ; moins de 12 ans 3 €. Durée de la visite : 50 mn.* ***Librairie :*** *avr-oct, tlj 10h-12h30, 14h-18h30 ; nov-mars, fermé dim.*
Véritable ***référence nationale en matière de conservation, restauration et reliure de documents anciens,*** l'Atelier Quillet a été créé en 1987. Il utilise un savoir-faire manuel traditionnel de restauration de documents anciens et reliure de livres. Ainsi, près de 40 artisans œuvrent chaque jour pour la sauvegarde du patrimoine écrit et iconographique.
Vous découvrirez également une ***librairie ancienne et d'occasion*** de 400 m². Cette dernière abrite une collection remarquable de 100 000 ouvrages allant du XVe s à nos jours, une sélection de 30 000 titres de bandes dessinées (des années 1920 à nos jours) ainsi qu'une salle dédiée aux cartes, gravures, affiches et tableaux. Les collections d'affiches des années 1880 à nos jours sont publicitaires, touristiques, politiques, de cinéma, ou de manifestations sportives... pour que chacun trouve son bonheur.
Afin de compléter l'ensemble de ses activités, l'Atelier Quillet a monté son ***atelier d'encadrement sur mesure,*** avec un savoir-faire artisanal, pour que tous vos sujets soient parfaitement mis en valeur !
Au cœur de la librairie, face à l'atelier de reliure, vous trouverez un café, pour prendre le temps d'une pause gourmande dans ce lieu exceptionnel. Vous y découvrirez une programmation culturelle tout au long de l'année : concerts, lectures, conférences, pièces de théâtre... des moments de partage et de rencontre dans un cadre chaleureux.
Et depuis quelques années, le village artisanal de Loix s'étant développé, on y flâne volontiers pour découvrir le travail des artisans mettant en valeur le patrimoine local.
Label : Entreprise du Patrimoine Vivant.

Écomusée du Marais salant : *route de la Passe, 17111* ***LOIX.*** *☎ 05-46-29-06-77. • marais-salant.com • Visite guidée seulement (de mi-mars à début nov), sur résa. De mi-avr à mi-juin, tlj 14h30-18h ; de mi-juin à mi-sept, tlj 10h-12h30, 14h-19h ; de mi-mars à mi-avr et de mi-sept à début nov, tlj sauf dim-lun 14h30-17h (17h15 sept-nov). Tarif : 6 € ; 12-18 ans 5 € ; 8-11 ans 3 € ; gratuit moins de 8 ans. Visite de groupe sur résa de mi-mars à oct. Tarif : 3 €/pers ; scolaires 2,40 €/pers. Durée de la visite : 45-60 mn. Animation en juil-août, sur résa : « Après-midi aux marais » animé par un saunier, pour enfants (10 €) et adultes (12 €).* ***Boutique :*** *mêmes horaires que la visite.*
On largue ici les amarres pour accoster sur ***« Ré la blanche »,*** à la découverte de ses célèbres marais salants et de leur rôle fondamental dans les paysages et

l'économie de l'île. La visite débute par l'exposition « Sel de mer, sel de Ré » qui retrace l'histoire des marais salants rétais et illustre la technique de production du ***sel*** et de la ***fleur de sel.*** Autour d'une maquette, le guide explique ensuite le ***fonctionnement du marais salant,*** avant de parcourir le superbe site naturel encore en activité. Suivant les saisons, on assiste à la récolte du sel, à la préparation du marais, et l'on découvre la flore (salicorne, statice, moutarde, etc.) et la faune (bernaches, tadornes, aigrettes, etc.) spécifiques de ces marais. En été, et en fonction des conditions météo, petits et grands peuvent s'initier au maniement des outils avec le saunier sur le marais. La boutique propose les produits du marais : gros sel marin extrêmement riche en minéraux, fleur de sel (celui qui est récolté en surface, plus fin et légèrement rosé), sel aux herbes, caramels et chocolats à la fleur de sel, salicorne, etc. De quoi terminer cette visite sur une note gourmande.

Les pêcheries de la Côtinière : *13, quai de la Pointe, 17310* ***SAINT-PIERRE-D'OLÉRON.*** *☎ 05-46-47-10-07. Infos sur les conditions de visite sur • delphineetolivier.fr • La criée de la Côtinière : port de la Côtinière, 1, quai de la pointe. ☎ 05-46-76-42-42. • saint-pierre-oleron-tourisme.fr • Visite guidée seulement. Résa et dates de visites sur le site internet de l'office du tourisme ou sur place à l'OT. Visites : 15h-16h. Tarif : 5 € ; 6-16 ans 2 €. Groupes de 30 pers max. Durée de la visite : 1h.*

Le ***port de la Côtinière*** est classé 1er port de pêche de Charente-Maritime, 7e au rang national, et 5e de France pour la pêche de crevettes. Plus de 200 marins-pêcheurs y travaillent tout au long de l'année. La pêche elle-même représente près de 4 500 t de poisson par an, en 90 espèces différentes de crustacés et de poissons, en majorité des espèces nobles : soles, langoustines, bars, homards... C'est l'endroit idéal pour une balade, avec la vue des bateaux et sur les pêcheurs qui déchargent la pêche du jour. La visite guidée constitue l'occasion d'en apprendre plus sur la pêche en mer, le dur métier de pêcheur, l'évolution des différentes zones de pêche, les différentes techniques qui varient selon les saisons... Tout un monde !

Shapers Club : *13, rue des Entrepreneurs, 17320* ***MARENNES.*** *☎ 05-46-27-00-27. • shapersclub.com • ♿ Visite guidée sur résa en ligne. Lun-ven 11h-12h, 15h-16h. Tarif : 9€. Durée : 1h.* ***Boutique :*** *lun-sam 10h-20h.*

Visiter Shapers Club et leur atelier, c'est faire un pas dans l'univers artisanal et hautement technique de la fabrication de planches de surf. Chaque planche est confectionnée à la main... de vrais bijoux ! Entièrement pensées et fabriquées sur mesure selon le niveau de son futur propriétaire (quel que soit le niveau !), ces planches sont uniques. Découvrez les étapes, les matériaux, les instruments qui permettent d'arriver à une planche, et laissez-vous absorber par les explications passionnées des *shapers*.

Créé en 1991, le « club », qui ne comptait à l'époque que 3 personnes, a en juillet 2024 inauguré ses nouveaux locaux. Car c'est devenu ***tout un univers,*** intégrant des cours, des coachs, du coworking, un bar avec contacts et expos, tout en ***développant les produits liés à la glisse*** sous tous ses aspects (y compris dans un programme de recherche et de développement). Car la marque ***Shapers Club,*** autrefois appelée UWL, rassemble aujourd'hui plusieurs entreprises, et vise maintenant l'international afin d'attirer les futures légendes du surf.

Shapers Club, en bon surfeur, cherche aussi à ***diminuer son impact environnemental*** en proposant un service de réparation, en réduisant sa production de déchets et sa consommation d'énergie, en recyclant les restes de matériaux et en utilisant des matériaux eux-mêmes recyclés. Un lieu où l'on se sent bien !

Les + :

- Bar pour déguster une bonne boisson fraîche ou un café chaud après la visite.
- Cadeau en fin de visite.
- Accessible aux personnes à mobilité réduite.

Label : Entreprise du Patrimoine Vivant.

Site ostréicole et naturel de Fort-Royer : *Association du site ostréicole et naturel de Fort-Royer, La Perrotine, BP 43, 17310* **SAINT-PIERRE-D'OLÉRON.** *☎ 05-46-47-06-48. • fort-royer-oleron.fr • Fév-oct, visites guidées de 1h ou 2h sur résa. Tarif : 6-8 €/pers ; réduc. Visites et ateliers tte l'année sur résa pour les groupes (min 15 adultes payants).*

Bienvenue à Fort-Royer, village ostréicole centenaire, dissimulé au cœur d'une ***splendide réserve naturelle,*** sur la charmante île d'Oléron. L'association en charge de la protection et de la mise en valeur du site propose des visites commentées et balades contées rondement menées, au cours desquelles on en apprend plus sur l'histoire de l'ostréiculture, sur l'élevage (pratiqué encore de manière traditionnelle) et le dur métier des « paysans de la mer », ainsi que sur l'***affinage en claires,*** qui fait la renommée du bassin de Marennes-Oléron (le site loge dans ses sols imperméables - ceux d'anciens marais salants - de petits écrins d'eau claire - ces longs bassins de 4 à 10 ares, profonds de 50 cm, qu'on appelle justement « claires »). Protégées par une appellation contrôlée, ces huîtres nécessitent en effet 2 à 3 mois d'affinage qui occasionnent un étrange phénomène : une algue microscopique locale, la ***navicule bleue,*** teint les huîtres en vert, laissant au passage un petit goût d'herbe. Et à la fin de la visite, juste avant la dégustation d'huîtres (en supplément), projection d'un petit film de 1907, tourné à Oléron, qui montre combien le métier d'ostréiculteur a finalement peu évolué.

Les + : nombreuses autres animations, assurées par une équipe motivée et passionnée : balade botanique, jeu de piste gourmand, observation des oiseaux de mer, excursions sur le littoral, etc.

CORRÈZE (19)

Distillerie Denoix : *9, bd du Maréchal-Lyautey, 19100* **BRIVE-LA-GAILLARDE.** *☎ 05-55-74-34-27. • denoix.com • Visite libre avec dégustation gratuite : mar-sam 9h30-12h30, 14h30-19h. Visite guidée possible juil-août, mar-ven à 14h30. Visite de groupe (min 15 pers) sur résa par tél. GRATUIT. Durée de la visite : 1h.* ***Boutique :*** *mar-sam 9h30-12h30, 14h30-19h.*

Le ***pays de Brive,*** c'est déjà le ***Périgord,*** ou le ***Quercy*** pour être plus précis. Une terre baignée de soleil qui ne manque pas de caractère. Dans la bien nommée Brive-la-Gaillarde, les Denoix, bien nommés là encore, confectionnent une foule d'excellentes liqueurs et d'apéritifs, aux noix vertes de la région bien sûr (comme la liqueur Suprême Denoix et le QuinquiNoix), mais aussi à la coriandre, au fenouil ou au chocolat. Et cela depuis pas moins de 5 générations !

La distillerie a conservé son ***apparence de 1839.*** Derrière la vénérable façade, les sirops de sucre cuisent dans de rutilants chaudrons de cuivre, et les liqueurs somnolent dans des foudres en chêne du Limousin, tandis que l'alambic est toujours chauffé au charbon. On hume avec plaisir « l'esprit parfumé » (le distillat), résultat de la macération d'écorces et de fruits. Ici, on n'utilise pas d'arômes autres que ceux des ingrédients utilisés. Les produits qui sortent de ces murs sont réputés auprès des plus grands chefs cuisiniers. La maison Denoix a ainsi réhabilité la ***moutarde violette de Brive,*** qui doit son goût et sa couleur au moût du raisin. Voir aussi la belle série de bouteilles dont les étiquettes sont signées Jean Lurçat.

Labels : Entreprise du Patrimoine Vivant, France savoir-faire d'excellence.

CREUSE (23)

Pôle tapisserie

🍴🍴🍴 ***Cité internationale de la Tapisserie :*** *rue des Arts, 23200* ***AUBUSSON.*** *☎ 05-55-66-66-66. • cite-tapisserie.fr • Fermé 1er-15 janv. Tlj sauf mar 9h30-12h, 14h-18h (juil-août, tlj sauf mar mat 10h-18h). Tarif : 8,50 € ; réduc ; gratuit moins de 18 ans. Visite guidée incluse en juil-août à 11h et 15h, sur résa et payante le reste de l'année.*

Installée dans l'ancien bâtiment de l'ENAD (École nationale d'art décoratif), ce site bien vivant cumule les fonctions de musée, bien sûr, avec celles d'espace de formation, de création (on y voit tisser les œuvres contemporaines), de centre de ressources et d'exposition ! Avec un tel équipement, la ville s'est donné les moyens de relancer la transmission d'un savoir-faire ancestral, d'enrichir ses collections au moyen d'appels à projet et de renouveler la création de tapisseries contemporaines. Les dernières en date sont inspirées de ***Tolkien*** et des films de ***Miyazaki ;*** grands et petits seront ravis ! La visite, bien documentée, est étayée par tout un attirail multimédia dernier cri.

Au rez-de-chaussée, la vaste ***nef des tentures*** est un espace génial qui fait défiler 5 siècles de créations montrées au gré de fabuleux décors de théâtre peints. Effet saisissant ! Les tapisseries ne sont plus présentées comme des peintures, mais s'inscrivent dans l'univers des trompe-l'œil ! Le parcours, chronologique, comprend des tentures mythologiques et historiques du XVIe au XIXe s, quelques œuvres du XXe s signées Jean Lurçat, Braque, Vasarely ou Le Corbusier, exposées par roulement. Avec le 1er appel à projets de la Cité, *Peau de Licorne* de Nicolas Buffe (2010), clin d'œil à la fameuse *Dame à la Licorne,* on comprend que la tapisserie est un art décoratif qui parvient à créer des décors au goût du jour en utilisant des techniques séculaires : bluffant !

L'ENVERS DU MORDOR

J. R. R. Tolkien, le célèbre auteur du Seigneur des Anneaux, était aussi illustrateur. La Cité de la tapisserie a dévoilé la 1re des 14 œuvres adaptées de ses aquarelles, « L'arrivée de Bilbo au village des Elfes ». Un travail minutieux réalisé par 4 paires de « petites mains » en 4 mois seulement. Une prouesse d'autant plus grande que les lissières tissent à l'aveugle, sur l'envers, s'aidant d'un miroir placé sous le métier pour suivre leur progression. Elles découvrent le résultat de leur travail en même temps que tout le monde, à la tombée de métier.

Au 1er étage, l'espace Mains d'Aubusson est dédié aux techniques de la tapisserie. Tout est passé au crible et on approfondit ses connaissances sur la tapisserie, de A à Z ! On vous livre quelques lettres : A comme atelier, C comme carton, F comme flûte (les bobineaux de fils colorés), L comme laine, M comme miroir (le tapissier travaille à l'envers), P comme peigne, T comme tissage, V comme Verdure...

Une 2e salle présente, par rotation là aussi, des pièces contemporaines, parmi lesquelles les 1res œuvres tissées de Tolkien. À raison de 3 à 4 œuvres créées chaque année depuis 2010, date du 1er appel à projets, la Cité en totalise un certain nombre qui trouveront par la suite leurs aises dans les futures salles d'exposition du musée. Après une courte déambulation dans un espace présentant d'autres techniques de tapisseries (kilims ou tapis navajo) surgissent, en point d'orgue, les dernières créations de Miyazaki. Quel talent, ces petites mains d'Aubusson !

Label : France savoir-faire d'excellence.

Les passionnés réviseront à la ***Maison du tapissier*** et approfondiront la partie créative au ***musée des Cartons de tapisserie.***

Maison du tapissier : *accès par l'office de tourisme (mêmes coordonnées et horaires). Entrée : 5 € ; gratuit moins de 16 ans. Livret de visite pour les enfants.* Dans le cadre magnifique de cette vénérable maison du XVIe s, avec escalier à vis et meubles d'époque (XVIIe-XIXe s), sont reconstitués sur différents niveaux l'atelier du peintre-cartonnier, celui de tissage, le bureau de marchand et les pièces à vivre, l'occasion de voir des maquettes de 2 types de métiers à tisser : haute lisse et basse lisse (aujourd'hui exclusivement utilisé à Aubusson). Commentaires de qualité, évoquant l'histoire et la tradition tapissières. Une belle visite, avec généralement des démonstrations de tissage par un lissier.

Musée des Cartons de tapisserie : *pont de la Terrade. 06-88-25-35-07. • amcarta-cartonstapisserieaubusson.overblog.com • Ouv mars-sept, mar-sam 10h-12h30, 14h-19h et sur résa le reste de l'année. Visite guidée : 7,50 € ; réduc.* Dans une belle maison ancienne du centre-ville, Chantal Chirac, antiquaire et restauratrice de cartons de tapisserie, a ouvert un atelier-musée où ses collections permettent de découvrir cet art méconnu. Un petit musée insolite !

Ateliers de tapisseries Pinton : *pl. Quinault, 23500* ***FELLETIN.*** *☎ 05-55-66-54-60. • felletinpatrimoine.com • Visite guidée seulement. Visites individuelles sur résa à partir de 6 ans (min 4 pers) : vac scol d'hiver et avr-sept (sauf congés d'été), mar et jeu à 10h30 (plus Journées de la laine en oct). Tarif : 6 € ; réduit 5 € ; 12-18 ans 3 € ; gratuit moins de 12 ans. Visite de groupe sur résa à partir de 6 ans (min 10 pers), tte l'année en sem sauf vac scol d'été et entre Noël et Jour de l'an. Tarif : 5 €/pers ; scolaires 3 €/pers. Durée de la visite : env 1h.*
Felletin, dont on apprécie le quartier ancien, avec ses 2 églises gothiques, serait le véritable berceau de la tapisserie marchoise, mentionnée dès 1457. Elle reçut d'ailleurs le titre de manufacture royale en 1689 (24 ans après Aubusson). Des riches palais orientaux aux galeries new-yorkaises branchées, la ***manufacture des Ateliers Pinton,*** entreprise familiale, conçoit des tapisseries depuis 1867. Elle a réalisé des tapisseries d'édition pour de nombreux artistes célèbres : Calder, Sonia Delaunay, Le Corbusier, Fumeron, Léger, Miró... Et c'est ici qu'a été tissée dans les années 1960 la plus grande tapisserie d'une seule pièce jamais réalisée (22 x 12 m), qui se trouve dans la cathédrale de Coventry en Angleterre. On se familiarise avec les étapes de confection d'une tapisserie traditionnelle : mise au point du carton, choix des couleurs et des matières, tissage de basse-lisse, finitions.
Label : Entreprise du Patrimoine Vivant, IG Tapisserie d'Aubusson.

Filature Terrade : *rue de la Papeterie, 23500* ***FELLETIN.*** *☎ 05-55-66-54-60. • felletinpatrimoine.com • Visites guidées seulement. Visites individuelles sur résa, à partir de 6 ans (min 4 pers) : vac scol d'hiver et avr-sept (sauf congés d'été), mar et jeu à 15h30 (plus journées de la laine en oct). Tarif : 6 € ; réduit 5 € ; 12-18 ans 3 € ; gratuit moins de 12 ans. Visite de groupe sur résa, à partir de 6 ans (min 10 pers), tte l'année en sem sauf congés d'été et entre Noël et Jour de l'an. Tarif : 5 €/pers ; scolaires 3 €/ pers. Durée : 1h.* ***Boutique :*** *lun-ven 9h-12h, 14h-17h.*
Porte d'entrée du plateau de Millevaches, Felletin est lovée dans un fabuleux environnement boisé, où la diversité des milieux naturels (prairies, forêts, tourbières, landes...) permet la présence d'une faune riche et variée. C'est dans ce ***cadre idyllique*** qu'est installée la ***filature Terrade.*** On y procède à toutes les étapes de ***transformation de la fibre :*** préparation des laines, cardage, filage, bobinage et teinture. À l'issue de cette chaîne de transformation, on découvre le repaire du ***coloriste*** qui assure les délicates opérations de teinture des laines. Les fils sont destinés à la mercerie, à la bonneterie, au tissage, et à la tapisserie d'Aubusson-Felletin.
Label : Entreprise du Patrimoine Vivant.

DEUX-SÈVRES (79)

***Body Nature :** 49, route de Saint-Clémentin, 79250 **NUEIL-LES-AUBIERS.** ☎ 05-49-65-66-18. ● odyssee-nature.fr ● Visite guidée en groupe (12-50 pers) sur résa. Mars-oct, lun-jeu à 10h et 13h30 ; individuels jeu à 14h et lun-mer à 14h l'été (sur inscription). Tarif : 4 €/pers ; 6-15 ans 2 €. Durée de la visite : 1h30. Boutique : ouv ts les ven, et lun-ven l'été.*

Visite au cœur d'une industrie verte ! Créée en 1972, ***Body Nature*** conçoit et fabrique des ***produits d'entretien, cosmétiques et de bien-être certifiés écologiques et biologiques.*** Le domaine de plus de 125 ha conjugue ***cultures biologiques et biodynamiques*** (espaces boisés certifiés PEFC, absence de désherbant chimique). La société est installée dans des bâtiments éco-conçus qui utilisent des énergies renouvelables (éolienne, panneaux photovoltaïques, récupération des eaux de pluie). Elle fonde ses choix énergétiques sur la biomasse, tant pour préserver les ressources futures que pour s'assurer une certaine autonomie énergétique.

Pour assurer la pérennité et le contrôle du savoir-faire, ***toutes les étapes de la fabrication sont maîtrisées sur place.*** On découvre ainsi la conception d'un produit, de la genèse jusqu'à l'enlèvement des colis, la biodiversité du domaine et les différentes sources d'énergie renouvelables utilisées. Sont également proposés un ***jeu de piste familial*** et des ***ateliers thématiques*** payants (sur réservation).

Le + : dégustation de raisin bio.

DORDOGNE (24)

***Caviar de Neuvic :** La Grande-Veyssière, 24190 **NEUVIC-SUR-L'ISLE.** ☎ 05-53-80-89-57. ● visites.caviar-de-neuvic.com ● Visite guidée et dégustation tte l'année, sur résa en ligne ou par tél. Différentes formules avec dégustation : formule découverte (21 €/pers) et formule initiation (39 €/pers) lun-jeu à 10h et 14h30, sam à 10h et 14h ; formule master-class (79 €/pers) lun-sam à 10h et 14h30 ; gratuit moins de 3 ans (sans dégustation). Visite de groupe sur résa par tél (tarifs sur demande). **Boutique :** lun-ven 9h-12h30, 13h30-17h30 ; sam 9h30-17h.*

La beauté des lieux donnerait presque envie de se glisser dans la peau d'un poisson ! Un domaine champêtre de 20 ha, au bord de l'Isle, rivière dont les eaux placides accueillent un élevage d'esturgeons Baeri. Ils y nagent pendant pas moins de 7 ans dans une relative liberté – pas question de surpeupler les bassins ici – avant qu'on exige d'eux le moindre petit œuf ! Les femelles sont nourries aux céréales sans OGM. Entre arbres centenaires, chèvres et moutons destinés à entretenir l'écosystème du domaine, ***on apprend tout de l'histoire du caviar*** au gré de commentaires riches en anecdotes et volontiers teintés d'humour, avant, bien sûr, de le déguster sous différentes formes.

Label : France savoir-faire d'excellence.

***Coutellerie Nontronnaise :** pl. Paul-Bert, 24300 **NONTRON.** ☎ 05-53-56-01-55. ● coutellerie-nontronnaise.com ● Visite libre, en sem seulement (plus sam juil-août) 9h-12h, 13h30-18h30 (arrêt de la fabrication à 17h30 ; pas de fabrication sam). Visite de groupe (20-50 pers) sur résa. GRATUIT. Durée de la visite : 1h. **Boutique :** 33, rue Carnot ; tlj sauf dim-lun 9h30-12h30, 14h-19h.*

Nontron, au cœur des vallées périgourdines qui constituent le parc naturel régional Périgord-Limousin, perpétue la ***tradition de la coutellerie depuis 1653,*** date à

laquelle le 1er maître coutelier s'est installé à Nontron. Derrière la vénérable façade, tout en bois, de la ***Coutellerie Nontronnaise*** se cache une ***boutique-atelier*** dont les origines remontent à 1780. On peut y suivre toutes les étapes de la fabrication à travers de grandes baies vitrées. Les artisans-couteliers fabriquent ici ***à la main*** couteaux pliants, couteaux de table et autres offices, des modèles classiques faits d'essences précieuses ou des pièces plus colorées et fantaisistes.
Le plus ancien couteau pliable français, fait d'acier forgé, comporte toujours la virole tournante en laiton et le manche en buis clair gravé d'un V renversé entouré de 3 points qui sert de logo à la marque, mais dont la signification reste un mystère ! En tout cas, l'architecture métal et verre du bâtiment reflète l'esprit qui anime aujourd'hui la coutellerie, à savoir préserver la tradition et le savoir-faire tout en imaginant des collections au goût du jour. On y trouve toujours le ***couteau de poche,*** mais aussi les célèbres miniatures de la taille d'une noix ou d'un noyau de cerise !
Label : Entreprise du Patrimoine Vivant.

Moulin de la Veyssière : *819, route de la Veyssière, 24190* ***NEUVIC-SUR-L'ISLE.*** *☎ 05-53-82-03-07. • moulindelaveyssiere.fr • Visite tte l'année du moulin pour découvrir la fabrication d'huile suivie d'une dégustation offerte des huiles. Sept-juin, lun-ven 9h30-12h30, 14h-18h, sam 14h-18h ; juil-août, lun-ven 9h30-19h, sam 9h30-18h. Départ des visites guidées ttes les 30 mn. GRATUIT (dégustation comprise). Durée de la visite : 30 mn. Visite de groupe (10-100 pers) sur résa. Tarif : 5-11 €/pers selon formule. Durée de la visite : 1h-1h30.* ***Boutique :*** *sept-juin, lun-ven 9h30-12h30, 14h-18h, sam 14h-18h ; juil-août, lun-ven 9h30-19h, sam 9h30-18h.*
Voici le dernier moulin à eau sur le Vern. On y écrasait autrefois principalement du blé, mais on ***y élabore aujourd'hui des huiles de noix, de noisette et d'amande.*** Une tradition qui ne date pas d'hier : ses origines remonteraient au XIIIe s. S'il fait aujourd'hui cavalier seul, on comptait au XVIIIe s plus de 30 moulins sur le Vern ! La famille qui perpétue la production n'est pas aussi immémoriale que le moulin, encore que... Depuis 1857, les Elias conservent l'héritage de ce savoir-faire ancestral. La matière première est d'abord réduite en une pâte que l'on fait ensuite chauffer, avant de la presser pour en extraire l'huile. Un ***musée didactique*** reprend la saga du moulin tout en dévoilant les techniques de fabrication des huiles, ainsi que les enjeux de la culture des fruits à coque dans le monde. Fin des réjouissances dans le ***verger pédagogique,*** avec des pancartes explicatives.

Noyeraies du Lander : *407, impasse du Lander, 24200* ***SARLAT-LA-CANÉDA.*** *☎ 05-53-59-24-57. • noyeraiesdulander.fr • Visite guidée seulement, à horaires fixes : lun-sam à 9h30, 10h15, 11h, 11h45, 14h, 14h45, 15h30, 16h15, 17h. Horaires supplémentaires en juil-août : à 12h30, 17h45 et 18h30. GRATUIT. Durée de la visite : 45 mn. Visites groupes possibles et adaptables, résa sur • groupe@noyeraiesdulander.fr •* ***Boutique :*** *sept-juin, lun-ven 9h30-12h30, 14h-18h, sam 14h-18h ; juil-août, lun-ven 9h30-19h, sam 9h30-18h. En saison pluvieuse, emporter une tenue et des chaussures imperméables.*
L'exploitation de 17 ha de noyers qui sont plantés dans le verger de

NOIX DU PÉRIGORD AOP

Pour respecter l'Appellation d'origine protégée (depuis 2004), la noix du Périgord doit être entièrement cultivée, transformée et conditionnée en Charente, en Corrèze, en Dordogne ou dans le Lot. Outre ses qualités gustatives, elle favorise les défenses immunitaires, participe au bon fonctionnement cardio-vasculaire, maintient un niveau de cholestérol sain... bref, elle est idéale pour combler les petits creux. Ses 4 différentes variétés, la Franquette, la Marbot, la Grandjean, et la Corne, ont chacune leur spécificité et leur goût propre, et sont destinées à différents usages: noix de table, noix coque, huiles... Elle est devenue un véritable symbole du Périgord !

l'exploitation est menée d'une main experte par Paul et Damien, 2 amis d'enfance passionnés par le travail de la terre et conscients et respectueux des dons de la nature. Les ***Noyeraies du Lander,*** c'est d'abord une histoire familiale, puisque l'entreprise, fondée en 1928 s'est transmise dans la famille Aussel avant que les 2 amis ne reprennent le flambeau. Unissant leurs compétences agricoles et environnementales, ils s'appliquent à perpétuer les ***techniques ancestrales de fabrication de leurs produits :*** noix bien sûr, huiles, farines et produits d'épicerie fine. Les autres matières premières proviennent toutes de l'exploitation elle-même, ou de coopératives locales.
On ne produit ici qu'***une seule variété de noix :*** la ***Franquette,*** reconnue pour son goût spécifique. Durant la visite, on apprend comment les noix sont récoltées, lavées, triées, séchées, calibrées, stockées, avant d'être utilisées. On rentre en particulier dans le détail de la fabrication de l'huile de noix, produit phare de la maison, du broyage au pressage ; on entre même dans le moulin de 1970 ! Une garantie d'authenticité et de qualité.
Les + :
- Dégustation incluse à la fin de la visite.
- Aire de camping-car *(ouv tte l'année gratuitement, accès eau gratuit, électricité 5 €).*
- Sentier nature de 2 km, ouvert toute l'année, idéal pour une promenade ludique et pédagogique (panneaux éducatifs) pour découvrir la biodiversité et comment la préserver.

GIRONDE (33)

🍴🍴 ***EDF – Centrale nucléaire du Blayais :*** *Braud et Saint-Louis, 33820* ***SAINT-CIERS-SUR-GIRONDE.*** *☎ 05-57-98-80-33. • blayais-service-visites@edf.fr • edf.fr/blayais • ♿ Visite libre sur rdv : espace découverte, animations et conférences. Rens par tél ou sur • edf.fr/blayais • GRATUIT.*
Située à mi-chemin entre Royan et Bordeaux, au bord de l'estuaire de la Gironde, la centrale du Blayais, avec 4 réacteurs nucléaires de 900 MW et 4 ha de panneaux photovoltaïques, est la vitrine du mix-énergétique d'EDF. D'une puissance totale installée de 3 600 MWe, la centrale produit chaque année l'équivalent des deux tiers de la consommation électrique de la région Nouvelle-Aquitaine.
À ***l'Espace découverte,*** situé à l'entrée du site, vous découvrirez le mix énergétique d'EDF, le fonctionnement d'une salle de commande, et vous pourrez plonger au cœur d'un réacteur grâce à des casques de réalité virtuelle. Des guides-conférenciers vous y accueillent et vous proposent un parcours de visite au travers de maquettes, d'écrans tactiles et de films. Des conférences et des expositions temporaires sont régulièrement organisées.

🍴🍴 ***Les Cordeliers :*** *cloître des Cordeliers, 2 bis, rue de la Porte-Brunet, 33330* ***SAINT-ÉMILION.*** *☎ 05-57-24-42-13. • lescordeliers.com • Visite guidée seulement, à pied ou en... tuk-tuk électrique (résa en ligne ou par tél). Départs réguliers tlj 10h30-20h30. Tarif visite pédestre : 15 €/pers ; moins de 18 ans et étudiants 13,50 € ; gratuit moins de 10 ans. Durée de la visite : 1h. Tarif visite en tuk-tuk : 30 €/pers ; moins de 18 ans 25 € ; gratuit moins de 3 ans. Durée de la visite : 1h30.* ***Boutique :*** *avr-oct, tlj 11h-19h ; nov-déc et vac scol d'hiver, tlj 11h-12h30, 14h-18h.*
On ne présente plus Saint-Émilion, cité de pierre fortifiée, perchée au milieu des coteaux en hémicycle d'un des plus nobles vignobles, inscrite au Patrimoine mondial de l'Unesco... Dans ce cadre idyllique, Les Cordeliers élaborent, depuis 1892,

des ***vins effervescents selon la méthode traditionnelle,*** en blanc et rosé, brut et demi-sec, dans les ***caves souterraines du cloître des Cordeliers,*** à la fois Monument historique et lieu de vinification. Ces vins sont élevés à 20 m sous terre, dans des galeries longues de 3 km, autrefois utilisées pour extraire le calcaire nécessaire à la construction de la cité, qu'on parcourt en évoquant les étapes de la méthode champenoise conduisant à leur élaboration. Conçus à partir des cépages les plus prestigieux du Bordelais, ils produisent des bulles d'une extrême finesse et font valoir leurs arômes fruités tout en saveur et en légèreté. La visite s'achève dans l'église du XVe s avec la dégustation.
L'excursion en tuk-tuk électrique comme la visite guidée à pied sont l'occasion d'une ***agréable promenade dans le village ou le vignoble,*** avec dégustation des gammes millésimées de ces insolites crémants de Bordeaux, vins nouveaux élaborés à partir de sémillon ou de cabernet franc pour les blancs, de merlot pour les rosés. En terrasse dans le cloître – dont il ne subsiste que quelques colonnades romanes – ou dans le beau jardin ombragé déployé à l'arrière, on pourra s'attabler au *bar-restaurant.*
Le + : des soirées avec sets DJ sont organisées en haute saison (programme en ligne).

HAUTE-VIENNE (87)

Pôle porcelaine

Porcelaine Bernardaud : *27, av. Albert-Thomas, 87000* ***LIMOGES.*** *• bernardaud.com • Visite guidée sur résa (sauf dim) incluant l'exposition temporaire annuelle : ☎ 05-55-10-55-91. Tarif : 8 € ; gratuit moins de 18 ans. Visite de groupe (10-30 pers) sur résa. Tarif : 6 €/pers. Durée de la visite : 1h15.* ***Boutique du musée :*** *lun-sam 9h30-12h, 13h30-18h.* ***Magasin d'usine :*** *lun-sam 9h30-18h30.*
Le ***parcours pédagogique*** mis en place par la célèbre maison Bernardaud, créée en 1863, permet de découvrir la porcelaine de manière personnalisée, en associant le visiteur aux techniques et aux gestes des créateurs. On traverse notamment le ***séchoir,*** une impressionnante galerie de porcelaines avant cuisson, et un magnifique four tunnel, qui fut le 1er à fonctionner au gaz de Lacq dans les années 1930. Origine du kaolin, déroulement des étapes de la fabrication, on apprend tout sur les techniques liées à cette céramique, dont le secret est le kaolin, et la seule à supporter une cuisson à 1 400 °C. La visite continue par la ***présentation de pièces réalisées par des artistes*** tels que Tinguely ou César, d'autres commandées par de grands restaurateurs. Elle se termine par l'***exposition annuelle et thématique*** qui offre un regard nouveau sur la céramique contemporaine.

DE L'EMPIRE DU MILIEU AU CENTRE DE LA FRANCE

C'est en Chine, à l'époque Tang (VIIIe-IXe s), qu'est découverte la porcelaine dure à base de kaolin. Marco Polo, parcourant le Céleste Empire entre 1275 et 1291, y remarque une céramique fine et translucide inconnue en Occident. Il la baptise « porcellana », du nom d'un coquillage nacré en forme de vulve de truie (porca : femelle du porc en latin) très prisé des Romains. La porcelaine enflamme les têtes couronnées de l'Europe entière, qui l'importent à grands frais. Il fallut attendre 1709 et la découverte en Saxe du 1er gisement de kaolin pour que soit percé le secret de la porcelaine « dure de grand feu »... et 1768, date de la découverte d'un gisement à Saint-Yrieix, pour que naisse la porcelaine de Limoges...

Côté ***magasin d'usine,*** des produits sont proposés à des prix défiant toute concurrence. Ces pièces ont, en réalité, des défauts d'aspect, qui pour beaucoup restent pratiquement invisibles.
Et dans la cour, une belle terrasse, idéale pour la période estivale, ainsi que la boutique du musée, qui propose les articles de 1er choix... à des tarifs en rapport.
Labels : Entreprise du Patrimoine Vivant, France savoir-faire d'excellence, IG Porcelaine de Limoges.
– Pour approfondir, on peut visiter le ***Musée national Adrien-Dubouché – Cité de la céramique (groupement des Manufactures nationales)*** *(pl. Winston-Churchill, à* ***Limoges*** *; ☎ 05-55-33-08-50 ; • musee-adriendubouche.fr •).* La grande cité porcelainière possède un musée à la mesure de sa longue et riche histoire. Il est installé dans une élégante bâtisse 1900, reliée par une aile contemporaine à l'ancienne école nationale d'arts décoratifs voisine. Ce beau et riche musée – du nom de son principal fondateur, directeur et mécène – présente à travers une riche collection et dans un parcours chronologique les 4 familles de céramique : poterie, faïence, grès et porcelaine, dont le point commun est l'argile, parfois émaillée, vitrifiée ou mêlée à certains minéraux, et cuite à différentes températures.

Porcelaine Carpenet : *route de Bujaleuf, 87400* ***SAINT-LÉONARD-DE-NOBLAT.*** *☎ 05-55-56-02-39. • porcelainecarpenet.fr • Visite guidée, mer et ven à 10h30 tte l'année ; juil-août, lun, mer et ven à 10h30, mar et jeu à 14h30. Tarif : 3 € ; gratuit moins de 12 ans. Visite de groupe : téléphoner pour plus de rens. Tarif : 3 €/pers pour les groupes et les visites commentées.* ***Boutique :*** *lun-sam 9h-12h30, 13h30-18h30.*
Venir dans cette ville est déjà un plaisir : Saint-Léonard-de-Noblat a conservé un bel ensemble médiéval. Dans la tradition de la porcelaine de Limoges (à une vingtaine de kilomètres), 2 ateliers de porcelaine y sont encore actifs. La ***maison Carpenet*** est née de la passion de Claude Carpenet, enfant du cru, décorateur sur porcelaine, pour sa matière première. Comme on n'est jamais mieux servi que par soi-même, il effectue un retour aux sources et fonde en 1963 sa propre manufacture à Saint-Léonard. En 1985, un atelier de décoration suit, utilisant toutes les ressources de la tradition limougeaude, dont le bleu four. Aujourd'hui, esthétiques futuristes et traditionnelles cohabitent harmonieusement dans les collections décorées à la main, et c'est une merveille de voir les artistes animer en quelques traits la « page blanche » de cet art du feu.
Labels : Entreprise du Patrimoine Vivant, IG Porcelaine de Limoges.

Ganterie Agnelle : *30, bd de la République, 87200* ***SAINT-JUNIEN.*** *☎ 05-55-02-13-53. • agnelle.com • Visite sur résa (sauf août) auprès de l'office de tourisme de Saint-Junien (☎ 05-55-02-17-93). Tarif : 4,50 € ; 5-18 ans 2 € ; gratuit moins de 5 ans. Durée de la visite : 1h.* ***Boutique :*** *mar-sam 10h-12h, 14h-17h.*
Au sein d'une charmante campagne vallonnée, Saint-Junien, avec son centre ancien animé, est la 2e ville du département de Haute-Vienne. Elle doit son importance à une longue tradition toujours active de ***mégisserie et de fabrication de vêtements de cuir,*** spécialement de gants de luxe. Si l'on comptait près d'une centaine de ganteries au début du XXe s, elles ne sont plus que 3 aujourd'hui, travaillant essentiellement pour la ***haute couture.*** Parmi elles, Agnelle présente son savoir-faire, transmis de mère en fille sur 4 générations, depuis 1937. On entre ici dans un univers de raffinement, où chacun travaille à la réalisation de modèles qui contribuent au succès des plus grandes maisons de luxe. On découvre les peaux teintées en une multitude de couleurs, prêtes à être découpées et assemblées selon les meilleurs grains, puis on se rend aux ateliers de couture, où les ***« piqueuses »*** expliquent les différentes techniques d'assemblage (mains ou machines), avant de passer aux travaux de finition : doublure et dressage du gant. Au total, pas moins de 5h sont nécessaires à la

fabrication d'une de ces paires de gants, qui sont proposées aujourd'hui dans plus de 500 points de vente dans le monde entier.
Label : Entreprise du Patrimoine Vivant.

Moulin du Got : *Le Pénitent, 87400* ***SAINT-LÉONARD-DE-NOBLAT.*** *☎ 05-55-57-18-74. • moulindugot.com • Visite libre de l'expo : 4 €. Visites guidées : juil-août, lun-sam, ttes les heures 14h15-17h15 et visite supplémentaire mar-ven à 10h30 ; vac de la Toussaint et vac de printemps, mar-sam à 15h ; mai-juin et sept-oct, mer et sam à 15h. Tarif : 10 € ; 13-18 ans et étudiants 8 €, 6-12 ans 4,50 € ; gratuit moins de 6 ans. Visite de groupe (30-50 pers) sur résa par tél. Tarif : 9 €/pers ; 6-12 ans 4 € ; gratuit moins de 6 ans. Durée de la visite : 1h15.* ***Boutique :*** *de mi-fév à fin déc, mar-sam 14h15-17h30.*
Restauré, ce ***moulin à papier,*** dont les origines remontent au XVe s, a repris du service ! Au XVIIIe s, il fonctionnait à haut rendement et a même fourni le papier du 1er dictionnaire franco-anglais (1756), que l'on peut consulter à la Bibliothèque nationale de France. Sur 3 niveaux, on apprend les différentes étapes pour réaliser du papier à la main ou à la machine, on découvre les techniques de fabrication (les meules tournent à plein régime pour broyer la pâte : impressionnant), les machines employées (avec, pour star, la Stanhope de 1790, 1re machine d'imprimerie en fonte), le tout ***guidé par des passionnés.*** On ***met la main à la pâte*** (façon de parler !) et l'on saura tout d'un rang de casse, de la typographie, d'un atelier lithographique, puis l'on palpera les papiers made in Got qui sortent des machines ou sont faits à la main. C'est d'ailleurs ce qui fait la force de ce site, car toutes ces animations font du moulin un véritable ***musée vivant du papier.*** La boutique recèle de véritables trésors d'imagination et de créativité sur le thème du papier. Un véritable lieu de démonstration de production, d'activités pédagogiques et de création ouvert aux artistes.

PYRÉNÉES-ATLANTIQUES (64)

Pôle jambon de Bayonne

Pierre Ibaialde : *41, rue des Cordeliers, 64100* ***BAYONNE.*** *☎ 05-59-25-65-30. • pierre-ibaialde.com • ♿ (rdc uniquement). Visite guidée seulement, sur rdv par tél ou sur le site. Juil-août, lun-sam 10h-13h30, 14h30-18h ; mai-oct, lun-sam 9h-12h30, 14h-18h ; janv-mars, mar-ven 9h-12h30, 14h-18h. Tarif : 5 € ; gratuit moins de 6 ans. Visite de groupes et scolaires sur résa par tél ou par e-mail à • pierre.ibaialde@wanadoo.fr • Durée de la visite : 45 mn.* ***Boutique :*** *mêmes horaires que la visite.*
Plongez dans l'univers du jambon selon Pierre Ibaialde, au cœur du quartier historique du Petit Bayonne. Cet artisan conserveur salaisonnier depuis 1990, entouré d'une équipe de passionnés, élabore conserves et salaisons à base de cochon et de canard. Pour faire connaître sa production, il ouvre les portes de son atelier aux visiteurs en quête d'authenticité. Créée à l'origine dans un ***souci de transparence,*** cette visite est un ***moment de partage et de transmission.*** Pierre explique les principes du travail du jambon, de l'élevage au produit fini. Au programme, ***découverte du saloir*** – et on ne sale le jambon de Bayonne IGP qu'avec du sel gemme, cristallisé dans le sous-sol du Bassin de l'Adour – et du séchoir à jambons, les derniers visibles à Bayonne ! Au retour en ***salle d'affinage*** (avec ses 800 jambons suspendus), vous saurez tout de l'histoire du jambon à Bayonne. Saucissons, pâtés, rillettes, conserves de canard et plats cuisinés (axoa, ragoût

de veau et piperade) complètent la gamme des victuailles. Dégustation en fin de visite, afin que chacun garde en mémoire les saveurs du Pays basque.
Le + : dégustation.

Un jambon parfois controversé

Depuis 1999, le **jambon de Bayonne** est protégé par une indication géographique protégée (IGP). Les jambons qui auront satisfait au cahier des charges seront marqués d'une croix basque et du mot « Bayonne ». Pourtant, difficile d'être convaincu par les critères d'attribution de cette IGP... La zone d'élevage est « limitée » au grand Sud-Ouest, en clair jusqu'à... Poitiers (dont on ne savait pas que c'était la banlieue de Bayonne) ! Les porcs peuvent être des porcs industriels élevés en batterie avec des aliments à base de céréales. On est loin du cochon élevé en liberté, se nourrissant de glands, de châtaignes et même d'herbes qui lui donnent un goût si différent. Les jambons doivent être salés au sel sec des salines du bassin de l'Adour, et séchés dans cette zone pendant plus de 7 mois. Les séchoirs artificiels sont acceptés. Or un bon jambon fermier séchait à l'air libre, dans les greniers des maisons ou les granges, pendant 9 à 12 mois. Quant aux condiments, leur nature n'est pas précisée. La **croix basque** peut donc aussi bien orner des produits artisanaux de qualité que des jambons industriels. D'autres charcutiers ont refusé de se joindre à cette opération de marketing, et leurs jambons, souvent délicieux, ne sont pas estampillés.

Pour sortir de cette triste situation, certains éleveurs des Aldudes ont réussi à obtenir une **AOC jambon du Kintoa** en 2016 (puis une AOP en 2019). La zone d'élevage est limitée au Pays basque, la viande provient exclusivement de porcs de race basque « pie noir », l'élevage se fait en plein air, les jambons sont salés au sel de Salies-de-Béarn IGP, puis séchés naturellement.

Pierre Oteiza : *500, Zelaiko Errepidea, 64430* ***LES ALDUDES.*** *☎ 05-59-37-56-11. • pierreoteiza.com • Visite libre. Tlj 10h-18h. GRATUIT.* ***Boutique :*** *tlj 10h-18h ; fermé dim janv-mars.*
Pierre Oteiza est né ici. En 1989, il découvre une race de porc qui avait pratiquement disparu dans la vallée, celle du ***porc pie noir,*** race locale au Pays basque et en voie d'extinction. Avec l'aide de quelques éleveurs complices, il entreprend de la sauver. En 2016, la filière porc basque, obtient une AOC (désormais AOP) pour sa viande et son ***jambon de Kintoa*** issus du porc basque et développe des points de vente dans la région, à Bordeaux et à Paris. Ses jambons et saucissons (dont les jésus) sont clairement parmi les meilleurs du pays. Possibilité de déguster ces produits nobles sur place dans l'agréable salle à manger attenante (copieuses assiettes découvertes à prix doux).
Les ***enclos de maternité*** se visitent librement à côté de la boutique, et un ***sentier de découverte du porc basque*** en montagne de l'autre côté de la route (1h de balade pour découvrir les animaux à tous les âges de leur vie, dans leur environnement naturel). Le sentier s'éloigne du village pour se diriger vers les 1ers contreforts, où les troupeaux paressent au soleil ou au milieu des chênes, des châtaigniers et des hêtres. Plus haut, la vue se dégage et laisse apparaître le col de Roncevaux. C'est le moment d'étudier la flore (ajoncs, callunes, bruyères, fougères) et la faune sauvages (gypaètes barbus, buses, milans, parfois vautours fauves). Le retour vers la vallée mène à l'ancien chemin bordé de pierres sèches qui reliait les 3 villages de la vallée.
Le + : possibilité de balade accompagnée d'ânes en été.

Salines de Salies-de-Béarn : *1, av. Jacques-Dufourcq, av. des Salines, 64270* ***SALIES-DE-BÉARN.*** *☎ 05-59-38-96-90. • sel-salies-de-bearn.com • ♿ Visite audioguidée : lun-sam 9h30-12h, 14h30-18h (dernière entrée 1h avt fermeture). Tarif : 4,50 € ; 6-14 ans 2,50 € ; gratuit moins de 6 ans. Visite de groupe sur résa, pour 10-50 pers. Résa par tél ou par mail à • boutique@selsaliesdebearn.com • Tarif : 5,30 €/pers ; scolaires 2,50 €/pers. Durée de la visite : 1h.* ***Boutique :*** *lun-sam 9h30-12h, 14h30-18h.*

Cette petite station thermale connue et touristique présente un visage très avenant. La légende rapporte qu'un sanglier blessé lors d'une chasse vint mourir dans les terres marécageuses. On le retrouva plus tard miraculeusement préservé, tant il était confit dans le sel. Les habitants purent donc constater que les eaux alimentant le marais étaient très salées. D'où les armes de Salies : 2 hommes portant un seau d'eau salée et un sanglier !

En s'évaporant, il y a 200 millions d'années, la ***mer Boréale*** a laissé du sel sur l'actuel Bassin aquitain. Des sédiments argileux l'ont ensuite recouvert. Quand les Pyrénées se sont formées, des sources ont jailli, faisant remonter à la surface un ***sel enrichi en oligoéléments.*** Durant tout le Moyen Âge, le sel fut une véritable manne d'or blanc pour les Salisiens, qui en livraient jusqu'à Bayonne. Forcément, les Salisiens avaient le monopole de la vente du sel en Béarn et Bigorre, et étaient francs de gabelle... Quand la loi sur le sel de 1840 priva la ville de son privilège sur le commerce du sel et la soumit à la concurrence des sels marins, le ***thermalisme*** prit le relais et rencontra un succès rapide.

La saline est une ***exploitation à ciel ouvert,*** qu'on découvre depuis une plateforme aménagée permettant d'observer la récolte de la fleur de sel à l'épuisette et du gros sel. Cette saline serait la seule en Europe à perpétuer la production de sel de source par évaporation de l'eau dans des ***poêles à sel.*** Des panneaux explicatifs placés à l'entrée du site permettent de comprendre ce processus de fabrication, depuis la source et la cristallisation, jusqu'au séchage et à l'ensachage. À l'intérieur de l'***espace muséographique,*** qui se visite avec un audioguide, l'histoire des salines de Salies-de-Béarn est présentée de manière ludique et interactive.

Chaque année, cette entreprise (qui est gérée par le consortium du jambon de Bayonne) produit 1 800 t de sel. C'est ce gros sel, très blanc, qui est aujourd'hui l'unique sel utilisé pour le ***salage du jambon de Bayonne.*** La visite se termine tout naturellement par une dégustation de jambon de Bayonne salé au sel de source des Salines de Salies-de-Béarn.

UNE TRADITION QUI NE MANQUE PAS DE SEL

Il existe à Salies-de-Béarn une association de voisins appelée la « Corporation des parts-prenants de la fontaine salée ». Au Moyen Âge, afin d'éviter les conflits, les habitants de la ville instaurèrent une loi de partage de l'eau salée. Ce droit de puisage les rendait riches. Ce privilège, strictement contrôlé, s'applique toujours et se transmet par droit du sang et du sol. Les parts-prenants sont propriétaires de la fontaine salée, qui se trouve sur l'une des places principales de la ville, non loin de la rue des Voisins, mais aussi des thermes et de l'ancien casino. Leur exploitation rapporte chaque année un petit pécule aux membres de la corporation.

Dans la ***boutique,*** on trouve bien sûr du sel et des produits de salaison, on fait des découvertes, comme celles des sels parfumés à l'eucalyptus et des eaux mères (le secret des bienfaits des cures thermales !).

– On complète la visite en se rendant à la ***crypte du Bayaá*** *(☎ 05-59-38-00-33),* où l'on descend dans les entrailles jusqu'à la source, toujours alimentée, doublement éclairé par les commentaires d'un guide et par le jeu de lumières. Jusqu'au XIXe s, le bassin était à ciel ouvert, à l'emplacement de l'actuelle place centrale, au-dessous de laquelle se trouve la crypte. Elle a été créée après la suppression du bassin. Et pour vraiment tout savoir, on enchaîne sur le ***musée du Sel et des Traditions béarnaises*** *(15, rue des Puits-Salants ; ☎ 05-59-65-84-98).* Dans une belle maison du XVIIe s avec un toit de tuiles picon, ce musée raconte l'histoire du sel à Salies en détail : géologie du sel, expansion de l'activité des saunières à l'époque gallo-romaine, légende du sanglier, reconstitution d'un atelier de façonneur de sel du XVIIIe s et histoire du thermalisme... Une visite didactique et intéressante.

Atelier du Piment d'Espelette : *625, chemin de l'Église, Elizaldeko Bidea, 64250* ***ESPELETTE.*** *☎ 05-59-93-90-21. ● atelier-du-piment-espelette.fr ● Visite guidée seulement. De mi-mai à mi-nov, tlj 9h-19h (sans résa, dernier départ de visite vers 17h) ; hors saison, lun-ven 9h-12h, 14h-18h sur résa (janv-fév, pas de visite, mais explications à travers un film + dégustation). Visite de groupe (à partir de 10 pers) sur résa tte l'année. GRATUIT. Ateliers gourmands payants à partir de 10 pers. Durée de la visite : 1h.* ***Boutique :*** *mêmes horaires que les visites.*

À partir de septembre, les pittoresques maisons d'Espelette se parent des fameux ***gros piments rouge vif mis à sécher en cordes.*** Car on ne présente plus le piment d'Espelette ; néanmoins, l'AOP obtenue en 2000 a donné un coup de pouce à cette épice emblématique du Pays basque, cultivée par près de 200 producteurs autour d'Espelette, dans la vallée de la Nive.

Ici, la famille Pochelu ainsi que toute l'équipe partagent leur passion. Depuis la parcelle située sur l'exploitation, la visite guidée permet d'en savoir plus sur l'origine – mexicaine – et l'histoire de l'épice, et de comprendre les différentes étapes liées à sa production et à sa transformation, le cahier des charges qui régit cette AOP, sa culture de la graine à la poudre en passant par la récolte et la mise en corde. ***En fonction de la saison et du cycle végétal du piment,*** les guides aiment adapter leurs explications. La visite de l'exploitation se termine par une ***dégustation de piment sous toutes ses formes et dérivés :*** sauces, condiments, saveurs sucrées et salées pour réveiller « crescendo » les papilles. Également, pour les groupes, des ateliers gourmands autour des produits pimentés et autres délices du terroir. De quoi pimenter votre séjour !

Label : France savoir-faire d'excellence.

– Pour approfondir la visite, l'***exposition « Le Piment dans le monde »,*** installée dans le ***château des barons d'Ezpeleta*** *(entrée gratuite),* présente un intéressant panorama sur l'histoire du piment. Sans oublier le ***Centre d'interprétation de l'AOP piment d'Espelette*** *(● pimentdespelette.com ●),* qui présente l'AOP à l'aide d'un film pédagogique de 15 mn. Des guides vous expliquent la botanique du piment et pourquoi celui-ci s'est si bien acclimaté dans la région.

HISTOIRE PIMENTEÉE

*Le piment tient une place essentielle dans la gastronomie basque : on le retrouve dans toutes les spécialités du coin, de l'***axoa** *(plat rustique de veau ou de bœuf mijoté) à la piperade, en passant par le plat traditionnel des pêcheurs, le* **marmitako** *(ragoût de thon avec pommes de terre et tomates) ou la morue biscayenne. D'abord d'usage médicinal, il a remplacé ensuite le poivre (condiment précieux et coûteux) pour conserver et épicer les viandes. Évidemment, le piment d'Espelette est incomparable. Son goût est fin et savoureux, et très doux au palais. Aujourd'hui, quelque 150 t de poudre de piment sont produites chaque année. Semés et élevés en serre mi-février, mis en terre autour du 15 mai, récoltés du 15 août à fin novembre, les piments deviennent ces « beaux chapelets de corail » ornant les maisons d'Espelette, décrits par l'écrivain Pierre Loti.*

Cave de Gan-Jurançon : *53, av. Henri-IV, 64290* ***GAN.*** *☎ 05-59-21-57-03. ● cavedejurancon.com ● ♿ (voiturette électrique pour les personnes à mobilité* *réduite). Visite guidée seulement, 4 parcours de promenade dans les vignes. Lun-sam 9h-11h, 14h-17h. GRATUIT. Visite de groupe sur résa. Durée : 1h (individuels) et 1h30 (groupes).* ***Boutique :*** *lun-sam 8h-12h30, 13h30-19h ; plus dim en été et en déc.*

La romancière Colette disait de ce vin : « Je fis, adolescente, la rencontre d'un prince enflammé, impérieux, traître comme tous les grands séducteurs : le jurançon. » Beau résumé ! Aux portes du château de Pau et de la vallée d'Ossau, les ***communes voisines de Jurançon et Gan forment le pôle phare du vignoble,*** dans l'est de l'appellation. Le célèbre ***vignoble béarnais*** s'étend en douces collines au sud-ouest de Pau, entre Jurançon-Gan et Monein. Par crainte des gelées, ***la vigne pousse verticalement*** (méthode dite « en hautain »). On produit des vins blancs secs, à la robe dorée avec des nuances de vert, délicieux avec les huîtres. Quant aux vins blancs moelleux, ils font partie des grands liquoreux de type sauternes et monbazillac.

Gan, ancienne bastide du XIVe s, est le siège de l'importante cave coopérative du jurançon. La ***cave de Gan-Jurançon*** est devenue le porte-drapeau de ce prestigieux vignoble de montagne : elle draine aujourd'hui 70 % de la production du Jurançonnais, avec 300 vignerons. Elle a créé une dynamique de qualité et propose des vins séduisants tout en restant accessibles. On peut visiter le chai semi-enterré, le chai à barriques, les mosaïques gallo-romaines et le musée d'antan (labellisé Vignobles et Découvertes) et se promener dans le vignoble *(4 parcours proposés).* Et, bien sûr, dégustation des vins en fin de visite !

Le + : dégustation.

Labels : Tourisme et Handicap, France savoir-faire d'excellence.

Cidrerie Berri : *144, chemin de la Cidrerie, Zone artisanale Lan-Zelaï, 64310* **ASCAIN.** *☎ 05-59-54-62-34. Visite libre et visite guidée. Jeu-sam 12h-15h, 19h-21h ; et dim midi. Carte 12-39 €. Dégustation et explications. Visite de groupe sur résa, payante.* ***Boutique :*** *mer-dim 10h-17h.*

À tout seigneur, tout honneur, la plus ancienne des boissons basques est un fermenté de pommes. Fabriqué dès l'Antiquité en Biscaye, le ***sagarno*** (littéralement, « vin de pommes ») est assez vert et un peu astringent, mais très rafraîchissant. C'est un mélange entre pommes douces, pommes acides et pommes amères. Dès le Xe s, il est fabriqué à grande échelle dans toutes les provinces côtières. Les Bayonnais en exportent d'énormes quantités en Grande-Bretagne sous le joli nom de « poumade » et en ont introduit la fabrication et la consommation en Normandie.

Selon la tradition, le *sagarno* nouveau se boit dans les cidreries dès la mi-janvier. Une cidrerie est un endroit un peu magique, plein de monde et de bruit, où l'on boit à volonté en pratiquant le ***tirage au txotx*** (fine pointe de bois conique qui ferme l'orifice de dégustation) et en mangeant des spécialités locales.

Une découverte à faire à Ascain, un joli village à la belle place principale bordée d'auberges, avec ses maisons basques typiques, son église, son fronton : à la ***Cidrerie Berri,*** on se lève pour aller chercher le cidre au tonneau et rencontrer les autres en toute convivialité. Et on peut prolonger la visite par le repas typique des cidreries basques, avec ses viandes grillées à la braise en salle (le *txotx,* ce ***menu typique des cidreries,*** avec en vedette la côte de bœuf), ou déguster d'autres boissons à base de pomme (avec ou sans alcool), produites à la cidrerie : vin de pomme, jus de pomme, apéritif, liqueurs, eau-de-vie et vinaigre.

Fromagerie Agour d'Irati : *6010, iratiko Errepidea, 64220* **MENDIVE.** *☎ 05-59-37-63-86. • agour.com • Visite libre audioguidée, mer-dim 10h30-18h ; juil-août, tlj 10h-18h ; et ttes les vac scol 10h-17h ; nov-avr, 10h-12h30 selon production. GRATUIT. Visite de groupe sur résa. Tarif : 2 €/pers. Durée de la visite : 30 mn. Planches de charcuteries/fromages à déguster sur la terrasse face à une vue panoramique.* ***Boutique :*** *mai-oct et ttes les vac scol, tlj 10h-17h ; nov-avr, tlj 10h-12h30.*

Le fromage basque, c'est un fromage de brebis à base de lait le plus souvent cru, appelé ***ardi gasna,*** ce qui signifie tout simplement « fromage de brebis ». Mais il se décline en 3 appellations d'origine contrôlée, avec des cahiers des charges drastiques, dont l'***ossau-iraty*** sur le versant nord des Pyrénées. L'AOP Ossau-Iraty désigne la famille des fromages à base de lait de brebis de races basco-béarnaises, Manech rousse et noire, issues du Pays basque et du Béarn. Plus précisément, elle concerne exclusivement la famille des pâtes pressées non cuites. Son nom vient du pic du Midi d'Ossau qui surplombe la vallée d'Ossau et le Béarn, et de la forêt d'Iraty.
La ***Fromagerie Agour*** s'est implantée à Hélette, petit village pittoresque de basse Navarre, au cœur du bassin laitier AOP Ossau-Iraty, non loin de la forêt d'Iraty. Elle s'y appuie sur une agriculture traditionnelle tournée vers l'élevage qui, comme elle, mise sur la qualité !
Le + : le ***musée basque du Pastoralisme et du Fromage,*** situé à Hélette, offre, sur plus de 220 m², une fresque du pastoralisme et de l'histoire du fromage basque, à travers la reconstitution des moments importants de la vie du berger et du fromager. Un parcours ludique et pédagogique qui se termine par les gigantesques caves d'affinage de la fromagerie. Enfin, on déguste plusieurs variétés de fromages Agour, accompagnés de la traditionnelle confiture de cerises noires. *Juil-août, visites ttes les heures, lun-sam 9h-11h, 14h-17h (sauf sam ap-m). Le reste de l'année, lun-ven à 10h30 et 15h30, sam à 10h30. GRATUIT.* ***Boutique :*** *lun-sam 9h-12h, 14h-18h (fermé sam ap-m).*

Fromages basques

Le **ardi gasna** doit être un peu sec, légèrement salé et sans ferments lactiques – qui améliorent la conservation mais donnent une note sucrée au fromage. On le propose souvent avec de la confiture de cerises noires dans le Nord, avec du **membrillo** (pâte de coing) dans le Sud : l'idéal est de trouver un fromage bien séché et de le servir en fines écailles avec la confiture. À priori, sa fabrication est simple : du lait de brebis, cru, non pasteurisé, non mélangé, pressé et non cuit, qu'on laisse mûrir pendant 2 à 6 mois. Simple ? Tout dépend du lait, de la race de la brebis, des pâturages et du savoir-faire des bergers... Au point que sur ce seul produit, il existe 3 appellations d'origine contrôlée :
- **ossau-iraty** sur le versant nord des Pyrénées,
- **roncal** dans la vallée navarraise de Salazar,
- **idiazábal** en Guipúzcoa et Navarre, autour du village du même nom.

On retrouve malheureusement la même situation paradoxale que pour le jambon de Bayonne, à savoir que l'essentiel des fromages AOC est issu de laiteries industrielles et semi-industrielles qui, avec le temps, ont réussi à faire de leur goût formaté un modèle. Résultat, nombre de fromages fermiers se retrouvent exclus de l'appellation parce que différents. En fait, rien ne vaut l'expérience, alors goûtez avant d'acheter !

Les Biscuits de Mr Laurent : *91, bd de l'Europe, 64230* ***LESCAR.*** *☎ 05-33-09-55-42. • lesbiscuitsdemrlaurent.com • Visite guidée de groupes uniquement (5-30 pers). Résa en ligne. GRATUIT. Durée : 1h.* ***Boutique :*** *lun-jeu 8h30-13h, 14h-19h, ven-sam 8h30-19h.*
Après des études de musique, M. Laurent renoue avec ses souvenirs d'enfance et se lance dans la pâtisserie. Création après création, « Cookie de la Mort qui tue », « Coups de barre » et autres, il élargit sa gamme de biscuits jusqu'à créer la ***plus grande gamme existante de cookies :*** 80 parfums recensés en fonction des

saisons et des événements ! Une gamme qu'il expérimente aussi en chocolaterie. Entre savoir-faire, passion et créativité, ***Les Biscuits de Mr Laurent,*** c'est aussi une touche d'***humour signature***...
Accompagné des pâtissiers et des chocolatiers, on découvre les coulisses de la fabrication en visitant l'atelier. Celui-ci privilégie les circuits courts, les ingrédients locaux (chocolat transformé en France) Pour réduire les emballages : si vous comptez faire le plein de gourmandises, vous êtes invité à venir avec vos propres récipients ! L'entreprise est aussi membre du programme ***1 % for the Planet*** : elle reverse 1 % de son chiffre d'affaires à des associations environnementales. La dégustation est donc une excellente occasion de manger de bons biscuits en toute bonne conscience !
Les + :
– Dégustation.
– Atelier chocolaterie : privatisation de l'atelier, en compagnie de l'artisan chocolatier, pour réaliser un moulage *(résa par tél ; groupes de 6-10 pers ; durée 1h30).*

Makhila Ainciart Bergara : *75, plazako Bidea, 64480* ***LARRESSORE.*** *☎ 05-59-93-03-05. • makhila.com • Visite libre. Tte l'année, tlj sauf dim et j. fériés 9h-12h, 14h-18h (9h-12h sam). GRATUIT. Pour les groupes, visite guidée à partir de 12 pers, sur résa uniquement lun-ven. Tarif : 4 €.*
Cet atelier est le tout premier et l'un des derniers qui continuent de fabriquer le ***makhila, ce bâton de marche traditionnel basque.*** Dans cette entreprise familiale, 7 générations se sont succédé, entretenant la flamme sacrée. Car ce bâton ferré ***combine plusieurs savoir-faire, dont le travail du bois, du métal et du cuir.*** Il est entièrement fait à la main, sur mesure et sur commande. Des gravures (le nom du destinataire ainsi qu'une petite phrase) le rendent absolument unique.
Il est fabriqué suivant un long rituel très précis, qu'on observe en visitant l'atelier. La visite démarre dans l'espace d'exposition qui présente l'histoire et la fabrication du makhila. Elle se poursuit dans l'atelier, où vous pourrez échanger directement avec les artisans et observer plusieurs des étapes de fabrication. Vous pourrez même admirer quelques portraits des personnalités ayant reçu des makhilas ! Pour les groupes, la visite guidée est organisée autour d'un film d'environ 20 mn accompagné d'une présentation de l'atelier par un artisan.
Label : Entreprise du Patrimoine Vivant.

UN SECRET DE FAMILLE

Au début de la fabrication d'un makhila, le bois du néflier sauvage est d'abord travaillé sur pied : l'artisan dessine directement dessus en incisant l'écorce au moment de la montée de sève. Ensuite, la couleur est donnée au moyen d'une réaction sur le bois, technique secrète connue seulement de la famille... Si spécifique que le makhila Ainciart Bergara a été inscrit à l'inventaire des Métiers d'Art Rares !

Pôle textile basque

Lartigue 1910 : *rue Larre-Lore, 64310* ***ASCAIN.*** *☎ 05-59-26-81-81. • lartigue1910.com • ♿ Visite guidée seulement. Tte l'année, horaires variables à consulter sur le site internet. GRATUIT. Visites de groupe, à partir de 20 pers, sur résa par tél ou par mail à • contact@lartigue1910.com • Tarif : 3,50 €/pers. Durée de la visite : 30 mn.* ***Boutique :*** *horaires variables à consulter sur le site internet.*
Au commencement étaient les vaches. Pour les protéger du soleil et des mouches, on jetait sur ces honorables ruminants des ***couvertures en lin*** **(mantas).** Comme il arrivait qu'on lave ces mantas au lavoir du village, ou qu'on les pose au coin d'un champ, chaque maison possédait sa marque : quelques rayures, bleues ou

rouges, de largeurs différentes, pour se distinguer. Belle matière, belles couleurs, simplicité et harmonie, il n'en fallait pas plus pour que ces couvertures se transforment en nappes d'intérieurs bourgeois, puis en serviettes, et se déclinent enfin dans toutes les variétés du linge de maison. Le linge basque eut son heure de gloire dans les années 1930, puis à nouveau dans les années 1960. Le coton, plus facile à travailler et à entretenir, remplaça le lin.
Les meilleurs négociants continuèrent pourtant à utiliser les services de ***tisserands pyrénéens, notamment béarnais.*** La ***famille Lartigue,*** créateur tisserand de linge basque depuis 4 générations dans la vallée de la Nivelle, perpétue l'art du tissage avec créativité et passion depuis 1910. La visite des ateliers permet de tout apprendre sur ce savoir-faire ancestral. C'est aussi l'occasion de craquer pour ses modèles élégants et colorés, déclinés en nappes, sets de table, torchons, maniques, accessoires divers.
Labels : Entreprise du Patrimoine Vivant, Indication géographique « Linge basque ».

Tissage Moutet : *rue du Souvenir-Français, 64300* ***ORTHEZ.*** *☎ 05-59-69-14-33. • tissage-moutet.com • Visite guidée seulement, sur résa jeu à 10h30 et 14h30. Visite de groupe (10-30 pers) sur résa. GRATUIT. Durée de la visite : 45 mn.* ***Boutique :*** *lun-sam 10h-12h30, 14h30-18h.*
Orthez, ancienne capitale du Béarn, abrite l'un des 2 derniers tisseurs du véritable ***Linge basque.*** L'équipe allie la maîtrise de la technique du linge Jacquard, une spécificité qui rend la fabrique et le savoir-faire uniques au monde. L'entreprise bénéficie en outre d'une indication géographique (IG) « Linge basque » depuis 2020.
La visite des ateliers permet d'assister à ***toutes les étapes de fabrication du linge de table,*** de la bobine de fil au produit fini : l'ourdissage pour préparer la chaîne, le tissage en Jacquard ou en rayures, puis la confection des modèles. En complément, une ***exposition*** (accessible librement depuis la boutique de l'usine) présente ce savoir-faire centenaire, entre tradition et innovation, et dévoile tous les secrets de la maison Moutet. Une agréable visite, animée et colorée !
Labels : Entreprise du Patrimoine Vivant, IG Linge basque.

VIENNE (86)

EDF – Centrale nucléaire de Civaux : *86320* ***CIVAUX.*** *☎ 05-33-88-80-50. • civaux-decouverte@edf.fr • edf.fr/Civaux • ♿ Espace EDF Odyssélec, entrée libre et gratuite (à partir de 7 ans). Pdt les vac scol de la zone A : lun-ven 13h30-17h30, sauf j. fériés. Animations et conférences organisées tt au long de l'année. Visite à l'intérieur des installations à partir de 12 ans, rens et résa par tél ou par mail. GRATUIT. Pour les inscriptions, voir sur le site • edf.fr/visiteredf •*
La centrale nucléaire de Civaux a été mise en service en 1997 pour l'unité de production n° 1 et en 1999 pour l'unité de production n° 2. C'est donc la dernière centrale nucléaire construite en France. Ses ***2 réacteurs*** sont ***d'une puissance unitaire de 1 450 MWe*** chacun, soit 2 900 MWe au total. Elle produit chaque année l'équivalent d'environ la moitié de la consommation de la région Nouvelle-Aquitaine, soit 4 % de la consommation électrique française. Elle est refroidie par les eaux de la Vienne et 2 tours aéroréfrigérantes en « diabolos ».
Devant l'entrée du site, à l'***Espace EDF Odyssélec,*** vous plongerez au cœur de l'univers passionnant de l'énergie électrique. Cet espace d'exposition pédagogique, adapté à tous les publics, vous permettra au travers de films, de maquettes et de bornes interactives de découvrir les coulisses de la production d'électricité et la diversité des métiers. Vous approfondirez l'histoire de l'électricité, ses différents

moyens de production, le fonctionnement d'une centrale nucléaire... Vous y trouverez également des réponses aux questions liées aux enjeux énergétiques et au respect de l'environnement.
Par ailleurs, les ***guides-conférenciers de l'Espace EDF Odyssélec*** proposent des conférences autour du monde de l'énergie ainsi que des visites guidées de l'espace Odyssélec.
Le + : Des visites du simulateur de pilotage ou de la centrale peuvent être organisées pendant les vacances scolaires de la zone A. *Places limitées. Résa 5 semaines en avance.*
Label : Tourisme et Handicap.

OCCITANIE

• Carte *p. 30*

L'Occitanie, grâce à son puissant réseau hydrographique, son ensoleillement presque perpétuel, se situe à la pointe des avancées vers la transition énergétique. Belle ambition, elle vise le podium en tant que 1re région d'Europe à énergie positive en 2050 ! Parmi ses sites industriels, donc, des centrales hydroélectriques dans de beaux environnements. Mais aussi, parmi les fleurons du territoire, l'*usine Airbus* à Toulouse.
Moins empreintes de gigantisme, mais inhérentes à l'identité occitane, les fabrications artisanales traditionnelles caractérisent les différents territoires de la région : la coutellerie, à Laguiole, avec les *Forges de Laguiole*, la *coutellerie Honoré Durand* et *Benoît l'Artisan* ; le gant à Millau, avec la *Maison Fabre* ; le fromage à Roquefort, avec les *caves des roqueforts Société ou Papillon,* le *moulin à papier de Brousses,* témoin de l'activité papetière du Languedoc, les *poteries d'Albi,* la ville de brique et de tuile rouge... Et, bien sûr, l'armagnac dans le Gers.
Près de la Méditerranée, l'exploitation de la vigne et de l'olivier offrent de remarquables visites : la *coopérative oléicole de l'Oulibo, la Maison Noilly Prat, les caves de Byrrh...*
Enfin, 2 très belles entreprises témoignent du savoir-faire français : la *Botte Gardiane,* à Aigues-Vives en Camargue, et la *Manufacture nationale de tapis de la Savonnerie à Lodève.*

ARIÈGE (09)

Carrière de talc de Trimouns : *09250* ***VERNAUX.*** *☎ 05-61-05-10-10. • sites-touristiques-ariege.fr • Fermé mer hors vac scol et j. fériés. Visite guidée seulement. Mai-nov, lun-ven 5 visites/j., résa en ligne obligatoire. Avant de monter à la carrière, renseignez-vous auprès de l'office de tourisme (☎ 05-61-64-60-60). De Luzenac, prévoir un trajet de 40 mn avec son véhicule pour accéder à la carrière depuis l'espace muséographique Talcaneô à Luzenac. Tarif : 13,80 € ; étudiants 12 € ; enfants 9,60 €. Visite de groupe sur résa. Durée de la visite: 1h.* ***Boutique :*** *lun-ven aux heures de visite.*
Quoi de commun entre du chewing-gum, de la céramique, du papier et du rouge à lèvres ? Du talc ! Et à Trimouns (« les trois monts »), on ne plaisante pas sur la matière. À 1 700 m d'altitude au-dessus du village de Luzenac, Trimouns est la plus grande carrière de talc au monde en exploitation et la seule en activité en France. Sur les gradins géants, aux commandes d'énormes machines, des hommes découvrent, extraient, trient et transportent ***le talc, la roche la plus douce et la plus tendre de la Terre.*** En face d'eux, la haute chaîne des Pyrénées déroule ses cimes enneigées... La vue est unique, par beau temps on distingue le plateau de Bonascre, le plateau de Beille, le pic du Tarbésou ou encore le pic du Montcalm ! Environ 400 000 t sont extraites chaque année de cette carrière, descendues par téléphérique jusqu'à l'usine, dans la vallée. Car il faut déplacer 10 t de roche pour obtenir 1 t de talc ! L'exploitation remonte à 1905 – c'est dire si cette activité a marqué l'histoire et le développement de ce coin de l'Ariège.

Vous pouvez partir à la découverte de ce lieu unique grâce aux visites guidées. Vous découvrirez les propriétés géologiques du gisement, l'histoire de sa formation et de son exploitation, de l'extraction à la production de ce véritable or blanc. Exploration spectaculaire de ce gigantesque chantier grâce au parcours défini par la société Imerys Talc Luzenac France, qui vous mènera en bus sur 2 belvédères aménagés permettant de découvrir les différentes étapes d'exploitation.

– Pour se poser dans le coin : Trimouns se trouve à proximité d'***Ax-les-Thermes,*** ville carrefour commerçante, station de montagne (été et hiver) et station thermale réputée pour ses eaux traitant les rhumatismes et les voies respiratoires.

EAU CHAUDE À VOLONTÉ

Le pittoresque bassin des Ladres, dans le centre-ville d'Ax-les-Thermes (à 9 km de Luzenac), fut aménagé en 1260, sous le règne de Saint Louis, pour traiter ses soldats ayant contracté la lèpre lors des croisades. À la sortie de la source, l'eau atteint les 77 °C. Ainsi, Ax-les-Thermes est l'un des rares villages où, sur les fontaines publiques, des panneaux mettent en garde contre les risques de brûlures...

MOUNTANEÔ et EDF – Centrale hydroélectrique d'Orlu : *Les Forges d'Orlu, 09110* ***ORLU.*** *☎ 05-61-05-10-10 (Sites touristiques d'Ariège). Visite guidée de l'espace muséographique sur la montagne MOUNTANEÔ et de la centrale hydroélectrique d'Orlu. Hydrogame immersif et interactif sur l'hydroélectricité d'EDF. Résa obligatoire sur place pour la visite guidée . Tarif : 10,80 € adultes / 8,40 € enfants (visite de la centrale incluse dans le billet Mountaneô et offerte par EDF). Port de chaussures fermées obligatoire.*

La centrale hydroélectrique d'Orlu est située dans le sud-est de l'Ariège, près de la station thermale d'Ax-les-Thermes, dans la vallée de l'Oriège, dite aussi vallée d'Orlu. L'énergie de cette rivière fut utilisée dès le Moyen Âge : une petite forge hydraulique y est déjà signalée en 1292. Son avatar moderne est la centrale hydroélectrique d'Orlu, 3e centrale de l'Ariège par la taille. En service depuis 1958, elle était même à l'époque la plus haute chute hydroélectrique du monde !

La centrale d'Orlu exploite les eaux accumulées dans ***le lac de Naguilhes*** à 1 900 m d'altitude (49 millions de m^3 d'eau), et dans 2 autres petits lacs de barrage situés sur des torrents adjacents. Sa puissance est de 90 MW. Comme toutes les centrales hydroélectriques des Pyrénées, elle sert à produire de l'électricité pendant ***les périodes de pointe de la demande.*** Elle est capable d'approvisionner l'équivalent de plus de 45 000 habitants.

La centrale hydroélectrique d'Orlu, ***la seule qui se visite en Ariège,*** est dotée d'un parcours de visite à la fois ludique et pédagogique, qui reflète l'environnement dans lequel se déroule la production d'électricité dans le département. Les maquettes et films aident à mieux comprendre l'énergie hydraulique. Les visiteurs découvrent non seulement l'extérieur du site, mais plongent aussi au cœur du fonctionnement de l'usine, avec une vue directe sur la salle des machines.

La visite du site EDF est combinée avec celle de ***Montaneô*** *(☎ 05-61-05-10-10 ; entrée 10,80 €, réduc),* qui invite à la découverte de l'hydroélectricité et à l'observation de la faune et de la flore de la réserve naturelle d'Orlu. Cet espace de découverte propose un très beau ***musée, reconstituant les divers niveaux*** que l'on trouve ***en montagne*** : milieux humides, forêts de feuillus et de résineux, prairies et crêtes. Films et documentaires, hydrogame, bornes interactives pour approcher la montagne d'un peu plus près. Le billet d'entrée inclut la visite des installations (turbines...) de l'usine hydroélectrique.

À proximité également se trouvent les ***centrales EDF Teich et d'Orgeix.*** Un ***sentier d'interprétation*** extérieur a été aménagé autour de chacune d'entre elles pour comprendre leur fonctionnement, leur histoire et se familiariser avec l'hydroélectricité.

L'énergie hydroélectrique, comment ça marche?

Cette énergie est produite grâce à la force de l'eau : on convertit l'énergie cinétique du courant (naturel ou généré par différents niveaux) en énergie mécanique via une turbine, puis en électricité par le biais d'un alternateur. Autrefois, les moulins à eau remplissaient ce rôle. Mais, au XIXe s, la turbine remplace la roue, les 1ers barrages apparaissent. Les usines peuvent enfin s'éloigner des rivières, et les rejets polluants n'y sont plus déversés directement. Aujourd'hui, il existe 4 types de centrales hydroélectriques :
- les **centrales-lacs** fonctionnent à l'aide de barrages plus importants afin de répondre aux besoins provoqués par les pics de consommation ;
- celles **au fil de l'eau** se servent du débit du cours d'eau ; leur énergie est directement injectée dans le réseau ;
- les centrales **éclusées** utilisent des barrages pour provoquer des chutes d'eau sans perturber la vallée ;
- les **stations de transfert d'énergie par pompage (STEP)** permettent le stockage de l'énergie électrique.

AUDE (11)

Famille Fabre – Château de Luc : *av. Jean-Moulin, 11200* ***LUC-SUR-ORBIEU.*** *☎ 04-68-27-10-80. 06-31-01-73-09. • famillefabre.com • Caveau ouv lun-sam 10h-19h en été ; hors saison, fermé lun. Résa des visites 24h avt. Également des ateliers sur résa dans la limite des places disponibles pour découvrir tous les métiers de la vigne : 06-31-01-73-09 ou • oenotourisme@famille-fabre.com • Vigneron indépendant, plusieurs métiers en un ; Viticulteur d'un jour ; Vendangeur d'un jour ; Œnologue d'un jour ; Maître de chai d'un jour ; Sommelier d'un jour.*
Depuis 1605, la famille Fabre, vigneron indépendant, produit des vins ***AOC Corbières Boutenac*** élevés dans une superbe cave voûtée. Les vignes sont travaillées dans le respect de l'environnement et en méthode bio (label AB et certification HVE). Plusieurs formules œnotouristiques intéressantes sont proposées pour découvrir le domaine, dont une visite guidée insolite « De l'âge d'or à la révolte de 1907 » et de l'histoire de la Famille Fabre *(12 €/pers),* avec dégustation des vins bio. Autre possibilité : la ***balade vigneronne dans la garrigue*** *(35 €/pers)* ***qui vous emmènera jusqu'au sommet du Mourel de Luc*** pour y parler des différentes composantes du terroir, suivie d'une dégustation de 5 vins au milieu de la vigne avec charcuterie et fromage. Pour les sportifs, possibilité de faire cette balade ***à VTT.*** Sans oublier un original ***escape-game*** *(pour 3 à 10 pers ; 30 €/pers ; durée 1h, à partir de 10 ans)* avec dégustation intégrée durant le jeu !

Maison Escudier : *11, rue de Dunkerque, 11400* ***CASTELNAUDARY.*** *☎ 04-68-23-12-79. • cassoulet-escudier.fr • Visites guidées au 1400, av. des Pyrénées, pour groupes à partir de 20 pers, lun-ven sur résa (production le matin) par tél ou par mail à • contact@maison-escudier.fr • Avec dégustation de charcuteries : 5,50 €, 12-17 ans 3 €, gratuit moins de 12 ans ; avec repas (le midi seulement) : 27 €, 12-17 ans 19 €, moins de 12 ans 12,50 €.* ***Boutiques :*** *11, rue de Dunkerque,* *mar-sam 9h-12h, 14h-18h ; 1400, av. des Pyrénées, lun-sam 8h-19h30, dim 8h-13h.*

Castelnaudary, c'est la ***capitale « mondiale » du cassoulet !*** Et depuis 1920, la Maison Escudier perpétue la tradition. Elle fabrique elle-même sa charcuterie – un processus qu'on observe à travers un couloir vitré – et la marie à des haricots du Lauragais en IGP. Des visuels et un film complètent les explications du guide. Dégustation finale en froid ou en chaud. Une visite emblématique du terroir !

LA SAINTE TRILOGIE DU CASSOULET

Les gastronomes reconnaissent Castelnaudary comme le père du cassoulet (né ici au XVe s), Carcassonne en étant le Fils et Toulouse le Saint-Esprit ! La tradition est stricte. La cassole (grand bol qui a donné son nom au plat) doit être en argile d'excellente qualité. Et les ingrédients doivent forcément provenir de la région. Le plat s'oublie auprès du four de boulanger, avec des ajoncs de la Montagne noire, pour une cuisson douce et longue, les haricots cuisant dans l'eau de la ville... non mais !

Côté haricot, on préfère le lingot qui sait rester ferme. Côté viande, la composition diffère entre les voisins rivaux : confit de canard ou d'oie, saucisses de Castelnaudary (de Toulouse à la rigueur), couennes, jarret de porc.

L'Oulibo : *hameau de Cabezac, 11120* ***BIZE-MINERVOIS.*** *☎ 04-68-41-88-88. • loulibo.com • Visite guidée uniquement. Juin-sept, tlj à 10h30, 15h, 16h, 17h (plus 18h juil-août) ; oct-mai, tlj à 10h30, 14h30, 16h. Tarifs : 7 € ; 6-15 ans 5 € ; gratuit moins de 6 ans. Visite de groupes sur résa (sauf 25 déc-1er janv), pour 20-100 pers. Tarif : 5,50 €/pers ; scolaires 3 €/pers. Durée de la visite : 1h30.* ***Boutique :*** *oct-avr, tlj 8h-12h, 14h-18h ; avr-mai, tlj 8h-12h30, 14h-18h30 ; juin et sept, tlj 8h-13h, 14h-19h ; juil-août, tlj 8h-20h. Sam ouv à 9h, dim à 10h.*

L'Oulibo, ***1er producteur d'olives de table françaises,*** propose de découvrir le monde de l'olive et de l'huile d'olive... Cette entreprise labellisée Entreprise du Patrimoine Vivant ouvre ses portes tous les jours. La visite commence par un parcours dans l'oliveraie pour tout savoir sur la culture de l'olivier. Puis dans le moulin, un son et lumière nous fait remonter le temps, avant de nous ramener à notre époque. La visite se poursuit avec un ***espace muséographique multimédia*** aménagé dans l'ancien moulin pour s'initier, en 5 étapes, à la symbolique de l'olivier, son rôle dans la littérature et les arts, son utilisation ancestrale dans l'univers des cosmétiques et de la beauté, les nombreux métiers qui lui sont associés, ses vertus médicinales et ses atouts santé. On termine le parcours par une dégustation commentée d'olives (AOP Lucques du Languedoc) et d'huile d'olive. Bref, une ***visite complète et passionnante.*** Et pour les enfants, une ***chasse au trésor*** est organisée pendant la visite.

L'ENFANT CENTENAIRE

L'olivier de 100 ans est encore un enfant ! Doté d'une croissance lente, il produit ses 1res olives vers 3 ou 7 ans (selon la variété) et atteint sa pleine production à partir de 10 ans, jusqu'à environ 150 ans. C'est à cet âge respectable que sa fertilité commence à décroître. Sa longévité peut, dans des conditions favorables, se compter en millénaire. Et ses conditions de culture ne sont pas les plus difficiles : typique de la garrigue, l'olivier résiste à la sécheresse (en revanche, il craint le gel et l'humidité). Peu sensible à la nature des sols, même les plus pauvres, il pousse dans des sols pierreux et ses racines peuvent aller puiser l'eau jusqu'à 6 m de profondeur. On compte aujourd'hui 830 millions d'oliviers cultivés dans le monde, dont 90 % sont concentrés sur le pourtour méditerranéen.

Les + : animations *(atelier tapenade en été mer et jeu à 10h, sur résa).*
Labels : Entreprise du Patrimoine Vivant, Tourisme & Handicap, France savoir-faire d'excellence.

☎☎☎ ***Moulin à papier de Brousses :*** *11390* ***BROUSSES-ET-VILLARET.*** *☎ 04-68-26-67-43. • moulinapapier.com • Visite guidée uniquement. Oct-juin : lun-ven à 11h et 15h30, w-e, j. fériés et vac scol (ttes zones) à 11h, 14h30, 15h30 et 16h30 ; juil-août : tlj à 11h, 12h, 14h, 15h, 16h, 17h et 18h ; sept : tlj à 11h, 14h30, 15h30 et 16h30. Tarif : 10,50 € ; 5-12 ans 6 € ; gratuit moins de 5 ans. Visite de groupe sur résa, 15-60 pers. Tarif : 9 €/pers. Scolaires : formules à choisir à partir de 5 €/ pers (infos sur demande). Durée de la visite : 1h.* ***Boutique :*** *tlj 10h-12h, 14h-18h.*
C'est le ***dernier moulin à papier*** en activité de la région Occitanie. Celui-ci rappelle qu'autrefois, le versant sud de la Montagne noire faisait partie des grands centres papetiers du Languedoc. Depuis 7 générations (1820), la même famille perpétue et transmet son savoir-faire en produisant des ***papiers faits main.*** On accède au moulin par un joli petit sentier botanique qui surplombe la rivière, pour une leçon sur l'histoire et la fabrication du papier fait à la main. Parmi les découvertes, des papiers à base de chiffons, mais aussi à base de crottin de cheval, de rafles de raisins, de posidonie... Après la visite, dans l'atelier, enfants et adultes peuvent ***réaliser à la main leurs feuilles de papier*** qu'ils emportent après la séance.
Les + : animations, atelier de fabrication de 2 feuilles de papier après chaque visite *(3 €/pers),* ateliers pédagogiques *(plusieurs formules possibles).*
Label : France savoir-faire d'excellence.
– ***Brousses-et-Villaret*** se trouve à 8 km au nord de ***Montolieu,*** qui est devenue, depuis 1990, ***l'une des 6 cités du livre en France.*** Le village, bâti tel un amphithéâtre, accroché au flanc rocailleux de 2 ravins, surplombe les impressionnantes gorges de l'Alzeau et de la Dure. Au XIIIe s, il s'appelait poétiquement *Mount a Ouliou* (le mont des Oliviers). Libraires, bouquinistes, éditeurs, artisans d'art graphique sont venus s'installer ici sous l'impulsion de Michel Braibant, relieur à Carcassonne. On peut approfondir le sujet en visitant le ***musée des Arts et Métiers du livre*** *(☎ 04-68-24-80-04 ; • montolieu-livre.fr •),* qui évoque l'histoire de l'écriture depuis la nuit des temps, et bien sûr les arts et métiers du livre – typographie, calligraphie, reliure, imprimerie, etc.

☎☎ ***Nougalet :*** *240, rue Averroès, ZAC de Béragne, 11800* ***TRÈBES.*** *☎ 04-68-74-02-63. • tourisme-seminaire@nougalet.com • nougalet.com • Visite libre lun-ven 9h-17h, sam 10h-17h (mais les chocolatiers ne travaillent pas le samedi). Tarif : 3,50 € ; réduc. Visite guidée, sur résa : mar-jeu à 10h30 et 14h15. Tarif : 6,50 € ; réduc. Visite de groupe : 10 pers min, à partir de 5 €/pers.* ***Boutique :*** *lun-ven 9h-17h, sam 10h-17h.*
Ici, on utilise encore les ***mêmes machines qu'en 1951,*** à la fondation de la chocolaterie-confiserie ! Les confiseries sont réalisées de manière artisanale, aux chaudrons en cuivre. Vous l'aurez compris, chez Nougalet, on ne plaisante pas avec l'***authenticité et le respect des traditions.*** La fabrication de leur praline, par exemple, implique une recette et un savoir-faire qui existent depuis la création des ateliers. Pendant la visite, on découvre à travers un ***parcours vitré*** chaque étape de la fabrication des spécialités de la maison : on observe, par exemple, comment se déroule la confection des tablettes de chocolat, des macarons et des caramels. Vidéos et panneaux explicatifs pour en apprendre toujours davantage sur l'histoire de l'entreprise et celle des confiseries. Le tout au milieu des différents moules, des machines, dans la bonne odeur de bonbons... et on parfait ses connaissances en faisant son choix à la boutique !
Le + : dégustation avec la visite guidée.
– Pour aller plus loin, allez visiter (un peu plus loin) le ***musée Art du Chocolat*** *: 13, pl. Paul-Saissac, 81310* ***Lisle-sur-Tarn.*** *☎ 05-63-33-69-79. Sept-juin, mar-dim 10h-12h30, 14h-19h ; juil-août, tlj 10h-12h30, 14h-19h. Sur résa. Tarif : 5 €, réduc.*

Superbes sculptures en chocolat, expositions temporaires à thèmes autour du chocolat et des pâtisseries, et ateliers « découverte du chocolat ». Et une dégustation à la clé...

Salin de Gruissan de l'île Saint-Martin : *route de l'Ayrolle, 11430* ***GRUISSAN.*** *☎ 04-82-53-10-61. • lesalindegruissan.fr • Visite guidée uniquement, résa possible sur le site internet. Tarif : 11,50 € ; 8-13 ans 8,90 €; gratuit moins de 8 ans. Visite de groupe à partir de 20 pers, sur résa par mail à • contact@lesalin-degruissan.fr • Durée de la visite : 1h15 (2 km).* ***Boutique :*** *ouv tlj (consulter les horaires sur le site).* ***À savoir :*** *emporter de l'eau, de la crème solaire et un chapeau.*

À 10 km au sud de Narbonne-Plage, Gruissan se mire dans les eaux roses des tables salantes. Le vieux village ne manque pas de cachet avec ses maisons couleur de terre brûlée par le soleil et ses toits rouges. Bâti sur un plan circulaire, il semble encore sous la protection du château de Barberousse. Un « tribunal des prud'hommes pêcheurs » et le Café de la Paix, siège du club de rugby, achèvent de conférer au lieu toute son authenticité.

En prenant la route de l'Ayrolle, on arrive au salin de l'île Saint-Martin, au cœur du ***Parc naturel régional de la Narbonnaise,*** un site de production de sel marin de 400 ha, qui a la particularité d'associer les ***3 techniques de production du sel : agricole (le sel de mer), industrielle (le sel raffiné) et minière (sel gemme).*** Le parcours pédestre de 2 km s'accompagne d'une présentation des différentes phases de production et usages du sel. Dans la boutique, un écomusée explique la récolte du sel et présente la faune et la flore des milieux salés.

Le + : organisation de concerts et de repas (dates sur le site).

SAUNIER OU PALUDIER ?

Aux abords de la Méditerranée, on appelle « saunier » le professionnel du sel – un substantif qui se comprend de façon instinctive. Mais au nord de la Loire, au contact de l'Atlantique, celui-ci revêt le nom de « paludier » ! Cette dénomination trouve son origine dans la nature marécageuse des marais salants : « la palud » désignait autrefois un marécage.

Vinaigrerie Cyril Codina : *16, bd de la Promenade, 11220* ***LAGRASSE.*** *☎ 04-68-75-83-66. • vinaigrescodina.com • La vinaigrerie a un étage non accessible aux personnes à mobilité réduite. Pdt l'été, visite tlj à 10h, 11h30, 14h, 15h30 et 17h. Le reste de l'année, visites à 10h30, 14h et 16h. Résa par tél ou sur le site internet. Tarif : 4,50 € ; gratuit moins de 18 ans. Groupes : résa obligatoire, 60 pers max. Tarif : 3 €/pers. Durée de la visite : 1h-1h30.* ***Boutique :*** *tlj 10h-20h.*

Cyril Codina est un ***vigneron indépendant*** qui s'est lancé dans la ***fabrication artisanale de vinaigres.*** S'il commence à travailler le vinaigre en plein terroir Corbières-Boutenac, il est désormais implanté à ***Lagrasse, classé parmi les « Plus Beaux Villages de France » :*** un plaisir esthétique autant que gastronomique ! La vinaigrerie, avec ***boutique et restaurant,*** se situe au cœur d'un lieu élégamment nommé ***La Cour des Saveurs.*** La gamme de vinaigres se compose de ***50 produits différents,*** tantôt acides ou épicés, tantôt doux ou fruités. Cyril travaille avec des producteurs locaux pour l'aromatisation de ses produits ; il n'adjoint aucun produit issu de la chimie de synthèse. Lors de la visite, on comprend toutes les étapes de la fabrication du vinaigre, de la barrique à l'arrivée en boutique : vieillissement, aromatisation en bonbonnes disposées sur les toits de la vinaigrerie. On accède aux barriques où l'on peut voir et sentir les arômes, la filtration, la mise en bouteille et l'étiquetage. Après un véritable éveil des sens, on termine par une dégustation : et les sens prennent sens !

Vinaigre et vinaigre balsamique

Chimiquement, le vinaigre résulte de l'oxydation du vin par la bactérie « acétobacter ». Cette bactérie, découverte par Pasteur au XIXe s, dégrade l'alcool contenu dans le vin en acide acétique et fait ainsi tourner le vin au vinaigre. Le produit est ensuite vieilli dans une solera (technique de vinification qui consiste à empiler des barriques sur plusieurs niveaux), méthode mise au point dans la région de Jerez. Plus le temps passe, plus le vinaigre vieux sera transféré vers les barriques basses.

Le vinaigre balsamique, quant à lui, a été inventé dans la région de Modène, en Italie. Contrairement à son cousin le vinaigre de vin, il est à base de moût de raisin. Il s'agit d'une réduction très lente de jus de raisin non fermenté. Les moûts sont cuits à basse température pour concentrer leurs arômes, puis ils sont placés en fûts sous les tuiles et continuent de réduire grâce à la chaleur du soleil. Près de 7 kg de raisins sont nécessaires pour produire seulement 1 l de balsamique ! La méthode traditionnelle exige un vieillissement de 12 ans minimum et ne tolère aucun autre ingrédient que le jus de raisin.

AVEYRON (12)

Pôle coutelier

Coutellerie de Laguiole Honoré Durand : *route d'Aubrac, Zone artisanale la Poujade, 12210* ***LAGUIOLE.*** *☎ 05-65-51-50-14. • layole.com • Visite guidée tte l'année : lun-sam à 11h, 14h30, 15h45 et 17h. Visite de groupe (min 10 pers) sur résa. GRATUIT. Durée de la visite : 1h. Visite libre du musée du couteau de Laguiole : lun-sam 9h-12h, 14h-18h.* ***Boutique :*** *janv à mi-juil et sept-déc, tlj 9h-12h30, 14h-18h30 ; juil-août, tlj 9h-18h30.*

Des 2 fabricants en titre, la coutellerie de Laguiole Honoré Durand est l'entreprise la plus visitée de l'Aubrac. C'est un des endroits où vous êtes assuré de trouver des couteaux forgés, fabriqués et assemblés à Laguiole, dans un large choix, du simple couteau de poche à la pièce unique (et prix tout aussi variés). La ***fabrique artisanale*** (coutellerie et forge) maîtrise toutes les étapes de fabrication du couteau, de l'atelier de

L'ÉPOPÉE DES COUTEAUX DE LAGUIOLE

Laguiole (prononcez « Laïole ») : l'objet et son lieu de production semblent indissociables. Le nom évoque à la fois la « capitale » de l'Aubrac aveyronnais et un gage de qualité à la réputation nationale, voire internationale. De généreux pâturages et des collines arrondies entourent le bourg-refuge perché à 1 042 m, sur un plateau à vaches, où démarre l'épopée de ce couteau. Tout commença au début du XIXe s. L'ancêtre du couteau actuel, le capuchadou, aux allures de poignard et avec une lame fixe, était souvent utilisé pour la cuisine. En 1828, Pierre-Jean Calmels, un artisan du village, eut l'idée de concevoir un nouveau couteau, pliable cette fois. Les buronniers de l'Aubrac pourraient ainsi le glisser dans leur poche. Le laguiole était né, monté à la main et composé de matériaux de grande qualité, avec ses mitres et ses rivets en laiton (le prix du couteau varie selon le nombre de mitres).

forge (lames, ressorts...) à l'atelier de coutelier (montage, façonnage...). Alors, avant d'acheter votre couteau et pour découvrir sa fabrication, allez suivre une conférence sur l'***histoire de la coutellerie*** ; les « vrais-faux », l'aiguisage ; puis passez dans l'atelier, au contact des couteliers qui font partager leur passion. La visite guidée est constituée de 2 parties : la 1re partie constitue une ***présentation*** de l'histoire et de la fabrication d'un couteau et ses différents éléments par un guide (mais si moins de 6 adultes, projection d'une vidéo) ; dans la 2e partie, on assiste au ***façonnage du manche de couteau*** par un coutelier au travail. On peut même, sur réservation, participer à un ***stage*** et repartir avec son couteau, assemblé par ses soins, sous l'œil vigilant du maître coutelier.
Le + : stages de coutellerie.
Labels : Entreprise du Patrimoine Vivant, France savoir-faire d'excellence, IG « Couteau de Laguiole ».

Coutellerie Benoît l'Artisan : *4, pl. de Toural, 12210* ***LAGUIOLE.*** *☎ 05-65-51-55-80. ● laguiole-benoit.com ● Visite guidée seulement. Lun-sam (et dim juil-août) à 10h30, 11h30, 14h30, 15h30, 16h30 et 17h30. Tarif : gratuit. Visite de groupe : infos et résa par tél.* ***Point de vente*** *sur place. Également* ***boutique en ville*** *(21, allée de l'Amicale) : juil-août, tlj 9h-19h30 ; hors saison, dim-lun 10h-12h30, 14h-18h30, mar-sam 9h30-12h30, 14h-19h.*
Benoît Mijoule, maître artisan coutelier en métiers d'art, né à Laguiole et fils de coutelier, a lancé son atelier en 1999. Il n'hésite pas à utiliser des matériaux modernes, comme la fibre de carbone, à côté de matières traditionnelles telles que la corne ou le bois, ou fossiles comme la molaire ou la défense de mammouth. Mention spéciale pour son couteau le ***« laguiole Tribal », de sa création,*** avec un manche à l'architecture très contemporaine qui revisite les formes classiques. Ici, c'est un vent d'avenir qui souffle sur la tradition.
La ***visite de l'atelier se fait avec un coutelier*** qui saura vous transmettre toutes les subtilités de son savoir-faire. Des ***stages de fabrication*** sont aussi proposés sur une journée pour aborder chaque étape du métier, du choix du modèle à l'affûtage.
Le + : stages de coutellerie *(sur résa uniquement, 2 pers max. 400 € la journée, couteau compris).*
Label : IG « Couteau de Laguiole »

QUELQUES CONSEILS POUR SOIGNER VOTRE COUTEAU

Évitez de laver votre couteau à l'eau. Pour le nettoyer, il suffit d'essuyer soigneusement la lame après chaque utilisation. Si vous recevez un couteau en cadeau, offrez en retour à la personne une petite pièce de monnaie en échange... « Pour ne pas couper l'amitié », dit-on !

Forge de Laguiole : *route de l'Aubrac, 12210* ***LAGUIOLE.*** *☎ 05-65-48-43-34. ● forge-de-laguiole.com ● Visite libre tte l'année, lun-ven 9h-12h, 13h30-17h30. Visite guidée avec démonstration de montage juil-août, lun-ven, départ à 10h, 10h45, 14h, 15h et 16h. Démonstration de montage seulement, sans visite le sam. Visite de groupe, sur résa sur le site. GRATUIT. Durée : 1h.* ***Boutique :*** *lun-sam 9h-12h, 13h30- 18h (plus dim juil-août et jusqu'à 18h30).*
Cette ***manufacture futuriste*** tout en aluminium est reconnaissable

L'ABEILLE ET LE TAUREAU

Ce pourrait être le titre d'une nouvelle fable. Eh non ! Il s'agit en vérité des signes distinctifs de ces superbes couteaux du terroir Laguiole, à la fois élégants et pratiques. Certains racontent que c'est Napoléon III qui autorisa les 1ers couteliers du village à prendre l'abeille comme label de qualité, en remerciement de leur bravoure pendant les guerres du Second Empire. Et le taureau ? Il symbolise le village, et donc la marque du laguiole. Montés à la main et composés de matériaux de grande qualité (attention aux imitations !), les mitres et les rivets sont en laiton (le prix du couteau varie selon le nombre de mitres). La lame, à l'origine en acier, est aujourd'hui souvent en inox.

à sa lame de 18 m de haut qui traverse le bâtiment. Dessiné par Philippe Starck, il symbolise le renouveau de la production coutelière. En effet, longtemps fabriqué à Laguiole, il fut ensuite entièrement confectionné à Thiers (Puy-de-Dôme). Mais grâce à des acteurs locaux, la fabrication est revenue sur place avec La Forge de Laguiole et aujourd'hui, ***100 000 couteaux*** sont créés chaque année ici par une centaine d'employés qui perpétuent la tradition. À l'intérieur, le marteau pilon de près de 300 t sert à forger les lames en acier français (de l'Isère). À l'entrée, hall d'exposition et point de vente où l'on peut trouver d'authentiques laguioles et quelques très belles pièces uniques ouvragées par des couteliers d'art. Des séries spéciales dessinées par et pour de grands noms : Jean-Michel Wilmotte, Michel Bras, Andrée Putman et même... votre *Routard* préféré ! Durant la ***période estivale,*** la forge met en place des visites guidées de l'atelier avec démonstration de montage commentée.
Labels : Entreprise du Patrimoine Vivant, IG « Couteau de Laguiole ».

COMMENT RECONNAÎTRE UN VRAI COUTEAU LAGUIOLE ?

Attention : Laguiole n'est pas une marque mais une appellation. Le laguiole tient son nom d'un village de l'Aveyron qui fabriquait des **couteaux pour les bergers. La marque est le nom apposé au nom Laguiole.** *Tout fabricant sérieux appose son nom à la dénomination Laguiole, ceci est le 1er indice pour ne pas acheter une contrefaçon. Un couteau simplement gravé Laguiole n'en est pas un. Observez aussi les rivets : sur un laguiole de bonne facture, ils sont alignés. Dans le cas des fabrications étrangères, le rivet du milieu est en haut pour éviter nombre d'opérations : c'est le clou perdu qui est utilisé, celui qui permet de mettre ensemble le ressort et les 2 platines.*

Le Sac du Berger : *4100, route de Layrolle, 12540* ***MARNHAGUES-ET-LATOUR.*** *☎ 05-65-99-36-60. • lesacduberger.com • Visite guidée seulement. Juil-août : sur résa lun-ven à 10h30 et 15h ; le reste de l'année sur résa. GRATUIT. Visite de groupe sur résa, pour 8-35 pers. Tarif : 3 €/pers. Durée de la visite : env 1h. Résa par tél ou par mail (voir le site).* ***Boutique :*** *juil-août, lun-sam 9h-12h, 14h-18h, dim 14h-18h ; le reste de l'année, lun-ven 9h-12h, 14h-18h, w-e et j. fériés 14h-18h.* Entre Causses et Cévennes, en bordure du Larzac, dans la région de Millau, on perpétue le ***travail du cuir et de la laine*** autour d'un objet on ne peut plus typique et pratique à la fois : le sac du berger. Héritage du pastoralisme méridional, d'une forme qui n'a plus bougé depuis le XVIIe s, il est encore utilisé de nos jours par les bergers transhumants du sud de la France. La gamme de l'entreprise s'est élargie au ***reste de l'équipement du gardien :*** sandales en été et bottes en hiver, cape en pure laine foulonnée, imperméable et coupe-vent, pour lui assurer confort et chaleur lorsqu'il passe la nuit à la belle étoile, à proximité de son troupeau... On approche ici au plus près le travail des artisans des ***métiers du cuir :*** sellerie, maroquinerie, confection de vêtements en cuir, fabrication de chaussures. Un témoignage émouvant et rassurant d'une ***démarche artisanale locale,*** à l'ère de la mondialisation. Un accueil, un diaporama, une déambulation dans les bâtiments et la boutique permettent de s'immerger dans le monde du berger, « témoin silencieux et fidèle du mystérieux tutoiement de l'homme avec le ciel ».
Label : Entreprise du Patrimoine Vivant.

Maison Fabre : *20, bd Gambetta, 12100* ***MILLAU.*** *☎ 05-65-60-58-24. • maisonfabre.com • Visite guidée sur résa : lun-ven 9h-12h, 14h-16h. Visite de groupe sur résa, à partir de 10 pers. Résa par tél ou par mail à • shop@maisonfabre.com • GRATUIT. Durée de la visite : 20-30 mn.* ***Boutique :*** *lun-sam 10h-12h, 14h-19h (18h sam).*
La Maison Fabre, fondée en 1924, est reconnue comme le nec plus ultra de la ***ganterie française,*** avec d'élégantes éditions sur mesure, alliant son savoir-faire traditionnel à un souffle résolument contemporain. En 100 ans, la Maison Fabre a aussi acquis ses lettres de noblesse avec le cinéma. L'entreprise millavoise

crée notamment, en 1966, les gants de rallye de Jean-Louis Trintignant dans *Un homme et une femme* de Claude Lelouch ainsi que les gants de conduite en veau velours noir de Steeve McQueen dans *L'Affaire Thomas Crown*. En 1971, la ganterie familiale a réalisé 2 paires de gants en agneau velours vert brodés au fil d'or pour Don Salluste interprété par Louis de Funès dans *La Folie des grandeurs*.
Enfin, durant la Ve République, Maison Fabre a fabriqué des gants pour tous les présidents ainsi que les Premières Dames. Aujourd'hui, l'entreprise souhaite valoriser l'***économie circulaire*** avec le modèle *Larzac*, le 1er gant en cuir et laine des brebis de l'Aveyron. La Maison Fabre parfume aussi ses créations... N'oublions pas que, du XVIe au XVIIIe s, le parfum était uniquement commercialisé par les ***maîtres gantiers parfumeurs.*** En 2013, elle réédite à l'identique les gants parfumés de Marie-Antoinette, toujours disponibles à la vente... La visite vous permettra de découvrir toutes les étapes de la fabrication d'un gant, de la coupe à la couture et les finitions.
Label : Entreprise du Patrimoine Vivant.

GANT MAGIQUE

Dans le domaine du cinéma, la Maison Fabre a également ressuscité le gant magique de la Bête, celui qui permet à Belle de voyager à travers l'espace et le temps, dans le film de Jean Cocteau, inspiré du conte de Madame Leprince de Beaumont. Des merveilles de gants en agneau doublés de soie et brodés à la main au fil d'or par Pascale Duchénoy (entreprise Linge au cœur), avec des éclats percés de cristal de Swarovsky. À admirer au ***musée du Gant de Millau.***

Pôle fromager : au pays du roquefort

Caves de Roquefort Papillon : *8 bis, av. de Lauras, 12250* ***ROQUEFORT-SUR-SOULZON.*** *☎ 05-65-67-23-50. 📱 06-32-64-91-67. ● roquefort-papillon.com ● Visite guidée à partir de 10h jusqu'à 16h30 : départs env ttes les heures en hiver (avec interruption 12h-14h) et ttes les 20-30 mn en été, avec dégustation de produits (les produits changent tlj). GRATUIT. Durée de la visite : 45 mn-1h. Groupes max 45 pers.* ***Boutique :*** *tlj 10h-18h.* ***À savoir :*** *n'oubliez pas votre petite laine, la température sous terre oscille entre 8 et 12 °C !*
Vous voici au cœur du pays du roquefort, région comprise entre le Tarn et les monts de Lacaune dans le parc naturel régional des Grands Causses. Vous êtes même au cœur du cœur : ***Roquefort-sur-Soulzon, capitale du célèbre fromage,*** le long de la grande falaise du causse du Combalou, à la frontière du plateau du Larzac. Le roquefort doit son succès à sa longue et facile conservation et à ses richesses nutritives. Depuis 1925, il est protégé par une AOC. Quoi de mieux alors que de le découvrir dans une maison plus que centenaire, fondée en 1906 par la famille Alric ? La visite proposée est celle des ***caves historiques,*** accompagnée d'explications sur les différentes étapes de fabrication. Elle se termine par une dégustation.
Le + : dégustation.

GÉOLOGIE GUSTATIVE

Le caractère spécifique du roquefort tient avant tout à la conjonction des conditions de maturation et d'affinage exceptionnelles du site. Les éboulis ont dessiné un réseau de cheminées souterraines, tunnels, couloirs, appelé ici « fleurine ». Sous l'ensemble, des nappes d'eau assurent l'humidité des lieux. Caves et tunnels en contact avec l'atmosphère, plus la condensation et l'évaporation favorisent dans ces rochers un air climatisé sans cesse renouvelé, avec 95 et 98 % d'humidité. Ajoutez une température constante de 8 à 10 °C à ces spécificités 100 % naturelles, et vous obtiendrez un bon roquefort.

Caves de Roquefort Société : av. François-Galtier, 12250 **ROQUEFORT-SUR-SOULZON.** ☎ 05-65-58-54-38. • roquefort-societe.com • *Visite guidée seulement : oct-mars, tlj 10h-12h, 13h30-16h30 ; avr-juil et sept, tlj 10h-12h, 13h30-17h ; août, tlj 10h-17h30. Tarif : 7,50 € ; étudiants et demandeurs d'emploi (sur présentation d'un justificatif) 5,50 € ; 6-15 ans : 4,50 € ; gratuit moins de 6 ans. Visite de groupe sur résa, à partir de 20 pers. Tarif : 4,50 €/pers ; scolaires gratuit. Durée de la visite : 1h.* ***Boutique :*** *tlj 10h-12h, 13h30-17h (16h30 nov-mars).* ***À savoir :*** *emporter une petite laine car il fait 10 °C dans les caves !* ***L'affinage du roquefort ayant lieu de janvier à juin, il n'y a pas de fromages dans les caves en dehors de cette période.***

LE SECRET DU ROQUEFORT ET DE SON AOC

Le secret réel du roquefort, c'est un micro-organisme, le Penicillium roqueforti, *champignon obtenu à partir de pain au levain à base de farine de seigle et de blé. Ses spores sont ensemencées dans le lait, avant caillage, dans les fromageries. Puis, dans l'atmosphère humide des caves, le champignon transforme doucement la pâte. En 1666, le parlement de Toulouse édicte des règles et des droits pour les affineurs locaux et leur garantit le nom de roquefort. En 1925, c'est la 1re « Appellation d'origine contrôlée » connue régissant définitivement la fabrication d'un fromage : il doit être fait exclusivement à partir de lait de brebis, pur et entier, non pasteurisé. Ce lait doit provenir d'une zone et d'une race (la brebis Lacaune) très précises. Enfin, ce fromage est fabriqué suivant les méthodes traditionnelles (pain de 20 cm de diamètre et de 10 cm de haut, pesant 2,5 kg) et affiné dans les caves naturelles, dans un périmètre délimité, correspondant à l'éboulis du Combalou. Les pains sont affinés au minimum 3 mois à Roquefort, dont 3 semaines dans les caves, et les opérations de conditionnement sont effectuées dans la commune.*

Capitale du célèbre fromage, Roquefort-sur-Soulzon s'étire le long de la grande falaise du plateau du Combalou, à la frontière du causse du Larzac. Il y a très longtemps, un pan de la falaise s'effondra, provoquant un énorme éboulis ; les nombreuses cavernes alors formées fournirent des ***abris naturels.*** Avec le lait des brebis qui paissaient sur les plateaux herbus, on se mit à faire du fromage, auquel la ***fraîcheur des cavernes*** du Combalou garantissait une bonne conservation et un affinage parfait. Depuis 1863 et la reconnaissance du fromage de Roquefort (1re AOP en 1925), la marque Société n'a cessé d'être un acteur incontournable du marché. La ***visite des caves*** vous apprendra bien des choses sur la fabrication de ce fromage, grâce à une animation, une vidéo, une mise en lumière d'une des plus anciennes caves, et pour clore la visite, une dégustation.

Le + : dégustation.

Label : France savoir-faire d'excellence.

– Si une telle visite vous a ouvert l'appétit, direction le restaurant ***La Cave des Saveurs :*** *rue de la Créance.* ☎ *05-65-58-58-11. Au-dessus du parking des caves* Société. *Tlj (sauf mar), le midi seulement. Ouv avr-début nov. Carte env 30 €.* Salle voûtée en tuf blond, ou terrasse avec une vue dégagée sur la vallée. Les caves *Société* jouent le jeu de formules abordables qui mettent le fromage de brebis persillé en accompagnement de tous les plats. Rien de gastronomique, mais le service est rapide et souriant.

Coopérative fromagère Jeune Montagne : La Borie Neuve, 12210 **LAGUIOLE.** ☎ 05-65-44-35-54. • jeune-montagne-aubrac.fr • *Visite libre : sept-juin, lun-sam 8h-12h, 14h-18h, dim et j. fériés 9h-12h ; juil-août avec visite guidée (départ ttes les 30 mn), tlj 9h30-12h, 14h-18h (17h dim et j. fériés). Visites guidées de groupe sur résa, pour 20-60 pers. La fabrication du fromage se fait essentiellement le matin. GRATUIT. Durée de la visite : 30 mn.* ***Boutique :*** *sept-juin, lun-sam 8h-12h, 14h-18h, dim et j. fériés 9h-12h ; juil-août, lun-sam 8h-19h, dim et j. fériés 9h-13h, 14h-18h.*

Vente de laguiole AOP, de tome fraîche de l'Aubrac IGP et d'aligot de l'Aubrac préparé en barquettes. Fermes et prairies fleuries : visites sur résa pdt les vac scol.

Un morceau d'Auvergne en Occitanie, voilà l'Aubrac aveyronnais. L'esprit auvergnat, mais le cœur méridional. Ce bout du monde, à 1 000 m d'altitude, vous récompensera de son accès difficile. Là-haut, ce ne sont que vastes prairies couleur vert plomb, grattées par les nuages, où des pistes poussiéreuses conduisent à quelque buron abandonné. C'est aussi la patrie du ***fromage de Laguiole.*** D'un poids d'environ 40 kg, ce fromage à pâte pressée (non cuite) a un ancêtre prestigieux : la fourme, élaborée naguère dans le secret des burons de l'Aubrac. Il jouit d'une ***appellation d'origine protégée*** et obéit à des règles strictes. Seulement 65 communes peuvent se targuer de posséder les vaches dont le lait sert à son élaboration : des animaux de races Simmental ou Aubrac uniquement, qui doivent pâturer au minimum 120 jours, et dont l'alimentation hivernale ne s'effectue qu'avec les foins récoltés dans la région herbagère de l'Aubrac.

Le laguiole est aujourd'hui fabriqué en fromagerie. ***Jeune Montagne*** perpétue cette tradition dans le village de Laguiole en Aveyron. On y découvre la fabrication au lait cru entier du fromage laguiole AOP et de la tome fraîche de l'Aubrac IGP. Après avoir visionné le film sur la production fromagère aujourd'hui en Aubrac, on pénètre dans la galerie surplombant les ateliers de fabrication, d'où l'on peut observer ***le matin le travail des fromagers*** au sein d'installations modernes. La visite mène jusqu'à la cave d'affinage et s'achève par une dégustation de laguiole AOP à différents stades d'affinage.

Durant les vacances scolaires, Jeune Montagne organise des ***visites de fermes et escapades en prairies fleuries,*** qui permettent aux visiteurs d'aller à la rencontre des éleveurs et de leurs vaches et de découvrir les fleurs et plantes qui donnent leur goût aux fromages de l'Aubrac.

CONSEILS GOURMANDS

La tome fraîche de l'Aubrac au lait cru mélangée à une purée de pommes de terre se mange en aligot. Le fromage de Laguiole AOP, nécessitant au moins 4 mois d'affinage, peut se déguster avec la fouace, moelleuse et parfumée, ou avec de la saucisse à l'ancienne, que l'on trouve en ville. Miam, miam...

Raynal et Roquelaure : *ZI Les Taillades, 12700* **CAPDENAC-GARE.** *☎ 05-65-34-06-25 (office de tourisme du Grand Figeac). • raynal-roquelaure.fr • ♿ Visite guidée seulement, sur résa. Vac scol (sauf de mi-juil à mi-août) : mer à 10h. Tarif : 8 € ; à partir de 10 ans et étudiants 5 € ; gratuit moins de 10 ans. Visite de groupe sur résa (sauf de mi-juil à mi-août et w-e) pour 15-45 pers. Tarif : 15-22 pers, forfait 130 € ; 23-45 pers, forfait 250 €. Durée de la visite : 2h.*

En 1876, Théophile Raynal, gérant du buffet de la gare de Capdenac, et Ernest Roquelaure, chef cuisinier, eurent la bonne idée de mettre en boîte les bons petits plats qu'ils préparaient. Le ***concept du plat cuisiné appertisé*** était né ! Les 2 associés fondent alors Raynal & Roquelaure. Aujourd'hui ***numéro 1 sur le marché des plats cuisinés en France,*** l'entreprise élabore et commercialise des recettes sous les marques Raynal & Roquelaure et Zapetti. La visite permet de découvrir l'histoire de la société en traversant le « couloir du temps ». Grâce à une ***galerie surplombant les ateliers,*** on suit l'ensemble des étapes de fabrication d'un plat cuisiné, de la préparation des plats à la mise en boîte et à l'expédition.

GARD (30)

Domaine royal de Jarras : *route du Grau-du-Roi, 30220* **AIGUES-MORTES.** *☎ 04-66-51-17-00. • domainedejarras.com • ♿ Visites avr-sept : visite du domaine* *et des chais en petit train suivie d'une dégustation ; départ à 10h30 et 15h30 ; résa conseillée. Tarif : 12 € ; moins de 12 ans 4 € ; groupe à partir de 25 pers 8,70 €/pers. Visite du domaine en petit train et observation du tri des taureaux, suivie d'une dégustation : sur résa, départ à 10h30. Tarif : 16 € ; moins de 12 ans 6 € ; groupe à partir de 25 pers 12 €/pers.* ***Boutique :*** *avr-sept, tlj 10h-18h ; oct-mars, ven-sam 10h-17h.*

Le domaine possède 400 ha de vignes en agriculture bio, environnées d'une faune et d'une flore remarquables classées Natura 2000. Il se visite à bord d'un ***petit train,*** d'où l'on peut apercevoir les ***vignes plantées dans le sable.*** C'est cette particularité qui les a protégées du phylloxéra au XIXe s, et qui donne son caractère très particulier au vin qui en est issu. La visite se poursuit par la découverte des chais et se termine par une dégustation.

On peut également assister à une ***démonstration de tri des taureaux*** par des ***gardians à cheval.***

Label : Tourisme & Handicap.

La Botte Gardiane : *ZA Lallemande, 296, vieille route, 30670* ***AIGUES-VIVES.*** *☎ 04-66-73-20-85. • labottegardiane.com • Visite guidée uniquement, sur résa, lun-ven 8h-16h30. Résa par tél ou par mail obligatoire à • info@labottegardiane.com • Tarif : 7 € ; gratuit moins de 12 ans ; scolaires 5 €/ pers ; groupe plus de 6 pers, sur demande. Durée de la visite : env 45 mn.* ***Boutique :*** *lun-ven 8h-19h, sam 10h-19h.*

En bordure de la route nationale 113, un ***cheval qui se dresse fièrement sur le toit de l'atelier*** de cette maison fondée en 1958, un atelier qui appartient aux métiers d'art... Les odeurs, les bruits, les cuirs, les mains expertes qui transforment la matière, tout participe à cette plongée dans l'univers de la fabrication de la chaussure. Et pas n'importe quelle chaussure : la **Botte Gardiane** s'inspire, pour concevoir ses collections, des ***bottes de gardians et manadiers camarguais,*** ces cavaliers veillant sur les taureaux ; elle est le ***dernier atelier français encore capable de fabriquer les modèles originaux*** ! Un atelier aujourd'hui à la fois ***à la pointe des technologies et des normes écologiques.*** Des méthodes qu'on voit s'appliquer tout le long de la fabrication, du choix des cuirs au conditionnement, sur les bottes, mais aussi bottines, sandales, sacs ou ceintures. Un succès tel que 40 % du chiffre d'affaires est réalisé à l'exportation, notamment vers le Japon et les États-Unis et que 2 boutiques lui sont dédiées à Paris.

Labels : Entreprise du Patrimoine Vivant, Indication Géographique IG « Bottes Camarguaises ».

DE LA BOTTE À LA MONTURE

Avec sa robe gris pâle et son crin blanc, le cheval de Camargue constitue l'un des emblèmes du delta du Rhône. Autochtone, comptant parmi les plus anciennes races connues, il est – comme son acolyte le taureau – rustique, un peu sauvage, élevé au grand air plutôt qu'à l'écurie. Pour le monter, le gardian s'équipe d'une selle spéciale, conçue pour le travail plus que pour l'équitation, avec renforts à l'avant et à l'arrière (les meilleures sont cousues main). Des pieds à la tête : chausser des bottes camarguaises, c'est ouvrir la porte à un imaginaire de grands espaces, de liberté et de compagnonnage équestre !

Le salin d'Aigues-Mortes : *route du Grau-du-Roi, 30220* ***AIGUES-MORTES.*** *☎ 04-66-73-40-24. • visitesalinaiguesmortes.com • Visite guidée en petit train. De mi-mars à début avr, à 10h30, 14h et 15h30 ; avr-juin, 10h-11h30, 14h-17h, ttes les 30 mn ; juil-août, 10h-12h, 13h30-18h, ttes les 30 mn ; sept, 10h-11h30, 14h-17h, ttes les 30 mn. Voir horaires sur le site pour le reste de l'année. Tarif : 13 € ; 5-13 ans 9 € ; forfait famille (2 adultes + 2 enfants) 40 €. Visite de groupe à partir de 20 pers ; résa obligatoire. Tarif : 10 €/pers ; 5-13 ans 8 € ; 1 gratuité pour 20 pers. Scolaires : 4,80-9,50 €/pers selon niveau ; 1 gratuité pour*

10 pers (appeler avt). Durée de la visite : 1h15. ***Boutique :*** *d'avr à mi-nov, tlj 9h45-17h30 ou 19h30 selon saison.*

Un paysage de marais, de sable et d'eau, « plat désert de mélancolie, frissonnant de solitude »... ***Aigues-Mortes*** offre une part de rêve, un soupçon d'irréel à quiconque l'approche. Ce bout du monde planté entre lagunes, marais et canaux, enfermé entre ses remparts, ne peut que susciter l'admiration. D'ailleurs, ce modèle d'architecture militaire médiévale destiné à défendre la porte vers l'Orient du royaume de France est devenu un lieu touristique très prisé. Et les efforts en matière d'environnement ont payé : la Camargue gardoise a obtenu le ***label Grand Site de France.***

C'est dans cet ***écrin environnemental préservé*** que miroitent comme des nappes d'argent les ***tables salantes d'Aigues-Mortes.*** À la fin du XVIIe s, 17 modestes saliniers exploitaient les ***marais camarguais.*** Dure tâche : leur espérance de vie était de 25 ans. Comme le disait un manadier : « Les femmes pouvaient donc espérer se marier 3 fois ! » Après les graves inondations de 1842, les propriétaires des terres se sont associés à un négociant montpelliérain pour fonder, en 1856, la célèbre ***Compagnie des Salins du Midi.*** L'exploitation que l'on visite ici couvre une ***superficie totale de 9 800 ha*** (soit l'équivalent de Paris intra-muros !). Le site accueille une faune et une flore intéressantes. Le faible degré hygrométrique de l'air et le fort ensoleillement favorisent la production : 15 000 t par jour pendant la récolte. Le sel stocké (entre 400 000 et 500 000 t) forme une impressionnante colline (appelée « camelle ») visible à des kilomètres à la ronde.

La visite permet de découvrir d'une part le monde de l'or blanc et le travail du saunier, d'autre part un endroit préservé au cœur d'une nature encore sauvage, à la biodiversité importante. Pendant plus d'une heure, on circule à bord du ***petit train*** qui traverse les tables salantes. On comprend ainsi pourquoi les eaux sont roses avant la récolte...

UNE PINCÉE DE SEL

Dans la région, on récolte le sel depuis l'Antiquité. Les fonctionnaires chargés de la récolte et de la commercialisation du sel recevaient une partie de leur solde en sel : le salarium, d'où le mot « salaire ».

On peut préférer faire la ***visite à pied*** avec un guide naturaliste *(env 1h45, sur résa, à partir de 8 ans ; départ : avr-juin, à 8h30, 10h30, 14h30 et 16h30, de juil à mi-sept, à 15h30 et 17h30, de mi-sept à nov, à 14h30 ; tarif : 21 €, réduc enfant et forfait famille).*

La visite est également possible ***à VTT*** *(à partir de 13 ans)* accompagnée par un guide naturaliste *(avr-juin et de mi-sept à nov, départ à 8h30 et 14h30 ; de juil à mi-sept, départ à 8h30 et 15h30 ; durée env 3h ; possibilité de venir avec sa monture ou de louer un VTT sur place, tarif : 34 € avec loc VTT, 29 € sans).*

Les + : les différents modes de visite : en petit train, à pied, à VTT.

Un Mas en Provence : *Le Mas Neuf, av. du Fébrilige, 30127* **BELLEGARDE.** *☎ 04-66-01-09-00. • mas-provence.fr • Visites guidées : avr et sept-nov, mar-sam à 10h30 et 15h ; mai-juin, lun-sam à 10h30, 15h et 16h30 ; juil-août, lun-sam à 10h, 11h, 15h, 16h et 17h. Tarif : 8 €/pers ; 4 €/enfant (avec un pochon de lavande à réaliser). Tarif groupe sur résa, min 20 pers (4 €/pers). Durée de la visite : 1h.* ***Boutique :*** *tte l'année sauf janv, mar-sam 9h30-12h30, 14h-18h (mai-août, lun-sam 9h30-18h30).*

Ouvrez grand vos narines : cette ***visite odorante*** vous emmène à la découverte des ***plantes aromatiques*** de l'exploitation développée par Gaël Briez, en agriculture bio, sur 4 ha. Ici tout est local et maîtrisé, de la plante au flacon. Vous allez comprendre comment, depuis la préparation du sol à la mise en bouteille, on transforme des plantes en huiles essentielles. Mélisse, verveine, lavande, immortelle... que l'on retrouve dans l'élaboration de cosmétiques et en parfumerie, mais aussi dans les tisanes et le miel parfumé de lavande vendus dans la boutique. Pas de doute, la nature vous veut du bien !

Les + :
– Pour ceux qui souhaiteraient confectionner eux-mêmes leurs produits, des ***ateliers cosmétiques DIY*** sont organisés régulièrement *(durée 1h ; tarif 25 € ; résa par tél).*
– Nombreuses animations : animations distillation gratuites, ateliers cueillette-distillation *(infos en ligne).*

HAUTE-GARONNE (31)

EDF – Centrale hydroélectrique de Luchon – Lac d'Oô : *74, av. Jean-Jaurès, 31110* ***BAGNÈRES-DE-LUCHON.*** *☎ 05-61-79-21-21 (office de tourisme Pyrénées 31 à Luchon). • info@pyrenees31.com • Espace EDF Luchon – Lac d'Oô : visite guidée tte l'année sur résa obligatoire à l'office de tourisme. GRATUIT. Durée de la visite : 1h.*
Au cœur des Pyrénées, près de la frontière espagnole, dans un fond de vallée escarpée, la centrale hydroélectrique de Luchon fait partie d'un ***ensemble d'aménagements comprenant 3 vallées, 10 lacs et 5 centrales.*** Elle est alimentée par le ***barrage du lac d'Oô,*** à 1 500 m d'altitude, haut lieu de randonnée, dont la position, au confluent de 2 rivières, la Pique et l'One, lui permet de collecter l'eau de nombreux torrents. Construite en 1921, elle alimente en électricité l'équivalent d'une ville d'environ 25 000 habitants et contribue à satisfaire les pointes de consommation.
Sur place, votre visite, accompagnée par un guide-conférencier, commencera par un parcours pédagogique dans l'Espace EDF Luchon – Lac d'Oô. Celui-ci propose des maquettes et des films qui permettent de découvrir de façon ludique et interactive l'énergie hydraulique, première des énergies renouvelables. Puis, moment fort du parcours, on se rend sur une ***plate-forme en surplomb de la salle des machines*** pour pouvoir comprendre au plus près le fonctionnement d'une centrale hydraulique.
Label : Tourisme et Handicap.

Let's Visit Airbus : *allée André-Turcat, 31700* ***BLAGNAC.*** *☎ 05-34-39-42-00. Visite guidée seulement. Résa obligatoire sur le site : • billetterie.manatour.fr • Tarif : visite Airbus 16 €/pers ; tarif réduit (6-17 ans, personnes handicapées, famille nombreuse et étudiants sur présentation de la carte) 13 €/pers ; gratuit moins de 6 ans. Visite de groupes et de scolaires sur résa, jusqu'à 49 pers. Voir sur • manatour.fr • Moins de 20 pers, tarif forfaitaire pour le groupe ; plus de 20 pers, prix par pers. Durée de la visite : 1h30. On peut combiner différents circuits de visite (et profiter d'une réduc).* ***Boutique :*** *tlj, 9h-18h.* ***À savoir :*** *pour les individuels, s'inscrire 48h ouvrées avant la visite. Le jour dit, se présenter 30 mn avant le début de la visite avec sa* ***pièce d'identité*** *(carte d'identité ou passeport pour les ressortissants de l'UE, passeport pour les non-UE, en cours de validité). Photos interdites.*
C'est le plus grand site aéronautique d'Europe, rien de moins, et un ***site véritablement européen,*** puisque l'Allemagne, l'Espagne et le Royaume-Uni participent à l'épopée Airbus. On y assemble 3 familles d'avions : l'A330, l'A320 et l'A350. Airbus, qui dispose d'un réseau de

> **LES AVIONS PAR LA QUEUE**
>
> *Durant la visite chez Airbus, on s'aperçoit que, sur les chaînes d'assemblage, seules les queues des avions sont déjà peintes aux couleurs des compagnies. Pourquoi ? Tout simplement parce que celles-ci sont tellement hautes qu'on les peint avant l'assemblage, afin de réduire le cycle de production. Une vraie économie d'échelle !*

quelque 1 500 fournisseurs dans plus de 20 pays, emploie ici près de 20 000 personnes. Le site propose 2 circuits de visites.
La visite ***Airbus*** (durée 1h30) présente tout d'abord l'histoire de l'aviation toulousaine ainsi que les infrastructures d'Airbus sur 700 ha à bord d'un car, puis fait escale sur le belvédère de la chaîne d'assemblage de l'A350 avec une présentation détaillée du processus de production.
– Pour faire le tour de la question, rendez-vous également à ***Aéroscopia,*** musée dédié à l'histoire et à la culture aéronautiques : *allée André-Turcat, aussi à **Blagnac.** • aeroscopia-blagnac.fr • Possibilité de billet combiné avec la visite Airbus, tarif : 26 €.* Dans une vaste nef d'acier, moderne et lumineuse. En début de visite, on embarque dans le ***Super Guppy,*** un avion-cargo particulièrement impressionnant qui a été utilisé pour transporter les pièces d'Airbus à travers l'Europe. À l'intérieur, projection d'un film sur l'histoire de l'aviation à Toulouse. Ensuite, on déambule en hauteur, sur une passerelle qui court le long du hall et permet de voir plusieurs avions de légende, dont le ***Concorde,*** ainsi qu'une trentaine d'avions civils et militaires restaurés. Une grande fresque retrace les principales étapes de l'aviation depuis le pionnier Clément Ader jusqu'à nos jours. Au rez-de-chaussée, on peut découvrir les coulisses d'un vol, expérimenter les grands principes aéronautiques, imaginer l'avion du futur... Sur le tarmac nord, les visiteurs découvrent l'intérieur du géant des airs, l'***Airbus A380.*** C'est à la fois un lieu de mémoire, d'éducation et un espace ludique, pédagogique et interactif.
Les enfants ne sont pas oubliés : la visite ***Airbus Kids*** est proposée aux familles accompagnées d'enfants de 6 à 12 ans.
Label : France savoir-faire d'excellence.

GERS (32)

Armagnac Veuve Goudoulin : *Le Clos du Presbytère, 32230 **COURRENSAN.** ☎ 05-62-06-35-02. • armagnac-goudoulin.com • Visite de chai gratuite sur résa, visite passion (dégustation de 6 millésimes) 5 €/pers ; visite experte (8 millésimes) 12 €/pers. **Boutique :** lun-jeu 8h30-18h (ven 16h30), fermé w-e et j. fériés.*
Fondé en 1935 par une femme (devinez son nom), le domaine est aujourd'hui la propriété de Michel Miclo en Alsace. Au cours de la visite, on vous expliquera les différents territoires du vignoble, les cépages, la distillation ainsi que le vieillissement dans les tonneaux de chêne de ***la plus vieille eau-de-vie de France*** – elle était déjà commercialisée au XVe s !

Du crapaud au prince charmant

Il était une fois une piquette si misérable que le moindre transport lui était fatal. On la fortifia avec de l'eau-de-vie, puis on en vint à la distiller. Et c'est ainsi que le méchant jaja devint l'armagnac, roi des alcools français. Il ne subit qu'une seule distillation, d'octobre jusqu'à fin avril. C'est la vinification la plus naturelle qui soit ; aucun ajout (soufre, sucre) n'est autorisé. Dès sa sortie de l'alambic, l'eau-de-vie vieillit dans des fûts de chêne neufs du pays (chêne noir). Pour avoir droit à l'appellation, l'eau-de-vie doit rester au moins 2 ans en fût. 4 ans de fût, au moins, lui donnent sa teinte ambrée, mais il existe des armagnacs d'un siècle. Une vieille eau-de-vie se respire plus qu'elle ne se boit : du tilleul à la réglisse, en passant par l'amande, la pêche et la vanille, le poivre et le pruneau, on n'en finit pas... La production d'armagnac est protégée par une AOC.

Chocolaterie Éthiquable : *allée du Commerce-Équitable, 32500* **FLEURANCE.** *☎ 05-32-10-90-16. • chocolaterie@ethiquable.coop • ethiquable.coop • Visite libre tte l'année. Juil-août, lun-sam 10h-13h, 14h-18h30 ; pdt vac scol (zone C), mar-sam 10h-13h, 14h-18h ; hors vac scol, mar-ven 10h-12h, 14h-17h, sam 10h-13h, 14h-18h. GRATUIT. Durée de la visite : 1h. Visite guidée et atelier dégustation, mer-sam à 10h30 (juil-août et pdt vac scol zone C), sur résa. Tarif : 5 €/ pers. Durée de la visite : 1h. Visite de groupe tte l'année, à partir de 15 pers, sur résa.* **Boutique, bar avec terrasse.**

Vous avez sans doute déjà remarqué cette « marque » en faisant vos courses. ***Éthiquable*** est en fait une SCOP, ***société coopérative*** dont les salariés sont les seuls actionnaires. Elle agit depuis 21 ans en faveur du ***commerce équitable*** et, en lien avec plus de 80 coopératives de petits producteurs partenaires, soutient l'agriculture paysanne bio. Elle est agréée entreprise solidaire d'utilité sociale. Éthiquable a installé ici une ***chocolaterie équitable et bio,*** dotée d'un bel espace qui permet d'appréhender le chocolat et ses enjeux économiques et environnementaux sous l'angle des petits producteurs.

On peut visiter la ***chocolaterie,*** tout d'abord à travers des ***dispositifs de médiation immersifs :*** on découvre les différentes variétés de cacao, l'agroforesterie, les terroirs et les savoir-faire des producteurs. Ensuite, place aux ***étapes de transformation,*** de la fève de cacao à la tablette, à observer à travers de larges ouvertures sur les salles de production. On y découvre la préparation des matières, le broyage, le conchage, le tempérage, le moulage et l'emballage des tablettes produites quotidiennement par les équipes de la Scop. L'expérience se poursuit dans la cacaothèque et l'espace dégustation de la boutique. Et pour finir, une boisson (chaude ou froide) est servie dans l'espace café. Une visite gourmande, mais qui fait aussi réfléchir aux façons de satisfaire sa gourmandise !

Plaimont : *199, rte de Corneillan, 32400* **SAINT-MONT.** *☎ 05-62-69-62-87. • plaimont.com • Visite guidée de Plaimont (« De la Vigne au Chai ») sur résa ; hors saison, lun-sam 10h et 15h, tlj en été. Résa au 📱 07-72-13-92-00. Tarif : 12 €/pers (min 2 pers). Durée de la visite : 2h.* **Boutique :** *lun-sam 9h-12h30, 14h30-19h, dim 14h-18h (10h-19h en été).*

Plaimont (« Pl » pour Plaisance, « Ai » pour Aignan et « Mont » pour Saint-Mont) est issue du regroupement de plusieurs coopératives en 1979, rejoint en 2002 par la cave de Condom. Décidée à développer la renommée et la qualité des vins du Sud-Ouest, Plaimont s'attache à préserver des ***vignobles*** emblématiques de la région et à réintroduire des cépages oubliés de la Gascogne et du piémont pyrénéen. Aujourd'hui, elle regroupe près de 98 % de l'appellation Saint-Mont (rouge, blanc et rosé), 55 % de l'appellation Madiran et Pacherenc-du-Vic-Bilh et près de la moitié des Côtes-de-Gascogne. Plaimont, devenue le ***leader des vins du Sud-Ouest,*** dispose d'un conservatoire ampélographique, et de l'***unique parcelle de vigne inscrite aux Monuments historiques !***

La ***visite « De la Vigne au Chai », très complète,*** permet de découvrir les différents aspects de Plaimont et de ses appellations, les notions de terroir, de cépages en parcourant une parcelle de vigne puis d'aborder la vinification et l'élevage lors de la visite du chai « l'Atelier des cépages ». Et pour finir en beauté, dégustation d'un vin de chacune des 4 dénominations. Plaimont propose aussi d'autres visites du vignoble, ainsi que des ateliers œnologiques *(résa en ligne).* Une institution militante et passionnante.

HÉRAULT (34)

Belvédère de la Criée au Grau-d'Agde : *43, quai Commandant-Méric, 34300* **LE-GRAU-D'AGDE.** *📱 06-16-07-09-62. • crieeagde.com • Sur la droite, à* *l'entrée du Grau-d'Agde. ♿ Avr-fin oct, visites guidées lun-ven à 10h et 15h. Résa obligatoire. Tarif : 7 € ; réduc ; gratuit moins de 4 ans. Avec dégustation de produits de la mer et verre de vin blanc : 15 € ; réduc.*

Passionnante initiative que ce belvédère vitré qui permet de suivre tout le déroulement de ***la vente du poisson dans une criée*** qui voit passer 5 000 à 6 000 kg de marchandise par jour. Maître mot, la rapidité, pour que les acheteurs – poissonniers, grossistes et grandes surfaces – puissent repartir au plus tôt garnir leurs étals et que la chaîne du froid soit respectée. À peine revenus au port, les pêcheurs débarquent directement leur marchandise, répartie en lots, sur un tapis roulant direction la salle de ventes aux enchères. Le crieur n'a alors que quelques secondes pour identifier le lot et déterminer sa qualité et son prix ! Les ***enchères*** se déroulent ensuite ***à l'envers, « à la hollandaise » :*** le prix du poisson descend jusqu'à ce qu'un acheteur acquière le lot, en appuyant sur un bouton. Et la caisse de passer ensuite dans la zone d'allotissement où elle sera conditionnée avant son expédition. La vente se déroule de 15h à 16h30, ***selon l'heure de retour des bateaux,*** chalutiers ou « petits métiers », que l'on aperçoit s'amarrer à travers des baies vitrées. En plus d'assister à tout le processus, vidéos, panneaux et jeux en apprennent plus sur le monde de la pêche. Toutes les visites sont commentées par des animatrices passionnées. Si vous êtes plutôt du matin, les visites guidées sur le thème de la pêche en Méditerranée permettent de découvrir un autre aspect de l'activité.

L'HÉRAULT, FLEUVE ÉPONYME DU DÉPARTEMENT

Ce fleuve qui prend sa source dans les Cévennes et traverse le Gard, se jette dans la Méditerranée au Grau-d'Agde. On évolue de l'eau salée à l'eau douce grâce à une **croisière sur *le canal du Midi jusqu'à l'étang de Thau.*** *On remonte l'Hérault du Grau-d'Agde à Agde, on découvre la cité d'Agde (la cathédrale Saint-Étienne, le château Laurens, le moulin des Évêques et son barrage...) puis on entre dans le canal du Midi par l'écluse ronde d'Agde – unique en France, avec ses 3 directions différentes ! –, on navigue sur le canal du Midi et on passe les écluses de Prades et du Bagnas. La balade traverse la réserve ornithologique du Bagnas avant d'entrer dans l'étang de Thau par la pointe des Onglous à Marseillan – l'occasion de jeter un œil aux parcs à huîtres et moules.*

Berlingots de Pézenas : *chemin de Saint-Christol, 34120* **PÉZENAS.** *☎ 04-67-98-16-32. • berlingotsdepezenas.com • Visite guidée mai-sept, lun-ven, uniquement le mat à partir de 9h (dernier départ à 11h30). Durée de la visite : 30 mn.* ***Boutiques :*** *lun-ven 9h-12h, 13h30-17h30 (fermé 2 sem en janv et en oct). Également une boutique en ville : 5, pl. Gambetta (horaires variables).*

Il était une fois aux XVII-XVIIIe s, au temps des grands marchés, un marchand ambulant nord-africain qui portait une planchette sur son épaule avec un ***pain de sucre cuit,*** qu'il étirait, coupait et vendait dans les rues de la ville. Il confia sa recette au pâtissier de la ville chez qui il cuisait son sucre. Il continua ensuite à fabriquer ces délicieux bonbons tant aimés des habitants. Les berlingots de Pézenas étaient nés ! Ils se démarquent des autres berlingots par sa forme rectangulaire et ovale. On reconnaît leur parfum à leurs ***bandes colorées,*** qui forment un bel assemblage de couleurs.

C'est dans un ***délicieux parfum*** que l'on assiste à la fabrication de ces friandises composées d'eau, de sucre et de glucose, et parfumées d'arômes variés. On ne vous en dit pas plus... à vous d'aller visiter la fabrique où se déroulent les différentes opérations, afin de découvrir leur savoir-faire et leur secret de fabrication. Et c'est l'eau à la bouche que l'on ressort pour foncer à la boutique faire le plein de confiseries.

Caves Richemer (coopérative) : *51, route de Bessan, 34340* **MARSEILLAN.** *☎ 04-67-77-20-16. • richemer.fr • Juin-sept, lun-sam 9h-12h30, 14h-19h ; oct-mai, lun-sam 9h-12h30, 14h30-18h (mai-juin et sept jusqu'à 18h30).* **Boutiques :** *à Marseillan, 51, route de Bessan ; av. de Sète. À Agde (34300), 2, bd du Soleil.*

Le terret blanc, ça vous parle ? Ou le tarret blanc, terret monstre ou encore bourret blanc ? C'est ce ***cépage ancien*** que les caves Richemer ont décidé de remettre à l'honneur. Une typicité déclinée à travers 3 gammes, blanc sec, moelleux et effervescent. Ce cépage trouve sa place dans différents vins occitans ou rhodaniens : côtes-du-rhône, châteauneuf-du-pape, costières-de-nîmes, corbières, languedoc... Différentes animations, balades et dégustations permettent de découvrir ce cépage qui fait de nouveau son chemin dans les cuves. Ainsi, « ***votre escale entre terre et mer*** » est une ***invitation au voyage dans l'univers viticole.*** Petits ou grands, il y en pour tous les goûts : bar tapas, atelier cuisine, dégustation gourmande, visite immersive au cœur d'un chai ultramoderne en activité, et cerise sur le gâteau : projection spectaculaire à 360° sur écran géant !

Guy Sanchez Huîtres : *port de Loupian, 34140* **LOUPIAN.** *☎ 04-67-43-83-57. • guysan-chez-huitres.fr • Visite guidée, mar-ven à 15h. Tarif : 9 €/pers ; 8-13 ans 4,50 € ; gratuit moins de 8 ans. Durée de la visite : 1h15. Résa au 📱 06-65-11-47-42.* **Boutique :** *lun 7h30-18h, mar-ven 7h30-19h30, sam 9h-13h, 15h-20h, dim 9h-13h.*

On connaît les huîtres de Marennes, mais il y a aussi les ***huîtres de Bouzigues*** – les Romains les élevaient déjà ! Cette ***famille d'ostréiculteurs depuis 4 générations,*** installée au bord de l'étang de Thau, a une vraie fibre entrepreneuriale puisqu'elle ne cesse d'agrandir son exploitation et d'élargir son activité à toute la chaîne ostréicole. C'est aujourd'hui l'un des plus gros producteurs d'huîtres du bassin de Thau en volume, et un des 1ers producteurs à obtenir la certification AB pour sa variété « Thau Bio ». L'entreprise s'est aussi lancée dans la production d'huîtres de Camargue dans l'anse semi-lagunaire de Carteau sous l'influence du mistral. Elle propose aussi son huître spéciale, la ***Signature Sanchez,*** une variété au délicat goût de noisette. Ici, on ne s'interdit rien, on tente, on expérimente. ***Visite guidée du mas conchylicole installé au bord de l'étang de Thau,*** une initiation au goût de 3 terroirs différents : gageons qu'ensuite vous ne dégusterez pas ce mollusque de la même façon !

POURQUOI LES HUÎTRES SE VENDENT-ELLES PAR DOUZAINES ?

Ce système de comptage remonte au Moyen Âge : si vous pliez votre main, vous avez la possibilité de compter avec votre pouce les 12 phalanges des 4 autres doigts tout en gardant votre seconde main libre pour manipuler des objets. De plus, 12 est facilement divisible par 6, 4, 3 et 2, ce qui facilite le calcul mental. Une technique rapide et efficace !

La Noisette d'Oc : *ferme conchylicole au Mourre Blanc (secteur rose), 34140* **MÈZE.** *☎ 04-67-43-70-66. 📱 06-89-84-41-23. • lanoisettedoc.com • Pour les groupes, visite découverte avec dégustation ; pour les particuliers, consulter le calendrier sur le site internet pour se joindre à un groupe. Tarif : 13,50 €. Durée : 1h30. Pour les individuels, dégustation avr-oct, mar-sam midi.* **Vente à emporter :** *tte l'année, lun-ven 9h-20h, sam 10h-14h, 18h-20h, dim 10h30-12h.*

La cerise sur le gâteau, la perle sur la bourriche ! En visitant l'***exploitation conchylicole*** de Karine et Yvan sur les bords de la lagune de Thau, vous apprendrez le vocabulaire spécifique du métier et repartirez avec des conseils pratiques sur la façon d'ouvrir les huîtres. Non sans les avoir dégustées, accompagnées du vin blanc local, le picpoul, avec le mont Saint-Clair en ligne de mire. Que du bonheur !

Et n'oubliez pas votre bourriche pour prolonger le plaisir chez vous et mettre en pratique les conseils de Karine.
Le + : Karine et Yvan accueillent aussi les camping-cars sur leur parking.

Maison Noilly Prat : 1, rue Noilly, 34340 ***MARSEILLAN.*** *☎ 04-67-77-20-15. • noillyprat.com • Visite guidée uniquement, tlj à 10h15, 11h, 14h45 et 16h15 (plus 17h juil-sept). Tarif : 12 € (avec dégustation) ; 12-17 ans 5,50 € ; gratuit moins de 12 ans. Visite de groupe sur résa, pour 25-49 pers. Tarif : 9,50 €/pers. Durée de la visite : 45 mn.* ***Boutique :*** *mars-déc, lun-sam 10h-12h, 14h30-17h30 ; mai-sept, tlj 10h-12h, 14h30-19h. Atelier cocktails : 27 €. Juil-sept : bar à cocktails 15h-22h.*
Marseillan, port très animé, s'est refait une beauté au fil des ans : quais en pierre basaltique, maisons en pierre noire du volcan d'Agde. Cette petite cité s'enorgueillit de posséder la plus vieille Marianne de France (1878) et un château d'eau relooké avec... des coquilles d'huîtres ! C'est ici que s'installe Louis Noilly en 1850. Son père, Joseph, avait élaboré en 1813 une fabrication originale à partir du processus naturel de vieillissement du vin blanc. C'est le 1er ***vermouth français.*** Depuis 1855, l'apéritif Noilly Prat est toujours fabriqué de la même manière : conservé dans de grands fûts de chêne, le vin vieillit dans la fraîcheur des chais puis dans des milliers de fûts alignés dans l'enclos à ciel ouvert. Car ***c'est justement le rapport à l'extérieur qui fait la spécificité du Noilly Prat.*** Sur les anciens voiliers, battus par les vents, les barriques de vin étaient transportées sur le pont. Exposé à la force des éléments pendant ces longues routes maritimes, le vin vieillissait d'une façon unique, rendant sa robe plus profonde et son goût plus intense.
Dans la même logique, les raisins blancs sont récoltés dans des vignes à proximité de la mer. Ces cépages régionaux (clairette, picpoul) sont vieillis en plein air dans l'enclos, une impressionnante arène à ciel ouvert contenant des centaines de ***fûts de chêne.*** Ils y sont façonnés par la mer, ses embruns, les 4 saisons et ses changements climatiques. Les fûts ont entre 20 et 60 ans, ainsi le vin n'est pas altéré par les tanins du bois neuf. Les fûts de chêne jouent en effet un rôle si important dans la qualité du vin vieilli que les fûts endommagés sont réparés sur place par des tonneliers de la Maison. Pendant ce temps, d'autres vins de liqueur mûrissent pendant 12 mois dans le ***chai des Mistelles,*** une des caves originelles de la maison. Certains foudres de chêne peuvent contenir jusqu'à 40 000 l de vin ! Leur oxydation lente produit un vin riche et doré. Puis les vins mélangés arrivent dans les fûts de chêne de la salle des Secrets, et on y fait macérer pendant 3 semaines une concoction d'une vingtaine d'herbes et épices, récoltées autour du monde et assemblées par le maître de chai. Cet ***ingrédient secret*** comprend notamment de la camomille romaine et de la gentiane de France, de la noix de muscade d'Indonésie et de l'orange amère de Tunisie. ***Le chai Sainte-Anne*** est un lieu magique – transformé en musée – où il fait bon remonter le temps, dans une douce pénombre. Lorsque cette phase est achevée, les herbes et épices sont retirées du vin, et celui-ci repose encore pendant 6 semaines.
Le Noilly Prat (décliné aussi en « rouge » et « ambré ») se déguste à l'apéritif, ou sert de base dans certains cocktails comme le classique Dry Martini. Il est aussi utilisé dans bien des sauces, et la maison a développé une gamme de produits gastronomiques : rillettes de Saint-Jacques, foies gras... Que du bon !
Le + : dégustation.
Labels : Tourisme & Handicap, France savoir-faire d'excellence.

Manufacture nationale de tapis de la Savonnerie de Lodève – Manufactures nationales – Sèvres & Mobilier national : *impasse des Liciers, 34700* ***LODÈVE.*** *Visite guidée sur résa uniquement : pdt vac scol, jeu à 10h30, 14h et 15h30, ven à 10h30 et 14h ; hors vac scol, jeu et ven à 14h. Résa en ligne ou sur place à l'office de tourisme (7, pl. du Rialto). ☎ 04-67-88-86-44. • tourisme-lodevois-larzac.com •). Tarif : 10 €/pers ; réduc 7 € ; gratuit moins de 12 ans. Durée : 1h15.*

Installé au pied des contreforts du Larzac, Lodève s'étend au confluent de 2 rivières, la Lergue et la Soulondre. Au bord de l'eau, au pied des maisons aux façades parfois colorées, les jardins potagers sagement alignés rappellent le passé ouvrier d'une cité qui vécut longtemps de l'industrie textile. Le joyau de la couronne en la matière est sa manufacture de la Savonnerie, unique ***annexe de la fameuse manufacture des Gobelins à Paris.*** Elle doit son nom au fait d'avoir été créée au XVIIe s dans une fabrique de savon. Dans cet atelier national, on crée des tapis destinés aux ambassades, à Matignon et à l'Élysée. L'atelier réalise des tapis d'artistes contemporains dans la tradition des métiers de haute lice. Sachez qu'il faut 1 à 7 ans pour fabriquer un tapis, selon une tradition et un savoir-faire qui se transmettent depuis 4 siècles !
Label : France savoir-faire d'excellence.

LOT (46)

Porcelaines Virebent : *rue de l'Usine, 46700* ***PUY-L'ÉVÊQUE.*** *☎ 05-65-36-46-31. ● virebent.com ● Visite guidée seulement. 16 mai-14 oct, lun-dim 10h-12h, 14h-19h ; 15 oct-15 mai, lun-sam 10h-12h, 14h-18h. GRATUIT. Durée de la visite : 30 mn.*

Un siècle que dure l'aventure ! En 2024, l'entreprise de Porcelaines Virebent, a fêté ses 100 ans. Elle jouit d'un savoir-faire ancestral, car dès 1830, les frères Virebent avaient déposé un brevet pour la fabrication de briques. Près de 100 ans plus tard, le petit-fils Henri Virebent ouvrait à Puy-l'Évêque la 1re usine de l'entreprise, qui fabriquait divers objets pour la maison. La fabrique de porcelaine commence véritablement en 1960, lorsque la maison Virebent se spécialise davantage dans les arts de la table. Depuis lors, l'entreprise poursuit la fabrication de ses collections historiques, tout en proposant de nouvelles collections sous la houlette de designers contemporains. La confection des pièces, sous le signe de la rigueur et de l'excellence, reste manuelle et artisanale. Aujourd'hui, Virebent est ***l'un des derniers ateliers 100 % français consacré à la confection de porcelaines.*** Déclinant la porcelaine, la faïence et le grès, les artisans fabriquent tous types d'objets, de pièces émaillées colorées à la porcelaine blanche. Pendant la visite, découvrez les différentes méthodes de fabrication (coulage, calibrage, pressage...) et les modèles fabriqués à l'atelier.
Le + : atelier d'initiation au décor sur porcelaine.
Label : Entreprise du Patrimoine Vivant.

LA FABRIQUE DE LA PORCELAINE

La pâte de porcelaine est composée de 3 roches (kaolin en majorité, quartz et feldspath, mélangées à de l'eau). Une fois cette pâte obtenue et le moule choisi, il existe plusieurs méthodes de moulage : le coulage pour les pièces creuses (comme des vases), le calibrage pour les pièces hautes et rondes (comme des tasses ou des bols), ou le pressage isostatique pour les pièces plates (comme des assiettes). La porcelaine est cuite 2 fois ! Une fois cuite et émaillée, la pièce de porcelaine peut être décorée, avant de se retrouver sur vos étagères...

LOZÈRE (48)

Atelier Tuffery : *ZA Saint-Julien-du-Gourg, 48400* ***FLORAC.*** *☎ 04-66-45-00-94. ● ateliertuffery.com ● Visite guidée. Mai-juin, mar et jeu 14h30 ; juil-août* *lun-ven 14h30 ; sept-avr mar 14h30. Tarifs : 7,50 € ; 12-18 ans 4 € ; gratuit moins de 12 ans. Durée : 1h. Résa en ligne sur le site • www.ateliertuffery.com/pages/les-visites-d-atelier-tuffery • ou par mail • visite@ateliertuffery.com • **Boutique :** lun-sam 9h-12h, 14h-19h.*

Une *success story* hexagonale ! Le ***jean français*** est né dans cette maison, dans la même famille depuis 3 générations. Lorsque des ouvriers arrivent pour construire le chemin de fer qui traversera les Cévennes, Célestin Tuffery leur confectionne des pantalons indigo, en toile de Nîmes... À l'origine, donc des vêtements de travail. Mais aujourd'hui, la fabrique connaît un second souffle en renouvelant le vestiaire en jean, et en déclinant sous sa marque des gammes entières de vêtements pour hommes et pour femmes *made in France,* entièrement fabriqués en France, les jeans étant teintés à l'indigo naturel.

Des produits de grande qualité, qui procurent en plus la satisfaction de pouvoir observer directement leur fabrication et de rencontrer les artisans à l'œuvre, ***l'atelier étant intégré à la boutique.*** Accueil extra, très pro, comme la qualité des toiles et des coupes.

Le + : si nécessaire, l'ourlet est réalisé sur place, en 10 mn.

Label : Entreprise du Patrimoine Vivant.

HAUTES-PYRÉNÉES (65)

EDF – Centrale hydroélectrique de Campan : *parc Benoît-Fourneyron, 65710 **BEAUDÉAN.** ☎ 05-62-95-49-67. Visite guidée organisée par le CPIE Bigorre-Pyrénées. Vacs scol, lun-ven ; hors vacs scol, mar-sam. Résa obligatoire. GRATUIT. Durée de la visite : 1h.*

Campan est une centrale de montagne située au pied du col du Tourmalet et du pic du midi de Bigorre. Inaugurée en 1954, elle fait partie d'un groupement de 4 usines (Artigues, Gripp, Chiroulet et Campan) qui turbinent l'eau des sources de l'Adour et de ses affluents. Cet ensemble peut alimenter 50 000 à 70 000 personnes par an. ***L'Espace Odysselec de Campan*** propose des visites guidées de la centrale, en ***expliquant l'hydroélectricité de façon ludique et pédagogique,*** tout en mettant l'accent sur la sécurité à l'aval des ouvrages. Le circuit comprend notamment une grande maquette animée, un espace dédié à la présentation de l'activité hydroélectrique dans la vallée et un parcours extérieur permettant d'observer des éléments d'exploitation (transformateur, vannes, turbines, etc.), et d'aborder la prise en compte de la biodiversité jusqu'au retour de l'eau dans le torrent.

EDF – Centrale hydraulique de Saint-Lary-Soulan : *parc Benoît-Fourneyron, 65170 **SAINT-LARY-SOULAN.** ☎ 05-62-39-50-00 (office de tourisme de Vielle-Aure). • edf.fr/hautes-pyrenees • Juil-août : visites guidées mar et jeu (hors j. fériés), sans résa ; départs à 14h, 15h et 16h. Hors saison et vac scol : visites guidées mar et jeu, sur résa seulement. Résa par tél auprès de l'office de tourisme de Vielle-Aure. GRATUIT. Durée de la visite : 1h-1h30. Plus d'infos sur le site • edf.fr/visiteredf •*

HOMMAGE

L'Espace EDF Saint-Lary rend hommage à Benoît Fourneyron (1802-1867), ingénieur pionnier dans la maîtrise de la « houille blanche », qui a eu l'idée d'associer une turbine hydraulique à des conduites forcées. Un procédé toujours utilisé sur toutes les centrales hydroélectriques à lac-réservoir.

Dès le début du XXe s, les Pyrénées ont été équipées d'un ensemble de barrages et de centrales hydrauliques destinés autant à réguler le débit des torrents qu'à produire de l'électricité.
L'Espace EDF Saint-Lary se situe au pied de la centrale hydraulique de Saint-Lary-Soulan, au cœur de la plus importante station de ski des Pyrénées et à proximité de la superbe réserve naturelle de Néouvielle. Maquettes, films et cartes des vallées d'Aure et du Louron rendent la découverte de l'énergie hydraulique, 1re des énergies renouvelables, ludique et attrayante. Le point d'orgue de la visite est l'entrée sur la ***plate-forme en surplomb de la salle des machines,*** qui permet une immersion dans le quotidien des exploitants et une meilleure compréhension du fonctionnement d'une centrale hydraulique.

PYRÉNÉES-ORIENTALES (66)

Caves Byrrh : *2, bd Violet, 66300* ***THUIR.*** *☎ 04-68-57-51-73. • caves-byrrh.fr • Visite découverte libre : avr-juin, tlj 9h30-11h30, 14h30-17h ; sept-oct, tlj 10h-11h30, 14h-18h. Visite libre 5,50 € ; réduc ; 8-18 ans 2,50 € ; gratuit moins de 8 ans. Visites découvertes guidées : avr-juin et sept-oct, tlj à 10h30, 15h30 et 17h30 ; juil-août, tlj à 10h45, 14h30, 16h30 et 18h30 ; nov-mars, mar-sam à 10h45, 14h30 et 16h. Visite guidée 7 €/pers ; réduc 3,50 €. Durée de la visite avec dégustation : 1h15. Tarif groupe sur résa à partir de 10 pers : 5,50 €/pers. Visite son et lumière : nov-mars, mar-sam à 16h ; avr-oct, tlj à 17h30 (18h30 juil-août). Tarif : 8,50 €/pers ; 8-18 ans 5 €. Durée de la visite : 1h30. Ateliers dégustation sur résa. Tarif : 30 €/pers. Durée : 2h30.* ***Boutique :*** *avr-oct, tlj 9h30-12h30, 14h30-18h30 ; juil-août, tlj 10h-12h30, 14h-19h30 ; nov-mars, mar-sam 9h30-12h30, 14h-18h.*

JEU DU HASARD

L'origine de l'orthographe de BYRRH, par son étrangeté, a toujours suscité la curiosité. La petite histoire raconte que ce sont les lettres désignant les coupons d'étoffes entreposés dans la petite mercerie des frères Violet qui, par ajustement au hasard, ont donné le nom à cet apéritif.

Les Aspres, ce sont ces collines âpres et boisées à l'ouest de Perpignan, au pied du Canigó. Une belle région où l'art roman embellit les villages tapis sur les versants, quand ses hauteurs autorisent de superbes contemplations de la plaine du Roussillon jusqu'à la mer... Un milieu propice à l'apparition du Byrrh, ***apéritif à base de vin et de plantes aromatiques*** : quinquina, café, cacao, écorces d'oranges en particulier. Ce sont les frères Violet, Simon et Pallade, à l'origine marchands ambulants en articles de mercerie, étoffes et vin, qui ont mis au point la recette du Byrrh au XIXe s. Les caves Byrrh, implantées à Thuir depuis plus de 150 ans, témoignent de l'invention de ce produit phare du département. Dans l'immense cave, au cœur du centre-bourg, la muséographie narre cette saga familiale à travers des hologrammes, des projections gigantesques, des jeux d'ombre et de lumière, des affiches originales de 1903 et ***la plus grande cuve en chêne du monde,*** pouvant contenir 1 000 200 l, véritable prouesse technique pour l'époque !
Label : France savoir-faire d'excellence.

Céramiques Sant-Vicens : *40, rue Sant-Vicens, 66000* ***PERPIGNAN.*** *☎ 04-68-50-02-18. • santvicens.fr • Visites guidées sur résa : avr-oct, jeu* *à 17h. 25 pers max. Tarif : 3€/pers ; gratuit moins de 16 ans.* ***Boutique :*** *mar-ven 10h-12h, 14h-19h ; sam 15h-19h.*

L'histoire de Sant-Vicens commence à la fin des années 1930 lorsque Firmin Bauby, décorateur, s'installe dans un mas près de Perpignan pour y créer un centre de céramique. Le projet voit le jour grâce à l'appui de Maillol, Dufy et Albert Bausil. Des créateurs s'y installent pour travailler, et la cave du domaine devient un lieu d'exposition. À partir de 1951, ***Jean Lurçat*** va y séjourner régulièrement et y développe une production qui va s'exporter dans le monde entier. Salvador Dalí et Picasso passeront aussi à Sant-Vicens. Rien que du beau linge !

Depuis 1998, c'est Claire, 3e génération de la famille, qui assure la direction de ce beau centre de création. Au cours de la visite guidée, on vous racontera l'histoire de la ***famille Bauby*** ; mais surtout, vous aurez le privilège d'accéder au chai qui abrite la ***collection privée*** de Sant-Vicens, incluant des tapisseries et des céramiques de Lurçat. La visite s'achève dans l'atelier proprement dit au milieu des fours, où vous aurez peut-être la chance de croiser des artistes contemporains. Et pour ceux qui voudraient exercer leur talent, possibilité de participer à des ***ateliers découverte d'émaillage sur céramique*** *(sur résa, 5 pers max, 70 €/pers, 14h-17h).* Une superbe visite à la fois culturelle et technique.

Manufacture du Grenat : *rond-point du Canigou, 66500* **PRADES.** *☎ 04-68-96-21-03. • manufacturedugrenat.com • ♿ Visite guidée : avr-juin et sept-oct, mar-sam à 10h30, 14h30, 15h30 et 16h30 ; juil-août, lun-sam à 10h, 11h, 14h30, 15h30, 16h30 et 17h30 ; nov-mars, mar-sam à 10h30, 14h30 et 16h30. Fermé 3e et 4e sem de janv. Tarif : 3 €/pers ; gratuit moins de 18 ans. Visite de groupe sur résa, pour 10-55 pers. Tarif : 20 €/groupe. Durée de la visite : 50 mn.* ***Boutique :*** *mar-sam 9h-12h30, 14h-19h.*

La grosse bourgade de Prades constitue une bonne base de départ pour des excursions et des promenades dans le ***Canigó,*** magnifique région de montagnes escarpées tapissées de forêts, recelant moult trésors... de la période romane. Vous y attend aussi l'intéressante visite d'une ***fabrique de joaillerie traditionnelle catalane,*** qui perpétue depuis des décennies un savoir-faire familial attaché à cette tradition locale. Depuis 3 générations, la ***Manufacture du Grenat*** réinvente le grenat tradition reçu en héritage, le raconte avec passion et le met en scène avec audace, permettant à Henri Privat de devenir Meilleur Ouvrier de France en bijouterie métaux précieux. Une promenade interactive (avec un guide holographique), de l'écomusée aux 3 ateliers de fabrication en passant par une mine reconstituée, dans laquelle un guide (bien réel celui-là) commente l'histoire de ces pierres semi-précieuses. Un petit film explique le processus de transformation de la pierre en bijou.

Labels : Entreprise du Patrimoine Vivant, Tourisme & Handicap, France savoir-faire d'excellence.

TARN (81)

Ateliers Fourès : *27, rue Gay-Lussac, 81300* **GRAULHET.** *☎ 05-63-34-79-26. • ateliersfoures.fr • Visite guidée uniquement jeu à 14h, résa auprès de l'office de tourisme sur • la-toscane-occitane.com • ou au ☎ 08-05-40-08-28. Tarif : 6 € ; gratuit moins de 18 ans. Durée de la visite : 30-40 mn. Visite de groupe sur demande.* ***Accès au stock de l'atelier :*** *lun-jeu 8h-12h, 13h-17h ; ven 8h-12h, 13h-16h.*

Graulhet fut la ***capitale mondiale du cuir,*** avec tout un écosystème d'entreprises qui œuvrent autour de cette matière. Les fabricants de maroquinerie ont hérité de ce patrimoine technique et humain, et en perpétuent la tradition. Les ateliers

Fourès, fondés en 1969, en constituent un bel exemple. Pas d'accroche particulière à l'extérieur – un bâtiment classique des années 1970 –, mais à l'intérieur, une ***belle visite immersive où la notion de manufacture prend tout son sens.*** Chouette parcours pédagogique, où l'on suit le processus de fabrication, de la coupe au conditionnement en passant par le parage, l'embossage, le montage, le piquage, les finitions. C'est l'occasion de décrypter le vocabulaire du métier – non, un cuir n'est pas végan parce qu'il est « pleine fleur » ! –, de comprendre les secrets de la matière – on est spécialisé ici dans le ***cuir souple*** –, de plonger dans un univers 100 % *made in France* de la tannerie et la mégisserie (tannerie également, mais appliquée aux ovins et caprins)... Ici, aucun passéisme, des formes élégantes et des couleurs qui claquent. Sacs, portefeuilles, ceintures : on fait le plein de cadeaux séduisants et locaux !
Label : Entreprise du Patrimoine Vivant.

Carrière, atelier et maison du Sidobre (le monde du granit) : *maison du Sidobre, Vialavert, 81260* ***LE BEZ.*** *☎ 05-63-74-63-38. ● accueil@sidobre tourisme.fr ● Visite guidée seulement. Juil et fin août : mer et jeu à 14h30, selon disponibilité des entreprises. Vac scol automne et printemps zone C : mer à 14h30. Tarif : 6 €/pers ; moins de 12 ans 4,50 €/pers. Visite de groupe possible tte l'année sur résa, pour 15-100 pers. Pour 15-30 pers : 4,50 €/pers ; pour plus de 30 pers et scolaires : 4 €/pers. Durée de la visite : env 2h.* ***Boutique :*** *nov-mars, lun-ven 10h-12h, 14h-17h ; avr-oct, tlj 10h-12h, 14h-17h (10h-18h juil-août) ; fermé vac scol de Noël.*
Prolongement naturel du Massif central, dans le parc naturel régional du Haut-Languedoc et à quelques kilomètres seulement de la plaine industrielle de Castres, la sauvage forêt montagneuse du Sidobre (alt. 650 m), sillonnée de petites routes tortueuses et ombragées, cache de sensationnelles ***curiosités géologiques.*** Constellé sur 100 km² de monumentaux blocs de granit, ce site est devenu le théâtre d'un phénomène d'érosion modelant depuis des millénaires les rocs en silhouettes fantastiques... On y découvre, au hasard des sentiers, ici un petit éléphant, là une oie démesurée, puis des fromages superposés, une rivière de rochers, un œuf de 800 t en équilibre sur un socle, d'autres blocs tremblants et, partout, une multitude de chaos à donner le vertige ! Ce ***gigantesque espace de granit*** de 12 000 ha est aussi le plus grand centre européen d'exploitation du granit. Environ 108 000 t de granit brut sont extraites chaque année, et plus de 100 entreprises travaillent à mettre en valeur les formidables ressources de ce gisement.
La maison du Sidobre, aux animateurs très compétents, vend des cartes, topoguides de randonnées et plein de petits livres intéressants. Un ***centre muséologique*** sur le travail du granit *(accès libre)* se trouve dans ce même bâtiment ; vous y découvrirez l'évolution du métier.
À côté de la maison du Sidobre, petit ***sentier*** de 15 mn sur la géographie et la géologie des lieux avec des reproductions de statues menhirs. Le parcours « Sidobre, le monde du granit » permet d'appréhender, accompagné d'un guide, toutes les étapes du travail de cette roche, de l'extraction à la transformation.

EDF – Centrale hydroélectrique d'Ambialet : *81430* ***AMBIALET.*** *☎ 05-63-45-91-01. ● musee-saut-du-tarn.com ● Visite guidée seulement. Juil-sept, mar et jeu à 11h. Rdv devant la centrale. GRATUIT. Durée de la visite : 20 mn. Résa obligatoire sur ● musee-saut-du-tarn.com ● ou au ☎ 05-63-45-91-01.*
Dès 1898 fut construite la 1re centrale hydroélectrique appartenant à l'usine métallurgique du Saut du Tarn. Très rapidement l'électricité devint indispensable pour son développement et tout un ensemble de centrales fleurit alors le long du Tarn au début du XXe s. Au sein de cet ensemble, la centrale d'Ambialet est construite par l'usine dès la fin de la Première Guerre mondiale avant d'être cédée dans les années 1960 au Creusot. Le plus spectaculaire n'est pourtant pas cette surprenante ***centrale aux allures de château de conte de fée,*** mais ***le site et l'environnement*** de celui-ci. À Ambialet, le Tarn fait une longue boucle

de 3 km. Lorsque la rivière semble revenir sur ses pas, la presqu'île d'Ambialet ne fait plus qu'alors une trentaine de mètres de large. Ce site unique, qui fut pendant plus de 2 siècles la plus importante place-forte de l'Albigeois, porte encore les traces d'un passé prestigieux. C'est au cœur de ce site que cette 5e centrale de l'usine du Saut du Tarn fut édifiée. Un lieu chargé d'histoire qui a vraiment de quoi séduire !
– Le prolongement naturel de cette visite est le ***musée du Saut-du-Tarn*** : *2, impasse des Aciéries, 81160* ***Saint-Juéry.*** *☎ 05-63-45-91-01. • musee-saut-du-tarn.com • ♿ Fermeture exceptionnelle pour restauration en 2025.* Aménagé dans les murs de la 1re centrale hydroélectrique du Saut du Tarn, ce musée restitue la mémoire et l'histoire de l'usine. Les maquettes animées ont été réalisées par les anciens ouvriers. Parmi les points forts, citons les maquettes du haut fourneau, du martinet (sorte de marteau-pilon), d'une machine à forger les limes et un atelier de taille de lime manuelle. La visite est animée par différentes démonstrations. Au sous-sol, l'ancienne turbine et une grande maquette du site avec son et lumière (et même des simulations de crues !). Au bord de l'un des anciens canaux d'arrivée d'eau, un espace paysagé a été aménagé pour prendre un verre. On adore !

Les Poteries d'Albi : *112, av. Albert-Thomas, 81000* ***ALBI.*** *☎ 05-63-60-71-00. • lespoteriesdalbi.fr • Visite de groupe sur résa (sauf dernière sem juil, 3 premières sem d'août, et 25 déc-1er janv), à partir de 20 pers. Groupes scolaires à partir du CP. Lun-ven 8h30-11h, 14h-16h. Tarif : 6 €/pers ; moins de 14 ans et scolaires 4 €. Durée de la visite : 45 mn-1h.* ***Boutique :*** *lun-sam 8h30 (10h sam)-12h, 14h-19h.*
Être briquetier à ***Albi, ville toute de briques et de tuiles rouges, classée au Patrimoine mondial de l'humanité par l'Unesco,*** c'est s'incorporer à la chair même de la ville... C'est en 1891 qu'est fondée la briqueterie Bergeal, qui participe à cette odyssée de la terre. Elle ouvre la voie à une meilleure connaissance de l'argile, dont la souplesse et l'élasticité permettent de tourner des formes originales, et de les émailler de couleurs vives et lumineuses. En 1962 naît la Poterie Bergeal, qui perpétue la tradition locale du ***jaspé,*** un émaillage qui aboutit à un jaillissement de couleurs chaudes aux formes abstraites du plus bel effet, un motif flammé unique. Les Poteries d'Albi sont portées sur les fonts baptismaux en 1978 – un changement de nom qui accompagne le redéploiement de l'activité avec des lignes de poteries horticoles et culinaires associant tradition et air du temps. ***Un savoir-faire qui se transmet depuis 7 générations de mère en fille.*** La visite traverse les ateliers des tourneurs, la salle de l'émaillage, les enfourneurs et les défourneurs, le service expédition, pour finir à la ***boutique*** qui vend des pièces uniques ou des séries très limitées à prix d'usine.
Les + :
– Atelier autour de la terre et de la couleur (fabrication d'une pièce en terre cuite et son émaillage ; *60 €/pers, 25 €/enfant, visite et fourniture du matériel inclus*).
– La visite est remboursée pour tout achat supérieur à 20 € par personne.
– Un petit cadeau offert à la sortie de la visite.
Labels : Entreprise du Patrimoine Vivant, France savoir-faire d'excellence.

Missegle : *33, chemin de Montplaisir, 81100* ***BURLATS.*** *☎ 05-63-51-09-86. • missegle.com • Visites guidées sur réservation. Janv-juin : jeudi à 10h30 ; juil-août : mar, jeu et ven à 10h30 + atelier enfant mer 10h (résa obligatoire - 5 €/enf.) ; sept-oct : jeu à 10h30 ; nov-dec : pas de visite. Boutique : lun-sam : 10h-12h30, 14h-18h.*
Myriam Joly a installé dans le Sidobre tarnais, il y a plus de 40 ans, l'un des premiers troupeaux de chèvres angora. Elle se passionne très vite pour la production et la vente directe et, au fil des années et des rencontres, l'Atelier Missegle voit le jour. Aujourd'hui, l'entreprise familiale compte 55 personnes et confectionne chaussettes, pulls et accessoires avec les plus belles fibres naturelles et les plus respectueuses de l'environnement : mohair, mérinos, alpaga, chameaux,

yack, etc... La visite guidée permet de découvrir la technique presque disparue du remaillage à la main, d'observer l'atelier en fonctionnement et les différentes étapes du métier, du fil jusqu'au produit fini.
Label : Entreprise du Patrimoine Vivant.

Oberti et Fils : *chemin de Granisse, 81230* ***LACAUNE-LES-BAINS.*** *☎ 05-63-50-82-04. 06-47-02-69-42. • oberti.fr • Visite libre avec audioguide : lun-sam 9h30-11h, 14h-17h30. Visite guidée sur résa (juil-août uniquement) : lun-sam à 10h30 et 15h. Tarif : 4 € avec audioguide et 6 € en visite guidée (gratuit moins de 10 ans). Groupes et autocaristes : sur demande. Durée de la visite : 1h.* ***Boutique :*** *lun-sam 9h30-12h30, 14h-19h. Penser à prendre une petite laine : la température est de 13 °C dans le séchoir à jambons !*
Cette entreprise fondée en 1956, l'une des salaisons les plus réputées de Lacaune, produit près de 2 000 jambons par semaine ! Elle propose une intéressante visite commentée. À travers de grandes vitres, on comprend le ***processus de production du jambon*** : salage au sel de mer, phase de maturation, séchage. On a aussi le privilège de pénétrer dans un impressionnant ***séchoir à jambons***... Également un espace musée avec d'anciennes machines en état de marche, et divers objets d'époque. En fin de visite, vidéo, démonstration de tranchage d'un jambon avec l'os par le maître salaisonnier, et dégustation gratuite. À la boutique, spécialités de la maison à prix intéressants.
Le + : dégustation.
Label : Label Rouge, France savoir-faire d'excellence.
- Pour compléter cette visite, on peut se rendre à la ***Maison de la charcuterie*** *(☎ 05-63-37-46-31 en saison, ou ☎ 05-63-37-04-98, bureau d'infos touristiques).* Avec près de 35 000 t produites par an dans le coin, la charcuterie méritait bien ce lieu ! Dans cette maison du XVIIe s très bien aménagée, on apprend tout sur la charcuterie dans les monts de Lacaune, une spécialité locale faite de savoir-faire ancestraux. Saviez-vous par exemple que, pour une meilleure conservation des produits, il vaut mieux tuer le cochon lorsque la lune est en phase descendante? La prise au sel s'effectue également dans de meilleures conditions à cette période... L'histoire singulière de cette petite ville de montagne et de ses environs est aussi évoquée.

Pastel de la Serre : *81580* ***CAMBOUNET-SUR-LE-SOR.*** *06-67-44-66-67. • pasteldelaserre.fr • Visite avec démonstration de teinture. Tarif : 13 €. Durée de la visite : 1h30. Visite avec en plus teinture d'un article de votre choix à l'atelier accompagné du maître pastelier. Tarif : 15 € + achat de l'article textile (20 à 45 €). Durée de la visite : 2h (5 € de participation si vous venez avec votre tissu).*
C'est dans un superbe lieu, un ***magnifique château et son domaine de 8 ha,*** que Bruno et Régine perpétuent la tradition familiale du pastel. C'est donc guidé par le maître des lieux qu'on découvre le pastel, ***plante tinctoriale,*** qui fit autrefois la richesse du territoire entre Mazamet, Albi et Toulouse, surnommé pour cette raison ***pays de cocagne.*** Cette plante qui produit de petites fleurs jaunes au mois de mai et donne une teinture bleue très résistante, a pendant longtemps trouvé ici des conditions très favorables à sa croissance. La couleur s'obtenait à partir des feuilles. Après la récolte, celles-ci étaient réduites en bouillie dans un moulin pastelier. On en faisait alors des boules, appelées « coques », qu'on laissait sécher plusieurs jours dans des séchoirs. Ce n'est qu'après une longue fermentation très odorante, qu'on obtenait la célèbre teinture bleue, réduite ensuite en poudre. Le bleu pastel était plébiscité pour ses qualités (le « bleu charrette » permettait de protéger les outils agricoles et les menuiseries en repoussant les mouches) mais aussi pour sa capacité à fixer les autres couleurs. Sa réputation était sans égale dans toute l'Europe !
On peut découvrir ici ***l'intégralité de la chaîne de production*** de la culture du pastel jusqu'à la teinture. À l'indigoterie, on vous expliquera comment la plante est transformée en pigment. Une visite originale et passionnante.

TARN-ET-GARONNE (82)

EDF – Centrale nucléaire de Golfech : *CNPE de Golfech, 82401* ***VALENCE-D'AGEN.*** *☎ 05-34-39-42-03. • visites.edf.golfech@manatour.fr • edf.fr/Golfech • ♿ Espace EDF Odyssélec : entrée libre. Pdt vac scol, lun-ven 13h30-17h30. Pdt l'été, lun-ven 9h30-12h30, 13h30-17h30. Hors vac scol, ts les mer 13h30-17h30. En libre accès, GRATUIT.*

La centrale nucléaire EDF de Golfech comporte 2 réacteurs de 1 300 MWe chacun, mis en service en 1991 et 1994. Elle produit en moyenne chaque année environ 50 % de la consommation de la région Occitanie, soit 4 % de l'électricité consommée en France. Elle est refroidie par les eaux de la Garonne et par 2 tours aéroréfrigérantes.

À proximité du site, ***l'Espace EDF Odyssélec*** de la centrale offrira l'occasion de découvrir de manière ludique et interactive les enjeux de l'énergie, les grandes inventions, les moyens de production d'électricité et les métiers qui y concourent. Cet espace propose un parcours pédagogique qui explique au travers de maquettes, d'écrans tactiles et de films, le mix énergétique d'EDF et le fonctionnement des centrales nucléaires et hydrauliques.

On peut prolonger cette découverte avec une visite de ***l'ascenseur à poissons*** de la centrale hydroélectrique toute proche (sur inscription). Une visite guidée aussi agréable qu'instructive qui permet à chacun de développer sa culture technique et scientifique.

Les + :

– Animations et conférences gratuites organisées tout au long de l'année.

– La centrale nucléaire EDF de Golfech participe aux Journées européennes du patrimoine et organise des « visites grand public », des moments exceptionnels où l'on peut entrer dans la centrale et découvrir les coulisses de la production d'électricité. *Résa par tél ou sur le site internet.*

Hats Blocks Laforest : *37, rue de la République, 82300* ***CAUSSADE.*** *📱 06-59-25-23-53. • contact@hatsblocks.com • hatsblocks.fr • Visite guidée seulement. Résa obligatoire par tél ou à l'office de tourisme du Quercy-Caussadais : ☎ 05-63-26-04-04. Juin-oct, lun à 14h. Tarif : 4 €. Visite groupe : tte l'année sur résa. Tarif : 4 €/pers. Durée : 1h.* ***Boutique :*** *lun 9h-13h30, mer-ven 10h30-12h30, 14h30-16h en période estivale.*

On est d'abord attiré par un lieu séduisant : ***l'atelier de formier de la maison Hats Blacks*** est installé à l'intérieur du centre historique de la ville de Caussade, dans une maison atypique du XVIIe s. Car Caussade, réputée pour les nombreux ateliers de chapeliers (qui ont petit à petit disparu) est surnommée à partir du XVIIIe s la « cité du Chapeau ». Elle est particulièrement connue pour sa spécialité : le ***chapeau de paille.*** Le canotier a fait la gloire des chapeliers de Caussade !

La visite inclut une présentation de la « cité du Chapeau », de couvre-chefs produits traditionnellement sur place, de machines anciennes utilisées autrefois et de la vie de l'entreprise. On assiste à plusieurs démonstrations : sculpture de formes de confection, moulage de feutre à la vapeur sur des modèles en bois de tilleul. Outils destinés à sculpter les modèles en bois, matières utilisées pour la fabrication des chapeaux : un rapport concret au bibi comme à la capeline !

– Pour approfondir, ***L'Épopée Chapelière*** : *Carré des Chapeliers, Les Récollets, office de tourisme du Quercy Caussadais, 82300* ***Caussade.*** *☎ 05-63-26-04-04. • tourisme-tarnetgaronne.fr •* Une plongée complémentaire dans l'univers des chapeliers. Cette escale à l'office de tourisme permet d'en apprendre plus encore et d'élargir ses centres d'intérêt.

PAYS DE LA LOIRE

• Carte *p. 26*

Autour de Saint-Nazaire, d'Angers, de Laval... Les visites d'entreprises constituent, dans cette région, véritablement, des facteurs d'identité et d'attractivité. Dans le secteur industriel, des figures de proue de l'histoire économique locale accueillent les visiteurs : les *chantiers navals, l'usine Airbus Atlantic et le Grand port maritime de Saint-Nazaire.*
Elles n'occultent pas pour autant les productions typiques de la géographie et de l'histoire ligériennes. Ainsi, dans le secteur agroalimentaire, les marais salants de Guérande, avec *Terre de Sel* et toute la diversité des visites possibles dans ce domaine, sont emblématiques du territoire. Tout comme la *champignonnière du Saut aux Loups,* avec son monde souterrain plein de surprises, les véritables bols bretons avec son prénom, fabriqués à la *faïencerie de Pornic,* ou la bien spécifique fromagerie... du *Curé Nantais !*
Les vins et spiritueux, quant à eux, témoignent d'une tradition fortement ancrée dans ce territoire avec les maisons de *fines bulles* de Loire, majoritairement localisées dans le Saumurois *(Louis de Grenelle, Bouvet-Ladubay, la Veuve Amiot, Gratien et Meyer...)* et les distilleries concentrées entre Angers et Saumur : *Combier, Cointreau,* sans oublier *Giffard,* ou l'étonnante histoire de famille d'un pharmacien devenu liquoriste !

LOIRE-ATLANTIQUE (44)

Pôle industriel de Saint-Nazaire

Airbus Atlantic Saint-Nazaire : *départ de la base sous-marine, bd de la Légion-d'Honneur, 44600* ***SAINT-NAZAIRE.*** *☎ 02-28-54-06-40. • saint-nazaire-tourisme.com • Résa au moins 72h avt. Calendrier de résa aux billetteries centrales ou par tél au ☎ 02-28-54-06-40 ou sur • saint-nazaire-tourisme.com • Tarif : 21 € ; tarif réduit (chômeurs, étudiants, personnes handicapées) sur présentation de justificatifs 19 €/pers ; 7-17 ans 10,50 € (visite à partir de 7 ans). Visite de groupe sur résa au moins 2 mois avt, pour 20-50 pers (visite en bus obligatoire, affrètement de bus sur demande). Résa par tél au ☎ 02-28-54-08-09. Tarif : sur demande. Durée de la visite : 2h. Attention :* ***pièce d'identité*** *originale en cours de validité (carte d'identité ou passeport exclusivement) obligatoire.*
Ce site industriel fait partie d'un réseau complexe, car les pièces sont fabriquées et assemblées dans plusieurs usines différentes, à l'échelle européenne.

L'AÉRONAUTIQUE EST NÉE DE LA NAVALE

Au début des années 1920, lors d'une grave crise de la construction navale, les chantiers navals cherchent à se diversifier et se tournent vers l'aéronautique. À l'époque, on construit des hydravions ; certains essais de catapultage se font dans l'estuaire de la Loire. Au fil des années, des avions très différents sortent des ateliers nazairiens : Vautour, Caravelle, même des tronçons de Concorde... Le 1er Airbus sera livré en décembre 1970.

Saint-Nazaire est le ***2e site de production d'Airbus en France*** après Toulouse, avec plus de 3 000 salariés. ***On y assemble et équipe les parties centrales et cockpits de tous les avions Airbus,*** comme l'A320, l'A330 ou l'A350. Spectacle assuré ! Les coups de rivets finaux sont donnés à Toulouse. Depuis les ***passerelles de visite,*** on fait face aux avions en cours d'assemblage. Tout est impressionnant, comme le nombre de rivets qui viennent fixer les tronçons de fuselage ! Une carlingue d'ailleurs bien fine quand on y pense : entre 2 et 4 mm ! Et avec un peu de chance, on voit le fameux ***Beluga,*** cet immense avion-cargo d'Airbus qui vient chercher les tronçons. Vous découvrirez les ***ateliers d'assemblage en visite guidée*** (départ de la base sous-marine en autocar). Les circuits effectués sur le site et les contenus de la visite peuvent varier selon des contraintes liées à l'activité de l'entreprise.
Label : France savoir-faire d'excellence.

Chantiers de l'Atlantique : *départ de la base sous-marine, bd de la Légion-d'Honneur, 44600* **SAINT-NAZAIRE.** *Départ en bus depuis la billetterie principale, située juste à côté de l'office de tourisme. Visite guidée selon programmation. Fermé en janv. Résa obligatoire au ☎ 02-28-540-640 ou en ligne sur • saint-nazaire-tourisme.com • Tarif : 21 €/pers; tarif réduit 19 € ; 4-17 ans 10,50 € (visite à partir de 4 ans). Visite de groupe (20-50 pers) sur résa par mail à • resagroupes@saint-nazaire-tourisme.com • Une découverte complète du site, en 2h, peut se combiner (en forfait) avec la visite d'Escal'Atlantic (voir plus loin).*

C'est ***la fierté de la ville.*** Depuis 1862, ce sont plus de 600 navires qui sont sortis des chantiers navals, du paquebot au cargo, en passant par les pétroliers et les méthaniers ! On construit ici avant tout des paquebots de croisière – et on effectue ici de la recherche dans le domaine des énergies marines renouvelables. La visite, passionnante, permet de pénétrer en bus dans un ***site gigantesque d'une surface de 110 ha, d'ordinaire interdit au public.*** Une « ville dans la ville » avec ses portiques géants, le plus grand pouvant soulever quelque 1 250 t ! En cours de balade, les visiteurs sont même invités à descendre dans une cale d'assemblage, au plus proche des navires en construction. Les circuits effectués sur le site et les contenus de la visite peuvent varier selon des contraintes liées à l'activité de l'entreprise.
Label : France savoir-faire d'excellence.
– On peut également compléter la visite avec la découverte d'***Escal'Atlantic*** : *situé dans 2 alvéoles de l'ancienne base sous-marine allemande de Saint-Nazaire. ☎ 02-28-54-06-40. ♿ Fermé 1er janv et 24-25 déc. Visites guidées, tlj : avr-nov à 10h30. Visite libre, tte l'année, à partir des 1res vac de fév : fév-oct, tlj sauf lun en mars, juin et sept-oct ; nov-déc pdt vac scol et w-e du 1er et 11 nov. Horaires : 9h30-13h, 14h-18h (9h30-19h30 14 juil-29 août) ; dernière entrée 1h avt fermeture. Compter 1h30-2h en visite libre. Tarif : 15 € ; tarif réduit 13 € ; 4-17 ans 7,50 €.* La scénographie de cet espace hors norme est épatante.

UNE HISTOIRE INDUSTRIELLE AU LONG COURS

Si, en 1830, seuls quelque 800 habitants peuplaient les petites rues tortueuses de Saint-Nazaire avec notamment les « pilotes de Loire », ces marins qui orientaient les bateaux sur le fleuve, l'arrivée du chemin de fer modifia le destin du lieu. Avec la construction de bassins en eau profonde sous Napoléon III en 1862, l'Écossais John Scott construisit le 1er chantier naval de paquebots. Les grands « transats » sont nés dans cette ville, « clé de l'estuaire » (blason avec une clé sur une voile) dont la devise est Aperit et nemo claudit (« Elle ouvre et personne ne ferme »). On accourait de toutes les provinces, dans une véritable ruée vers l'ouest et cette « Petite Californie bretonne ». Une histoire qui se perpétue avec la construction de palaces flottants comme le Normandie, le France, le Queen Mary 2.

Plus qu'un musée, Escal'Atlantic est d'abord un voyage interactif captivant plongeant les visiteurs dans l'univers formidable des géants des mers, qui ont emmené durant plus d'un siècle des millions de passagers d'un continent à l'autre. Et, quitte à bien faire, on invite les visiteurs... à embarquer aussi ! Le pied à peine posé sur la passerelle conduisant au hall d'embarquement inspiré du *Normandie* (panneaux de laque d'origine), on est embarqué dans l'univers de cette reconstitution géniale, qui n'occupe pas moins de 3 700 m². Au gré de la balade dans les entrailles du paquebot, on découvre les cabines, la timonerie, la salle des machines, les ponts promenade couvert et découvert, les salons (superbe salon de musique du *Liberté*)... le tout agrémenté de ***films d'archives*** (évoquant l'émigration de plus de 60 millions d'Européens, les voyages d'agrément...) et décorés de mobiliers et d'***objets authentiques*** provenant de navires célèbres, comme la vaisselle du *Normandie*. Jetez d'ailleurs un œil aux menus : haute gastronomie, champagne, élégance... d'imparables arguments de vente ! Mais tout a une fin. L'année 1958 vit le ***nombre de voyageurs aériens supplanter pour la 1re fois celui des voyageurs maritimes,*** sur les trajets Atlantique nord.

On en prend dans tous les cas plein les mirettes, qu'on soit petit ou grand, persuadé d'être sur un vrai paquebot ; et une fois « en mer », de nuit sur le pont-promenade, on a franchement l'impression de s'offrir en quelques minutes une traversée transatlantique.

🍴🍴 ***Grand port maritime de Nantes-Saint-Nazaire :*** *départ en autocar de la base sous-marine, bd de la Légion-d'Honneur, 44600* **SAINT-NAZAIRE.** ♿ *Visite guidée de 2h selon programmation. Fermé en janv. Résa obligatoire en ligne sur • saint-nazaire-tourisme.com • ou par tél auprès de la billetterie principale ☎ 02-28-540-640. Lors de la résa, indiquer nom, prénom, date et lieu de naissance de ts les participants. Tarif : 21 €/pers ; réduit 19 €/pers ; 4-17 ans 10,50 €/pers (visite conseillée à partir de 7 ans).* ***Pièce d'identité*** *(passeport ou carte d'identité original et en cours de validité) obligatoire le jour de la visite.*

1er port de la façade atlantique française, le Grand Port maritime Nantes-Saint-Nazaire est un acteur économique majeur dans la région, relié à 400 ports dans le monde entier et accueillant un peu plus de 2 300 navires chaque année. ***La visite, en autocar,*** part de la base sous-marine. Après une découverte du port du XIXe s en centre-ville, le car suit la route portuaire à la découverte des terminaux modernes.Grâce aux explications du guide, le chargement ou le déchargement de navires très spécifiques, la manutention des conteneurs, un chargement de pales d'éoliennes ou le départ de tronçons d'Airbus sont replacés dans le contexte de l'économie maritime. En juillet et août, découverte des terminaux depuis l'estuaire de la Loire, avec la croisière « Saint-Nazaire sur mer » (voir plus loin).

Label : France savoir-faire d'excellence.

LES VIGNETTES TINTIN

Les docks – et la ville – sont jalonnés par 6 vignettes évoquant le plus célèbre des petits reporters à la houppette et, mille milliards de mille sabords, le capitaine non moins fameux pour ses jurons. L'association nazairienne **Les 7 Soleils** *a mis en place ces impressionnants panneaux qui font référence à l'album d'Hergé* Les Sept Boules de cristal, *l'un des rares épisodes qui localise clairement la ville où se déroule l'intrigue (plan disponible à l'office de tourisme). Table d'orientation indiquant les points de chute du reporter dans ses différents périples, sur le port, près du Vieux Môle.*

– On peut également découvrir le port par une ***croisière découverte en bateau de promenade le long du littoral :*** *résa conseillée à la billetterie principale (☎ 02-28-540-640) ; • saint-nazaire-tourisme.com • Juil-août. Croisière commentée de 2h. Tarif : 29 € ; réduit 27 € ; 4-17 ans 14,50 €.*

– Croisière « Saint-Nazaire sur mer » : le bateau prend d'abord la direction du secteur de Saint-Marc, ce qui permet de découvrir un littoral préservé et peu construit, entre falaises, criques et plages, avant de faire demi-tour pour une balade dans l'estuaire. On longe alors les installations industrielles et portuaires, et on effectue un passage spectaculaire sous le pont de Saint-Nazaire !
– Croisière « Route des phares » en nocturne.
– Croisière « En mer avec Éole » : le 1er parc éolien en mer en France se situe au large de Saint-Nazaire. Cette croisière commentée donne l'occasion exceptionnelle de se rendre sur la zone même des éoliennes. Une croisière décoiffante, qui permet de mieux comprendre le fonctionnement de l'éolien marin. Spectaculaire ! *(Mai-sept. Tarif : 35 € ; réduit 33 € ; 4-17 ans 17,50 € ; durée : 3h).*

Atelier coutellerie Morta : *96 bis, rue de la Brière, 44117* ***SAINT-ANDRÉ-DES-EAUX.*** *☎ 02-40-66-53-69. • couteaux-morta.com • Atelier ouv lun-sam 10h-13h, 14h-18h. En juil-août, sans interruption, lun-sam 10h-19h.*
Second marais de France après la Camargue, la Grande Brière se présente comme une mosaïque de canaux, de plans d'eau, de roselières et de prairies inondables. C'est ici qu'est installée une coutellerie artisanale véritablement unique, puisque Jean-Henri Pagnon, qui la fonda en 2011, et son équipe de coutelières et de couteliers fabriquent des ***couteaux avec des manches en morta, le chêne en cours de fossilisation*** qu'ils extraient des marais et qui donne son nom aux couteaux Morta. Ils fabriquent des couteaux de toutes sortes, pliants ou à lame fixes, couteaux de cuisine ou de table, couteaux forgés ou couteaux damas. Chacun est unique en son genre, chacun a son histoire et tous sont des œuvres d'art issues d'un savoir-faire transmis par un long apprentissage dans l'atelier. Ici, pas de visite orchestrée, mais on pénètre tout simplement dans l'atelier pour voir les couteliers au travail et échanger avec ces passionnés. Extraction, forge, guillochage, finitions, à vous de poser les questions avant de choisir votre modèle de couteau. C'est le moment ou jamais, puisque ***les Morta sont vendus uniquement dans l'atelier.***

Un peu de géologie

Cette cuvette, après avoir été envahie à plusieurs reprises par la mer, a fini par se combler et s'assécher, permettant ainsi à la végétation d'y pousser. Avec le temps, aux environs de 5 000 ans av. J.-C., une véritable forêt de chênes et de hêtres s'y était installée. Les choses étant rarement stables en géologie, les alluvions de la Loire ainsi que les dépôts marins finirent par contrarier l'écoulement des ruisseaux qui coulaient de l'arrière-pays vers la mer, et la forêt devint un véritable marécage.
Nous sommes alors vers 4 500 ans av. J.-C. Les arbres littéralement asphyxiés par l'eau, une fois morts, tombent, enfouis sous les débris de végétation marécageuse. Au fil du temps celle-ci se transformera en tourbe. Témoins de ce changement de nature de terrain, les mortas, des arbres plus durs et plus noirs que l'ébène, enfouis dans le sous-sol de la Brière. On peut les déterrer – non sans mal ! – et les sécher. Ils sont alors transformés en sculptures par quelques artistes ou artisans.

EDF – Centrale thermique de Cordemais : *44360* ***CORDEMAIS.*** *☎ 02-40-44-30-44. • visite-cordemais@edf.fr • edf.fr/Cordemais • ♿ Tour de la centrale à pied, en bus, en navette ou en bateau : visite de groupe, sur résa. Calendrier sur le site internet, résa par mail. GRATUIT. Durée de la visite : 2h. Pour les inscriptions, voir sur le site • edf.fr/visiteredf •*

Située sur l'estuaire de la Loire, entre Nantes et Saint-Nazaire, la centrale thermique EDF de Cordemais, construite entre 1967 et 1970 s'étend sur près de 150 ha. Avec une puissance installée de 1 200 MWe, elle dispose de 2 unités de production au charbon (600 MW).
Le + : animations et conférences gratuites pour les petits et les grands dans le cadre d'événements nationaux. *Rens sur le site internet.*

Faïencerie de Pornic : *rue de la Faïencerie, 44210* **PORNIC.** *☎ 02-51-74-19-10. • faiencerie-pornic.fr • Visite guidée de l'usine sur résa, jeu à 14h30. Pour les groupes, visites sur résa, tte l'année, mar-jeu. Tarif : 5 €/pers ; 6-15 ans 3 €, gratuit moins de 6 ans. Durée de la visite : 45 mn.* **Boutique :** *lun-sam 10h-12h30, 14h-19h (17h, 18h ou 18h30 hors saison) ; fermé dim et j. fériés, plus lun en janv.*
Niché au fond de sa crique, bien protégé, Pornic fut dès le début du XIXe s, grâce à la bonne réputation de ses eaux, une station thermale et un lieu de villégiature réputés, que fréquentèrent des artistes comme Michelet, Flaubert, Renoir ou Léautaud. Aujourd'hui, c'est l'une des plus grandes communes de Loire-Atlantique, avec 15 km de criques et de belles villas en bord de mer, que l'on peut découvrir en suivant le chemin des douaniers. Un écrin idéal pour cette faïencerie fondée en 1947, célèbre pour ses ***fameux bols-prénom à oreilles*** – 450 000 exemplaires vendus chaque année ! On peut suivre leur fabrication dans l'usine : une vidéo de 20 mn dans la salle d'expo de la boutique en dévoile les principales étapes. Ateliers pour enfants désirant peindre leurs propres motifs (récupération de sa pièce 4-5 jours plus tard, après cuisson). Du traditionnel pur jus !

Les coulisses du Hellfest : *rue du Camp Louet, 44190* **CLISSON.** *☎ 02-40-54-02-95. • destination-vignoble-nantais.com • Visites guidées seulement. Réservation obligatoire sur • destination-vignoble-nantais.com • Visites groupes à réserver par téléphone ☎ 02-40-54-24-22. Horaires des visites guidées sur le site internet. Accès libre toute l'année en visite libre, sauf environ un mois avant et après le festival. Visite libre gratuite, visite guidée 10 €, 5 € moins de 18 ans. Durée de la visite : 1h30.*
Clisson, ancienne ville médiévale, abrite depuis 2006 le fameux ***Hellfest,*** festival de musique centré autour du métal et du heavy metal. Le site offre une originale promenade dans ce lieu mythique, que vous soyez fan de musique extrême ou simple curieux. La visite guidée permet de découvrir comment s'articule ce festival désormais devenu incontournable des amateurs (le Hellfest accueille près de 280 000 festivaliers chaque été !). C'est aussi un festival qui rassemble beaucoup de bénévoles, groupes, et intermittents. Une vraie ruche ! La visite est agrémentée d'anecdotes et chiffres impressionnants sur le festival, son histoire et ses origines, mais aussi son organisation et la production des différents concerts.
Le festival présente également un important volet créatif : de la sélection des artistes à l'affiche, avec les différentes plaques archivant tous les groupes ayant participé au festival au cours des années, en passant par l'exposition de toutes les sculptures et structures faites pour chaque édition. Chaque année, des œuvres sont créées spécifiquement pour le festival, autour de la culture métal, en explorant les thèmes médiévaux et mythologiques, des œuvres dont les plus spectaculaires sont conservées et peuvent être admirées dans ce site devenu un musée en plein air.

Le Curé Nantais : *18, rue du Docteur-Auguste-Guilmin, 44210* **PORNIC.** *☎ 02-55-17-00-01. • curenantais.com • ♿ Visite guidée seulement, sur résa. Mar-ven à 9h30 et 10h30 en juil-août, et à 10h le reste de l'année. Tarif : 7 € ; gratuit moins de 6 ans. Visite de groupe sur résa, jusqu'à 35 pers.*

UN CURÉ TOUT EN RONDEUR

Entre le munster et le reblochon, au lait frais de vache et affiné sur des planches d'épicéa, le curé nantais était carré à l'origine (200 g). Il devint rond (800 g) après la guerre, pour finir parfumé au muscadet depuis quelques années. Histoire de se singulariser...

Résa par tél ou par mail à • magasin.pornic@maisonbordier.com • Tarif : 7 €/pers. Durée de la visite : 1h. ***Boutique :*** *mar-sam 9h30-19h30, plus dim 9h30-13h en juil-août.*
Le fromage du curé, né il y a plus de 100 ans, est ***le plus ancien fromage breton.*** Le plus célèbre des fromages de Loire-Atlantique est fabriqué sur les hauteurs de Pornic. Créé en 1880 à Saint-Julien-de-Concelles, près de Nantes, sur les conseils d'un curé, il a été réhabilité il y a une vingtaine d'années par Georges Parola. Ce ***fromage au lait cru, à pâte molle et à croûte lavée,*** est toujours préparé selon des méthodes traditionnelles. Vous assisterez à la transformation du lait en fromage, suivie d'une dégustation.

Fromagerie Beillevaire : *11, rue Denis-Papin, ZI La Seiglerie, 44270* ***MACHECOUL.*** *☎ 02-40-02-33-98. • fromagerie-beillevaire.com • Visite libre, lun-ven 9h-15h. Tarif : 3 € ; 5-12 ans 1,50 € ; gratuit moins de 5 ans. Visite guidée, lun-ven à 10h sur résa. Tarif : 8,50 € ; 5-12 ans 5 € ; gratuit moins de 5 ans. Visite de groupe sur résa, pour 20-50 pers. Résa par tél ☎ 02-72-74-08-30 ou par mail à • visite@beillevaire.com • Tarif : 7,50 €/pers ; 5-12 ans 4 €. Appeler avt. Durée de la visite : 1h.* ***Boutique :*** *lun-ven 10h-18h30. Réduc de 10 % sur les fabrications maison à l'occasion d'une visite.*
Dans la capitale historique du pays de Retz, la fromagerie Beillevaire ouvre les portes de ses ateliers, où sont produits depuis 44 ans des ***fromages et autres spécialités au lait cru.*** Ici, plusieurs millions de litres de lait sont transformés en plus de 150 produits différents. Après la projection d'un film de présentation sur l'histoire de la maison Beillevaire et le circuit du lait, on assiste derrière une galerie vitrée à la fabrication des différents produits maison, dans un univers alliant tradition et technologies.
Les + :
- Dégustation à la fin de la visite.
- Restauration à la boutique le midi.
- ***Visite gourmande sur 1 journée :*** découverte de la fromagerie et déjeuner autour du fromage dans l'ancienne maison familiale *(45 €/pers, sur résa).*
- ***Visite au fil de l'eau ou marais à vélo :*** après une visite guidée de la fromagerie, c'est accompagné de votre guide que vous découvrirez en canoë ou à vélo le marais de Machecoul. Pique-nique Beillevaire inclus *(38 €/pers, 6-12 ans 28 €).*

La Savonnerie de Marcel : *1 C, rue de la Taillée, 44580* ***VILLENEUVE-EN-RETZ.*** *☎ 09-55-32-45-02. • lasavonneriedemarcel.fr • Visite lun-ven à 11h sans résa, pour observer la fabrication des savons à travers les grandes baies vitrées. Visite guidée pdt les vac scol, voir créneaux en ligne. Tarif : 5 €/pers. Durée de la visite : 1h30.* ***Boutique :*** *lun-sam 10h-12h30, 14h30-18h (sam 17h30).*
Ici, on vit avant tout une ***histoire de famille !*** Car c'est Maryline, la petite-fille de Marcel – celui qui figure sur l'enveloppe des savons – qui, aidée de Manuel, a repris les rênes de cette entreprise familiale. Elle est revenue aux fondements de la savonnerie : un savon bon et bio, doux et crémeux, fabriqué à la main à partir d'huiles végétales vierges (huile de coco, d'olive, de tournesol) et d'éléments naturels : lait de chèvre, d'ânesse, de brebis, de jument... Mais aussi savons aux plantes, savons pour tous les types de peau, les cheveux, savons à raser, sans oublier des savons ménagers pour récurer du sol au plafond. L'ingrédient principal est le ***beurre de karité brut et bio*** qui arrive tout droit du Bénin, où il est fabriqué manuellement par une association employant des mères célibataires. La visite de 1h30, complète et passionnante, permet de rentrer dans les coulisses de la fabrication des savons par ***saponication à froid,*** depuis la macération des plantes jusqu'au découpage du pain de savon en passant par le moulage. Il faut ensuite entre 1 et 6 mois de séchage avant de pouvoir mettre en vente le savon. Parmi les nombreuses références, vous êtes sûr de trouver le savon artisanal qui convient le mieux à votre épiderme !
Le + : certains savons sont adaptés aux problèmes de peau (eczéma, acné).

*Royal Mer : ZA des Treize-Vents, route de Beaupréau, 44330 **LA REGRIPPIÈRE.** ☎ 02-40-33-69-20. • royal-mer.com • Possibilité de visites : dates indiquées en ligne, 5 pers min, 15 pers max. Résa à • magasin.usine@royal-mer.com • **Boutique :** tlj 10-17h.*

Au cœur du vignoble nantais, Royal Mer, spécialiste de la ***maille marine*** depuis 1946, propose des vêtements tricotés de grande qualité fabriqués en France. À l'origine spécialisée dans la fabrication de pulls marins, l'entreprise développe maintenant des collections créatives et contemporaines aussi bien pour hommes que pour femmes : pulls, tee-shirts, marinières, bonnets... mais aussi de très confortables baskets en maille !

Chaque pièce confectionnée par l'entreprise témoigne de l'attention minutieuse portée aux détails, de la sélection rigoureuse des matières premières jusqu'à la finition impeccable. Dans cette entreprise familiale, ces ***savoir-faire*** devenus rares ont été préservés et transmis depuis plus de 70 ans, tel un précieux patrimoine. Près de 60 personnes travaillent dans le bureau de création et l'atelier de fabrication pour perpétuer la culture de cette maille traditionnelle, chaude et solide.

La visite permet d'observer de près ***toutes les étapes du processus de production,*** depuis la conception des modèles jusqu'à leur réalisation finale, et de découvrir les métiers spécifiques. Rencontre des concepteurs, couturières, modélistes et stylistes qui conçoivent les collections mais aussi programmeurs, bonnetiers, coupeuses, brodeuses, remailleuses, boutonniéristes qui les réalisent... Des métiers qui s'acquièrent et se transmettent à force d'apprentissage, d'expériences et de pratique. Et en plus de la rencontre avec les employés, la visite de l'atelier vous permettra de comprendre l'importance de la ***sélection des matières premières*** dans la qualité des vêtements. La visite s'achève au magasin d'usine afin de découvrir le produit final et l'ensemble des collections illustrant le savoir-faire de la marque.

*Terre de sel – le sel de Guérande : Pradel, 44350 **GUÉRANDE.** ☎ 02-40-62-08-80. • terredesel.com • Visite guidée seulement. Tte l'année tlj, sur résa : juil-août, 9h30-19h ; avr-juin et sept-oct, 10h-18h30 ; hors saison, horaires restreints. Tarif : selon programme, 10,50-14,50 € ; enfants 5-9 € ; billet expo seule 4 €, réduc. Visite de groupe (18-150 pers) sur résa par tél. Tarif : 8-12 €/pers. Visite de groupe (20-50 pers) sur résa par mail à • c.garreau@leguerandais.com • Durée de la visite : 45 mn-3h. **Boutique :** juil-août, tlj 9h30-19h, ; nov-fév, tlj 10h-12h30,14h-17h ; le reste de l'année, tlj 10h-18h. Sel sous ttes ses formes et produits locaux.*

Les pêcheurs des Pays-Bas ont été les 1ers à découvrir les vertus conservatrices du sel. C'est pour cette raison que de nombreuses églises de la presqu'île guérandaise ont été bâties avec des pierres en provenance des villes hanséatiques de Brême ou de Hambourg, dont les navires étaient lestés.

Posséder du sel ou en produire a très tôt représenté un intérêt politique et économique. Les princes, les évêques ou les potentats locaux s'arrangeaient pour en maîtriser les flux. En 1340, Philippe VI de Valois institua une ponction fiscale : la gabelle, récoltée par les « gabelous ». La Bretagne en était exemptée jusqu'en 1765. Créant de profondes inégalités entre les régions, la gabelle représentait, en 1715, un peu plus du 10e du revenu fiscal du royaume.

Dans les années 1980 à Guérande, après une période de crise, le marais a repris du poil de la bête grâce à une poignée d'anciens paludiers qui ont formé une nouvelle génération, attirée par la vie au grand air, la mise en valeur du terroir... Leur production chiffre 12 000 t par an grâce à un groupement de 250 producteurs, coopérateurs ou indépendants. Aujourd'hui, le ***sel de Guérande*** est une réussite commerciale (il a obtenu en 2012 son ***Indication géographique protégée,*** une première pour un sel en Europe !). Présent sur les bonnes tables, de grands chefs l'ont adopté pour ses qualités gustatives.

Gros sel gris, sel fin ou fleur de sel, le sel de Guérande reste un produit haut de gamme (ce qui ne veut pas dire cher). Et pas seulement pour son goût,

mais aussi pour ses qualités nutritionnelles, car pauvre en sodium mais riche en magnésium et en oligoéléments.
Cet espace dédié ***au sel et aux marais*** est le fruit d'un partenariat entre paludiers et animateurs nature. La visite combine, de façon très intelligente, une ***exposition*** retraçant la vie du marais au fil des saisons et l'***explication sur le terrain.*** Le but est de montrer le lien intime qui existe entre les hommes et l'environnement, et de parler des marais d'aujourd'hui, depuis leur réhabilitation et la relance de l'activité. Du bâtiment principal, vue panoramique sur les marais et expos temporaires (à vocation scientifique ou artistique).
Les + : également des balades familiales avec expériences ludiques et sensorielles très appréciées (penser à mettre des chaussures de marche). Pour observer les oiseaux, mieux vaut choisir une visite matinale (ou l'une des nocturnes proposées en été).
Labels : France savoir-faire d'excellence, IGP Sel de Guérande.

Petit lexique du paludier

– **Paludier :** nom du récolteur de sel (« saunier » en Vendée). Son travail, en fait, consiste avant tout à entretenir le marais, la récolte ne durant qu'une quarantaine de jours dans l'année.
– **Fleur de sel :** le « caviar de sel ». Tandis que le gros sel se dépose sur l'argile du marais, la fleur de sel flotte à la surface. D'un geste précis et élégant, le paludier cueille ce sel, plus fin, plus blanc. Mais vous avez bien le droit de préférer le sel gris...
– **Vasière, corbier, fares, adernes et œillets :** ce sont les différents bassins (on en compte 10 000 par ici !), correspondant aux différents stades d'évaporation de l'eau.
– **Trémet :** endroit où l'on « roule » et dépose en tas le sel pendant le temps de la récolte.
– **Salorge :** hangar (les plus beaux sont en bois) où l'on conserve le sel jusqu'à sa commercialisation.

MAINE-ET-LOIRE (49)

Pôle des fines bulles

Ackerman : *19, rue Léopold-Palustre,* **SAINT-HILAIRE-SAINT-FLORENT (SAUMUR).** *☎ 02-41-53-03-21. • ackerman.fr • ♿ Juin-sept, tlj 9h30-19h ; avr-mai, tlj 9h30-12h30, 14h-19h ; oct-mars, tlj 10h-12h30, 14h (14h30 dim)-18h30. Visite libre ou visite guidée sur résa (1h). Tarif : 6 € (libre), 8 € (guidée) ; 12-17 ans 6 €.*
Pionnier des vins à fines bulles de Loire, Jean-Baptiste Ackerman fonde en 1811 l'illustre maison dans des caves spectaculaires, creusées dans le tuffeau. Il initie dans la région l'élaboration du saumur brut et du crémant de Loire selon la méthode traditionnelle.
On déambule aujourd'hui dans une partie des 7 km de superbes ***caves troglodytiques agrémentées d'étonnantes installations d'art contemporain,*** régulièrement renouvelées. Outre l'ambiance « 20 000 lieues sous terre », la visite

comprend aussi une gigantesque cave cathédrale, et des expos où se rencontrent vin et art. La Maison Ackerman unit son savoir-faire avec l'abbaye de Fontevraud pour accueillir des artistes dont les œuvres d'art éphémères subliment les lieux. Le site accueille aussi des artistes en résidence, spécialisés dans les œuvres monumentales. Un parcours pour petits et grands, à la fois pédagogique et sensoriel, qui se conclut par la dégustation des cuvées emblématiques de la Maison Ackerman.

Les + :

– Dégustation.

– *Scènes musicales – Concerts en caves : 3e ven du mois.* Musique éclectique.

– *Les visites exclusives de la Maison Ackerman : 1 dim/mois à 10h, sur résa.* « Art et dégustation », « Accords mets et vins au fil de la Loire », atelier « La Route des vins de Loire »...

– *Rencontre Divin Chocolat : 1er w-e de déc.*

Bouvet-Ladubay : *1, rue de l'Abbaye-Saint-Hilaire-Saint-Florent, 49426* ***SAUMUR.*** *☎ 02-41-83-83-83. • bouvet-ladubay.fr • Fermé 1er janv, les dim de janv-mars et nov, et les 1er, 8 et 25 déc. Tlj 10h-18h (dernière visite à 16h30). Visites classiques (1h), « patrimoine » (1h45), ou à vélo (1h30 ; min 14 ans) sur résa. Tarif : 6-9 € ; réduc. Centre d'art et collection hippomobile : GRATUIT. Visite de groupe (min 12 pers) sur résa. Tarif : 4 €/pers.* ***Boutique :*** *lun-sam 10h-18h.*

Cette maison fondée en 1851 a le sens de l'accueil. Au programme, des visites classiques dans la superbe cave, ou plus axées sur le patrimoine (en prime, archives et collection d'étiquettes anciennes), ou carrément à vélo vintage en troglo. Fun assuré : on s'enfonce dans le ***réseau de galeries... seulement éclairé par les loupiotes des bécanes*** ! Ambiance garantie lorsqu'on découvre tour à tour la « ***cathédrale engloutie*** », 35 sculptures monumentales dans la roche, plus de 1 000 fûts et les pupitres... Quelle que soit la visite, c'est très complet et pédagogique, jusqu'à la belle dégustation permettant de se régaler de vins aux bulles fines, dont un savoureux *Brut Zéro* et un riche *Trésor.* N'oubliez pas pour autant la collection hippomobile de Saumur (une vingtaine de magnifiques véhicules du XIXe s alignés sous une impressionnante charpente métallique) et, juste en face, le centre d'Art contemporain.

Les + :

– Dégustation.

– Visite à vélo.

Gratien et Meyer : *sur la route de Montsoreau, 49400* ***SAUMUR.*** *☎ 02-41-83-13-32. • gratienmeyer.com • Visites guidées sur résa, avr-oct, tlj 9h30-18h (18h30 juil-août). Ou avec audioguide sans résa, tte l'année, tlj 9h30-18h (janv-mars, 10h-17h). Tarif : 3 € (libre) ; 5 € (guidée). Visite de groupe sur résa, à partir de 15 pers. Durée de la visite : 40 mn + dégustation 30 mn. Animations et événements tte l'année, apéro concerts (en juil-août).*

Très beau panorama sur la Loire depuis cette maison créée en 1864. Niché à flanc de coteaux, le site des ***caves Gratien et Meyer*** était à l'origine d'anciennes carrières de tuffeau. La visite, dans un réseau de galeries jalonnées de sculptures, de reconstitutions et de petites vidéos, retrace l'historique de la maison et plus largement l'aventure des vins de fines bulles du XIXe s à nos jours tout en s'intéressant à « la vigne toute l'année » : le travail de la vigne et du sol, les outils, les techniques de taille, etc. Elle se termine par une dégustation des ***vins à bulles et vins tranquilles*** dans la boutique, avec vue panoramique sur la Loire. Restaurant chic dans une demeure bourgeoise à l'entrée du parc : ***La Table du Château Gratien.***

Le + : dégustation.

Caves Louis de Grenelle : *839, rue Marceau, 49400* ***SAUMUR.*** *☎ 02-41-50-23-21. • louisdegrenelle.fr • Visite guidée sur résa : avr-oct, lun-dim à 11h, 14h et 16h ; nov-mars, lun-sam à 11h et 16h. Tarif : 5 €, gratuit moins de 16 ans. Visite de groupe sur résa. Tarif (à partir de 15 pers) : 12 €/pers. Durée* *de la visite : 1h.* ***Boutique :*** *avr-août, tlj 9h30-19h ; sept-oct, tlj 9h30-12h30, 13h30-18h30 ; nov-mars, lun-sam 9h30-12h30, 13h30-18h30.*

Pas banal : cette maison familiale et indépendante est installée au cœur même de Saumur, ses caves passant carrément sous le centre-ville ! Pas d'angoisse, c'est solide, et la visite vaut le coup. Creusées entre le XVe et le XVIIIe s, ce sont 3 km de galeries où s'effectue toute la production, jusqu'à l'embouteillage. Il y a même une salle étonnante dédiée à la collection privée des propriétaires. Un trésor ! Dans ce cadre privilégié se déroule un escape game très ludique. Quant à la dégustation, elle est proposée dans un espace chic et chaleureux, idéal pour découvrir sans hâte la Grande Cuvée tout en rondeur, un extra brut complexe, ou encore des curiosités comme un 100 % chardonnay au bel équilibre.

Les + :
– Escape-game.
– Dégustation.

UNE FAMILLE NOMBREUSE

On le sait, la bouteille de vin classique a une contenance de 0,75 l. La fillette, très en vogue en Anjou, ne contient quant à elle que la moitié (0,375 l), tandis que le magnum équivaut à 2 bouteilles. C'est toujours moins que le jéroboam (3 l, 4 bouteilles), le mathusalem (6 l, 8 bouteilles), le salmanazar (9 l, 12 bouteilles), le balthazar (12 l, 16 bouteilles), le nabuchodonosor (15 l, 20 bouteilles). Le melchior est le plus ventripotent avec ses 18 l (24 bouteilles) !

Veuve Amiot : *19, rue Jean-Ackerman, 49400* ***SAINT-HILAIRE-SAINT-FLORENT (SAUMUR).*** *☎ 02-41-83-14-16. • veuveamiot.fr • Fermé 1er janv et 25 déc. Tlj 10h-13h, 14h-18h : 5 visites/j. Visite guidée seulement, des caves et site de production, dégustation commentée. Résa par tél ou par mail à • visites.saumur@veuve-amiot.com • Tarif : 4 € ; gratuit moins de 14 ans. Durée de la visite : 1h15, sur résa.* ***Boutique :*** *tlj 10h-13h, 14h-18h (sauf dim en janv-mars).*

Une maison fondée en 1884 par Élisa Amiot, à la mort de son mari : l'histoire de cette femme à la fois ambitieuse et soucieuse du bien-être de ses ouvriers mérite à elle seule la découverte. Au cours de la visite, coup de projecteur sur les cépages chenin, chardonnay et cabernet franc qui, une fois assemblés, donneront les différentes cuvées de la maison. Belle mise en lumière des caves et de la collection d'affiches publicitaires, perspective sur les chantiers de production...

Les + :
– Dégustation gratuite de saumur et crémant de Loire.
– Spectacle Bulles en scène *(2 €).*
– Soirées club à thème : mixologie, accords vins et fromages... *(durée : 1h30 ; tarif : 25 €/pers ; 6 fois dans l'année, sur résa).*

Et aussi...

Domaine du Closel : *château des Vaults, 1, pl. du Mail, 49170* ***SAVENNIÈRES.*** *☎ 02-41-72-81-00. • savennieres-closel.com • ♿ Fermé 1er janv, dim et lun de Pâques et 24-25 et 31 déc. Visite libre, parcours balisé. Dernière visite 1h avt fermeture. Mai-oct, mar-dim 10h-13h, 14h-18h ; nov-avr, mar-sam 10h-13h, 14h-18h. Tarif : 8 € ; gratuit moins de 18 ans. Visites guidées et dégustations thématiques. Infos et résa sur le site internet. Tarif : sur demande selon thème ; gratuit moins de 6 ans. Visite de groupe sur résa. Tarif : visite avec dégustation de 3 vins (à partir de 20 pers) : 15 €/pers ; de 5 vins, 29 €/pers. Durée de la visite : 2h en visite guidée, 1h en visite libre.* ***Caveau de vente :*** *mai-oct, mar-dim 10h-13h, 14h-18h ; nov-avr, mar-sam 10h-13h, 14h-18h.*

Le paysage du ***château des Vaults,*** au cœur du village de Savennières, constitue un ensemble romantique sur des coteaux de schiste dominant la Loire, avec un ***parc agricole paysager*** construit autour d'une « boire » (un bras de la Loire). On y trouve un étang, de très beaux arbres et un ravissant château viticole angevin.

Le site, qui a gardé toute son âme, est également apprécié pour ses ***collections remarquables de bulbes, d'iris, d'agapanthes, d'hydrangeas et de roses.***
Un domaine de haute qualité, tant pour ses vins (plus une bière et des jus de raisin), produits en biodynamie et en permaculture, que pour son château des XVe et XIXe s, en plein centre du village. On produit ici des ***vins naturels en agriculture bio : Savennières AOC,*** l'un des grands crus angevins, ***Anjou rouge AOC*** et une gamme de vins de France ***Les Insolites.*** Côté ***activités,*** la dégustation seule comprend 3 vins, mais on conseille vivement la promenade libre dans le parc puis la vigne : 14 étapes et une brochure pour apprendre à lire le paysage, « Sur la piste d'un vin vivant ». Également des formules accompagnées et en petit comité, dans un esprit nature, culture et raffinement. Et pourquoi ne pas vivre une journée de vendanges ou assister à un concert du festival Musiques baroques à Savennières (● *musiquesbaroques-savennieres.fr* ●) ?
Les + :
- Dégustation possible à la boutique.
- Animations : randonnées dans les vignes.
- Accueil de groupes, séminaires et réceptions.

Brioche Pasquier Cerqueux : *route d'Yzernay, 49360* ***LES CERQUEUX.*** *☎ 02-41-63-75-48. ● pasquier.fr ● ♿ (téléphoner avt). Visite de groupe seulement, sur résa mar et jeu, à 10h ou 14h (hors vac scol), pour 10-40 pers. GRATUIT. Durée de la visite : 2h.* ***Boutique :*** *mar-ven 10h-18h, sam 9h30-16h.*
Guidé par un collaborateur, la visite est l'occasion de pénétrer dans l'usine et de suivre la fabrication d'une brioche, de la réception de ses matières premières jusqu'à son emballage et son expédition. Dégustation en fin de visite et découverte de tout le savoir-faire Brioche Pasquier.

Champignonnière du Saut aux Loups : *route de Saumur, 49730* ***MONTSOREAU.*** *☎ 02-41-51-70-30. ● troglo-sautauxloups.com ● ♿ De mi-fév à mi-nov : tlj 10h-18h (19h en été et j. fériés). Visite guidée : résa par tél. Tarif : 8 € ; réduit (demandeurs d'emploi, étudiants, personnes handicapées) 7,50 € ; 4-18 ans 6,50 € ; gratuit moins de 4 ans. Visite de groupe sur résa (sauf de mi-nov à fév), pour 5-60 pers. Tarifs pour plus de 20 pers : 7,50 €/pers ; scolaires 6 €/pers. Durée de la visite : 1h.* ***Boutique :*** *de mars à mi-nov, tlj 10h-18h. Ne pas oublier sa petite laine.*
Le ***site troglodytique du Saut aux Loups*** se trouve à mi-coteau sur la rive sud de la Loire, à Montsoreau. Importante carrière de tuffeau exploitée du XVIe au XIXe s, elle devint ensuite un ***site de culture de champignons*** qui, depuis 30 ans, est ouvert aux visiteurs. Le parcours de 400 m dans ces ***vastes galeries*** permet de comprendre l'origine géologique du site, le travail du tuffeau et la culture des champignons.
Outre le fameux ***champignon de Paris,*** les étapes de la culture du ***pleurote*** et du ***shiitake*** sont également présentées. Une visite ludique et pédagogique qui fait découvrir un monde souterrain plein de surprises... et met en appétit ! Après avoir inspecté in situ les différentes techniques de production à travers le temps (en plateaux, en sacs, en meules puis en caisses mécanisées), jetez un œil aux « fantaisies champignonnesques » et au laboratoire pour la partie scientifique (parcours pédagogique et adapté aux familles). La culture du champignon

CUEILLETTE

Depuis Louis XIV, les champignons de Paris prospéraient dans les carrières et les catacombes de la capitale. Avec la création du métro, ils deviennent indésirables (la moisissure entraîne la pourriture du bois). Voilà pourquoi on continua leur culture dans la région de Saumur, qui présente tous les avantages : on y trouve des kilomètres de caves et des élevages de chevaux (pour le fumier !). La région de Saumur assure pas moins de 85 % de la production nationale. Pourtant, on appelle toujours ces champignons... de Paris.

s'avère bien plus complexe qu'elle n'en a l'air ! La production est vendue à la boutique sous forme de champignons frais ou préparés (bocaux, soupes, etc.).
Également un restaurant pour déguster les spécialités champignonnées, ***Restaurant Le Saut aux Loups :*** *av. de la Loire, face au pont. ☎ 02-41-51-70-30. • lesautauxloups@gmail.com • À l'entrée de Montsoreau, attenant à la champignonnière (qui se visite). Ouv le midi tlj, 11h30-16h. Congés : de mi-nov à mi-fév. Menus 23-27 € et carte. Menu groupe (plus de 20 pers) sur résa par mail.* Perché sur la falaise de tuffeau (parking en bas), on y arrive à pied par un escalier. Resto troglo, de la cave à l'assiette, spécialisé dans les originales spécialités de « galipettes ». Ce sont de très gros champignons de Paris, farcis et cuits au four. Le tout servi dans 2 salles toutes mignonnes en troglo ou en terrasse dominant la Loire.

Le Fumoir : *ZI des Taillis, 49270* ***CHAMPTOCEAUX-ORÉE D'ANJOU.*** *☎ 02-40-83-50-76. 06-70-69-59-22. • le-fumoir.com • Visite guidée sur résa, tte l'année jeu-sam (sauf en déc) 10h-12h, 13h-15h. GRATUIT. Min 5 pers, max 15 pers. Durée de la visite : 45 mn.* ***Boutique :*** *mer et ven-sam 10h-12h30.*
Le Fumoir est situé en bords de Loire entre Nantes et Ancenis... Or, il y a quelques années, le fleuve était un lieu de passage important pour la reproduction du saumon sauvage en Europe. Justement, cette entreprise est spécialisée dans le fumage du poisson, et plus particulièrement du saumon. Les poissons sont élevés en Écosse ou sur les îles Féroé, dans des fermes soigneusement sélectionnées, où ils sont élevés ***sans agents de croissance et sans hormones.*** Arrivés en France, ils sont salés au sel sec, parfumés avec 5 plantes aromatiques, puis fumés au sarment de pied de vigne et à la sciure de hêtre vert. Enfin, ils sont désarêtés, délicatement filetés à la main artisanalement. Les voilà fins prêts pour être dégustés ! C'est à toutes ces étapes que vous pourrez assister lors de votre visite.
Quant aux ***truites fumées artisanales*** du Fumoir, elles proviennent de fermes d'élevage rigoureusement sélectionnées en ***Bretagne,*** puis fumées selon les mêmes principes que le saumon. Et pourquoi ne pas goûter aux deux ?
Le + : atelier « Fumez artisanalement votre saumon ». *Ts les ven et sam en juin et juil à 8h (durée 3h). Sur résa par tél, 110 €/pers.*

Miels Girard : *La Blottière, 49390* ***LA BREILLE-LES-PINS.*** *☎ 02-41-52-02-85. • miel-girard.com • Tarif : 5 €, gratuit moins de 12 ans. Durée de la visite : 1h30.* ***Boutique :*** *lun-jeu 14h-18h, ven 9h-17h. Sur le marché de Saumur le sam mat, et sur celui de Langeais le dim mat.*
À 15 km au nord de Saumur, située au cœur du Parc naturel régional Loire-Anjou-Touraine, la miellerie Girard bénéficie d'un environnement privilégié et d'une riche biodiversité, qui lui permet de produire des miels de grande qualité, et d'une large variété : miel de fleurs d'été, de thym, tournesol, forêt... On trouve aussi ici le miel dans tous ses états, et dans différents produits dérivés : gelée royale, pollen, sirop, bonbons, pains d'épices, moutarde et même vinaigre et savon !
C'est l'une des plus anciennes maisons apicoles du Val de Loire. Créée en 1920, transmise de génération en génération, elle est dirigée par la famille Beaufils, 2 frères et leurs épouses, qui gère environ 800 ruches et commercialise une vingtaine de variétés différentes de miels, issues de leur propre production mais aussi de partenariats avec d'autres apiculteurs qui partagent les mêmes exigences de qualité.
En période estivale, les visites permettent de découvrir toutes les étapes de la fabrication du miel, de la ruche au pot. On apprend tout sur le cycle de vie de l'abeille et l'organisation de la ruche, et on assiste même à l'ouverture d'une ruche. Pour finir, dégustation, qui permet d'apprécier les différences entre les miels et de choisir son préféré !
Les + :
– Atelier Initiation à l'apiculture *(60 €/pers, durée 3h ; accessible à partir de 12 ans, accompagné d'un adulte).*
– « Parrainez une ruche » *(13,50 €/mois, ou une ruchette 7,50 €/mois).* Réception de pots de miel des ruches parrainées à la fin des récoltes (automne) livrés

directement à votre domicile, visite accompagnée de la miellerie (2 places pour la formule ruchette, 4 places pour la formule ruche).

Pôle liquoriste

Carré Cointreau : *2, bd Bretonnières, carrefour Molière, 49124* ***SAINT-BARTHÉLEMY-D'ANJOU.*** *☎ 02-41-31-50-50. • cointreau.fr • ♿ (téléphoner avt). Visite guidée seulement, sur résa sur le site : mai-oct, mar-sam ; nov-avr, sam. Tarif : 12-20 € selon formule de visite choisie ; 12-17 ans 4,50 € ; gratuit moins de 12 ans. Visite de groupe sur résa, à partir de 20 pers : mai-oct, mar-sam ; nov-avr, mar-ven. Résa par tél ou par mail à • carre.cointreau@emy-cointreau.com • Tarif sur demande. Durée de la visite : 2h dont 30 mn de dégustation.* ***Boutique :*** *mar-sam 10h-18h (fermé j. fériés).*

La recette originale, fondée sur un triple sec, fut mise au point par Édouard Cointreau en 1875, et son brevet – le 1er pour un triple sec – déposé en 1885 ! Il est très utilisé, entre autres, en ingrédient de cocktails. Aujourd'hui, Cointreau est un nom connu aux 4 coins du monde, et près de la moitié des ventes se font aux États-Unis. Dans les années 1970, la distillerie fondée en 1849 par les frères Cointreau déménage des quais de la Maine, à Angers, pour investir des locaux plus grands, plus modernes, plus adaptés à l'essor commercial de la célèbre ***liqueur à base d'écorces d'oranges douces et amères.*** C'est son histoire que la ***visite guidée*** détaille par le menu, en entraînant les visiteurs dans la ***salle des alambics*** (magnifiques), sur la passerelle surplombant l'immense salle d'assemblage et de stockage, et dans le ***musée*** consacré à la marque. Où l'on apprend notamment le génie en matière de communication d'Édouard Cointreau, qui, en 1898, n'avait pas hésité à commander une publicité cinématographique à un opérateur des frères Lumière !

Le + : dégustation suivie d'une initiation à l'art du cocktail dans l'ambiance intime du bar.

Label : Tourisme et Handicap.

L'ESPRIT DE LA NATURE DANS UN FLACON

Depuis 2024, l'art des liquoristes est inscrit au patrimoine culturel immatériel national. Une belle reconnaissance pour ce savoir-faire qui implique à la fois tant de techniques – infusion, distillation, macération par exemple – et de connaissances, en particulier en botanique. Moines et apothicaires d'autrefois ont trouvé leurs descendants ! Giffard, Cointreau et Combier constituent l'avant-garde du secteur sur le chemin de cette reconnaissance.

Distillerie Combier : *48, rue Beaurepaire, 49400* ***SAUMUR.*** *☎ 02-41-40-23-02. • combier.fr • ♿ (téléphoner avt). Visite guidée : juin-sept, tlj 5 visites/j. ; avr-mai, mar-dim 3 visites/j., oct-mars, mar-sam 3 visites/j. Résa conseillée. Le reste de l'année : sur résa par tél ou par mail à • tourisme@combier.fr • ou en ligne. Tarif : 6 € ; gratuit moins de 18 ans. Visite de groupe sur résa, pour 4-25 pers (scolaires : à partir du lycée). 1 gratuité pour 20 pers. Tarif : 4 €/pers ; scolaires 50 €/groupe. Durée de la visite avec dégustation : 1h.* ***Boutique :*** *juin-sept, tlj 10h-19h ; avr-mai et oct-mars, mar-dim 10h-12h30, 14h-19h.*

Fondée en 1834, la plus ancienne distillerie du Saumurois encore en activité a gardé son atmosphère familiale. ***Visite de la salle de distillation*** avec des machines et des techniques inchangées depuis le XIXe s : alambics en cuivre, serpentins, cuves, le tout inscrit dans une charpente métallique dessinée par les ingénieurs d'Eiffel. Jean-Baptiste Combier contribua à son époque à populariser cet alcool créé à l'origine dans les monastères, et connut le succès avec le fameux « ***triple sec*** » (appelé de nos jours « l'Original Combier »), ***liqueur à***

base d'écorces d'oranges douces et amères. Puis son fils James reprit l'affaire en diversifiant la production. James Combier (maire de 1879 à 1892), personnage haut en couleur, a par ailleurs fortement marqué l'histoire de Saumur et reste connu à la fois pour son anticléricalisme et son grand respect envers ses employés. Une ***visite originale et pleine d'anecdotes,*** qui offre l'occasion de découvrir d'autres produits Combier comme le Gin Méridor, Royal Combier, Guignolet d'Anjou, Pure Folie... Et à l'issue du circuit, dégustation de quelques gouttes de liqueur grâce à la « Colette », une coupelle de dégustation en forme de monocle, clin d'œil à la nouvelle de Colette, *Gigi* : l'héroïne ne laisse pas une larme au fond de son verre...
Le + : dégustation.
Labels : Entreprise du Patrimoine Vivant, France savoir-faire d'excellence.

Giffard : *chemin du Bocage, ZA La Violette, 49240* ***AVRILLÉ.*** *☎ 02-41-18-85-14. • giffard.com • ♿ (téléphoner avt). Visite guidée seulement, lun-jeu à 10h30 et 14h30, ven à 10h30 (sauf sem du 15 août et 25 déc-1er janv). Individuels sur résa (min 6 pers): 6,50 € ; gratuit moins de 12 ans. Groupes sur résa, pour 15-50 pers : 5 €/pers. Gratuité pour l'accompagnateur et le chauffeur. Résa par tél ou mail à • marion.dallet@giffard.com •. Lun-jeu à 10h30 et 14h30 et ven mat. Durée de la visite : 1h30.* ***Boutique :*** *mar-ven 14h-18h.*
Giffard, liquoriste né à Angers en 1885 et installé sur Avrillé depuis 1972, fait découvrir le cœur de ses installations. La visite guidée commence dans l'***Espace Menthe-Pastille*** qui fait découvrir ***l'histoire et le patrimoine de l'entreprise,*** toujours familiale, grâce à une ***collection d'affiches et de documents anciens*** datant pour certains de la création de la société. Le parcours se déroule ensuite sur le site même de production, depuis l'arrivée des fruits provenant du val de Loire et d'ailleurs, jusqu'à l'expédition, en passant par la salle des macérations et d'embouteillage. On découvre une gamme de plus de 140 liqueurs, crèmes de fruits et sirops ! Entre autres, le très typique Guignolet d'Angers, à base de cerises. Pour finir, rendez-vous au ***bar à cocktails*** et au bar des senteurs pour des dégustations et des reconnaissances olfactives. L'occasion aussi de repartir avec des recettes de cocktails créés par la maison ***Giffard.***
Label : France savoir-faire d'excellence.

UN PHARMACIEN QUI A DU NEZ

Émile Giffard (1842-1901), pharmacien herboriste à Angers, est passionné de plantes médicinales. Il s'intéresse tout particulièrement à la menthe, pour ses propriétés rafraîchissantes et digestives. Il sélectionne une variété de menthe poivrée : le plant "Mitcham", connu à l'époque pour son parfum prononcé et son pouvoir rafraîchissant, et il met au point une liqueur de menthe blanche, cristalline et subtile. Durant l'été caniculaire de 1885, il teste sa création auprès des clients du Grand Hôtel d'Angers. Succès immédiat : la Menthe-Pastille était née !

MAYENNE (53)

Chocolaterie Réauté : *1, rue de l'Orgerie, route d'Angers, 53200* ***CHÂTEAU-GONTIER-SUR-MAYENNE.*** *☎ 02-43-70-70-90. • reaute-chocolat.com • ♿ Visite guidée seulement, lun-ven 9h30-11h, 14h-17h, sur résa par tél ou mail à • visite@reaute-chocolat.fr • Pour 12-40 pers : 4,90 €/pers, moins de 18 ans 3,90€/pers. Durée de la visite : 1h45. Pour un groupe de 40 pers minimum et les* *autocaristes : 3,90 €/pers ; moins de 18 ans 2,90 € ; scolaires, étudiants, enfants accueil de loisirs 1,90 € ; visite offerte pour le conducteur et les accompagnateurs. La visite est accessible aux personnes à mobilité réduite.* ***Boutique :*** *lun-sam 9h30-12h30, 14h-19h.*

C'est en 1954 que Roland et Madeleine Réauté ouvrent une boulangerie-pâtisserie à Château-Gontier-sur-Mayenne. En 1989, les enfants des fondateurs décident de se spécialiser dans le chocolat, et fournissent les épiceries fines telles que Hédiard, La Tour d'Argent, Maxim's... Le fin du fin ! Et en 1998, ils ouvrent un 1er magasin, point de départ du développement du réseau. En 2015, le groupe familial Buton reprend la société et poursuit le développement sur les traces de la famille Réauté en fabriquant de délicieuses friandises, ainsi que des gâteaux. Parmi les produits emblématiques de la marque : les Mayottes (feuilleté praliné aux amandes et noisettes) et les Carats (feuilleté praliné aux amandes et noisettes, avec une crème de caramel). Outre les ***bonbons sans huile de palme,*** l'entreprise développe des éditions limitées de moulages, montages et tablettes à l'occasion des différentes fêtes et événements de l'année.

La visite comprend ***4 étapes.*** Tout d'abord, un petit film qui relate le parcours de la fève de cacao, de sa culture à son importation vers l'Europe et la fabrication des bonbons en chocolat. Ensuite, on passe dans l'atelier senteur pour apprécier toutes les subtilités du chocolat ; atelier suivi de la découverte des différentes façons de travailler le chocolat. Celui-ci, on l'aime particulièrement ! La visite continue avec les coulisses de l'atelier de biscuiterie. Gageons que cette promenade gourmande vous aura mis l'eau à la bouche... pour la dégustation !

La Cité du Lait : *18, rue Adolphe-Beck, 53000* ***LAVAL.*** *☎ 02-43-59-51-90. • lacitedulait.com • ♿ Fermé j. fériés. Visite libre, visite guidée et animations. Horaires et jours d'ouverture en ligne. Visite libre : 7 €. Visite guidée pour individuels : 10 €. Visite de groupe sur résa : 9 €/pers ; réduc. Durée de la visite : env 2h.* ***Boutique et fromagerie :*** *horaires en ligne. Vente de produits laitiers, fromages à la coupe, plateaux de fromages, boutique de musée.*

Au sud de Laval, sur les bords de la Mayenne, la Cité du Lait présente sur plus de 5 000 m² tous les ***métiers du lait,*** ainsi que l'histoire de cette petite entreprise lavalloise fondée en 1933 par André Besnier, devenue depuis le 1er laitier mondial. Dans un ***parcours scénographique,*** les vidéos, archives cinématographiques et outils anciens permettent d'appréhender l'univers de la tradition laitière et fromagère. La visite commence par la laiterie de Laval telle qu'elle fonctionnait en 1948, depuis la salle de réception, de la collecte jusqu'au conditionnement en passant par le moulage du camembert. On découvre ensuite, dans un espace moderne feutré et bleuté, la ***transformation du lait*** sous toutes ses formes (yaourts, beurre, crème, fromages...). Au 1er étage, la visite se poursuit avec l'***histoire de l'entreprise familiale*** devenue le groupe Lactalis en 1999. On peut voir une collection impressionnante d'étiquettes de fromages (espace tyrosémiophile) et l'évolution du packaging à travers des emballages du monde entier, depuis les 1ers pas de la réclame jusqu'aux films publicitaires diffusés dans de nombreux pays.

Les + :

– Dégustation à la fin de la visite.

– Pour les enfants : ateliers de fabrication de fromage et du beurre *(pdt les vac scol de la zone B ; sur résa en ligne).*

SARTHE (72)

Biscuiterie La Sablésienne : *1, av. Jean-Monnet, ZA de la Denisière, 72300* ***SABLÉ-SUR-SARTHE.*** *En périphérie, à la sortie de Sablé. ☎ 02-43-95-04-53.*

• sablesienne.com • ♿ Visite complète : 1er juin-30 sept, lun-ven 10h-11h30. Tarif : 4 € ; 5-12 ans 2,50 € ; gratuit moins de 5 ans. Formule Escapade (sans la visite de l'atelier mais avec présentation du film et dégustation) : lun-sam 9h30-12h30, 14h-18h30. Tarif : 2,50 €/pers ; 5-12 ans 1 € ; gratuit moins de 5 ans. Sur résa par tél ou mail à • tourisme@sablesienne.com • Possibilité de visite pour les groupes sur résa : 1er fév-31 oct. ***Boutique :*** *lun-sam 9h30-12h30, 14h-18h30 (19h ven-sam). Également une* ***boutique-salon de thé en centre-ville :*** *16, pl. Raphaël-Élizé (mar-sam 10h-12h30, 14h30-19h).*

La recette du ***sablé – biscuit pur beurre*** – a de solides racines dans la ville dont il porte le nom, Sablé-sur-Sarthe, située au cœur des Pays de la Loire. En 1962, un pâtissier passionné, Georges Justier, bâtit la Biscuiterie de Sablé-sur-Sarthe, désireux de perpétuer la recette historique au pur beurre frais. Aujourd'hui, c'est Amélie Loret Scherrer, arrière-petite-fille de pâtissier et fille de biscuitier, qui a repris la biscuiterie La Sablésienne en 2003. ***Bio, bon et beau*** : tel est le mantra de la biscuiterie. Les recettes ne contiennent aucun additif, ni colorant, ni conservateur, ni OGM. Et les matières premières sont des ingrédients qui proviennent principalement de l'ouest de la France. La maison a également misé sur les emballages, avec des boîtes colorées et rigolotes que l'on garde volontiers une fois vidées.

PALAIS ROYAL

En 1670, la marquise de Sablé, se rendant auprès de Monsieur, frère du Roi-Soleil, emporta quelques gâteaux de sa région. La Cour tomba sous le charme de ce qu'elle appela désormais les « petits sablés ». La marquise devint même le fournisseur officiel de Monsieur pour son petit déjeuner ! Mais les sablés ne connurent réellement la célébrité qu'au XXe s, quand la recette fut retrouvée, en 1932. Elle est désormais référencée au Conseil national des arts culinaires (CNAC), et elle a sa page dans l'inventaire de celui-ci !

La visite permet, après le film et l'historique du petit sablé, de ***pénétrer dans l'atelier*** pour assister à la fabrication de ces délicieux petits gâteaux. La pâte des sablés est d'abord pétrie de façon artisanale par les pâtissiers de La Sablésienne avec des ingrédients naturels. Ensuite les petits sablés sont formés, estampillés et déposés sur plaques de métal. Puis c'est parti pour la cuisson de quelques minutes, le ramassage (sans casse) et le conditionnement, pour expédition... jusqu'au Japon !

La biscuiterie fabrique également des ***langues de chat*** (on adore ça), des petits macarons et des petites meringues. Cerise sur le sablé, elle possède même sa propre chocolaterie au cœur de la biscuiterie ! Vive la dégustation !

Label : Tourisme et Handicap.

Distillerie du Sonneur : *7, rue du Vert-Galant, 72000* ***LE MANS.*** *☎ 02-72-91-56-74. Visites guidées : sam à 15h pour l'Initiation (7 €/pers, réduc, sur réservation), sam à 17h pour l'Équilibre (20 €/pers, 15 € formule sans alcool, gratuit moins de 10 ans). Juin-sept et pdt les vac scol, visites Initiation et Équilibre possibles en sem, sur résa et selon disponibilités. La distillerie accueille également les groupes (min 15 pers) tte l'année sur résa.* ***Boutique :*** *mar-jeu 14h-19h, ven-sam 10h-19h.*

La distillerie du Sonneur tient son nom d'un petit crapaud qui vit à proximité des vergers : le ***crapaud sonneur à ventre jaune, une espèce protégée.*** Ce petit crapaud d'à peine 5 cm vit dans des eaux peu profondes, comme les fossés ou des mares non poissonneuses. Pour le protéger, une ***mare conservatoire*** a été creusée, en partenariat avec le Parc Normandie-Maine (limitrophe), la Ligue de protection des oiseaux et le Conservatoire régional d'espaces naturels des Pays-de-la-Loire.

La distillerie du Sonneur est tout d'abord une ***ferme en arboriculture biologique*** dont les vergers se situent à Ségrie, sur les 1ers coteaux des Alpes Mancelles. Les 5 ha de verger sont en agroforesterie et agriculture biologique, avec une

alternance de rangées d'arbres et de plantations de plantes aromatiques et de petits fruits. Ce qui permet de limiter la propagation de maladies et de favoriser la biodiversité.
En ville, la distillerie du Sonneur est installée au ***cœur du Mans, à 2 pas de la cité Plantagenêt,*** pour mieux symboliser le lien entre la ville et sa campagne. Dans ce bâtiment construit au début du XXe s, elle travaille des fruits de variétés principalement anciennes ou locales.
Pour percer les mystères de la distillation, ***2 formats de visite*** sont proposés. La visite guidée vous fera entrer dans l'univers de la distillerie où est expliquée la partie plus technique du métier, de la préparation des fruits à la mise en bouteilles des produits. Pour l'***Initiation,*** on termine l'expérience par la dégustation de 2 créations de la distillerie, différentes selon les saisons. La visite ***Équilibre,*** elle, est suivie d'une dégustation de 5 produits de la distillerie (différents selon la saison) accompagnés d'amuse-bouche locaux. Plus complète, elle fait découvrir l'histoire de l'entreprise et des lieux qu'elle occupe, outre le côté technique de la distillation. Intéressant : une version sans alcool est possible, ainsi qu'une variante végétarienne.
Les + :
– ***Atelier cocktails et mocktails*** *(3-10 pers, 60 €/pers, 2h).* Pour découvrir les bases de l'art des mélanges.
– ***Atelier Gin*** *(3-10 pers, 70-90 €/pers selon taille du flacon – 20 ou 50 cl –, 3h).* Pour assembler son gin personnalisé et repartir avec un flacon de sa recette.

VENDÉE (85)

La criée des Sables : *port des* ***SABLES-D'OLONNE.*** *Visite avr-nov, mar-jeu à 5h30 (du matin !). Résa : office du tourisme des Sables-d'Olonne. ☎ 02-51-96-85-85. • billetterie@otls.fr • Tarif : 7 € ; 5-16 ans 4 €. Durée de la visite : 1h30. Prévoir des vêtements chauds (la température est inférieure à 5 °C) ainsi que des chaussures fermées (sol glissant).*
Le port de pêche des Sables-d'Olonne est reconnu pour la variété et la noblesse des espèces débarquées : bar, seiche, merlu, sole. Ce sont les ***guides de l'association Meravenir*** qui vous emmènent à la découverte des coulisses du centre de marée, du port de pêche, pour mieux comprendre le travail des marins-pêcheurs, le rôle des mareyeurs, ainsi que la diversité des poissons et crustacés pêchés sur la côte.
Les lève-tôt apprécieront cette immersion dans ***l'effervescence nocturne de la criée :*** on voit le débarquement et la vente de poissons, on observe le va-et-vient des bateaux et on découvre les métiers qui animent le port. La visite se clôture par le visionnage d'un film retraçant les diverses activités de la pêche de capture. Quant aux autres, on les incite à se lever pour une fois à l'aube afin de faire cette expérience qui permet de mieux comprendre le chemin

LA CHAUME

Le berceau des Sables-d'Olonne vaut vraiment le détour, d'autant que la **traversée du chenal** *avec le passeur est facile. Ce* **quartier de marins pêcheurs,** *avec ses maisons typiques aux fenêtres à hauteur de la chaussée, ses ruelles fleuries de roses trémières en été, son marché local couvert, la fresque en trompe l'œil place Sainte-Anne, permet de charmantes flâneries. Quelques belles maisons d'armateurs, du temps où la pêche à la morue rapportait beaucoup, et un agréable contraste avec l'urbanisation moderne du reste de la station.*

du poisson qui arrive dans son assiette et le dur travail de marins pêcheurs ! Une visite instructive qui intéressera toute la famille.
Le + : possibilité de se restaurer après la visite avec l'assiette du pêcheur (sur résa). *Visite de la criée + assiette du pêcheur (un plat de poisson, un verre de vin blanc et un café) : 22 €/adulte, 15-16 ans 19 € ; au P'tit Sablais.*

Le Chocolatier Sablais : *14, rue Clément-Ader, 85340* ***LES SABLES-D'OLONNE.*** *☎ 02-51-22-51-32. Visite guidée, lun-ven pdt les vac scol (hors vac de Noël et d'hiver) à 10h et 11h. Résa obligatoire auprès de la boutique du Chocolatier Sablais (☎ 02-51-96-85-78). Tarif : 5 € ; réduc. Groupe à partir de 20 pers : 4,50 €/pers. Durée de la visite : 45 mn-1h.* ***Boutique :*** *lun-sam 10h-12h30, 14h-18h30.*
Le ***Chocolatier Sablais*** est d'abord né dans l'imagination de Ségolène et Stéphane Arnauld, dans les années 2000, alors qu'ils tenaient tous les deux « Le Pierrot », un salon de thé-pâtisserie sur le remblai des Sables d'Olonne, face à l'océan. Ils avaient alors découvert dans cette institution vendéenne un trésor : un vieux livre de recettes manuscrites de biscuits, de chocolats, et autres délicieuses confiseries... En 2006, leur chocolaterie vient au jour. Intransigeants sur le goût et la qualité de leurs chocolats, les artisans travaillent ***à partir de chocolat pur beurre de cacao,*** en provenance de ***Côte d'Ivoire.*** Aujourd'hui, l'entreprise compte plus de 50 salariés. Il y a fort à parier que les amateurs de praliné, de caramel fondant ou de ganache onctueuse apprécieront la découverte de cette manufacture de chocolat ! La visite commence par l'histoire du Chocolatier Sablais et offre de découvrir le processus de fabrication artisanale, de la sélection rigoureuse des fèves de cacao jusqu'à la création de délicieuses tablettes et pralines. Observez attentivement le travail des maîtres chocolatiers, qui transforment ensuite ces ingrédients en ***œuvres d'art comestibles.*** Bien entendu, la visite se termine en dégustant les créations chocolatées que vous avez vu naître sous vos yeux...
Les + : l'atelier de dégustation.

La Mie Câline : *ZAC du Clousis, 18, rue des Essepes, 85160* ***SAINT-JEAN-DE-MONTS.*** *☎ 02-51-59-19-19. • lamiecaline.com • Visite guidée seulement (à partir de 6 ans) : tte l'année, sur résa par tél. Visite de groupe pour 15-60 pers sur résa par tél. Tarif : 5 € ; 12-18 ans 4 € ; 6-11 ans 2 €. Durée de la visite : 1h30.* ***À savoir :*** *aucun bijou ni piercing, même avec pansement. Vous serez habillé d'une charlotte, d'une blouse et d'une paire de sur-chaussures.*
Rendez-vous sur le site du 1er fournil de cette petite entreprise familiale vendéenne, devenue une grande marque alimentaire, pour découvrir son histoire et son savoir-faire. Après une présentation et un ***historique de l'enseigne,*** on vous fera visiter les ***différents ateliers du site de production :*** pâtisserie, traiteur, boulangerie, préparation des commandes... Le guide explique les procédures de fabrication et le fonctionnement d'une grande ***boulangerie industrielle*** ainsi que le concept de franchise. Dégustation en fin de visite.
Le + : dégustation.

PROVENCE-ALPES-CÔTE D'AZUR

• Carte *p. 32*

C'est une des régions phare du tourisme de savoir-faire, tant en nombre d'entreprises ouvertes au public qu'en fréquentation.
Le secteur cosmétique y est dominant : *Fragonard* et ses 3 usines laboratoires, l'une des figures de proue du riche secteur de la parfumerie, *L'Occitane en Provence* et son parcours au cœur de la production, *Marius Fabre* fabriquant un savon de Marseille dans les règles de l'art – là aussi leader d'une activité savonnière prolifique en entreprises –, *Aroma Plantes* et le *musée de la Lavande* avec leurs produits à base de lavande.
Parmi les entreprises artisanales, on notera la *verrerie de Biot,* l'une des entreprises qui reçoit le plus de visiteurs en France, et la *poterie Ravel.*
Le secteur alimentaire occupe également une large place, dominé par la confiserie et les moulins à huile. La *confiserie Florian,* avec ses 2 sites de Nice et Tourrettes-sur-Loup, et les calissons d'Aix, particulièrement ceux de la *confiserie du Roy René,* remportent un franc succès. L'ancrage de l'olivier dans le terroir provençal assure le succès des *huileries...* et de leurs visites. Également emblématique de la région, la *Maison Fouque* qui, depuis 4 générations, crée des santons.
La présence du Rhône est un atout pour l'énergie hydroélectrique. On peut notamment visiter le *barrage EDF de Serre-Ponçon* et la *centrale de la Compagnie nationale du Rhône (CNR) à Bollène.*

ALPES-DE-HAUTE-PROVENCE (04)

Pôle distillerie

Distilleries et Domaines de Provence : *9, av. Saint-Promasse, 04300* ***FORCALQUIER.*** *☎ 04-92-75-71-66. • distilleries-provence.com • Juil-août, lun-ven 9h-19h ; sam 9h-13h, 15h-19h ; dim 9h-13h. Le reste de l'année, lun 10h-19h ; mer-sam 10h-12h30, 14h-18h30 ; fermé janv-fév. Visite libre : GRATUIT. Visite de groupe sur résa par tél au ☎ 09-50-63-24-77 ou par mail à • boutique@distilleries-provence.com •*

« C'est évident que nous sommes là dans le contraire du commun. Il faut du caractère et un peu d'âme », disait Giono de la ***montagne de Lure,*** cette barrière montagneuse qui, sur une cinquantaine de kilomètres, borde au nord le pays de Forcalquier. Une terre qui hésite entre Provence et Dauphiné, où la tuile dispute la vedette à la lauze, où la gentiane bleue des crêtes fait écho à la lavande des collines, où l'olivier rencontre le hêtre. Le paysage est ouvert, franchement lumineux, le ciel y est plus clair qu'ailleurs, l'air y est plus pur. ***Un lieu idéal pour élaborer des apéritifs à base de plantes aromatiques.*** Justement, cet espace muséal sur la cueillette des plantes aromatiques et leur transformation en alcool, agrémenté d'une vidéo, permet de comprendre leur processus de fabrication – dans une entreprise qui en connaît un rayon : sa fondation remonte à 1898 ! Et c'est bien sûr l'occasion de les goûter : pastis Bardouin, farigoule, absinthe, rinquinquin de pêche, gentiane de Lure...

Les + :

- Dégustation.
- Un atelier cocktail par mois *(durée 2h, 25 €/pers).*

Distillerie Lachanenche : *La Fresquière, 04340* **MÉOLANS-REVEL.** *☎ 04-92-81-95-56. • lachanenche.com • Visite : lun-ven à 10h30, 14h30 et 16h. Groupe (plus de 5 pers) : résa par tél ou en ligne. GRATUIT.* ***Boutique :*** *lun-ven 9h-12h, 14h-18h ; sam 9h30-12h30, 14h30-18h30.*

Aux portes du Mercantour, 2 hameaux accrochés aux escarpements de la montagne, de part et d'autre de l'Ubaye, et que l'histoire a réunis sous un même vocable. Le clocher-tour de Méolans, fièrement campé sur son éperon rocheux, toise du haut de ses 400 ans les activités humaines du XXIe s. Entre autres, celles de cette distillerie qui fait feu de toutes plantes ! Tout a démarré avec une surproduction de framboises... dont l'entreprise familiale a fait une liqueur il y a maintenant 30 ans. Seul maître mot, des végétaux locaux et bio. Certains issus de la cueillette sauvage raisonnée (thym, hysope, genièvre), d'autres dans les champs cultivés du distillateur (framboise, rose...). Spécialité du lieu : le génép... hips ! Et, depuis peu, le whisky (bio), distillé à l'aide d'un alambic centenaire et vieilli dans un chai atypique : un ancien tunnel ferroviaire !

Le + : la dégustation.

L'Occitane en Provence : *ZI Saint-Maurice, 04100* **MANOSQUE.** *☎ 04-92-70-32-08. • loccitane.com • Résa sur • visiteloccitane.com • Visite guidée seulement, sur résa. Tarif : 6 € ; gratuit moins de 16 ans. Visite de groupe sur résa pour 10-100 pers. ♿ Visite guidée : avr-oct, tlj ; nov-mars, lun-sam. Durée de la visite : 1h.* ***Boutique :*** *avr-déc, tlj ; nov-mars, lun-sam 10h-19h (18h dim).*

En celte, Manosque signifie « habitants des collines ». La colline du Mont-d'Or, à 2 km au nord-est de la ville, est coiffée d'une « tour » (pans de mur d'une tour du château des comtes de Forcalquier, dont dépendait Manosque), du sommet de laquelle on découvre un magnifique panorama : la vieille ville en forme de poire et ses toits patinés, le ruban du canal bordé de cultures et de vergers, parallèle à la Durance. Les horizons révèlent le Luberon, la Sainte-Victoire, la Sainte-Baume, le mont d'Aiguines surplombant les gorges du Verdon, et les 1ers sommets des Alpes. C'est donc au cœur même de la Provence que se dresse cette cité au centre médiéval, aux rues tortueuses, aux petites places charmantes, aux portes fortifiées, aux vestiges de remparts plus que suggérés.

À la sortie de la ville, sur la route de Valensole, s'élève le site de production de ***L'Occitane en Provence.*** La manufacture, le jardin méditerranéen et la boutique dévoilent les coulisses de la fabrication de ces ***produits cosmétiques*** qui véhiculent l'image de la Provence à travers toute la planète. L'histoire d'Olivier Baussan, son fondateur, est une ***success story hexagonale.*** Le jeune licencié en lettres, avec pour tout bagage un vieil alambic, une camionnette et une bonne culture des plantes qui ont bercé son enfance, distille et vend de l'huile essentielle de romarin sur les marchés locaux de Provence. Tout change lorsqu'il récupère une ancienne savonnerie sur le déclin, en association avec un ami chimiste. En 1976, L'Occitane est fondée, et en 1977, elle réserve sa 1re récolte de lavande. La diversification des ingrédients ne tarde pas : 3 ans plus tard, le karité, utilisé au Burkina Faso, fait son entrée dans la gamme. Puis viendront la verveine, l'immortelle corse, cultivée en agriculture biologique, base de la Crème divine, l'un des best-sellers de la marque... Celle-ci explose à partir des années 1990 : des boutiques s'ouvrent à Paris, mais aussi à New York, à Hong Kong, au Japon, au Brésil... Il y en a désormais plus de 3 000 à travers le monde.

Au cours de la visite, on suit, au gré des senteurs, les ***différentes étapes de fabrication des soins cosmétiques.*** On évolue du stockage des matières premières jusqu'au pôle de conditionnement, en passant par les ateliers de pesée et de fabrication. Un parcours qui fait apparaître les valeurs de la Maison L'Occitane, à

travers ses engagements humanistes et écologiques. On découvre également les principales plantes utilisées, leur provenance et leurs caractéristiques : lavande, verveine, immortelle et noix de karité bien sûr, mais aussi amande, rose, fleur de cerisier, cédrat, cade... Elles insufflent leurs propriétés bénéfiques aux produits de cosmétique, mais aussi aux huiles essentielles qui sont au fondement de la palette d'aromachologie.
Puis on passe dans la ***boutique*** pour découvrir ou redécouvrir les gammes de produits, iconiques et expertes. On profite aussi de services tels que la personnalisation des produits à offrir.
On se remet de ses découvertes en humant les parfums du ***Jardin méditerranéen,*** conçu pour offrir un véritable moment de détente sensorielle dans une ambiance provençale. On y découvre les plantes valorisées dans les produits de L'Occitane, ainsi que d'autres plantes aromatiques ou médicinales typiquement méditerranéennes.
Label : France savoir-faire d'excellence.

Caramèlerie de Mane (Groupe Territoire de Provence) : *route de Salagon, 04300* ***MANE.*** *☎ 04-65-69-00-70. ● lacaramelerie.com ● mane@la-caramelerie.com ● Ouv mar-sam 10h-12h30, 14h-18h (10h-13h et 14h-17h en hiver). Visite libre : GRATUIT. Jours et horaires été : lun-dim 10h-12h30, 14h-18h.*
L'agréable bourg de Mane, un peu perché, offre une belle balade dans les ruelles empierrées du vieux village (Xe s) pour monter vers le château. Il est animé, à côté du prieuré de Salagon, par différents commerces, dont la manufacture de caramels, sise dans une bastide du XVIIIe s qui servit de ***magnanerie*** (bâtiment destiné à l'élevage de ver à soie). On est accueilli par... des ***papillons,*** qui s'ébattent dans un jardin (collaboration avec la LPO et Act for Planet). L'atelier de production, visible derrière une grande baie vitrée et accessible par une passerelle, offre aux visiteurs une ***plongée dans l'histoire des manufactures des années 1950.*** Dans la boutique attenante, on peut déguster les caramels à l'huile d'olive, une première mondiale !
Le + : dégustation.

Comtes de Provence – Agro'Novae : *11, espace Saint-Pierre, 04310* ***PEYRUIS.*** *☎ 04-92-33-23-00. ● comtes-de-provence.com ● Résa par tél ou par mail à ● comtesdeprovence@agronovae.com ● À partir de 10 ans. Visite guidée seulement, le mar à 9h30, sur résa. Visite de groupe sur résa (sauf août), pour 5-10 pers. Tarif : 2 €/pers. Durée de la visite : 30-45 mn.* ***Boutique :*** *lun-ven 9h-17h.*
Nichée au cœur de la Provence depuis 1986, la manufacture de confitures Agro'Novae est le berceau d'un savoir-faire d'exception dédié à l'art de sublimer les fruits. ***La magie opère dès l'entrée dans l'atelier,*** où les fruits sont méticuleusement sélectionnés et préparés à la main, avant d'être lentement cuits au chaudron, selon des méthodes traditionnelles héritées de leurs ancêtres. Ce processus de fabrication, où le temps et le soin sont les principaux ingrédients, permet de préserver les saveurs authentiques et les arômes délicats des fruits, offrant aux confitures leur texture incomparable.
Les ***confitures,*** à la base de l'activité, sont riches en fruits et garanties 100 % naturelles : sans colorants, additifs ou exhausteurs de goût – bien des produits existant en version bio. Mais la gamme propose également d'intéressants ***confits*** pour accompagner les fromages, des compotes et des miels appétissants.
Label : Entreprise du Patrimoine Vivant.

Chocolaterie de Banon (Groupe Territoire de Provence) : *Le Puy, 04150* ***BANON.*** *☎ 04-65-69-00-50. ● boutique@chocolaterie-banon.com ● Visite libre : juil-août, tlj 10h-13h, 14h30-18h30 ; juin, sept et déc, tlj 10h-12h30, 14h-18h ; oct-mai, tlj (sauf dim) 10h-12h, 14h-18h. Visite de groupe sur résa, max 60 pers. GRATUIT. Durée de la visite : 30 mn-1h.* ***Boutique :*** *mêmes horaires que la visite.*
Banon, c'est un joli village médiéval plein de charme, qui abrite encore de nombreux bâtiments des XIVe et XVe s. Le vieux Banon, ceint par les ruines des remparts de l'ancien château, est accessible par un beau portail à mâchicoulis, qui

s'ouvre sur la rue des Arcades, magnifiquement caladée. Le reste est à l'avenant. Au pied du village, adossé au plateau du Contadour, se dresse le ***bâtiment « éco-construit »*** (haute qualité environnementale : construction en bois, haute isolation, panneaux solaires, toit végétalisé, etc.), qui abrite les ateliers de la chocolaterie. À travers un sas vitré, on voit fonctionner les ***machines qui assurent la confection des gourmandises :*** pâtes à tartiner (noisettes, amandes, noix ou pistache), des chocolats enrobés et turbinés (plus de 20 spécialités), des pralines aux amandes de Provence, des pâtes de fruits... Vente de glaces à déguster sur place ou à emporter.

Les + :
- Dégustation.
- Accueil de groupes jusqu'à 60 personnes sur réservation.

Écomusée l'Olivier (Groupe Territoire de Provence) : *RD13 (ancienne route de Forcalquier), 04130* ***VOLX.*** *06-64-10-05-88 • territoire-provence.com/eco-musee-de-lolivier • Mar-sam 10h-18h. Gratuit. Fermé nov-mars.*

Dans un four à chaux du début du XXe siècle, un espace muséographique contemporain de bonne facture dédié à l'arbre emblématique de la Provence. Vidéos explicatives, objets anciens évocateurs, superbes photographies permettent de tout apprendre de l'olivier, dans une perspective naturaliste autant que culturelle. Car l'huile d'olive sert à tout, assaisonner bien sûr, mais aussi nettoyer (savon de Marseille) ou éclairer (combustible pour luminaires) !

Et puis, à partir de 2025, le musée va accueillir un atelier de fabrication d'amandes apéritives. La turbine actionnée par un artisan sera visible à travers des baies vitrées : l'occasion de découvrir un savoir-faire rarement accessible aux néophytes !

Cerise sur la visite gourmande, une boutique-épicerie fine Brémond fils, qui complète ses propositions en huiles d'olive provençales et méditerranéennes avec des vinaigres - dont des balsamiques, des produits à base de truffes, confiseries, biscuits, infusions... Encore une de ces visites qui réjouit autant les sens que les neurones !

Le + : dégustation commentée. *Gratuite, sur réservation, pour 9-40 pers.*

Label : Tourisme et Handicap.

ALPES-MARITIMES (06)

Pôle parfumerie

Parfumerie Fragonard – L'usine historique : *20, bd Fragonard, 06130* ***GRASSE.*** *☎ 04-93-36-44-66. • fragonard.com • Visite libre : avr-sept, tlj 9h-18h30 ; oct-mars, tlj 9h-18h. Dernier départ 1h avt fermeture. Visite de groupe sur résa, à partir de 8 pers. GRATUIT. Durée de la visite : 45 mn.* ***Boutique :*** *avr-sept, tlj 9h-18h30 ; oct-mars, tlj 9h-18h.*

Au cœur de cette pittoresque vieille ville, la fabrique, créée en 1782, compte parmi les plus anciennes de Grasse. C'est en 1926 que le créateur de la marque eut la bonne idée de la baptiser du nom du célèbre peintre, enfant du pays. Dans une belle bâtisse, qui expose des ***objets de parfumerie*** bien présentés, on apprend tout de cette industrie, son matériel, puis son évolution au cours de 3 000 ans d'histoire. On découvre les procédés de fabrication et d'emballage des produits maison en parcourant le ***laboratoire du parfumeur*** et son orgue, le ***distilloir,*** l'atelier de ***macération*** et de ***filtrage,*** ainsi que les salles d'***enfleurage,*** les ateliers de conditionnement et la savonnerie. Produits en vente à la clé.

Label : France savoir-faire d'excellence.

Parfumerie Fragonard – Fabrique de fleurs : *Les Quatre-Chemins, 17, route de Cannes, 06130* **GRASSE.** *☎ 04-93-77-94-30. • fragonard.com • ♿ Visite guidée seulement : de mi-fév à mi-nov et vac scol, tlj 9h-18h ; le reste de l'année, tlj 9h-13h, 14h-18h. Dernier départ 1h avt fermeture. Visite de groupe sur résa, jusqu'à 50 pers. GRATUIT. Durée : 30-45 mn. Atelier de création de parfum, sur résa en ligne. Tarif : 69 €. Durée de l'atelier : 2h.* **Boutique :** *de mi-fév à mi-nov et vac scol, tlj 9h-18h30 (jusqu'à 19h juil-août) ; de mi-nov à mi-fév, tlj 9h-18h.*

Dédiée à la parfumerie et aux plantes aromatiques, la ***Fabrique des fleurs*** est entourée d'un superbe ***jardin de plantes à parfums.*** Aux portes de Grasse, cette usine contemporaine (inaugurée en 1986) est équipée de machines très modernes destinées à la ***fabrication et au conditionnement des produits Fragonard.*** Visiter ces installations, c'est véritablement pénétrer les secrets du savoir-faire de ce parfumeur, dans un environnement alliant méthodes artisanales et techniques de fabrication modernes. On découvre ainsi le ***laboratoire, la chaîne de conditionnement des produits,*** ainsi que la plus importante ***unité de savonnerie de la maison.*** À la fin, on saura tout des méthodes d'extraction et de traitement des matières premières. Dès le printemps, la visite se termine dans le ***jardin de fleurs,*** où poussent les principales essences utilisées dans la parfumerie grassoise : rose de mai, lavande, genêt, seringa, chèvrefeuille. Une explosion de couleurs et de fragrances, qui émaille tout le pays de Grasse. Car celui-ci s'étend bien au-delà des limites historiques de la cité des parfums, et même des rives qui sentent bon la violette. Un pays qui embaume et égaye, tout en collines douces et en villages provençaux.

Le + : cours de création de parfum *(sur résa en ligne, env 30 mn en plus de la visite).*

Label : France savoir-faire d'excellence.

LE PARFUM DE LA CÉLÉBRITÉ

*Les « **savoir-faire liés au parfum en Pays de Grasse** » sont inscrits depuis 2018 sur la liste du **Patrimoine culturel immatériel de l'humanité de l'Unesco.** Cette distinction englobe la culture des plantes à parfums, la connaissance des matières premières naturelles et de leur transformation, ainsi que l'art de composer le parfum. Les champs grassois sont aujourd'hui encore exploités et convoités par les plus grandes maisons de parfumerie pour la qualité de leurs fleurs et leurs fragrances uniques. Parmi les plus célèbres, **Fragonard, Galimard** et **Molinard.** Et la **ville de Grasse,** en tant que capitale mondiale de la parfumerie, est également inscrite au **Patrimoine mondial de l'humanité par l'Unesco.***

L'ORIGINE SACRÉE DU PARFUM

En brûlant l'encens et la myrrhe, le perfumus (en latin, « à travers la fumée ») montait au ciel et reliait les hommes aux dieux. De sacré, le produit devint profane, en devenant liquide grâce à l'alambic, invention des Arabes. En distillant les fleurs, l'élixir chassait les mauvaises odeurs puis devint objet de séduction. Vous voilà mis au parfum !

Parfumerie Fragonard – L'usine laboratoire : *158, av. de Verdun, 06360* **ÈZE.** *☎ 04-93-41-05-05. • fragonard.com • ♿ À partir de 6 ans. Visite guidée seulement : tlj 9h-18h. Dernier départ 1h avt fermeture. Visite de groupe sur résa, jusqu'à 50 pers. GRATUIT. Durée de la visite : 30-45 mn.* **Boutique :** *tlj 9h-18h.*

C'est au Moyen Âge que la population du village est venue se réfugier, pour mieux se protéger, sur ce remarquable nid d'aigle perché à 429 m au-dessus de la mer. Une vue magnifique, un superbe village médiéval, des ruines de fortifications... L'usine Fragonard jouit d'une situation privilégiée : elle est installée

au pied du rocher, en aplomb de la mer, entre Nice et Monaco. Ce site-ci est essentiellement destiné à la ***fabrication des produits de soin et de toilette de la marque.*** Équipé de moyens modernes de production, le laboratoire fournit l'ensemble des crèmes, laits, lotions et gels douche Fragonard. L'intégralité du processus de fabrication est visible, et selon le planning de production, on assiste à la fabrication d'une crème ou bien à celle d'un gel douche. Une visite intéressante, menée par un personnel charmant. Pour en profiter, on trouve une boutique à la sortie, avec tous les produits à prix d'usine.
Le + : cours de création de parfum *(sur résa en ligne, env 30 mn en plus de la visite).*
Label : France savoir-faire d'excellence.

Parfumerie Galimard – Grasse : *73, route de Cannes, 06130* ***GRASSE.*** *☎ 04-93-09-20-00. • galimard.com • Visite guidée, horaires des visites sur le site internet. Visite de groupe, sur résa sur le site internet. GRATUIT. Durée de la visite : 1h.* ***Boutique :*** *tlj 9h-18h (18h30 juil-août).*
Venez vous initier aux secrets des parfums à Grasse, capitale mondiale de la parfumerie ! La visite de cette maison, fondée en 1747 et restée entièrement familiale, se fait à un rythme très agréable. Elle débute par un ***musée*** reproduisant les techniques de fabrication à l'ancienne (des corps gras captaient les odeurs des fleurs). À travers les ***laboratoires*** et les ***salles de conditionnement,*** les origines de la parfumerie et les méthodes d'extraction des matières premières se dessinent. On découvre une superbe ***collection de machines anciennes,*** ainsi que l'orgue du « compositeur » de parfums, dit le ***« nez ».*** En avançant dans le temps jusqu'à nos jours, ce sont près de 2 000 senteurs différentes qui s'assemblent. Tout y passe : mousses, écorces, épices, fleurs, algues... On termine bien sûr en explorant la vaste gamme des ***produits maison,*** proposés à prix de fabrique.
Les + : animation, atelier de création de parfum Studio des Fragrances Galimard *(5, route de Pégomas, à 3 km du centre, direction Cannes).* Prévoir 2h pour élaborer le parfum de ses rêves *(60 €/pers, avec une eau de parfum 100 ml incluse ; 30 pers max par atelier ; tlj à 10h, 14h et 16h, sur résa préalable).*
Label : France savoir-faire d'excellence.

QUAND GRASSE JETTE LE GANT ET SE MET AU PARFUM

Au XVIIe s, Catherine de Médicis rapporte d'Italie la mode des gants parfumés. Une aubaine pour les nombreux tanneurs grassois, habitués à embaumer les gants pour en cacher l'odeur. Et comme le climat se prêtait à la culture du jasmin et de la rose centifolia, les gantiers locaux devinrent aussi parfumeurs. Peu à peu, la parfumerie détrôna les métiers du cuir.

Parfumerie Galimard – Èze : *pl. du Général-de-Gaulle, 06360* ***ÈZE.*** *☎ 04-93-41-10-70. • galimard.com • ♿ Visite guidée, tlj 9h30-18h. Visite de groupe sur résa sur le site internet. GRATUIT. Durée de la visite : 45 mn.* ***Boutique :*** *tlj 9h-18h30.*
La visite d'Èze-Village, localité idéalement située entre Nice et Monaco, est un moment magique. Dans ce superbe village médiéval, le ***musée Galimard*** est un établissement plein de charme, où l'on plonge allègrement dans la nostalgie d'un passé idéalisé, avec l'exposition de superbes flacons anciens. On y découvre aussi les ***origines de la parfumerie, les méthodes d'extraction des matières premières et l'orgue du « compositeur » de parfums,*** appelé le « nez ». Au passage, on apprend la différence entre l'eau de toilette, l'eau de parfum et le parfum ; entre le « nez » (qui peut travailler dans l'agroalimentaire par exemple), le parfumeur (nez très affûté qui crée les fragrances), les parfumeries (qui fabriquent les parfums) et les grandes maisons de mode qui apportent leur nom...

C'est aussi le royaume du ***shopping*** à prix d'usine : extraits de parfum, eaux de parfum, eaux de toilette, lignes pour le bain et pour la maison, idées cadeaux originales... On peut également participer à un ***atelier de création*** de parfum ou, plus modeste, d'un flacon de 15 ml d'eau de Cologne.
Les + : ateliers privés de haute parfumerie avec le parfumeur maison : studio nº 1 Initiation Grisante *(tarif : 269 €)* ; atelier Collection Privée *(tarif : 89 €).*
Label : France savoir-faire d'excellence.

Parfumerie Molinard : *60, bd Victor-Hugo, 06130* ***GRASSE.*** *☎ 04-92-42-33-11. • molinard.com • Visite guidée seulement : oct-mars, lun-sam 10h-17h (plus dim pdt vac scol) ; avr-sept, tlj 10h-17h (18h juil-août). Les départs de visite s'organisent en fonction de l'arrivée des visiteurs. GRATUIT. Durée de la visite : 30 mn. Visite de groupe, sur résa, pour 2-50 pers.* ***Boutique :*** *oct-mars, lun-sam 10h-18h (plus dim pdt vac scol) ; avr-sept, tlj 10h-18h (19h juil-août).*
Établie dans la ***bâtisse familiale, au cœur de Grasse,*** la maison Molinard s'enorgueillit d'être la plus ancienne parfumerie de la ville. Ici, le parfum est une affaire de famille depuis 1849. Dès ses débuts, elle reçoit des clients prestigieux, dont la reine Victoria ! Elle n'hésite pas à sortir des sentiers battus : en 1921, elle crée ***Habanita,*** 1er parfum oriental féminin. Elle y introduit du vétiver, jusqu'alors réservé aux hommes. Dans les années 1930, elle habille ses parfums avec les créations des plus prestigieux verriers, tels que Lalique et Baccarat. Ainsi, en 1932, Lalique signe le ***Baiser du Faune,*** qui sera primé comme le plus beau flacon du monde à l'Exposition internationale de New York en 1939.
Ce sont justement ces ***précieux flacons*** que l'on découvre d'abord, en visitant la bastide restée dans son authenticité depuis ses origines. Ils ressortent des beaux meubles provençaux qui les mettent en valeur. Puis on découvre la provenance des récoltes des différentes essences, des plus proches, comme les 4 fleurs emblématiques de Grasse – la rose centifolia, le jasmin, la tubéreuse et la violette –, aux plus lointaines, comme la vanille de Madagascar ou l'ylang-ylang des Philippines. Dans le ***distilloir,*** dont la charpente fut conçue par Gustave Eiffel, sont expliquées les différentes méthodes d'extraction qui aboutissent à une huile essentielle. Enfin, dans le saint des saints, le ***laboratoire du parfumeur,*** sont dévoilées les harmonies presque musicales de la composition des parfums, avec leurs notes de tête, de cœur et de fond. Une visite quasi initiatique dans un lieu chargé d'histoire.
Les + : *(sur résa en ligne ou au ☎ 04-92-42-33-21)*
– ***« Le Bar des fragrances » :*** atelier de 20 mn, 3 bases et 6 notes au choix, flacon 30 ml *(tlj à 10h30, 12h30 et 15h30 ; 35 €/pers).*
– ***« L'Atelier Classique » :*** repartez avec un flacon de 50 ml de votre création et votre diplôme numéroté pour pouvoir recommander votre eau de parfum *(tlj à 11h, 14h et 16h ; 84 €/pers ; durée : 1h).*
– Pour les enfants : ***« Le Petit Parfumeur »,*** atelier de 30 mn, flacon de 30 ml *(tlj à 10h, 15h et 17h ; 32 €/pers ; 4-8 ans).*
– ***« L'Atelier Prestige, le luxe de la création » :*** atelier de 2h, 100 essences parmi les plus rares, flacon de 100 ml *(tlj à 10h et 14h ; 220 €/pers).*
Label : Entreprise du Patrimoine Vivant.

– Des visites à compléter avec celle du ***musée international de la Parfumerie (MIP)*** : *2, bd du Jeu-du-Ballon. ☎ 04-97-05-58-11. • museesdegrasse.com •* C'est le ***seul musée public du monde consacré à l'univers de la parfumerie.*** Ses 3 500 m² de surface d'exposition présentent 3 500 objets (le fonds en compte plus de 50 000) liés au parfum : flacons égyptiens, grecs, romains... et quelques pièces célèbres comme le coffret de voyage de Marie-Antoinette. Ces superbes espaces, installés dans un ancien hôtel particulier du XVIIIe s, évoquent toute l'histoire de la parfumerie, des bains romains au marketing moderne en passant par la révolution hygiéniste anglaise du XVIIIe s, et par tout l'aspect local de ce qui est aujourd'hui devenu une véritable industrie. L'histoire côtoie la modernité, la technicité et le rêve se lient au savoir-faire et au luxe.

– Et si vous vous demandez, un peu jaloux, comment la dynastie des parfumeurs Fragonard dépense les sous que vous lui avez laissés à la boutique, sachez que vous pouvez même en profiter à nouveau ! En effet, ils alimentent le ***musée Fragonard – Collection Hélène et Jean-François Costa*** *(14-16, rue Jean-Ossola ; ☎ 04-93-36-02-07),* musée privé sis dans le magnifique hôtel de Villeneuve, une demeure grassoise restaurée dans le style Grand Siècle, qui expose une quinzaine d'œuvres du célèbre peintre et de 2 peintres de la génération suivante, Jean-Baptiste Mallet et Marguerite Gérard, également nés à Grasse.

Confiserie Florian des Gorges du Loup : *Le Pont-du-Loup, 06140 TOURRETTES-SUR-LOUP. ☎ 04-93-59-32-91. • confiserieflorian.com • Visite guidée seulement : juil-août, tlj 9h-18h30 ; le reste de l'année, tlj 9h30-11h15, 14h30-17h30. Visite de groupe sur résa, jusqu'à 50 pers. GRATUIT. Durée de la visite : 20 mn + dégustation gourmande 20 mn.* ***Boutique :*** *en janv, tlj 9h-12h, 14h-18h ; juil-août, tlj 9h-19h ; le reste de l'année, tlj 9h-18h30. Les confiseurs ne travaillent pas les w-e et j. fériés (ateliers de fabrication fermés).*

On vient ici ne serait-ce que pour le plaisir de se rendre dans la ***belle région de la vallée du Loup,*** et visiter la cité qui a gardé son cachet médiéval, avec les 3 tours de sa vieille enceinte et ses ruelles pavées enroulées autour de son imposant château. Ce lieu stratégique, sur un éperon rocheux et entouré de ravins, a fait face à toutes les invasions : Francs, Huns, Wisigoths et Lombards. D'où son front de maisons patinées par le soleil, fièrement érigées en rempart au-dessus d'un à-pic. On a dit qu'« elles semblaient se raidir pour ne point choir dans le vide ». Et c'est vrai ! Certes, le village n'a pas résisté à l'invasion pacifique d'une pléiade d'artistes : Francis Poulenc, Claude Lelouch, Marthe Keller, Guy Bedos, et bien sûr Jacques Prévert qui y écrivit même le scénario des *Enfants du paradis* dans sa bastide en 1942-1943. Nombre de scènes de films y furent tournées, comme *Les Visiteurs du soir, La Main au collet, Les Diables de l'Oklahoma.* De nombreux ***ateliers d'artisanat*** essaiment la Grand-Rue (sculpture sur bois ou bronze, tissage, peinture, poterie, joaillerie...). Cette ***« Cité des arts et des violettes »*** garde l'authenticité d'un bourg provençal vivant et animé, avec ses placettes à platanes et fontaines qui assurent de la fraîcheur même en pleine canicule.

C'est dans ce cadre idyllique qu'est installée la ***Confiserie Florian,*** ses ateliers et leurs beaux meubles anciens des XVIIe et XVIIIe s. Cette fabrique de ***confitures,*** de ***fruits confits*** et de ***sirops,*** à la bonne odeur de sucre tiède et de violette, a gardé depuis 1949 son caractère artisanal. On y assiste à la transformation des meilleurs ***fruits*** et des plus jolies ***fleurs*** de la région en produits de confiserie. En hiver, les agrumes se métamorphosent en confitures, en écorces d'orange aux différents chocolats ; les fruits confits se parent de leur glaçage. De février à août, on observe le travail de la violette, puis de la rose Tango, du jasmin et de la verveine, qui deviennent de délicieuses fleurs cristallisées ou des confits de fleurs pour le plaisir de tous les gourmands. Et tout au long de l'année, la ***fabrication des chocolats « maison »,*** caramels et bonbons acidulés aux saveurs de la Provence, continue. La visite se termine bien sûr dans la boutique, qui pratique des prix d'usine... Excellents produits, comme la gelée de jasmin et de violette.

– Nec plus ultra : en sortant côté viaduc, on fait un tour dans le ***jardin d'agrumes,*** de plantes à confiserie et de quelque 80 variétés de végétaux adaptés au climat méditerranéen qui agrémente les restanques. Ça y est, on peut même répondre aux questions des gamins : « Comment pousse le jasmin ? Quand récolte-t-on la violette, et la verveine, et le cédrat ?...»

Le + : dégustation.

Label : France savoir-faire d'excellence.

– Les passionnés perfectionneront leur savoir horticole à ***La Bastide aux violettes*** *(☎ 04-93-59-06-97 ; à 500 m du centre de Tourettes-sur-Loup par la route Saint-Jean ; GRATUIT).* Ce musée raconte 150 ans d'histoire d'amour entre Tourrettes et les violettes au gré de tableaux explicatifs, d'outils et de serres où poussent ces violacées (sur d'astucieux systèmes de boudins verticaux), dans une ferme du XIXe s rénovée.

Confiserie Florian de Nice : *14, quai Papacino, 06000* ***NICE.*** *☎ 04-93-55-43-50. • confiserieflorian.com • Visite gratuite de l'atelier en sem pour tout achat.* ***Boutique :*** *tlj 9h-13h, 14h-18h30.* Les plus urbains pourront se rendre dans l'établissement niçois, à la déco joliment rétro. Celui-ci est plus spécialisé dans la chocolaterie. À l'entrée des ateliers, une fresque murale en 3D représente l'histoire du chocolat, de la plantation des cacaoyers à la transformation des fèves. Au programme, à observer : fabrication des tablettes de chocolat, glaçage des fruits confits, fabrication de bonbons...

Maison du Citron – Maison Gannac : *2970, route de Super-Garavan, 06500* ***MENTON.*** *☎ 07-49-58-76-43. • lamaisonducitron.com • Tlj sauf dim-lun 10h-12h, 14h-17h. Visites guidées sur résa à 9h et 13h : 10 €. Accès libre au verger.*
Sur les hauteurs de Menton, Laurent, ancien paysagiste, gère depuis une trentaine d'années – avec son fils qui a rejoint l'aventure – ce petit paradis des agrumes biologiques. Dans ce verger : des mandarines, des clémentines, des oranges mais aussi un avocatier, un figuier et même un bananier ; sans oublier, bien sûr, la star citronnée du lieu. Boutique et pépinière autour de l'agrume, sous toutes ses formes.

Le citron de Menton

Depuis 2015, l'agrume le plus célèbre de la Côte d'Azur bénéficie d'une IGP (Indication géographique protégée). Calibré de 53 à 90 mm de diamètre, il est récolté à la main et ne subit aucun traitement chimique après récolte. L'IGP s'étend sur 5 communes des Alpes-Maritimes : Menton, Castellar, Gorbio, Roquebrune-Cap-Martin et Sainte-Agnès. Les citronniers doivent être situés à une distance maximale de 7 km de la mer et à moins de 390 m d'altitude. Toutes ces conditions réunies confèrent au fruit des essences aromatiques très prononcées de citronnelle fraîche, un goût plus sucré, une acidité modérée et une excellente conservation. On le célèbre chaque année lors de la ***fête du Citron de Menton,*** qui se déroule sur 2 semaines entre février et mars.

Verrerie de Biot : *chemin des Combes, 06410* ***BIOT.*** *☎ 04-93-65-03-00. • verreriebiot.com • ♿ Fermé 1er janv, 15-28 janv et 25 déc. Visite libre. En été, tlj 10h-19h (dim et j. fériés 10h30-13h30, 14h30-19h) ; le reste de l'année, tlj 10h-13h, 14h-18h (dim et j. fériés 10h30-13h30, 14h30-18h). GRATUIT. Durée de la visite : 1h. Visite guidée : juil-août sur résa, tlj à 11h30 et 16h30. Tarif : 9 € ; gratuit moins de 6 ans. Visite guidée de groupe pour 10-15 pers, résa par tél. Tarif : 5 €/pers. Durée de la visite : 1h.* ***Boutique :*** *juil-août, tlj 10h-19h (dim et j. fériés 10h30-13h30, 14h30-19h) ; nov-mars, tlj 10h-13h, 14h-18h ; le reste de l'année, tlj 10h-18h30 (dim et j. fériés 10h30-13h30, 14h30-18h).*
Une des stars de la visite d'entreprise en France ! Dès l'entrée, on observe les ***souffleurs de verre.*** L'écomusée explique l'histoire et les techniques de fabrication. Outre la boutique, on peut juste visiter la galerie où s'exposent quantité d'artistes contemporains de renommée internationale... Entre autres, Novaro, qui inventa une technique particulière de soufflage pendant ses heures de « bousillage » (c'est-à-dire son temps libre, en jargon de verrier !). Très célèbre dans les années 1960-1970, il a fortement contribué au renouveau du verre en tant qu'art. On aime ou pas, mais la prouesse technique est admirable. Nous, on est sensible à la présence des bulles dans le verre, signe d'une impureté sur le plan technique, symbole d'air et de respiration qui vient troubler une homogénéité trop parfaite et standardisée de la matière. Une vraie liberté technique et artistique transparaît ici dans les œuvres des maîtres verriers.

Les + :
– Stages d'initiation au soufflage de verre *(souffler sa pièce : 68 € les 15 mn)* et création de son vase à récupérer le lendemain.
– Stages sur 2 jours sur 2 demi-journées *(980 €).*
Labels : Entreprise du Patrimoine Vivant, France savoir-faire d'excellence.
– Les autres verreries de la ville se visitent. Pour la qualité de ses œuvres, on apprécie le ***Centre du Verre contemporain*** *(9, chemin du Plan, sur la route de la Mer ; ☎ 04-93-65-01-14 ; mar-sam 10h-12h30, 14h-18h ; dim-lun seulement sur résa).*

BOUCHES-DU-RHÔNE (13)

Pôle sucré

Chocolaterie de Puyricard : *La Plantation, av. Georges-de-Fabry, 13540* ***PUYRICARD.*** *☎ 04-42-28-18-14. • puyricard.fr • ♿ À partir de 10 ans. Visite guidée seulement, résa en ligne : lun-mer à 9h30 et 11h30. Visite de groupe (max 20 pers), sur résa : lun-mer. Tarif : 10 €/pers. Durée de la visite : 1h30.* ***Boutique :*** *lun-sam 9h-18h30 ; vente à la fin des visites.*

La ***chocolaterie de Puyricard,*** c'est avant tout une histoire de famille. Même les chocolats portent les prénoms des membres de la famille ainsi que de certains salariés ! C'est au Congo belge que le couple fondateur se rencontre en 1960. Marie-Anne se forme chez un artisan chocolatier belge. Avec Jean-Guy, ils créent leur propre chocolaterie et leurs chocolats deviennent un cadeau de luxe que les diplomates offrent à leurs hôtes étrangers. En 1967, contraints de quitter le pays, ils s'installent dans la région d'Aix-en-Provence, dans le village de Puyricard. Aujourd'hui, Tanguy, leur fils, maître chocolatier, a pris le relais à la tête de l'entreprise familiale, qui a ouvert pas moins de 19 boutiques. La maison Puyricard travaille exclusivement avec des ***produits naturels et frais*** tels que le beurre de Charentes, la vanille en gousse de Tahiti ou encore les amandes de Provence... Elle s'est aussi diversifiée dans la fabrication de ***calissons, de macarons, de guimauves et même de glaces...*** L'atelier de fabrication reste le lieu parfait pour découvrir les techniques du moulage, de l'enrobage du chocolat, de la confiserie. C'est l'occasion de déguster les gourmandises maison, voire de mettre la main à la pâte... de cacao.

Les + :
– Dégustation.
– Ateliers pour les enfants et adolescents *(pour 6-12 enfants, de 6-11 ans et 12-15 ans ; 24 €/pers ; durée 1h15 ; tte l'année sauf nov-déc).*
– Atelier de fabrication et découverte *(janv-oct ; 20-70 €/pers selon formule choisie).*
Labels : Entreprise du Patrimoine Vivant, France savoir-faire d'excellence.

Confiserie du Roy René (Groupe Territoire de Provence) : *5380, route d'Avignon, 13089* ***AIX-EN-PROVENCE.*** *☎ 04-42-39-29-82. • calisson.com • ♿ Visite libre : lun-sam 9h30-18h30, dim et j. fériés 10h-17h30. GRATUIT. Application mobile en téléchargement gratuit. Visite guidée gourmande : voir en ligne pour créneaux et résa. Tarif : 5 € ; gratuit moins de 18 ans. Visite guidée « Le Secret du Calisson » suivie d'une démonstration de façonnage, sam à 15h (résa en ligne). Tarif : 6 €/pers ; gratuit moins de 18 ans. Visite de groupe sur résa, à partir de 9 pers. Résa par tél et par mail à • visites@calisson.com • Tarif : à partir de 3 €/pers. Durée de la visite : 45 mn-1h15.* ***Boutique :*** *lun-sam 9h30-19h, dim 10h-13h, 14h-18h.*

Aix-en-Provence est une ville jeune et cosmopolite, irriguée par une forte population étudiante. Une ville bourgeoise, jusqu'au bout de ses trottoirs policés, de ses façades léchées, de ses terrasses où l'on se montre, mais qui a su casser son image de belle endormie au pied de la montagne Sainte-Victoire. Rien d'étonnant à ce que ce soit aussi une ville gourmande, avec ses diverses douceurs et en particulier ses ***inimitables calissons.*** Cette confiserie subtile, moelleuse et haut de gamme en forme de losange arrondi, à la robe de glace royale, au cœur d'amande et de melon confit, révèle les parfums et les saveurs de tout le pays d'Aix. Elle devrait sa naissance à la nécessité de (faire) fondre de plaisir la prude Jeanne de Laval qui devait épouser le roi René. Pour la faire sourire, le confiseur du Roy aurait créé ces douceurs et affirmé devant la cour « *Di calin soun* » – en français : « ce sont des câlins » –, d'où leur nom. Une ***feuille de pain azyme*** (dessous) et un ***glaçage royal*** (dessus) protègent un incomparable mélange d'***amandes broyées*** (de Provence et de Méditerranée), de ***sirop de sucre*** et de ***fruits confits*** (melon de Cavaillon, écorce d'orange confite à Apt). Une alliance qui fait fondre de plaisir en fondant sur la langue...

Le père fondateur de la lignée était un artisan nougatier reconnu, et c'est la « nougaterie du Roy René » qu'il acheta en 1920. C'est son fils René, homonyme du « bon roi » René Ier d'Anjou (XVe s), qui s'orienta plus spécifiquement vers le calisson à partir de 1946, suivi dans ce sens par la 3e génération, incarnée par le gendre Maurice Farine. La 4e génération s'est féminisée avec Laure Pierrisnard. Sous son égide, le Roy René continue à allier tradition et modernité pour améliorer et diversifier les produits. Tout un symbole : le bâtiment très contemporain de la fabrique et du musée est réalisé avec des blocs de pierres de Castillon, les mêmes utilisées pour bâtir le pont du Gard !

Pour faire plus ample connaissance avec cette précieuse friandise, on peut explorer la ***fabrique de calissons du Roy René.*** On y découvre un musée offrant un parcours culturel, ludique et interactif qui ravira les petits comme les grands. Implanté dans la fabrique même de calissons, et d'une conception très moderne, ce ***musée*** permet de pénétrer les arcanes de cette petite merveille du palais. L'amande, le miel, l'histoire, les processus de fabrication, tout est conté, avec en prime, à travers des reconstitutions, des photos d'archives et de vieux outils employés jadis pour le façonner. En contraste, on voit par une large baie vitrée la jeune génération d'***impressionnants robots*** qui alimentent la chaîne située en contrebas, complétés par les gestes précis des ***calissonières*** et des ***artisans nougatiers.*** Car les 350 m² du ***musée du Calisson*** surplombent en mezzanine l'espace de production. Les machines anciennes, les documents d'archives, les vidéos, les jeux interactifs, les odeurs, les sons et le goût font écho à la vie animée des ateliers de la fabrique. Une grande boutique en vente directe complète la visite et propose une plongée au cœur des douceurs provençales, car le calisson se trouve ici en bonne compagnie : orangettes, olivettes, pâtes de fruits, biscuits, pâtes à tartiner, caramels et aussi ***nougat provençal.***

RECETTE

Selon la tradition, le nougat noir est préparé avec des amandes brutes torréfiées et du miel de Provence toutes fleurs, cuit dans un chaudron en cuivre, tandis que le nougat blanc est un mélange d'amandes émondées, de miel de lavande de Provence, de blancs d'œufs et de sucre qu'on étale ensuite sur des moules et que l'on découpe en barres ou petits dominos.

De l'amande à l'amandier, il n'y a ici qu'un pas. Les ***Jardins du Roy René*** constituent un véritable écrin de verdure de 3 ha cultivés en bio. Ils se composent d'une amanderaie de 300 amandiers, et d'un verger patrimonial et de sauvegarde composé d'amandiers de 19 variétés provençales différentes.

Les + :

– Dégustation.

– Visite « *Le Secret du Calisson* » *(ts les sam à 15h).* Une visite guidée suivie d'un atelier de façonnage du calisson en direct, pour déguster des calissons tout juste sortis du four !

– Visite des ateliers de production : possible sur demande. *Groupe 10 pers max (à partir de 10 ans), 25 €/pers.*

Labels : Entreprise du Patrimoine Vivant, Tourisme et Handicap, France savoir-faire d'excellence.

Confiserie Léonard Parli : *95, rue Famille-Laurens, Pôle d'activités des Milles, 13290* ***AIX-EN-PROVENCE.*** *☎ 04-42-52-19-20. • leonard-parli.com • À partir de 6 ans. Visite guidée seulement : lun-ven à 10h30 et 14h (sept-déc, mer uniquement). Visite de groupe (5-20 pers) sur résa par tél ou par mail à • contact@parli.fr • Tarif : 8 €, gratuit moins de 12 ans. Durée de la visite : 45 mn-1h.* ***Boutique :*** *janv-déc, lun-ven 8h-17h.*

La ***boutique historique*** de la maison Parli est une délicieuse bonbonnière qui mérite à elle seule le détour. Mais c'est en visitant la fabrique que l'on découvre le secret de ses délicieux ***calissons, nougats et fruits confits :*** un savoir-faire resté intact depuis la création de la confiserie en 1874, par un de ces nombreux immigrés d'au-delà des Alpes qui ont contribué à la prospérité provençale. Car jusqu'au début du XXe s, les Suisses ont souvent quitté leurs montagnes, trop pauvres pour subvenir à leurs besoins. Après l'effondrement de l'Empire napoléonien, les vallées des Grisons ont été frappées par la très grande misère qui touchait tout le pays. Les immigrés helvétiques excellaient dans de nombreux domaines comme l'horlogerie ou le négoce, mais aussi dans la confiserie. Les confiseurs suisses des Grisons se sont établis à Marseille au XVIIIe s ; puis à Aix au début du XIXe s. Léonard Parli s'installe de façon stratégique près de la gare SNCF et à côté d'une casserie d'amandes. Autre coup de génie : vers 1910, il construit la « nouvelle usine », qui doit « par l'originalité de ses lignes, attirer l'œil et frapper le souvenir ». C'est toujours le cas aujourd'hui. Outre sa ***spécialisation dans le calisson,*** il crée ses propres gourmandises : la confiture de melon cantaloup au kirsch, les pastilles Peppermint et surtout, le ***Kirschbescué,*** un pudding à la mode russe, avec des fruits confits provençaux et du kirsch suisse. Une belle histoire de migration gourmande, dont on déguste le résultat à la sortie de la visite.

Le + : dégustation.

Label : Entreprise du Patrimoine Vivant.

Pôle oléicole

Château Virant : *CD10, 13680* ***LANÇON-PROVENCE.*** *☎ 04-90-42-44-47. • chateau-virant.com • Fermé 1er janv et 25 déc. Visite libre : avr-oct, lun-sam 9h-19h, dim et j. fériés 8h30-12h, 14h30-18h30 ; nov-mars, lun-sam 8h-12h, 14h-18h30, dim et j. fériés 8h30-12h, 14h30-18h30. GRATUIT. Durée de la visite : 1h. Visite de groupe sur résa, pour 15-40 pers. Tarif : 15 €/pers. Durée de la visite : 1h30 avec dégustation de vins et d'huiles d'olive.* ***Boutique :*** *lun-sam 8h-12h, 14h-19h, dim et j. fériés 8h30-12h, 14h30-18h30.*

Le domaine de Château Virant se livre à une double production : huiles d'olive et vins. Le ***moulin à huile,*** implanté dans une région oléicole ancienne, utilise les méthodes et les équipements les plus modernes dans la profession. Il fournit des huiles d'olive de très haute qualité, distribuées en France et à l'étranger. L'entreprise détient un ***savoir-faire d'excellence en production d'huile d'olive,*** mis en œuvre à chaque étape : sélection des olives, appréciation de la pâte dans sa structure et dans son aspect visuel, ce qui détermine le réglage de la vitesse d'absorption du décanteur, le réglage des machines de clarification, la maîtrise des arômes. Sa production est déclinée en différents produits aux atouts organoleptiques différents.

La ***cave,*** quant à elle, est composée d'une partie souterraine construite en 1632 et d'une partie centrale édifiée en 1897. Le bâtiment qui accueille les ***salles d'embouteillage*** et le moulin à huile a été construit en 1996 dans le respect architectural de l'existant. La ***salle de réception*** de 200 m^2 n'est autre que l'ancienne bergerie du domaine. Les voûtes tricentenaires (XVIIe) ont été rénovées, en conservant

le charme naturel du lieu. Des réceptions, des cours de cuisine et des séminaires d'analyses sensorielles y sont organisés.
Labels : Entreprise du Patrimoine Vivant, France savoir-faire d'excellence.

Domaine Terre de Mistral : *chemin du Pavillon, route de Peynier, 13790* ***ROUSSET.*** *☎ 04-42-29-14-84. • terre-de-mistral.com • ♿ (téléphoner avt). Dégustation de vin et d'huile d'olive : gratuit en boutique. Visite guidée du chai avec dégustation. Tarif : 13 €/pers ; durée : 1h30. Atelier de création de rosé. Tarif : 57,70 €/pers (dégressif selon nombre de pers), gratuit moins de 14 ans ; durée : 2h30. Casino des vins (jeux autour de la viticulture). Tarif : 27,50 €/pers (à partir de 6 pers) ; durée : 2h. Tarifs dégressifs ttes les 10 pers.* ***Boutique :*** *lun 14h-18h, mar-sam 9h30-12h30, 14h-18h (19h ven-sam).*
Tout commence par la rencontre de 2 familles, les Gueury et les Davico, qui partagent 2 passions distinctes, mais que leur amour de la Provence a réuni. La famille Gueury produit de l'***huile d'olive,*** selon une culture raisonnée et respectueuse de l'environnement. L'oliveraie s'étend sur plus de 12 ha avec 3 000 oliviers plantés, et le moulin permet d'assurer la transformation des olives en huile. La famille Davico élabore son vin à partir de plusieurs cépages cultivés sur plus de 60 ha du terroir de la Sainte-Victoire, cet incroyable massif calcaire qui s'étire sur 18 km, pointe à 1 011 m d'altitude avant de s'effondrer presque subitement. Des ***visites commentées et des ateliers viticoles et oléicoles*** sont proposés, suivis d'une initiation à la dégustation sous forme de jeux interactifs avec les produits du domaine. Dans la ferme-auberge sise au sein du vignoble, le chef cuisine des produits frais de qualité. Produits du domaine dans la boutique.
Le restaurant : *ouv le midi mer-dim, plus le soir ven-sam (fermé dim et ouv jeu soir en juil-août). Formule déj mer-ven (avec vin et café) 26,50 € ; carte env 40 €.* On s'attable pour un repas vigneron dans la ferme-auberge de ce domaine viticole et oléicole engagé dans une agriculture raisonnée. La carte de sa cuisine bistronomique suit les saisons et l'humeur du chef pour sublimer les accords mets-vins. Boutique. Concert les vendredis soir toute l'année.

Moulin Castelas : *13520* ***LES-BAUX-DE-PROVENCE.*** *Sur la D 27A, direction Maussane, 2455, route des Oliviers. ☎ 04-90-54-50-86. • castelas.com • Fermé 1er janv et 25 déc. Visite libre ou guidée, tlj 10h-18h. Visite du moulin et dégustation d'huile d'olive, tlj sans résa ; balade en autonomie dans les oliviers, tlj avec explications audio. Pour les groupes, sur résa par mail à • info@castelas.com • GRATUIT.* ***Boutique :*** *tlj 10-18h.*
Se rendre aux ***Baux-de-Provence,*** c'est découvrir un site unique, classé parmi les ***Plus Beaux Villages de France.*** Une forteresse jaillie de la garrigue, dont on ne sait plus différencier les rochers du bâti. En langue celtique, *bau* (prononcer « baou ») signifie « rocher escarpé », et la cité leur doit donc son nom. Bien dressée sur cet éperon dénudé dominant des oliveraies et des vignes, elle abrita cette « race d'aiglons, jamais vassale » chantée par Frédéric Mistral. Un vrai choc esthétique ! Qu'on peut accorder avec un choc gustatif : la ***découverte des huiles d'olive de la Vallée des Baux-de-Provence.*** Quoi de mieux que de les déguster au moulin Castelas, au pied du château ? Toute une gamme d'huiles d'olives du terroir est proposée ici, en AOP, en bio, ainsi que quelques délicieuses huiles aromatiques. Des produits couverts de récompenses... 45 ha d'oliviers en AOP

AOC × 3

Entre la chaîne des Alpilles, au nord, et la Crau, au sud, sur près de 6 300 ha, la vallée des Baux présente la plus grande densité d'oliviers du sud de la France. Pas étonnant que 3 AOC lui aient été attribuées : pour l'huile d'olive, pour les olives cassées et pour l'olive noire. La vallée profite de la diversité naturelle que des conditions si favorables ont fait émerger : 5 variétés différentes d'olives se côtoient sur ce terroir. C'est leur mélange qui donne son caractère spécifique à l'huile d'olive de la vallée des Baux-de-Provence.

de la Vallée des Baux-de-Provence, et 65 ha en plaine de la Crau, fournissent en effet les variétés salonenque, aglandau, grossane et verdale, typiques des Alpilles, comme il se doit. Un délice, la dégustation gratuite ! Mais avant d'en mettre plein la vue à vos papilles, laissez-vous tenter par une ***balade en autonomie dans le verger d'oliviers*** du moulin. Flânez parmi les arbres, contemplez la beauté des paysages, et profitez de ce moment pour découvrir à votre rythme les secrets du métier d'oléiculteur. Cette promenade vous plongera dans l'âme du terroir et ses arômes uniques.

Pôle savonnier

Compagnie du Savon de Marseille – Le Fer à Cheval : *Savonnerie Fer à Cheval, 66, chemin de Sainte-Marthe, 13014* ***MARSEILLE.*** *☎ 04-91-10-30-80. • savon-de-marseille.com • ♿ À partir de 10 ans. Visite guidée, sur résa sur le site : juil-août (sauf 15 août), lun-ven 9h-16h (1 visite/h). Visite de groupe, pour 10-20 pers, sur résa par tél ou par mail à • boutique@ncdsm.com • Tarif : 3 €/pers. Durée de la visite : 45 mn.* ***Boutique :*** *lun-ven 10h-18h, sam 10h30-12h30, 13h-18h.*

Au cours du XIXe s, à Marseille, des dizaines de petites fabriques font de leur savon une véritable spécialité. C'est parmi celles-ci que naît, en 1856, dans ce qu'on appelle actuellement les quartiers Nord, la savonnerie ***Fer à Cheval.*** Elle est aujourd'hui la plus grande et la plus ancienne ***usine de savon de Marseille*** de la ville ! On y perpétue, de génération en génération, une ***saponification en chaudrons,*** en respectant toujours les 5 étapes du procédé marseillais :

- ***1re étape : l'empâtage,*** dans un chaudron, de nos jours métallique, on charge successivement les huiles ou acides gras sous chauffage modéré et la lessive de soude ; le tout est porté à ébullition et la masse se transforme en émulsion ;
- ***2e étape : le relargage,*** le savon étant insoluble dans l'eau salée, cette opération consiste en l'adjonction de sel marin permettant d'entraîner par le fond les lessives glycérineuses et salées ; le savon va ainsi se séparer d'une partie de l'eau qu'il contient ;
- ***3e étape : la cuisson,*** cette opération caractérise la saponification et permet la complète transformation en savon des corps gras mis en œuvre ;
- ***4e étape : le lavage,*** c'est un affinage de la pâte de savon effectué par une lessive de lavage permettant d'entraîner le glycérol, les impuretés et les acides gras non saponifiés ;
- ***5e étape : la liquidation,*** cette opération permet d'assurer la transition de la structure cristalline du savon vers sa phase lisse par ajout d'eau.

Ces différentes opérations prennent environ une semaine à 10 jours.

La ***visite de la savonnerie*** permet de pénétrer dans les coulisses de la fabrication de ce cube mythique, de la ***salle des chaudrons*** à l'***atelier de moulage*** en passant par les caves. Les chaudrons datent de la fin du XIXe s et il y règne encore l'atmosphère particulière de cette

LE SAVON DE MARSEILLE, UNE PANACÉE ?

La 1re savonnerie date de 1370. Le procédé nous est venu d'Alep (Syrie) par le biais des croisades. Et c'est Louis XIV qui en réglementa la fabrication : il doit être composé à 72 % d'huile végétale (huile d'olive pour le savon vert, et coprah, palme, arachide et tournesol pour le savon blanc). Ce pourcentage est estampillé sur chaque savon.

Le « code du savon de Marseille » actuel présente l'avantage d'exclure nombre d'additifs, en particulier les tensioactifs de synthèse. De ce fait, les produits homologués limitent les réactions allergiques, ce qui les rend très doux pour la peau, tout en éliminant virus et bactéries : parfait pour le linge de toute la famille, en particulier des bébés. Vertu ultime : caché au fond d'un lit, il empêcherait l'apparition de crampes. On avoue qu'on n'a pas vérifié !

époque. La visite parcourt l'ensemble de la fabrication, depuis les immenses chaudrons bouillonnants jusqu'à l'ultime étape de l'estampillage du fameux cube sur ses 6 faces. Plongeon garanti dans l'ambiance de la grande époque de cette industrie marseillaise qui a tout son avenir devant elle.
Label : Entreprise du Patrimoine Vivant, Union des Professionnels du Savon de Marseille.

Savonnerie du Midi : *72, rue Augustin-Roux, Les Aygalades, 13015* ***MARSEILLE.*** *☎ 04-91-60-54-04. • savonneriedumidi.fr • Visite guidée seulement, sur résa par tél et par mail à • musee@savonneriedumidi.fr • Lun-ven à 11h et 14h (et 15h30 pdt vac scol). GRATUIT. Visite de groupe sur résa (à partir de 50 €). Durée de la visite : 1h.* ***Boutique :*** *lun-ven 10h-12h45, 13h45-17h.*
Située le long du ruisseau des Aygalades et près d'une cascade, cette ***ancienne minoterie puis semoulerie*** de la fin du XIXe s abrite la dernière des savonneries construites par ici. Avec ses pierres usées, elle témoigne de l'histoire des huileries et des savonneries à Marseille et de celle de la ***famille Garbit,*** fabricant du fameux couscous, 1er propriétaire du site. L'usine est toujours en activité et, d'ailleurs depuis 2019 les chaudrons sont à nouveau en service... La production actuelle, qui propose des produits bio et conventionnels, s'étend à une gamme de cosmétiques à faire fondre les cubes les plus endurcis...
Labels : Entreprise du Patrimoine Vivant, France savoir-faire d'excellence, Origine France Garantie, Union des Professionnels du Savon de Marseille.

Savonnerie marseillaise de la Licorne : *34, cours Julien, 13006* ***MARSEILLE.*** *☎ 04-96-12-00-91. • savon-de-marseille-licorne.com • ♿ Visite guidée seulement : lun-sam à 11h, 15h et 16h. Visite de groupe sur résa, pour 10-50 pers ; scolaires sur demande. GRATUIT. Durée de la visite : 30 mn.* ***Boutique :*** *lun-ven 9h-19h, sam 10h-19h.*
La savonnerie marseillaise de la Licorne fabrique toujours ses ***savons*** avec ses machines centenaires, ainsi que des ***parfums et des colorants naturels.*** C'est la dernière savonnerie qui fonctionne à l'intérieur même de Marseille. La ***visite des ateliers*** permet de découvrir les ***différentes étapes de la production*** du célèbre savon. En plus de sa gamme traditionnelle, solide ou liquide, parfumée à toutes sortes de fragrances provençales, la savonnerie propose des formes et des senteurs originales, comme le savon sardine – qui risquerait de boucher le port de Marseille –, le savon en forme de boule de pétanque... parfumé au pastis, le savon en forme de ballon de foot (pour les supporters de l'OM ?). Les savons d'Alep et au lait de jument évoquent plutôt les rituels de beauté du Proche-Orient. On y trouve même des paillettes de lessive, pour nettoyer son linge comme nos grands-mères !
Label : Entreprise du Patrimoine Vivant.

Savonnerie Marius Fabre : *148, av. Paul-Bourret, 13300* ***SALON-DE-PROVENCE.*** *☎ 04-90-53-24-77. • marius-fabre.com • Visite guidée seulement, sur résa au ☎ 04-90-53-82-75 et en ligne sur • marius-fabre.com •. Juil-août, lun-sam départ ttes les 30 mn. Pdt les vac scol, lun-sam à 10h30 et 14h30. Hors vac scol, mar et jeu à 10h30, mer à 14h30, sam à 10h30 et 14h30. Se présenter 15 mn avt la visite. GRATUIT. Visite de groupe sur résa. Tarif et résa sur • tourisme@marius-fabre.fr • Durée de la visite : 40 mn.* ***Boutique :*** *lun-sam 9h30-12h30, 14h-19h (18h oct-mars).*
Patrie de Nostradamus et base de la Patrouille de France, Salon est une charmante ville à échelle humaine, dotée d'un petit centre historique fort joliment rénové. De fontaines en hôtels particuliers, de délicieuses ruelles en allées arborées, on se plaît à déambuler le nez en l'air avant d'aller prendre un verre autour de l'étonnante fontaine moussue de la place Crousillat.
La ville située à proximité d'Arles, d'Avignon, de Marseille, était au XIXe s un ***carrefour commercial*** important. On y produisait de l'huile d'olive, du savon de Marseille et du foin de la Crau (AOC depuis 1997) ; la ville s'était bâti une solide réputation dont témoigne un riche patrimoine. Un important marché d'huile d'olive et de savon de Marseille s'y tenait, la première entrant dans la composition du

second. De cette grande époque, Salon a conservé les (beaux) restes de villas aux faux airs de châteaux baroques construites par les riches savonniers, et une petite merveille de savonnerie, la ***savonnerie Marius Fabre*** et le ***musée du Savon de Marseille.***

Cette fabrique à l'atmosphère typique fut créée en 1900 par un jeune homme entreprenant : Marius Fabre. Succès aidant, la savonnerie s'installe dans des locaux plus importants, à deux pas de la voie ferrée, un avantage précieux. Au cours d'une visite interactive, on découvre les ***procédés de fabrication quasiment inchangés*** depuis l'édit de Louis XIV qui fixe les règles strictes de fabrication du savon de Marseille en 1688. L'accueil se fait sur le ***quai de l'usine,*** là où l'aventure Marius Fabre a débuté. Place ensuite à la ***salle des chaudrons,*** où les 4 chaudrons d'époque sont toujours utilisés. Le chaudron de 25 t permet de « cuisiner » le savon à l'huile d'olive en respectant le procédé de fabrication traditionnel : le procédé marseillais. Puis, direction l'emblématique ***salle des mises,*** ensuite la ***salle de séchage*** et enfin la ***salle de découpage et de marquage,*** pour admirer la coupeuse à retour d'équerre détailler les blocs de savon en barres et petits cubes. Des vertus du savon de Marseille en passant par sa composition, on devient incollable sur le sujet !

Le ***musée,*** installé dans une ancienne salle de séchage, expose une foule d'objets joliment présentés : tampons en buis gravés, 1res mouleuses à savon, pochoirs pour caisses d'expédition, vieux emballages, papiers à en-tête... Il a été inauguré pour le centenaire de cette savonnerie, qui reste dans la même famille depuis 4 générations. Belle boutique, qui propose ces savons à base d'huiles 100 % végétales, biodégradables et sans colorants ainsi qu'une large gamme de produits cosmétiques naturels, à base d'huile d'olive.

Labels : Entreprise du Patrimoine Vivant, France savoir-faire d'excellence, Origine France Garantie, Union des Professionnels du Savon de Marseille.

Savonnerie Rampal-Latour – Usine historique : *71, rue Félix-Pyat, 13300* ***SALON-DE-PROVENCE.*** *☎ 09-70-71-60-94. • rampal-latour.fr • ♿ Fermé 25 déc-1er janv. Visite guidée (résa par tél), horaires sur le site (visites hebdomadaires hors saison et quotidiennes en saison). GRATUIT. Durée de la visite : 40 mn.* ***Cabinet de curiosités et boutique :*** *lun-sam 9h30-18h30.*

Cette ***savonnerie artisanale*** est l'une des 5 dernières du département, et la plus ancienne. La visite de la savonnerie historique, restée dans son jus, permet de mieux comprendre la saga de cette maison fondée en 1828. Entre cette date et 1950 – qui vit l'arrivée funeste de la machine à laver –, la fabrique vécut un âge d'or, que l'on peut imaginer en traversant ces ateliers où le passé est bien mis en scène. En observant la fabrication des paillettes de lessive et des savonnettes parfumées, on découvre les ingrédients utilisés, les temps de cuisson, les étapes de fabrication, mais également les chaudrons d'origine et les tampons en buis qui servaient à marquer les savons dès la fondation de la maison. Laissez-vous transporter par le charme, les senteurs végétales et fruitées, et l'authenticité de ce lieu de travail où le temps semble s'arrêter... La maison s'oriente aujourd'hui vers le bio et la cosmétique. Pour les amateurs, on peut désormais visiter l'***usine,*** qui, elle, date de 2016.

Label : Entreprise du Patrimoine Vivant.

Savonnerie Rampal-Latour – Usine moderne : *201, impasse Gaspard-Monge, derrière l'hippodrome, 13300* ***SALON-DE-PROVENCE.*** *☎ 09-70-71-60-94. • rampal-latour.fr • ♿ Visite guidée (sur résa par tél sur le site), horaires ou sur le site (visites hebdomadaires hors saison et quotidiennes en saison). GRATUIT. Durée de la visite : 40 mn.* ***Boutique :*** *lun-sam 9h-18h.*

Mais le cœur de métier, le vrai savon de Marseille lui-même, où peut-on voir sa fabrication ? Dans l'usine moderne de la savonnerie, qui se visite également. À travers les ateliers dédiés au savon noir, aux gels douche, puis au pied des chaudrons, la savonnerie Rampal-Latour expose fièrement sa manière de conjuguer tradition et innovation. D'une part, elle a inventé un processus breveté qui

permet de ***conserver la glycérine*** naturellement produite au cours de l'élaboration du savon : à la clé, un meilleur confort dermatologique. D'autre part, elle a axé son processus de production vers la ***sobriété :*** elle consomme 4 fois moins d'eau et 7 fois moins d'énergie que ses collègues pour un même résultat. « Ne pas nuire », un principe à la fois de la médecine et du yoga, qui semble au cœur des préoccupations de la savonnerie. Une belle ambition !
Label : Entreprise du Patrimoine Vivant.

Camargue Coquillages : *Parcelle n° 677 They Saint-Antoine, Mas de Détroquage, 13230* **PORT-SAINT-LOUIS-DU-RHÔNE.** *☎ 04-42-86-03-03. 06-86-28-66-98 • camarguecoquillages.fr • Visite guidée sur résa, pour groupes, 15 pers min. Compter 23 €/pers (inclus dégustation et verre de vin). Individuels : à la demande en discussion directe.*
Au cœur de la Camargue, en plein parc régional et en zone Natura 2000, mère et fils, Maria et Daniel, élèvent huîtres, moules et palourdes dans le plus grand respect de l'environnement. Les eaux saumâtres du delta du Rhône favorisent la conchyliculture ; ils évitent d'abuser de leurs bienfaits. Ainsi, ils ne surchargent pas leurs tables d'élevage – juste retour des choses : les bébêtes, plus à l'aise, tombent moins malades. Surtout, ils sont très soucieux du choix de leurs produits : ils n'élèvent que des coquillages issus de captages naturels certifiés. Et pour l'huître, ils font le pari de cultiver une huître diploïde – plus longue à élever, certes, mais dont le cycle de vie est respecté –, plus proche de l'état originel de l'espèce qu'une triploïde ! Un pari qui semble gagnant : c'est chez eux qu'a été trouvée ***la plus grosse huître du monde***... la visite permet de comprendre le cycle de la production, et peut s'agrémenter d'un atelier pédagogique de « collage » si la saison s'y prête. Une visite iodée !

Chantier ITER : *route de Vinon-sur-Verdon, 13067* **SAINT-PAUL-LEZ-DURANCE.** *• iter.org • Visite guidée seulement, min 16 ans, mineurs accompagnés d'un adulte. Résa en ligne (min 15 j. avt). Lun-jeu 11h-12h30, 15h-16h30. GRATUIT. Visite de groupe (8-50 pers) : lun-jeu 11h-12h30, 15h-16h30. Tarif : gratuit pour les visiteurs mais prévoir un coût pour un bus de groupe. Entreprise locale : SUMIAN bus au ☎ 04-42-54-72-82. Durée de la visite : 1h30.* ***Pièce d'identité*** *obligatoire. Tenue adaptée (pantalon, chaussures plates et fermées).*
Niché au cœur des collines de Haute-Provence, ***le chantier de construction d'ITER est l'un des plus importants d'Europe.*** ITER, le mot latin pour « le chemin », ouvre la voie à ***l'exploitation industrielle de la fusion de l'hydrogène*** – la réaction nucléaire qui alimente en énergie le Soleil et les étoiles. Le programme, qui associe la Chine, l'Union européenne, l'Inde, le Japon, la Corée, la Russie et les États-Unis, est l'aboutissement de plus de 70 ans de recherche dans le domaine de la physique des plasmas, ainsi que du retour d'expérience accumulé par des centaines de « machines de fusion ». D'où son nom qui est celui de son acronyme en anglais « International Thermonuclear Experimental Reactor ».
Outre son caractère international, son originalité est d'être un réacteur dont l'énergie sera produite par ***fusion nucléaire d'atomes très légers*** ; et non la fission d'atomes lourds comme tous les réacteurs nucléaires en fonctionnement dans le monde. L'ambition principale actuelle, c'est déjà que cette installation... puisse produire pendant 6 mn plus d'énergie qu'elle n'en consommera (pour chauffer à 150 millions de degrés un plasma) !
Le circuit de 1h30 débute par des explications au belvédère du Centre de visite ITER offrant une vue panoramique sur le chantier, après quoi on part à la découverte du chantier de construction accompagné d'un guide.
Le + : la vue panoramique depuis le belvédère.

Cristal Limiñana : *99-101, bd Jeanne-d'Arc, 13355* **MARSEILLE.** *☎ 04-91-47-66-72. • cristal-liminana.com • Visite guidée seulement, pour 2-15 pers, sur résa par tél ou par mail à • infos@cristal-liminana.com • Tarif : 4 €/pers. Durée de la visite : 1h.* ***Boutique :*** *lun-ven 8h-12h, 14h-17h.*
La fraîcheur de l'anisette contrastant avec la brûlure du soleil : cette sensation relie les 2 rives de la Méditerranée, l'Algérie et la France. Comme beaucoup d'histoires

de pieds-noirs, celle-ci s'enracine dans une migration, vue comme la seule issue à la pauvreté d'origine. En 1876, sous l'effet de la misère dans les campagnes espagnoles, Pascual et Manuel Limiñana quittent leur village près d'Alicante pour rejoindre l'Algérie. Serveurs dans le bar de leur oncle à Bab-el-Oued, ils observent de nombreux Espagnols s'abandonner au souvenir mélancolique de la ***paloma,*** l'anis qui les désaltérait si agréablement dans leur pays. Une demande ? Une offre : les 2 frères se lancent alors dans la production de ***boisson anisée***... et font un carton. En 1884, Manuel crée officiellement le ***Cristal Anis*** près d'Alger. L'étiquette, semblable à du parchemin, comprend plusieurs symboles : la fleur d'anis, mais aussi les emblèmes des différentes communautés qui se côtoient alors en Algérie. Malgré la Seconde Guerre mondiale et l'interdiction de la vente d'alcool longtemps en vigueur, le Cristal Anis devient la boisson nationale des habitants d'Algérie. Un succès qui ne se dément pas avec la guerre d'indépendance : une communication astucieuse fondée sur le mécénat au sein de l'armée fait connaître le Cristal sur l'autre rive de la Méditerranée. Et après l'indépendance, l'entreprise s'installe à Marseille. Le réseau pied-noir assure l'expansion de la marque : on boit du Cristal dans toute la France, jusqu'en Nouvelle-Calédonie, à Tahiti ou en Guyane, de même qu'en Espagne, en Italie, en Suède, au Luxembourg, en Suisse, en Andorre et jusqu'aux États-Unis.

DANS LA FAMILLE DES BOISSONS ANISÉES, JE VOUDRAIS...

L'anisette et le pastis titrent tous les deux 45°. Mais attention, on ne confond pas : l'anisette est constituée exclusivement d'anis, comme son nom l'indique, quand le pastis contient de la réglisse et du caramel. En y additionnant de l'eau, la 1re reste limpide, quand le 2d se trouble et se fonce. L'appellation « pastis de Marseille » désigne une recette répondant à un cahier des charges, non à une AOP. Il ne reste à Marseille que 2 producteurs de « pastis de Marseille » : Cristal Limiñana et... Pernod-Ricard !

La visite, menée par l'arrière-petite-fille du fondateur, démarre dans la boutique, où les étiquettes des bouteilles déploient un arc-en-ciel de couleurs vives. De l'épopée méditerranéenne évoquée à l'aide d'affiches anciennes, on passe dans la ***cuverie,*** où les produits finis attendent sagement leur conditionnement, ***de l'embouteillage à la mise en palette.*** Non seulement Cristal Limiñana produit en France, mais elle se fournit aussi intégralement en France : les cartons viennent d'Arles, les étiquettes de Gemenos, les capsules de Bordeaux... une production 100 % *made in France*.

Label : France savoir-faire d'excellence.

EDF – Centrale cycle combiné gaz de Martigues : *route de Ponteau, Quartier des Laurons, 13117* ***MARTIGUES.*** *Visite guidée sur résa uniquement, pour les individuels les mer et jeu via le site • edf.fr/visiteredf • Visite guidée pour les groupes sur résa par mail à • upti-martigues-visites@edf.fr • Durée de la visite : 1h30-2h. GRATUIT. Visite de la centrale à partir de 12 ans ; visite biodiversité à partir de 8 ans.* ***À savoir :*** *lors de la confirmation d'inscription et le jour de la visite, présenter une* ***pièce d'identité*** *(carte nationale d'identité ou passeport) en cours de validité. Aucune photocopie ou version digitale n'est acceptée. Les* ***enfants*** *âgés de plus de 12 ans (visite site) ou plus de 8 ans (visite biodiversité) doivent être* ***accompagnés d'un responsable légal.*** *Les visiteurs doivent avoir les bras et les jambes couverts, être munis de chaussures plates, des chaussettes hautes et fermées. Selon le circuit, la visite est déconseillée aux personnes souffrant de vertiges. Ttes les visites s'effectuent à pied.*

À proximité de Marseille, entre terre et mer, la centrale Cycle combiné gaz compte 2 unités de production, mises en service en 2012 et 2013. Elles ont une puissance totale de 930 MW et fonctionnent au gaz naturel. Cet aménagement est le plus

puissant et moderne des centrales de ce type en France. Pour résumer le process : le gaz naturel est brûlé dans une turbine à gaz, puis les fumées encore très chaudes résultant de cette combustion sont utilisées pour actionner une turbine à vapeur : le sommet de l'art du recyclage... Le résultat ? Un ***haut rendement énergétique et de faibles émissions de*** CO_2 : 2 fois moins que celle d'une centrale à charbon de même puissance !
Capable de démarrer en quelques heures, cette centrale répond aux variations de la demande d'électricité en couvrant les pointes de consommation et les pics de demande liés aux vagues de froid ou de forte chaleur. Par ailleurs, elle accompagne le développement des énergies renouvelables, en prenant le relais en l'absence de vent ou de soleil.
Visite de la centrale pour tout savoir sur l'énergie ou ***visite biodiversité pour découvrir l'environnement préservé,*** vous avez le choix ! Une découverte accompagnée par le guide-conférencier qui vous expliquera comment fonctionne cette centrale de production, son histoire au cœur du territoire martégal et ses actions en faveur de la biodiversité terrestre et marine.
Le + : visites thématiques lors de la Fête de la nature, des Journées européennes du patrimoine, de la Semaine de l'industrie, de la Fête de la science.

EveRé : *ZI de Fos-sur-Mer, route du Quai-Minéralier, lieu-dit Caban-Sud, 13270* ***FOS-SUR-MER.*** *☎ 04-42-05-76-29. • evere.fr • Visite guidée seulement, pour groupes de 10-30 pers, sur résa : mar-ven 9h30-14h (mer à 14h). GRATUIT. Durée de la visite : 1h30.*
En France, chaque habitant produit plus de 1 kg de déchet par jour... Et ce chiffre n'intègre pas les déchets professionnels, qui le multiplient par 10 ! EveRé, le ***centre de traitements multifilière de déchets ménagers de la Métropole Aix-Marseille Provence,*** se veut un site modèle. Il affine le tri effectué par tout un chacun, séparant plastiques, métaux recyclables et déchets organiques (unité de tri automatisée). ***Il transforme les déchets organiques en énergie verte et en compost*** (unité de méthanisation et de compostage). Et les déchets qui ont échappé à ces fourches caudines sont brûlés pour produire de l'énergie (unité de valorisation énergétique). Cela en polluant le moins possible : l'eau utilisée suivant un circuit fermé (le site a sa propre station d'épuration), sa consommation s'en trouve réduite ; et les fumées sont lavées, dépoussiérées, traitées toujours plus finement pour éliminer le maximum d'éléments susceptibles de contaminer l'air, des gaz acides aux dioxines. Toutes les étapes sont expliquées au cours de la visite. Un animateur commente un film introductif, ainsi qu'une maquette qui s'illumine comme un arbre de Noël. Puis on fait le tour des bâtiments sur une passerelle, observant les différentes opérations et process à travers des ouvertures. Amusant, en se tordant le cou, on peut même apercevoir les roues aimantées qui attirent à elles le métal, accumulant les canettes comme une compression de César !

Maison Ferroni : *13400* ***AUBAGNE-EN-PROVENCE.*** *Sur la D 27A, direction Maussane. ☎ 04-91-24-88-91. • ferroni.com • Visite guidée seulement, sur résa : mer et sam à 17h. GRATUIT.* ***Boutique :*** *mar-sam 10h-12h, 14h-17h.*
Dans la patrie de Pagnol, une belle demeure du XIXᵉ s abrite la distillerie de Guillaume Ferroni, à la double casquette de barman et d'historien. Il y élabore depuis 2012, des ***spiritueux anciens ou innovants*** : whisky de seigle, rhum, liqueurs, gin de Provence. On aime particulièrement son pastis millésimé, à base de plantes aromatiques fraîches, récoltées sur le domaine. L'ambition du moment : la « série des Lumières », réédition d'une collection de spiritueux qui eurent leur heure de gloire entre le XVIIᵉ et le XIXᵉ s, et qui semblaient rayés des cartes ! Au programme de la visite : parcours du jardin aromatique, de la chambre de macération, du chai de rhum... et bien sûr dégustation.
Les + :
- Dégustation.
- Visite Expert Rhum *(sur résa le mar, 25 €/pers).* Atelier Gin *(le jeu, 55 €/pers).* Atelier Pastis *(le ven, 55 €/pers).*

Port de Marseille Fos : *23, pl. de la Joliette, CS 81964, 13000* ***MARSEILLE.*** *☎ 04-91-39-42-24. • marseille-port.fr • Visite de groupe seulement, en bus ou en bateau, sur résa, pour 10-60 pers. Les groupes doivent venir avec leur propre car. Résa sur le site internet, au moins 2 sem avt la date souhaitée, avec la liste nominative des visiteurs et une copie de leurs pièces d'identité, y compris celle du chauffeur. GRATUIT. Durée de la visite : 1h30 en car, 2h en bateau. Présenter une* ***pièce d'identité*** *à la visite.*

Impressionnant, le port de Marseille en chiffres (2023) : 500 ports desservis dans 160 pays, le 1er port de croisière français dans le top 5 des ports de Méditerranée, le 1er pôle de réparation navale en Méditerranée, 25 escales de navires par jour, 3 millions de m² d'entrepôts logistiques et 42 600 emplois générés sur le territoire... Au croisement des routes maritimes mondiales, il se positionne comme la porte d'entrée naturelle du sud de l'Europe.

Le port est composé de ***2 bassins complémentaires.*** Les bassins est à Marseille s'étendent sur 400 ha, constituant un port de proximité en Méditerranée pour les marchandises, les voyageurs et la réparation navale. Les bassins ouest à Fos-sur-Mer représentent 10 000 ha, l'équivalent de Paris intra-muros, constituant un port mondial pour l'industrie et la logistique, dédié aux flux intercontinentaux massifiés. Leader européen dans le branchement électrique à quai et l'avitaillement des navires en GNL, il mise sur une croissance économique durable par un aménagement industriel responsable et innovant. Car aujourd'hui, il vise l'excellence environnementale, ambitionne de développer l'économie bleue sur un mode durable, d'œuvrer pour la transition énergétique, de développer l'économie circulaire par des programmes de recherche et de préserver les espaces naturels... Ouf ! En tout cas, ***une visite déjà impressionnante par la taille des installations.***

– Pour compléter votre visite par une partie historique, allez voir **La Bourse** : *9, La Canebière, 13001* ***Marseille.*** *☎ 08-10-113-113 (0,06 €/mn).* Créé en 1599, ce bâtiment abrite la plus ancienne chambre de commerce et d'industrie du pays, et même du monde, paraît-il. Notez les noms des comptoirs gravés dans la pierre du hall principal. Fleuron du style architectural Second Empire à Marseille, ce beau musée expose des collections racontant l'histoire du port et de son commerce. Nombreuses peintures, superbes maquettes de paquebots du XIXe s. Superbes affiches anciennes, présentées par roulement. Galerie de peinture où les marines classiques se mêlent aux toiles plus « sociales ». Petite librairie spécialisée.

Poterie Ravel : *8, av. des Goums, 13400* ***AUBAGNE.*** *☎ 04-42-82-42-00. • poterie-ravel.com • ♿ Fermé 1er janv, 14 juil, 15 août, 1er et 11 nov et 25 déc. Visite libre, lun-sam 9h30-18h30. Visite guidée, jeu à 10h. Visite de groupe sur résa (sauf août et dernière sem de déc), pour 6-20 pers. GRATUIT. Durée de la visite : 30 mn.* ***Boutique :*** *lun-sam 9h30 (10h en été)-18h30.*

Avant d'être la patrie de Marcel Pagnol, ***Aubagne est la capitale de l'argile.*** Carreaux et tuiles ne sortent plus des usines, mais les artisans ont repris le flambeau. En se glissant dans les vieilles ruelles de la cité, on y trouvera plus de 40 ateliers de céramistes, potiers ou santonniers, à découvrir lors des grandes manifestations ou mieux encore avec le guide distribué gratuitement par l'office de tourisme.

Dans cette manufacture familiale installée ici depuis 1837, ***toute la chaîne de production est maîtrisée,*** du début à la fin : la poterie possède ses propres carrières d'argile, d'où elle extrait la précieuse matière première, transformée au sein de ses ateliers. Ensuite, place aux opérations de moulage, tournage, et cuisson, dans l'un des 4 fours à gaz que compte la manufacture. Dernière étape, les finitions – dont l'émaillage – qui permettent aux pièces de se parer des différentes couleurs des collections, et de recevoir l'estampille de la maison. ***Vases, jarres, cache-pots les plus variés*** et les plus volumineux pour jardins élégants, autant de pièces en terre cuite façonnées dans la tradition provençale.

La ***poterie Ravel*** se lance également dans des collaborations pour des ***créations haut de gamme,*** comme celle réalisée avec le designer Jean-Marie Massaud ou Christian Lacroix, afin de diversifier sa production et s'ouvrir vers l'avenir.

Label : Entreprise du Patrimoine Vivant.

Santons Fouque : *65, cours Gambetta, 13090* ***AIX-EN-PROVENCE.*** *☎ 04-42-26-33-38. • santons-fouque.fr • ♿ (téléphoner avt). Visite libre : lun-sam 10h-13h, 14h-18h30. GRATUIT. Visite de groupe sur résa par tél, à partir de 15 pers en sem. Tarif : 3,50 €/pers. Durée de la visite : 30 mn.* ***Boutique :*** *janv-nov, lun-sam 10h-13h, 14h-18h30 ; déc, tlj 10h-19h (sauf 25 déc).*

Pierres calcaires de couleur miel, toitures en tuiles romaines patinées par les âges, nobles façades... Grâce à sa rare unité architecturale, la ville de Paul Cézanne a conservé au fil des siècles une élégance nourrie d'influences baroques italiennes. Un cadre des plus appropriés pour les charmantes figurines que sont les ***santons Fouque,*** création d'une maison fondée en 1934, où se sont déjà succédé 4 générations. On y découvre une ***crèche d'anthologie,*** où semblent s'affairer des santons de toutes tailles (pour augmenter le sentiment de perspective) parmi quelque 2 000 modèles de santons en argile. La star de ce petit monde : « Le coup de Mistral », création exclusive de la maison Fouque, un berger dont le pantalon est reprisé au genou par un tissu provençal du même motif que la robe de sa maîtresse. Cette figure emblématique a été créée par l'aïeul de la maison, Paul Fouque, en 1952.

SANTONS RÉVOLUTIONNAIRES

C'est la Révolution française qui popularisa involontairement les santons (de santoun, « petit saint » en provençal)... en fermant les églises. Un fabricant de statues de Marseille eut alors l'idée de fabriquer en série des santons bon marché pour que les gens puissent installer des crèches chez eux. À côté des figurines classiques (Sainte Famille, bergers, Rois mages, etc.), on trouve tous les personnages de la vie villageoise et du folklore de Provence : le paysan, le joueur de tambourin, le rémouleur, le marchand de gallines (de poules), le pêcheur... et même Fernandel ou Raimu !

Depuis la boutique, on observe dans l'atelier certaines étapes de la ***fabrication des santons,*** comme le façonnage, le séchage, la cuisson et la mise en peinture, mais aussi les ***collections de santons,*** les pièces uniques et les ***expositions temporaires.*** Ces figurines de terre cuite sont même devenues une source d'inspiration. En effet, à partir de Noël et durant tout le mois de janvier, un peu partout en Provence, se jouent des ***pastorales.*** Dans ces pièces de théâtre populaire en provençal, en partie chantées, qui mettent en scène la naissance du Christ vue de façon naïve, les acteurs sont vêtus comme les santons !

Labels : Entreprise du Patrimoine Vivant, France savoir-faire d'excellence.

Société du canal de Provence : *Le Tholonet, CS 70064, 13182* ***AIX-EN-PROVENCE.*** *☎ 04-42-66-77-38. 📱 06-85-32-19-83. • canaldeprovence.com • Visites thématiques des installations : différents barrages, centre de télégestion, château du Tholonet... Calendrier et résa en ligne ; formulaire de demande spécifique pour les groupes (à partir de 10 pers) sur • https://canaldeprovence.com/nous-decouvrir/qui-sommes-nous/accueil-de-visiteurs/ • GRATUIT.*

Comment l'eau arrive-t-elle au robinet ? Se poser cette question, c'est s'intéresser au ***réseau hydraulique provençal,*** de ses sources à ses utilisateurs. Et donc aussi aux infrastructures qui les acheminent et les régulent, canaux et barrages... Tout un univers qui est celui de la ***Société du Canal de Provence,*** dont l'objectif premier est de ***mettre la Provence à l'abri de la sécheresse,*** citoyens, agriculteurs, industriels et autres usagers. Pour ce faire, elle dispose de pas moins de 5 600 km de canaux et de canalisations ! Elle mobilise des eaux issues essentiellement des réserves du Verdon, qu'elle transporte puis distribue dans les départements des Bouches-du-Rhône, du Var, des Alpes-de-Haute-Provence et de Vaucluse. Tout un réseau et des métiers nécessaires à la survie plus encore qu'à la vie, qu'éclairent des visites thématiques variées : sur le terrain (barrage), sur les plans technique (centre de télégestion), historique et stratégique (centre du Tholonet)... Fondamental.

Usine Alteo Environnement : *av. Victor-Hugo, 13120* **GARDANNE.** *☎ 04-42-51-02-73 (office de tourisme de Gardanne). • tourisme-gardanne.fr • Visite guidée aux dates proposées par l'office de tourisme. Inscription par tél ou sur le site internet. Tarif : 7 € ; 5-16 ans 5 € ; gratuit moins de 5 ans. Visite de groupe : se renseigner. Durée de la visite : 2h.*

Créée il y a 120 ans, l'usine Alteo de Gardanne est le siège historique de la ***production d'alumine*** dans le monde. L'alumine est le sous-produit de la bauxite, le minerai dont dérive la production d'aluminium. Les alumines de spécialité, comme la prose de M. Jourdain, on en utilise tous les jours sans le savoir : on en trouve dans les carrelages, les papiers de verre, les écrans LCD de téléviseurs, de smartphones et de panneaux solaires... On en bourre les moquettes, les gaines de câbles électriques pour leur éviter de prendre feu ; elles constituent la matière première des plaques de cuisson en vitrocéramique. Branchée vers l'avenir et l'innovation, Alteo développe des alumines « hi-tech » nécessaires aux batteries lithium-ion de voitures électriques, et un procédé d'épuration des sols et de l'eau, la Bauxaline. Une visite qui permet de saisir le pourquoi du comment de bien des objets du quotidien, tout en comprenant le rapport intime entre cette industrie et la ville de Gardanne. Du local et du global, tout ce qu'on aime.

LES GORGES DU VERDON

Sans doute les plus impressionnantes d'Europe. Tel un grand coup de hache entre les Alpes-de-Haute-Provence et le Var, elles forment une sorte de frontière naturelle qui a laissé une profonde entaille de 21 km de long dans la terre. Là, le Verdon débite jusqu'à 800 m³ d'eau à la seconde au moment des plus fortes crues ! Aujourd'hui, 2 barrages permettent aux randonneurs d'accéder au fond du canyon. Falaises vertigineuses qui vous écrasent de leurs 300 à 600 m de hauteur, chaos rocheux, rives sauvages – le paradis des randonneurs et des grimpeurs – les admirer, c'est retourner aux origines du réseau hydraulique !

2CV Méhari Club Cassis : *quartier le Bregadan, CS 80019, 13714* **CASSIS.** *☎ 04-42-01-07-68. • mehariclub.fr • Visite guidée seulement : mai-oct, mer à 9h30 et 14h30. Groupe : 15 pers max. Durée : 1h30. Tarif : 15 €, réduc. Port de chaussures fermées obligatoire.* **Boutique :** *lun-ven 8h30-12h30, 14h-17h30 (ven 17h).*

Un petit port de pêche niché dans une échancrure entre le parc national des Calanques et le cap Canaille, qui s'enflamme à la fin du jour... De belles villas balnéaires de l'entre-deux-guerres qui grimpent dans les pins à l'assaut des collines... Un endroit idéal pour se promener cheveux au vent, dans une de ces voitures qui symbolisent la liberté et l'aventure ! Justement, ici, on restaure et on améliore ces véhicules, pour ***transformer une authentique guimbarde en un flamboyant cheval de course.*** La visite permet de découvrir les différents ateliers qui procèdent à cette métamorphose : chaîne de fabrication de châssis, manufacture de sellerie, ateliers de ferronnerie, de rénovation moteur, de reconstruction ou d'électrification de véhicules anciens... Une visite aussi technique que patrimoniale, comme en attestent les modèles historiques exposés dans le showroom.

Le + : cadeau de bienvenue.

Labels : Entreprise du Patrimoine Vivant, France savoir-faire d'excellence.

HAUTES-ALPES (05)

EDF – Centrale hydraulique et barrage de Serre-Ponçon : *2100, route du Barrage, 05190* **ROUSSET.** *☎ 04-92-54-58-11. • visites-upm@edf.fr • edf.fr/maisondeleau • Visite de la Maison de l'eau et des énergies, entrée libre. Juil-août,* *lun-ven (hors j. fériés) 9h-12h, 13h30-16h30 ; sept-juin, sur résa de groupe seulement. Visite de la salle des machines de la centrale : sur inscription préalable par tél seulement, sous réserve de disponibilité. GRATUIT. Durée de la visite : 1h-2h.* ***À savoir :*** *visite à partir de 12 ans. Le jour de la visite, présenter une* ***pièce d'identité*** *(carte nationale d'identité ou passeport) en cours de validité. Porter des chaussures plates et fermées.*

Au pied de l'un des plus grands barrages d'Europe (123 m de haut et 600 m de large), la ***Maison de l'eau et des énergies de Serre-Ponçon*** vous propose plusieurs expériences de visite :

– ***La visite de la salle des machines*** de la centrale : accompagné d'un guide-conférencier, on découvre les coulisses du fonctionnement de cette véritable cathédrale électrique souterraine. C'est la centrale la plus puissante de la région, produisant l'énergie nécessaire à la vie de plus de 275 000 personnes !

– ***L'espace multimédia*** de 200 m² pour toute la famille : modules interactifs, vidéos et visite virtuelle, on comprend le fonctionnement de la 1re des énergies renouvelables, l'hydroélectricité, et comment est gérée la ressource en eau en Provence.

– ***L'expo photos augmentée « Superlatif » :*** 30 photos géantes de l'épopée humaine de Serre-Ponçon, chantier du XXe s !

– ***Le sentier extérieur :*** lors d'une promenade, on observe la biodiversité locale et les paysages environnants. Des panneaux rythment cette balade en pleine nature. Ces paysages sont remarquables car ils sont constitués de chaînons plissés de calcaire, en avant du massif alpin et donc logiquement appelés « Préalpes ».

– ***Le belvédère :*** un espace aménagé spécialement pour offrir l'un des plus beaux points de vue sur le barrage et le lac de Serre-Ponçon, le plus important lac artificiel de France. Le belvédère est en accès libre toute l'année.

Label : Tourisme et Handicap.

UN BARRAGE MULTIFONCTION

Construits à partir de 1955 et mis en eau en 1960, le barrage et la centrale hydroélectrique EDF de Serre-Ponçon sont situés à la confluence des rivières de l'Ubaye et de la Durance. Ouvrage unique en France, le barrage sécurise la gestion régionale de l'eau pour toute la Provence à partir du canal de la Durance. Dès sa conception, il est prévu pour capter la ressource en eau, la stocker et la partager entre tous les besoins : production d'énergie renouvelable (avec une puissance installée de 380 MW), lutte contre les crues dévastatrices de la Durance, irrigation des terres agricoles, alimentation en eau potable et industrielle. Le barrage participe également à l'attractivité du territoire, grâce aux activités touristiques autour du lac de 28 km² de superficie et au réservoir stockant 1,2 milliard de m³ d'eau – plus grand que le lac d'Annecy ! C'est l'aménagement principal de la chaîne hydroélectrique Durance-Verdon comptant 16 barrages, 23 centrales et un canal de 250 km !.

VAR (83)

Maître Savonitto – L'atelier du Savon : *320, allée des Esclapières, ZA Saint-Julien, lieu-dit les Brovès, 83440* ***SEILLANS.*** *☎ 04-94-47-86-65. • maitresavonitto.fr • ♿ Visite libre : lun-ven 8h-17h. Visite de l'atelier : en été, mer 10h30 ; hors saison, sur résa. GRATUIT. Durée de la visite : 30-45 mn.* ***Boutique :*** *lun-ven 8h-17h.*

Plus que charmant, Seillans, ce village haut perché, est classé parmi les « Plus Beaux Villages de France ». Le peintre Max Ernst choisit d'y passer ses dernières années. Porte du XIIIe s, ruelles étroites, tortueuses à souhait, places croquignolettes avec lavoirs et fontaines, vestiges de remparts et passages voûtés par le temps. C'est ici que cette savonnerie hors des flux, perpétue le savoir de M. Savonitto (c'était réellement son nom !). La visite d'une trentaine de minutes ouvre aux petits secrets de la fabrication d'un bon savon, du choix des composants jusqu'à l'estampillage. Un « nez » concourt à l'élaboration des senteurs fabriquées ici. Et la boutique propose 2 belles gammes de produits, version traditionnelle vintage (Maître Savonitto) et version plus actuelle et créatrice (Aqui d'Aïa). L'entreprise séduit autant par la délicatesse de ses produits que par ses choix économiques, dominés par une ***logique de proximité.*** Les parfums viennent de Grasse, les huiles essentielles du plateau de Valensole. De la boutique, par une vitre, on voit à l'œuvre les artisans qui créent ces soins lavants parfumés pour le corps, le visage et les mains.

Pépinière Cavatore : *22, chemin des Orchidées, 83230* ***BORMES-LES-MIMOSAS.*** *☎ 04-94-00-40-23. • contact@mimosa-cavatore.fr • mimosa-cavatore.fr • Visite libre : GRATUIT. Visite guidée sur résa, groupes 15 pers min, 55 pers max. Durée : 1h. Tarif : 10 €.* ***Boutique :*** *lun-sam 9h-12h30, 14h-18h. Pdt la saison de production du mimosa (du 1er juin au 1er sept), les pépinières sont ouvertes uniquement le matin, lun-ven 9h-12h30.*

Autour de 1880, le ***mimosa,*** originaire d'Australie, fait son apparition sur les pentes de la Croix des Gardes à Cannes, sans doute introduit par l'un des grands hôtes hivernaux de la Côte d'Azur. La Société d'horticulture et d'acclimatation contribue alors largement à sa promotion. Les différentes espèces de mimosa (genre acacia, ordre des mimosées, ***800 espèces recensées*** !) sont utilisées à des fins très variées : fleur coupée, plante ornementale ou de rocaille, haie défensive ou brise vent, retenue des sables et des sols. Il est cultivé essentiellement dans le sud de l'Australie, en Afrique du Sud et... en France. La pépinière Cavatore, spécialiste réputée depuis plus de 40 ans, présente la ***plus belle « collection nationale de mimosas »,*** reconnaissance décernée par le Conservatoire national français des collections végétales spécialisées. Elle travaille à l'introduction et à l'acclimatation de nouvelles variétés, dont certaines surprenantes. Elle propose aussi une collection inédite de ***plantes de terrains secs et de climats méditerranéens.***

La visite s'apparente à une ***promenade dans un jardin sans arrosage de 1 000 m²*** qui permet d'appréhender la diversité des plantes méditerranéennes. Elle se poursuit par la découverte d'un ***arboretum*** planté de 115 essences et variétés de mimosas différents, avec panneaux descriptifs pour chacun. Ce qui vous permettra, si vous pensez à votre jardin, de faire votre choix en fonction de ses caractéristiques ! Et on ne lésinera pas sur les conseils pour vous aider dans votre choix. Vraiment un lieu d'exception et une visite des plus agréable.

LE PARC GONZALES

Cette propriété de 3 000 m² à Bormes-les-Mimosas fut achetée par la peintre Roberta González, épouse du peintre abstrait Hans Hartung. En 1996, les héritiers lèguent le jardin à la commune, à condition de garder le parc ouvert au public et de créer un jardin à végétation australienne. Gilles Augias, paysagiste de Bormes-les-Mimosas, aménage alors le jardin avec 320 plants de 250 espèces à la fin de 2001 : il est alors tel que vous pouvez en profiter aujourd'hui.

La pépinière fait bien sûr partie de la ***route du Mimosa*** qui s'étend sur 130 km de Bormes-Les-Mimosas à Grasse. Cet itinéraire touristique, à découvrir de janvier à mars, est le symbole d'une Côte d'Azur hivernale. En passant par les communes de Bormes-Les-Mimosas, Rayol-Canadel-Sur-Mer, Sainte-Maxime,

Saint-Raphaël, Mandelieu-La-Napoule, Tanneron, Pégomas et Grasse, la route du Mimosa offre une multitude de découvertes autour de cette fleur parfumée. • *routedumimosa.com* •

Quai Sud – L'Épicerie de Provence : *Zone d'Entreprise de Signes, av. de Madrid, 83870* **SIGNES.** ☎ *04-94-00-60-20. • quaisud.com • Visite guidée de groupe seulement, sur résa, jusqu'à 19 pers. Résa par tél au ☎ 04-94-03-03-57 ou par mail à • boutique@quaisud.fr • Lun-ven à 11h et 14h (sauf période des fêtes de fin d'année). GRATUIT. Durée de la visite : 40 mn.* **Boutique :** *lun-ven 9h-17h.*
Cette PME familiale basée dans le Var propose, depuis de nombreuses années, à la fois tout ce qui rend la vie plus agréable : thés, cafés, chocolats, sucres, alcools et sels aromatisés... et tout ce qui la rend plus facile : des préparations pour cocktails, des mélanges d'épices. On mélange, on infuse, on sert et on récolte les compliments ! Des femmes et des hommes plutôt que des machines, Quai Sud mise sur le savoir-faire français artisanal pour élaborer des beaux et bons produits. Inspirées par l'air du temps, les traditions culinaires et les terroirs du monde, les recettes sont inventées, élaborées et testées sur place. Au cours de la visite, on découvre les ***ateliers de production*** et on participe à un ***jeu de dégustation*** sensoriel qui amène à deviner les saveurs originales d'une sélection de produits.

PROVENCE-ALPES-CÔTE D'AZUR

VAUCLUSE (84)

Aroma'Plantes : *route du Mont-Ventoux, 84390* **SAULT.** ☎ *04-90- 64-14-73. • distillerie-aromaplantes.com • Tlj 10h-18h (19h mai-sept). Visite libre de la distillerie tte l'année. Visite guidée : mai et sept, à 15h ; juin-août à 11h30, 15h et 16h30. Durée de la visite : 30 mn.* **Boutique :** *sept-mai, tlj 10h-18h ; juin-août, tlj 10h-19h.*
Aroma'plantes, c'est d'abord une belle exploitation agricole de 80 ha, située au pied du Mont-Ventoux, à Sault-en-Provence ; elle produit et distille la lavande et d'autres plantes à parfum, depuis plus de 5 générations. Depuis 1978, cette ferme s'est spécialisée dans la ***production*** et la ***distillation des plantes aromatiques et médicinales, en agriculture biologique.*** Aroma'Plantes fabrique et commercialise des produits cosmétiques bio à travers son laboratoire et sa propre marque. Afin de garantir un circuit court et de qualité, tous leurs produits sont cultivés, distillés et transformés sur place !
La visite se compose de 4 temps. D'abord le ***Lavandoscope,*** où la lavande vous livre tous ses secrets grâce aux supports et activités ludiques – à faire en famille. Puis la ***Galerie du temps,*** qui vous emmène au cœur de l'ancienne ferme, pour découvrir les métiers ancestraux de la lavande. La ***Plantothèque*** constitue un véritable Quiz en plein air pour faire connaissance avec toutes les plantes distillées sur le site. Enfin, on peut prolonger l'exploration sur le ***Sentier découverte,*** en arpentant le sentier balisé au milieu des champs pour découvrir les métiers des différents acteurs, et surtout voir la lavande dans toute sa splendeur. On termine sa visite à l'ombre des marronniers centenaires, pour profiter d'***une pause gourmande 100 % bio*** et déguster des sablés maison à la farine de petit épeautre (nature, lavande et chocolat) ou des jus de fruits-fleurs à base d'hydrolat ! Un lieu complet, dont on sort tous les sens éveillés et comblés.
Les + :
– Atelier savon solide (pour adultes), atelier gel douche (pour enfants).
– Sortie lavande *(tout public ; sur résa par mail à • info@aromaplantes.com •).*
Label : France savoir-faire d'excellence.

Château du Barroux : *la Garenne, 84330* **LE BARROUX.** *06-59-13-13-21. • chateauxdubarroux.fr • Visite libre : mai-sept, tlj 10h-18h ; oct-avr, 10h-13h, 14h-18h ; fermé en janv. Tarif : 8,50 € ; réduc. Groupe adultes à partir de 10 pers : 7,50 €/pers. Visite guidée de la distillerie et dégustation (visite libre du* *château incluse) : 17,50 €/pers, à partir de 10 ans, sur résa. Durée de la visite : 1h. Tarif groupe : min 10 pers, 15 €/pers ; gratuit accompagnateurs et chauffeurs.* ***Boutique :*** *(pour acheter le whisky) mêmes horaires que le château.*

Un château, du whisky... non nous ne sommes pas en Écosse mais dans le Ventoux au nord de Carpentras ! C'est l'histoire d'un château pas les autres. Édifié au XIIe s avec donjon et fortifications pour assurer la protection de la plaine Comtadine, il devient en 1538 la propriété d'Henri De Rovigliasc. Celui-ci, venu à la cour pontificale d'Avignon, le transforme pour en faire une demeure Renaissance. Il s'enrichit au cours du temps d'une chapelle couverte de fresques (actuellement en restauration) et de fortifications supplémentaires. Pillé à la Révolution (ses pierres vendues au cours du XIXe s servent à bâtir les maisons des alentours), incendié par les Allemands lors de la dernière guerre mondiale, il est restauré dès 1960 par le docteur Mouliérac-Lamoureux. Le château renaît peu à peu de ses cendres, et de 1993 à 2020, l'Association des amis du château du Barroux poursuit ce travail de préservation, avec le soutien de la famille Vayson de Pradenne, à qui il appartient toujours. Le château abrite aujourd'hui une étonnante exposition permanente de fossiles, et la vue sur la plaine du Comtat Venaissin et les collines verdoyantes est magnifique.

En 2021, Fanny et Jean-Baptiste ont créé dans les caves du château la 1ère distillerie de whisky de Provence à base ***de petit épeautre de Haute Provence, certifié IGP et bio.*** Grâce à la visite guidée de la distillerie, vous allez devenir incollable sur les étapes nécessaires à sa fabrication :

– le *maltage* dans la malterie du château avec les étapes de trempe, germination et touraillage ;
– le *brassage* pour obtenir un moût sucré à partir de l'amidon des céréales ;
– la *fermentation* qui transforme les sucres en alcool dans des cuves en bois traditionnelles ;
– la *distillation* dans un alambic continu à colonne ;
– et enfin l'*élevage* en barriques françaises.

La visite guidée se conclut par une dégustation dans le chai de vieillissement du whisky, prélevé directement dans les barriques. Une visite à la fois historique et œnologique passionnante !

Les + :

– La dégustation.
– La chasse au trésor pour les enfants.
– La galerie des fossiles.

Nombreux ateliers autour du whisky *(sur réservation)*, dont l'***atelier de dégustation whiskys-fromages*** *(min 4 pers-max 10 pers ; 48 €/pers ; durée 2h30).* Et un ***atelier pour assembler sa propre cuvée*** *(85 €/pers, durée 2h).*

Chocolaterie Castelain : *1745, route de Sorgues, 84230* **CHÂTEAUNEUF-DU-PAPE.** *☎ 04-90-83-54-71. • chocolat-castelain.fr • Sur résa en ligne, ateliers à partir de 15 €/pers fabrication 1h30, atelier adulte 3h. Atelier enfants décoration : 30 mn. Atelier accord vin et chocolat : 1h. Atelier vins, chocolat et truffes : 2h. Atelier accords café et chocolat : 2h. Également des ateliers en autonomie sans résa : à la découverte du chocolat (9 €/pers,*

LE VIGNOBLE DE CHÂTEAUNEUF-DU-PAPE

Ce vignoble, créé par Jean XXII, jouit d'une situation exceptionnelle : son climat et son sol permettent une maturation parfaite du raisin. Fait unique, 13 cépages sont autorisés dans l'élaboration des châteauneuf-du-pape. C'est sous l'impulsion du baron Le Roy de Boiseaumarié, avocat et vigneron châteauneuvois, que les appellations d'origine contrôlée furent créées – pas étonnant donc que cette AOC, obtenue en 1936, soit la 1re en France ! Une juste reconnaissance des qualités de ce vin, aux bouteilles si caractéristiques frappées des armes papales.

enfants 6 €) ; atelier accords vins et chocolats (10 €). ***Boutique Vin et Chocolat :*** *lun-sam 9h-12h, 14h-19h.*
C'est en 1994 que Bernard Castelain fonde la Chocolaterie, au cœur du célèbre vignoble de Châteauneuf-du-Pape dans le Vaucluse. Il confectionne son 1er chocolat, le ***Palet des Papes,*** dans l'esprit de trouver un équilibre parfait entre le chocolat noir et le marc de Châteauneuf-du-Pape, et de créer un grand chocolat pour un grand vignoble. Depuis, la gamme s'est largement élargie, et 2 nouvelles boutiques ont vu le jour à Coustellet et à Althen-des-Paluds. Les ateliers proposés permettent de s'initier aux techniques chocolatières ainsi qu'à l'art de la dégustation en explorant les accords gourmands qui révèlent tout la richesse du chocolat.
Les + : les nombreux ateliers bien sûr, et les nombreuses recettes sur le site. Miam, miam !
Labels : certification Bio, Entreprise durable, label AB, Accueil Vélo, Qualité Tourisme.

CNR – Aménagement hydroélectrique et fluvial de Bollène : *Centrale André Blondel, 84500* ***BOLLÈNE.*** *☎ 04-78-95-71-78. • lescircuitsdelenergie.fr • Visite guidée seulement, de mi-mars à fin oct. Avr-oct, tlj sur résa sur le site internet. Tarif : 10 €/pers ; réduc. Visite de groupe, à partir de 15 pers : de mi-fév à mi-déc, tlj sur résa sur le site internet. Tarif : 8 €/pers ; scolaires gratuit. Durée de la visite : 2h. À partir de 8 ans. Chaussures plates et fermées obligatoires.*
Le site de CNR comprend une ***centrale hydroélectrique,*** dite de Donzère-Mondragon, inaugurée en 1952, la plus puissante d'Europe à l'époque avec 350 MW installés, et une ***écluse,*** la plus grande du monde à l'époque. La ***majestueuse façade*** de l'ensemble est classée Monument historique. On y trouve aussi ***un parc éolien*** et ***2 parcs photovoltaïques***. La centrale produit aujourd'hui l'équivalent de la consommation électrique de plus de 800 000 foyers ou 0,5 % de la consommation française totale.
On découvre le gigantisme et la haute technicité des installations, ainsi que la compétence de ceux qui assurent la production tout en garantissant la sûreté hydraulique des populations riveraines. Il pourra ainsi comprendre comment se fabrique l'électricité et s'approcher au plus près des éoliennes et de la centrale photovoltaïque. Le programme de la visite comprend un ***parcours extérieur*** avec vue sur la centrale hydroélectrique, le parc éolien et le parc photovoltaïque. Il permet aussi de découvrir le fonctionnement de l'écluse et ses portes monumentales en arc de cercle. Un ***parcours intérieur*** détaille l'histoire de CNR et du site avec des photos et des maquettes dans une salle de médiation... ainsi qu'une galerie scientifique qui explique de façon pédagogique la fabrication de l'hydroélectricité. Il se termine par une ***vue plongeante sur l'imposante salle des machines,*** tandis qu'un jeu de son et lumière dans l'ancienne salle des commandes permet une immersion complète dans l'histoire de la centrale.
Label : France savoir-faire d'excellence.

Distillerie Manguin : *784, chemin des Poiriers, 84000* ***AVIGNON.*** *☎ 04-90-82-62-29. • manguin.com • ♿ (sauf w-c). Visites guidées seulement, sur résa sur le site, jeu-sam à 11h et sam à 15h. Tarif : 5 €. Visite de groupe sur résa, pour 10-25 pers. Tarif : 10 €/pers. Durée de la visite : 45 mn (dégustation incluse). Visite de groupe « accords 4 bouchées fromages et 4 spiritueux », max 15 pers. Tarif : 25 €/pers.* ***Boutique :*** *lun-sam 10h-12h, 14h-17h, sam ap-m 15h-18h.*
Entre le palais des Papes et la chartreuse de Villeneuve-lez-Avignon, sur le Rhône même, émerge ***l'île de la Barthelasse,*** la plus grande île fluviale d'Europe. La distillerie Manguin y cultive ***l'art de la distillation des fruits de terroirs*** depuis 80 ans : Poire Williams, Reine-Claude et Abricots du Ventoux mais aussi une gamme originale de spiritueux à l'olive (Oli'Gin, Oli'Vodka...), un pastis et des apéritifs, ainsi que des liqueurs de fruits (dont agrumes). La visite débute par un film sur « l'âme de la maison », elle se poursuit dans « le jardin des simples » où sont cultivées diverses variétés de botaniques ; puis on rejoint l'atelier près des alambics où sont évoquées l'histoire de la maison ainsi que les différentes étapes de son savoir-faire. La visite se termine dans l'espace dégustation-vente près du bar par une dégustation de 2 à 3 spiritueux maison.

Le + : des événements de groupe sur mesure *(plus d'infos par mail à ● info@manguin.com ●).*
Label : Entreprise du Patrimoine Vivant.

De Rome à Avignon

7 papes se sont succédé ici de 1309 à 1376 : en ce temps-là, de graves troubles agitaient la Cité éternelle. Et puis le Comtat Venaissin, voisin de la ville d'Avignon (qui appartenait, quant à elle, à l'époque, à Charles II d'Anjou, un vassal du pape), était propriété pontificale depuis 1274... Et Grégoire X était tombé sous le charme de la Provence, qu'il avait traversée en revenant d'un concile... L'édification du Palais des papes, entre 1335 et 1351, signe l'installation des souverains pontifes dans cette cité, qui devint l'une des plus prospères d'Europe.
Le dernier pape, Grégoire XI, décida de retourner à Rome en 1376. Il mourut en 1378 et le grand schisme qui divisa l'Église catholique éclata en septembre, 6 mois après sa mort : 2 papes reconnus uniquement par la France, l'Espagne et le royaume de Naples (Clément VII et Benoît XIII) s'entêtèrent à vouloir rester en Avignon ; ce qu'ils firent jusqu'en 1403, date à laquelle Benoît XIII laissa la place au représentant de Jean XXIII qui, contraint par 2 sièges successifs, abandonna définitivement le palais en 1411.

La Filaventure Brun de Vian-Tiran : *av. de la Libération, 84800* ***L'ISLE-SUR-LA-SORGUE.*** *☎ 04-28-70-28-00. ● lafilaventure@brundeviantiran.fr ● Dernière entrée pour le musée 1h30 avt fermeture. Tarif : 7,50 €, réduc. Durée de la visite : 1h30. Tari dégressif pour les groupes. Visite des ateliers de la manufacture sur réservation.* ***Musée et boutique :*** *lun-sam 10h-12h30, 14h30-19h ; dim 12h-18h ou 13h-19h selon la saison.*
Après plus de 2 siècles, Pierre et Jean-Louis Brun, respectivement 7e et 8e générations de cette entreprise familiale, ***Prix PFV de « La plus belle entreprise familiale du monde » en 2022,*** ont décidé de faire partager leur passion pour les plus belles laines du monde. Dans une de ses ailes, un musée sensoriel, au parcours immersif et interactif, raconte l'aventure, depuis 1808, de la dernière grande manufacture toujours en activité dans la ville. On voyage, on touche, on s'émerveille, on sourit... ***Une balade de 1h30 dans le temps et le monde de ces fibres nobles issues des bêtes à laine*** dont les sculptures de fer accueillent, dès le jardin, le visiteur : bélier, chèvre cachemire, yack, chameau... L'habile muséographie – les enfants ne sont pas oubliés – rend hommage aux 8 générations à la tête de cette entreprise familiale. À commencer par Émile Brun, l'aïeul grand voyageur, dont les souvenirs sont évoqués dans l'escalier monumental, ouvrant sur un espace onirique où la fibre nous fait son cinéma à 360° ! De la fibre à l'étoffe, on suit ensuite les 15 étapes de transformation, on devient acteur, et plus seulement spectateur, avant de découvrir différentes façons de s'approprier ces étoffes.
Un showroom mène à la belle boutique, occupant à elle seule 240 m², où l'on peut acheter couettes, plaids ou écharpes si on est conquis – et si on a les moyens.
Labels : Tourisme et Handicap, Entreprise du Patrimoine Vivant, France savoir-faire d'excellence.

Mathieu Lustrerie : *hameau de Sauvans, 84400* ***GARGAS.*** *☎ 04-90-74-92-40. ● mathieulustrerie.com ● ♿ Fermé en août et pour les fêtes de fin d'année, sauf si expo temporaire spécifique. Se présenter aux bureaux dans l'ancienne usine d'ocre. Visite libre : lun-jeu 9h-12h, 13h-17h ; ven 9h-12h. Visite guidée, sur résa obligatoire : lun-jeu ap-m, plus ven mat. GRATUIT. Durée de la visite : 1h30.*
L'entreprise familiale Mathieu Lustrerie est mondialement connue pour ses ***créations, rééditions et restaurations de lustres.*** Parmi ses clients, la galerie des Glaces à Versailles, l'Opéra de Paris, la Wallace Collection à Londres... Elle expose

ici une ***collection privée de plus de 1 000 pièces*** du XVe s à nos jours, conjuguant cristal, bronze, albâtre. Les formes les plus contemporaines, les œuvres de lumière les plus inspirées, côtoient les pièces classiques les plus somptueuses. Grâce à un parcours au travers des ateliers, on peut voir le méticuleux travail effectué par les artisans. Un parcours extérieur permet également de découvrir le passé du lieu (c'était autrefois une usine d'ocre).
Label : Entreprise du Patrimoine Vivant.

Moulin Bastide du Laval : *chemin de la Royère (sur la D 45 entre Cadenet et Lourmarin), 84160* ***CADENET.*** *☎ 04-90-08-95-80. • bastidedulaval.com • Tlj 10h-13h, 15h-19h ; fermé dim hors juil-août et pour les fêtes de fin d'année. Formule 1 : visite libre, avec audioguide + dégustation. GRATUIT. Durée de la visite : 15-40 mn. Formule 2 : visite guidée + dégustation. Tarifs dégressifs selon nombre de participants : de 75 € pour groupe de 4 pers, à 5 €/pers au-delà de 20 pers. Durée de la visite : 45 mn. Formule 3 : visite pédagogique de l'oliveraie + visite du moulin + dégustation. Tarifs dégressifs selon nombre de participants : de 115 € pour groupe de 4 pers, à 7 €/pers au-delà de 20 pers. Durée de la visite : 1h15. Résa par tél ou sur le site internet.* ***Boutique :*** *lun-sam 10h-13h, 15h-19h (plus dim 10h-13h, 15h-18h juil-août).*
Au pied d'une colline percée d'habitats troglodytiques, Cadenet se révèle une petite bourgade très provençale, surmontée par les ruines fantomatiques d'un château médiéval. C'est ici qu'ont jeté l'ancre Roland et Carine, leur diplôme d'oléologue en poche. Après avoir bourlingué, ces petits-enfants de vignerons et d'agriculteurs se sont lancés dans la production d'***huile d'olive bio.*** Leur passion et leur savoir-faire ont été récompensés par de nombreuses médailles – passion transmise à leur fils Léo, qui a repris les rênes de l'entreprise en 2020. Ils cultivent 4 000 oliviers et assurent le pressage eux-mêmes dans leur moulin à huile à la pointe de la modernité, selon la technique d'extraction à froid. Sans guide, ***visite gratuite de l'atelier,*** balade à travers l'oliveraie sur un agréable ***sentier balisé*** de panneaux didactiques ; ***dégustation*** dans la ***boutique.*** On y trouve, outre leurs délicieuses huiles d'olive, un assortiment soigneusement choisi de ***beaux produits provençaux.*** Un exemple convaincant d'oléotourisme.
Label : France savoir-faire d'excellence.

Nougats Silvain : *4, pl. Neuve, 84210* ***SAINT-DIDIER.*** *☎ 04-90-66-09-57. • nougats-silvain.fr • ♿ Fermé 2 sem en janv. Visites guidées seulement. Tte l'année le mer à 10h ; juil-août, mar-jeu à 10h et 11h (sauf mer à 11h). Visite de groupe sur résa (sauf janv et déc), pour 10-30 pers. Résa par tél, au moins 2 mois avt la date souhaitée. Tarif : sur demande. Durée de la visite : 45 mn.* ***Boutique :*** *juil-août, tlj 10h-12h, 15h-19h ; le reste de l'année, tlj 10h-12h, 14h-18h.*
Dans une charmante bourgade entre Pernes et Venasque, Pierre et Philippe, 6e génération d'agriculteurs, fabriquent ***nougats et autres confiseries*** à partir du ***miel de leurs ruches, des amandes et des fruits de leurs vergers.*** Ils cultivent 30 ha d'amandiers et produisent autour de 10 t d'amandes par an. Pour le miel, ils possèdent environ 400 ruches qui transhument dans la Drôme pour le miel d'acacia, en Ardèche pour le miel de châtaignier. Leur miel de fleurs est un ***miel de garrigue*** auquel thyms, romarins et autres fleurs mellifères des paysages provençaux viennent s'ajouter.
Cette petite ***entreprise familiale*** fabrique le meilleur nougat du pays, si, si ! Elle s'inspire des recettes de leur grand-mère Henriette. Avec cette envie de transmettre leur amour de la campagne, de l'agriculture et du terroir, les frères Silvain à l'époque, et leur descendance aujourd'hui, ont construit un espace convivial où ils vous invitent à partager l'histoire de leurs amandiers, de leurs miels et de leurs nougats (un des 13 desserts du Noël provençal). Les paysans et nougatiers vous font découvrir le ***parcours de leurs produits jusqu'à leur transformation en gourmandises,*** qu'on peut déguster dans leur ***salon de thé.***
Le + : le salon de thé.
Labels : Entreprise du Patrimoine Vivant, France savoir-faire d'excellence.

Le nougat, un des 13 desserts de Noël

Cette tradition gourmande de Noël est intimement liée à l'identité provençale. Les 13 desserts, qui renvoient aux 13 convives de la Cène, couronnent le gros souper, un repas dit « maigre » (à base de poisson et de légumes), en réalité gargantuesque, pris le 24 décembre au soir. Après quoi, on file à la messe, et au retour, on déguste les douceurs aussi riches en symboles qu'en glucides. Ainsi, la pompe à huile – qu'on se rassure, rien de mécanique là-dedans, c'est un délicieux gâteau à base de fleur de farine, d'huile d'olive, de cassonade et de fleur d'oranger – est rompue et non coupée au couteau, comme Jésus rompit le pain lors de son dernier repas. Les 4 mendiants renvoient aux ordres religieux qui ont fait vœu de pauvreté : noix ou noisettes pour les augustins, figues sèches pour les franciscains, amandes pour les carmélites et raisins secs pour les dominicains. Les dattes, elles, rappellent la fuite en Égypte. Nougat noir et nougat blanc, eux, évoquent les Rois mages. S'y ajoutent quantité de fruits, frais ou confits, pâtes de coing, bugnes, oreillettes et autres spécialités provençales... On fait descendre le tout avec du vin cuit. On comprend mieux pourquoi le 25 décembre est un jour férié...

Ôkhra, écomusée de l'Ocre : *570, route d'Apt (sur la D 104), 84220* ***ROUSSILLON.*** *☎ 04-90-05-66-69. • okhra.com • ♿ Fermé vac de Noël. Visite libre tlj : avr-oct, 10h-13h, 14h-18h (non-stop 10h-19h juil-août) ; fév-mars, 13h-17h ; nov-janv, sur rdv en sem. Tarif : 8 ; réduc. Visite guidée : à partir de 5 pers, infos et résa par tél ou sur le site. Tarif : 9,50 €/pers ; réduc ; gratuit moins de 6 ans. Durée de la visite : 1h15.* ***Boutique :*** *aux horaires d'ouverture de l'écomusée, et sur rdv.*

À Roussillon, le village et le site se confondent, car les maisons sont aux couleurs des ocres extraites des carrières voisines depuis la fin du XVIIIe s. Toutes les maisons sont imprégnées de cette teinte que magnifie la lumière. Jean Vilar avait surnommé l'endroit « Delphes la Rouge ». Promenez-vous dans le village, et saisissez le panorama près de l'église, et les rues donnant sur le val des Fées (falaises rouges à l'ouest). Terminez votre balade par les falaises érodées de la chaussée des Géants, rebaptisée désormais ***le sentier des Ocres.***

ET POURQUOI OCRE ?

Dame Sermonde, épouse délaissée du seigneur local, tomba amoureuse d'un troubadour. Le mari vindicatif tua l'amant et servit le cœur du bien-aimé, lors d'un repas. Sermonde, apprenant cela, se jeta du haut de la falaise. L'ocre est, dit-on, le sang de la dame ayant imprégné la terre à tout jamais !

Okhra est installé dans l'ancienne usine Mathieu, un lieu « en or » pour tout savoir sur l'ocre, pigment naturel (issu d'un mariage de minéraux : kaolin, oxydes de fer et quartz) tiré d'un sable qu'on extrait par ici depuis la fin du XVIIIe s, ainsi que sur la couleur. La ***visite guidée-atelier*** vous fait découvrir les différentes étapes de l'extraction de l'ocre : lavage, décantation, cuisson puis broyage, suivi d'une petite démo d'utilisation des couleurs. Un parcours pédagogique permet de se familiariser avec l'histoire de l'ocre ; mais la visite guidée vaut le coup.

Les + :

– Cet écomusée-coopérative veut aussi perpétuer les savoir-faire traditionnels. Sont régulièrement organisés des ateliers pratiques de 1 à 3 jours, et des ateliers créatifs pendant les vacances scolaires.

– Également des expositions thématiques annuelles, une bibliothèque, une librairie et un comptoir de vente de pigments, liants, outils et charges. Un lieu intéressant à tous points de vue.

INDEX GÉNÉRAL

C

D

E

N-O

P

On paie nos additions !

Les enquêteurs du *Routard* travaillent dans **le plus strict anonymat.** Aucune réduction, aucun avantage quelconque, aucune rétribution n'est jamais demandé en contrepartie. Face aux aigrefins, la loi autorise les hôteliers et restaurateurs à porter plainte.

Avis aux lecteurs

Le Routard, ce n'est pas comme le bon vin, il vieillit mal. On ne veut pas pousser à la consommation, mais évitez de partir avec une édition ancienne. Les modifications sont souvent importantes.
Les réductions accordées à nos lecteurs sont proposées aux établissements par une société de mailing, totalement indépendante de la rédaction, qui reste donc libre de ses choix. De même pour les autocollants et plaques émaillées.

Les Routards *parlent aux* Routards

Vous rentrez de voyage et souhaitez partager vos expériences, vos découvertes et vos coups de cœur ? Nous sommes impatients de vous lire ! Vos tuyaux et nouvelles adresses seront testés par nos enquêteurs lors des voyages de réactualisation et contribueront à la mise à jour du prochain Routard. Pour vous remercier, on adresse un exemplaire gratuit de la prochaine édition à ceux qui nous envoient les meilleurs courriers pour la qualité et la pertinence des informations.

Quelques conseils cependant :
– Envoyez-nous votre courrier le plus tôt possible à votre retour de voyage afin d'avoir une chance d'insérer vos bons plans dans l'édition suivante.
– Vérifiez que vos remarques concernent l'édition en cours et notez les pages du guide concernées pour vos observations.
– Quand vous recommandez de nouveaux hôtels ou des restaurants, pensez à signaler leur adresse précise, ou l'accès. Si vous le pouvez, joignez la carte de visite de l'hôtel ou du resto décrit.
– Enfin, n'oubliez pas de préciser l'ouvrage que vous désirez recevoir, ainsi que votre adresse postale.
Merci à tous pour vos nombreux mails et lettres.

122, rue du Moulin-des-Prés, 75013 Paris

• *guide@routard.com* • *routard.com* •

Édité par Hachette Livre S.A. (58, rue Jean Bleuzen, CS 70007, 92178 Vanves Cedex)
Photocomposé par Luminess SAS (561, rue Saint-Léonard – CS 40003 – 53101 Mayenne Cedex, France)
Imprimé par Lego SPA Plant (via Galileo Galilei, 11, 38015 Lavis, Italie)
Achevé d'imprimer : avril 2025
Collection n° 27
55/2788/3
I.S.B.N. 978-2-01-7323402 / 01
Dépôt légal : mai 2025

PAPIER CERTIFIÉ